法律与金融丛书

法律与金融

第九辑

LAW & FINANCE

《法律与金融》编辑委员会◎组编

上海人民出版社

《法律与金融》

（第九辑）

（按姓氏拼音排列）

编辑委员会

编委会委员：

安曦萌　陈晓芳　丁　勇　韩　强　贺小勇　姜　影　金小野　冷　静
李诗鸿　廉　鹏　梁　爽　廖志敏　刘　婧　刘　俊　刘凤元　罗培新
史红光　王　晟　肖　宇　徐骁枫　薛人伟　赵　蕾　郑　或　朱小萍
张翔宇

指导单位：

华东政法大学国际金融法律学院

指导老师：

李诗鸿

执行主编：

王子康　吴国是　严嘉欢

编辑：

鲍明慧　陈若琪　邓　林　丁思霖　冯仁航　金奕州　李凯哲　梁瑞琳
马　燕　沙润和　唐慕尧　陶昂然　王　瑶　王浩鹏　王立宇　王一中
温　颖　熊利娟　徐可心　徐依凝　薛天如　叶小琦　张　钰　张欣玥
郑慈懿　周程昱　朱骊安

卷首语

　　呈现在读者眼前的是《法律与金融》(第九辑)。本辑我们依然有幸得到了众多作者的支持,共收录 16 篇文章。作者既有来自清华大学、中国政法大学、对外经济贸易大学、中国科学技术大学、台北大学、北京化工大学、华东政法大学、西南政法大学、伦敦政治经济学院等知名院校的硕士和博士研究生,也有来自法院、证券交易所等实务部门的人员。在栏目设计上,按照文章主题将稿件分别编入"公司法苑""法金前沿""法经监管""民商视野""域外法译丛"五个板块。

　　"公司法苑"栏目契合《公司法》修订工作逐步开展的立法背景,在 2023 年世界营商环境评估重启的基础上,研讨如何进一步完善公司制度。在《公司法》修订的多项重大内容中,公司内部治理、类别股制度、章程外部效力的议题广受学者关注。孙虎、王文静在《公司经理任意性设置的实践反思与理论重塑——兼评〈公司法草案〉第 131 条》一文中,从反思经理自主设置模式出发,主张应原则性地规定公司经理强制设置,同时注重一人有限公司、规模较小的有限公司和股份公司在组织构成上的特殊性,允许其以公司章程的除外规定作为意思自治的补充,以保证司法实践与法律规范内在体系的协调性和逻辑自洽性。艾祎桐在《公司治理视角下法定代表人的理论反思与制度完善》一文中,通过对法人代表制的溯源研究,指出当前制度在分权制约、职责分担理念的缺失以及垄断性代表权与内部职权的错配之成因,主张以域外尊重代表人配置自治、避免权力集中的公司代表制度为参考,完善经理权配备,赋予公司更多的代表人配置选择空间。张沛谋在《我国类别股制度的法律构建:以双层股权结构为视角》一文中,从我国现有优先股与双层股权制度试点经验出发,探讨完善类别股制度中章程记载、职权划定与类别股股东会的具体制度设计。周宋杰在《公司章程外部效力的法经济分析》一文中，运用法经济学视角，主张章程外部效力是法律问题的同时也是经济问题，章程的不完备性导致公司与利益关联方难以通过私人协商达成有效率的结果，应当通过公司法对章程特定记载事项的外部效力进行规范，降低公司与外部人之间的交易成本。

"法金前沿"栏目关注金融与法律交叉学科的热点问题和前沿理论。熊利娟在《算法默示合谋的现实威胁性分析与规制建议》一文中，从消费者、经营者以及市场结构不同角度分析算法和谋的基本假设，主张在实际市场中算法默示合谋难以达成，主张应审慎干预算法默示合谋。吴锦汶在《中概股危机的法律因应之道：历史回顾、问题透析与路径探寻》一文中，通过梳理中概股融资历经 CFF 到 CRM 的历史模式，主张可以通过跨境审计合作和提升本土公司治理与监管来应对中概股被动退市。谭雅茜、葛章志在《专利融资租赁证券化的法律风险检视与完善进路》一文中，基于已发行产品分析了专利融资租赁证券化的法律风险，明确专利融资租赁客体的适用逻辑，并以此为基础提出制度完善建议。龙健宁在《内幕交易罪保护法益研究》一文中，基于金融系统的信任机制理论，主张内幕交易对以市场为基础的金融系统信任机制的破坏，并以金融系统信任机制理论对内幕交易罪构成要件进行合理解释。

"法经监管"栏目坚持实践性与学术性并重，关注金融监管的最新动态。林树荣《制度利益衡量的方法论检视——以信息披露制度为视角》一文基于利益的层次结构提出利益衡量的方法论，并以此检验信息披露制度的实践路径。陈可欣《论证券虚假陈述中介机构民事责任的司法认定》一文基于证券虚假陈述中介机构民事责任司法认定的标准，指出认定思路与责任分配的不匹配，应当结合个案情形，视中介机构的过错程度与原因力大小等因素合理裁量分配各主体责任。宋奕辰《证券交易所自律监管行为的性质及其救济》一文认为证券交易所的自律监管行为是公法逻辑与私法逻辑发生重叠情形下的行政行为，其救济应当构建由内部符合、行政复议以及行政诉讼组成的三阶体系。汪晴羽《中国面临的新型跨国补贴规则的适用与应对路径》一文从"中埃玻璃纤维织物反补贴案"入手，分析了我国在实施"一带一路"倡议过程中遭遇的所谓"跨国补贴审查困境"，认为我国跨国补贴具有正当性、合理性和必要性，应积极利用 WTO 争端解决机制，主动在多边层面进行谈判、规范政府补贴、制定对等信息披露制度、通过区域贸易构建国际投资补贴与反补贴规则，以维护本国发展利益。

"民商视野"栏目扎根于民商事法律规则，立足理论、探讨时事。张世龙《论融资租赁合同中虚构租赁物的内涵和判准》一文从虚构租赁物的融资租赁合同效力出发，主张"虚构"的定义应当排除一方当事人诈骗、单方虚假构造租赁物的行为，对于单方诈骗语境下的法律关系界定，应当视为非典型合同诉诸《民法典》合同编总则合同欺诈的法律规范进行调整。林琪琪《越权担保判定路径之反思与再建构——以 29 例最高人民法院的裁判为视角》一文结合最高人民法院审判经验的发展趋势，从理论上厘清裁判规则，主张区分越权代表行为的效果是否归属于公司承受与越权担保合同的效力并进行规范分析，且进一步切割善意的程度，理清相对人审查义务的程度与范围。金子文《公司越权担保中相对人审查义务的认定》一文从公司担保相对人的审查标准确定出发，主张区分上市公司担保与非上市公司担保中相对人的审查义务，将决议机关、决议真实性等因素纳入相对人审查义务。

"域外法译丛"栏目主要介绍域外商事法律发展最新动态，选取域外法经典文献予以译介，旨在发掘域外法智识资源，以飨读者。伦敦政治经济学院法学院教授、院长大卫·克肖撰写，我国学者杨雯翻译的《敌意收购与反挫败规则》一文详尽论述了反挫败规则在英国的历史流变及利弊分析，认为反挫败规则是并购委员会与《收购守则》历史和演变的核心，并从废除反挫败规则等角度为解决"在敌意收购的背景下，应该采取何种措施来增强目标公司董事会的权力"这一政策问题提供了监管权力平衡方案。

自 2013 年创刊以来，《法律与金融》已经连续出版九辑。作为一项"团队生产活动"（team production），年轻的《法律与金融》凝聚着各方投入：华东政法大学国际金融法律学院的悉心培育、指导教师李诗鸿副教授的鞭策与指引、历届编辑部成员的耕耘、投稿作者的信任以及每一位《法律与金融》读者的关注与支持。正是依靠这些多元投入，数年间我们从最初的师生共同编辑，以院内学生习作为主的"私募"院刊，成长为由学生独立运作，面向全国理论与实务界征稿的"公募"之书。我们深知"得道多助"的古训，在坚守独立自主的学术品格的同时，将继续提高编辑部自身的专业素质与编辑能力，推进这项凝聚各方心力的学术事业。

愿今后的路途始终有您相伴！

目　录

公司法苑

公司经理任意性设置的实践反思与理论重塑

——兼评《公司法草案》第131条

孙　虎　　王文静*

内容摘要：经理设置模式是我国公司治理理论和实践上一项长期未有效解决的难题，值公司法修订之际，亟须对其进一步完善。2005年公司法修订标志着有限公司经理由强制性设置向任意性设置的立法转向，2021年《公司法草案》承继了这一自治价值取向在股份公司组织机构设置上的适用，于第131条明确规定经理自主设置。经理任意性设置贴合公司自治理念、顺应"强自治、弱强制"主流趋势的同时，也与经理的商事实践定性产生了错位，偏离了现行经理制度的设计体系，未能协调好与既定公司规范体系的关系。为保证司法实践与法律规范内在体系的协调性和逻辑自洽性，实现公司自治与实践价值的融合，应原则性地规定公司经理强制设置，同时注重一人有限公司、规模较小的有限公司和股份公司在组织构成上的特殊性，允许其以公司章程的除外规定作为意思自治的补充。

关键词：经理　商事实践　公司自治　任意性规范　强制性规范

一、问题的提出

随着商事交易模式的不断创新和对交易效率的追求，"公司治理日益受到人

---

* 孙虎，中国政法大学民商经济法学院2020级硕士研究生；王文静，北京化工大学文法学院2021级硕士研究生。

们的关注和重视，研究的范围和深度也不断得到拓展"。[1]现代公司治理正逐渐颠覆对传统公司治理模式的认知，包括内设机关间的权责分配以及经理在公司组织架构中的重新定位。《公司法》第 49 条在有限公司经理的设置上使用了"可以"的表述，规定"有限责任公司可以设经理"，而第 113 条却呈现出截然相反的表达，规定"股份公司设经理"，依文义解释，该条表达的规范要旨并不包含股份公司经理自主设置的意蕴，否则理应采第 49 条"可以设经理"的相同表述，依此逻辑，经理应属股份公司必设机构自无疑问。然而通过观察公司法对两种类型公司组织机构的规定可以发现，除股东会和董事会人数等因公司规模所导致的不可控的细微差异外，两类型公司的内部组织机构设置及其职权大体相同，缘何立法者在经理的设置上分道扬镳？学界对此鲜有系统性研究。《公司法草案》对此又转变了态度，规定"股份有限公司可以设经理"，这不禁更加令人疑惑，我国究竟应采何种经理设置方式？回溯我国公司法历次修订，弱强制性规定、强自治性规范成为修法的主要指导思想之一。如果说 2005 年公司法修订和《公司法草案》第 131 条的规定为顺应这一指导思想，体现公司自治而赋予其经理设置与否的自主决定权，但商事实践中的公司选择却似乎有悖于该理念。无论是有限公司还是股份公司，在商事交易活动和企业名片中几乎均能醒目地看到经理的身影，这一与立法截然相反的实践表现暗示着商事实践的发展对公司立法提出了新的要求。事实上，立法与实践对经理设置方式的不同反映，是二者对经理重要性持不同认识的结果，同时也促使我们反思如何最大限度在保证公司法内在体系统一的同时顾及二者价值理念的不同。科学解释经理设置模式的优劣，并将其置于现代公司治理中重新审视，关乎新一轮公司法修改对经理设置方式进行优化的正当性基础。

二、经理任意性设置：任意性规范抑或路径依赖？

经理设置方式的差异本质上仍是立法层面的取舍问题。在如何理解这一问题上，学界目前的研究成果包括两种可能的解释思路，一是回应有限公司与股份公司在公司治理上的不同理念，即公司法的立法价值，具体体现为公司自治性的强

---

[1] 赵万一、华德波：《公司治理问题的法学思考——对中国公司治理法律问题研究的回顾与展望》，载《河北法学》2010 年第 9 期。

弱，该种解释路径可归为立法技术层面的解释；二是借鉴先进的立法动态，并对其进行合理移植，以趋于与境外公司治理规范的一致性。但这两种解释思路是否能科学解释我国经理任意性设置的转变，以及能否借助该方法并以此为基础进一步优化我国经理的设置模式，殊值探讨。

（一）任意性规范解释论视角

在我国公司法发展历程中，常为学者诟病的是强制性规范的充盈和自治性规范的贫乏难以使公司灵活适应瞬息万变的市场环境。在历经多年的深刻反思和充分论证之后，公司法实为"合同集束"或公司契约理论在我国得到传播和基本认同。[1]基于"合同束"和意思自治理念，若公司法规范未明确使用"应当""禁止""不得"等含有命令性或强制性表述的词语，原则上属于公司自治范围，是公司法对公司从事相应行为的默示许可。藉此，有观点认为，闭锁公司股权相对集中，所有权与控制权主体同一，股东与经理人员意志重叠，各方合意相对充分，故而公司法宜给闭锁公司留下更为充分的合意空间。[2]又如有观点指出，公司有权在董事会、监事会和管理层下设专门委员会，自主确定公司负责人（如CEO、COO、CFO和CTO）的不同岗位、称谓及职责。[3]上述观点从意思自治角度对经理任意设置进行了阐释，认为《公司法》第49条属于任意性规范，是否设置经理公司享有完全的自治权。

然而，有学者进一步指出此种观点在解释经理设置方式上的局限性，"对类型完全不同的公司法规范定性有其独到的判断价值，但对兼具结构性规范、普通规则、内部规范和有限公司规范等属性的公司机构设置规则而言，却不再具有强制性与任意性的定性效用"。[4]诚然，在现行公司法规定下，有限公司经理设置与否由公司自主决定，公司自治程度又与公司法规范的强制性和任意性有着紧密联系。但不可否认的是，强制性规范与任意性规范的区分本身即存在内涵不清、标准不统一、适用范围有限等短板。公司治理规范的强制性和任意性的定性是十

〔1〕参见赵旭东：《中国公司治理制度的困境与出路》，载《现代法学》2021年第2期。
〔2〕参见罗培新：《公司法强制性与任意性边界之厘定：一个法理分析框架》，载《中国法学》2007年第4期。
〔3〕参见刘俊海：《基于公司理性自治的公司法规范重塑》，载《法学评论》2021年第5期。
〔4〕赵旭东：《再思公司经理的法律定位与制度设计》，载《法律科学》2021年第3期。

分艰难的问题，〔1〕从美国学者艾森伯格提出的结构性规范、分配性规范和信义性规范的划分，再到公司法学界较多认同的内部性规范与外部性规范、封闭性公司规范与公众性公司规范，各种分类标准虽各有其据，却都是概然性或趋向性的弹性标准，很难作为法定的绝对规则。〔2〕此外，仔细品味《公司法》第49条立法者意图的倾向性能够发现，"可以设经理"的意涵更多凸显的是立法者允许有限公司设置经理，即赋予有限公司设置经理的权利，任意性体现为有限公司在行使该项权利上是自由的，而非在公司法设定的某项义务或强制性要求上享有履行或不履行的自由。正如公司法关于规模较小或人数较少的有限公司内部组织机构的规定，"股东人数较少或者规模较小的有限责任公司，可以设一名执行董事，不设董事会"，"可以"彰显的仍是公司法赋予该类特定公司不设董事会的权利，如果公司不设董事会，也仅是顺应公司法意志的结果，而非真正体现了公司自身意志的自由，只不过在表述上使用了"可以"的表达方式而已。

另外，经理设置方式上的任意性规范解释论难以契合公司法任意性规范的实质。任意性规范的实质是公司能够不受实定法的束缚，且能通过章定的形式使公司法规范形同虚设。若依任意性规范的立法价值考量来审视经理任意性的设置方式，公司选择不设置经理的潜在含义应是经理在公司组织架构中的完全退出，但事实果真如此吗？对此，本文以公司法典型的任意性规范进行对比阐释。《公司法》第42条规定"股东会会议由股东按照出资比例行使表决权；但是，公司章程另有规定的除外"。该条实属任意性规范无需赘言，原因在于公司能够通过章程自治颠覆法定的股东会表决权行使制度。反观《公司法》第49条，公司决定不设经理并不能改变公司既有组织机构的运行模式，一方面是不设经理并不意味着经理职权在公司权责分配体系中的消亡；另一方面在于不设置经理并不代表承担经理职能角色的主体退出，因为公司内部组织机构的职能权限总体上大致处于恒定状态，依靠具体机构间的权责移转以实现内部治理秩序的动态平衡和微调。"即使公司章程把法律规定的经理职权中的一项或几项改为由股东会或董事会行使，但改变的其实是机构本身的构成，实质相当于经理机构与股东会或董事会的部分合并或混同，而非对经理机构本身职权的改变；或者说虽然名义上某些职权

---

〔1〕 参见蒋大兴：《公司法中的合同空间——从契约法到组织法的逻辑》，载《法学》2017年第4期。
〔2〕 参见赵旭东：《中国公司治理制度的困境与出路》，载《现代法学》2021年第2期。

不属于经理，但实质上等于将经理机构进行了分割，经理享有经营者权利的法定分配规则依旧存在。"[1] 由此可见，公司法规范中出现"可以"字样并不当然表明该规定属于任意性规范，公司意思自治层面的解释力实属有限。

（二）路径依赖的解释视角

有学者从路径依赖出发，指出我国经理任意性设置还深受境外立法例以及代理人说的影响。路径依赖说敏锐地捕捉到我国公司立法的比较法借鉴，是解释我国经理任意性设置一项重要的考察角度。实际上，不仅公司法、民法，甚至公法立法的既往实践也确证了该观点。"从其他国家的法律中寻求成功的经验或以其失败的教训为鉴，甚至直接引进某些行之有效的法律和制度，无疑会大有效益。"[2] 公司立法上的路径依赖可以高效地摘取境外立法例的某一具体规范，并借助修订的契机使其价值理念和目标体现在本国公司立法中、顺应全球公司治理的改革趋势。但是，其缺点也显而易见，即如何保证借鉴的同时使其融入或贴合我国公司法内在体系，规范体系化是路径依赖难以逾越的鸿沟，这在仅借鉴复合型制度的部分规范时体现得尤为明显。路径依赖下的经理任意性设置是否真正切合我国国情？能否实现与现行公司法经理制度设计的逻辑自洽？这是当下制定一部更加科学合理、具有中国特色的现代公司法必须思考的一项重要议题。正如有学者提出，现在公司治理模式的选择要立足改造既有公司治理模式，吸收普适性优秀制度的同时，也要警惕盲目借鉴。[3]

1. 解释论的弊端：难以契合我国经理性质

英美法系和日本等国家的公司治理结构虽然反映了世界范围内公司立法的目标、动态和发展方向，但就经理制度而言，其本身即是一项宏大的理论命题，在是否借鉴以及如何借鉴上既要关注与境外经理制度设计上的相同点和差异性，也要保证借鉴后理论上的逻辑自洽。

首先，从经理制度本身出发，经理的设置方式仅是经理这一宏大命题下的冰山一角，除设置方式外，还包括经理法律性质、经理职权等多重具体设计，各具

〔1〕赵旭东：《再思公司经理的法律定位与制度设计》，载《法律科学》2021年第3期。
〔2〕王晨光：《不同国家法律间的相互借鉴与吸收——比较法研究中的一项重要课题》，载《中国法学》1992年第4期。
〔3〕参见彭真明、陆剑：《德国公司治理立法的最新进展及其借鉴》，载《法商研究》2007年第3期。

体元素之间也并非非此即彼的独立关系，而是"你中有我、我中有你"的共通和衔接关系。具言之，经理权与经理法律地位密切相关，经理法律地位又影响着究竟是施以强制性规范抑或任意性规范，而经理的强制性与任意性在商事实践中还会反作用于经理权，间接地对经理权限范围产生一定影响。是以如果仅就经理命题下的设置方式加以借鉴和移植，忽略与经理权限、经理法律性质内在的一致性与协调性，不仅产生不了预期效果和目的，反而有可能导致既有体系的混乱。

其次，从与境外经理制度设计上的差异性出发，世界各国公司法通常将集经营权与业务执行于一身的董事会视为公司的核心机关，经理通常不被视为公司的必设机构，而是依附于代理关系、雇佣关系等契约关系与公司构建联系。绝大多数国家和地区的公司法都认为经理的设置原则上属于公司自治范围，立法不应过度干预，[1]这导致各国公司法在经理性质的定性上难以趋于一致。大陆法系国家公司法通常将经理定性为商业辅助人，如日韩商法典，[2]英美法系国家则将经理看做是执行由董事会确定政策的代理人，[3]并且两大法系公司法对其性质进行了明文规定。实定法上我国公司规范对此问题却搁置未谈，理论上学界也莫衷一是，对经理的定性呈现出多元化态势，典型如代理人说、商事辅助人说、业务执行机关说。

2. 解释论的弊端：难以契合我国经理权

经理是任意性设置还是强制性设置本质上取决于经理在公司功能实现上的地位如何。

如前所述，经理性质会影响经理权限的范围。境外立法例中经理的具体职权在公司法规范中并未明确体现，而是以实施经营性和管理性事务的部分或全部行为的笼统方式抑或董事会授权的形式加以规定，反观我国《公司法》第49条经理职权列举式的法定化规定，二者表现出明显的差异。《公司法》第49条对经理的权限范围进行了法定化规定：经理主持公司的生产经营管理工作，组织实施董事会决议；组织实施公司年度经营计划和投资方案；拟订公司内部管理机构设置方案；拟订公司的基本管理制度；制定公司的具体规章；提请聘任或者解聘公司

---

〔1〕 参见王保树、钱玉林：《经理法律地位之比较研究》，载《法学评论》2002年第2期。

〔2〕 参见王保树、钱玉林：《经理法律地位之比较研究》，载《法学评论》2002年第2期。

〔3〕 参见〔美〕罗伯特·W. 汉密尔顿：《美国公司法》，齐东祥等译，法律出版社2008年版，第181页。

副经理、财务负责人；决定聘任或者解聘除应由董事会决定聘任或者解聘以外的负责管理人员；董事会授予的其他职权。

列举式的经理职权立法例在世界范围内属于别具特色的模式，本文认为这一特色与我国公司组织构造不无关系。首先，我国董事会仍是采取单层构造模式，并未对董事及其职能在内部进行细致的二次分类，也未采取设置委员会的方式构造董事会双层模式；其次，在权力分配上，虽然立法倾向于尽可能多地赋予董事会权力，但囿于董事会单层构造的原因，公司法还是采取列举式的立法例将主要的业务执行权及部分人事任免权、制度制定权授予经理行使，经理的权力直接源于法律的规定，且独立于公司其他机关的干涉和司法机关的审查。[1] 因为就董事会层面而言，若不能落实多项权力的具体行使主体，很可能致使权力堆积、履职效率低下。如前所述，我国公司法在公司组织构造、经理权分配上有别于境外立法例，沿袭境外经理任意性设置的立法例难以与我国公司法规范的内在价值和体系相统一。

综上所述，任意性规范解释论视角难以作为科学解释经理任意性设置的论据，经理任意性设置的路径依赖虽能在高效实现价值目标的同时使立法兼具开放性和国际化，但难以契合我国国情，存在难以与我国公司法规范体系有效融合的困境，对于制定具有中国特色和本土创新的公司法应审慎借鉴。前述两种解释思路事实上也难以为进一步优化我国经理的设置模式提供借鉴，是以应继续探寻其他合理的解释视角。

三、商事实践视角下经理设置模式的新思考

除前述意思自治说和路径依赖说的解释思路外，商事实践视角也是解释我国经理设置方式的重要途径。对此，本节将从商事环境变革对经理设置的影响、公司代表权纠纷与经理设置方式的联系、经理中心主义的优势三方面考评我国公司经理设置模式的优劣。《公司法草案》第131条股份公司经理任意性设置的新转向反映了公司自治的理念，在股份公司经理的设置模式上适用该理念似与已成共识的股份公司必设经理的商事实践相悖，应如何理解《公司法草案》在股

---

[1] 赵万一、华德波：《公司治理问题的法学思考——对中国公司治理法律问题研究的回顾与展望》，载《河北法学》2010年第9期。

份公司经理设置模式上的转变，经理强制性设置是否一定会限制经理自治的实现，抑或是能在强制性设置与股份公司经理自治上达到平衡，笔者也试阐述一得之见。

（一）商事环境变革下经理定位的新转向

立法与实践互惠共生，立法在指导司法实践的同时，也接受着实践的反馈。我国公司立法相较于国外起步较晚，公司法实践也较为薄弱，公司法理念的变迁又与经济发展相向而行，在不到三十年的时间内六次修订公司法也足以表明在磨合期内公司实践对立法影响之深。因此，从商事实践出发考察经理设置方式的深层次原因不失为一条重要的解释途径。

改革开放初期，我国公司还处于萌芽和探索阶段，商业交易模式尚未成熟，商事经营范围仍囿于初级生产、加工与服务，除具有一定经济实力和规模优势的国企外，绝大部分还是处于成长和发展期的小企业。集经营决策与业务执行于一身的董事会基本能够保持公司的正常运转，"决策＋执行""一篮子"式的董事会运作模式也有利于提高公司运行效率，若按 1993 年《公司法》第 50 条之规定强制有限公司一律设置经理，于大多数公司而言相当于增添一个无足轻重的职位，本可以由董事会完成的业务却强行要求其与经理共同承担，不仅徒增公司成本，也会降低公司经营效率。因为对于构造较为简单的有限公司，强制其增设经理只会导致内部机构冗余，但对于规模较大的有限公司，出于对利益和交易效率的追求，设置经理则极为必要。因而公司法应尽可能为这类特殊的公司减少组织架构上的负担，给予其更多的灵活性和自主性安排，例如公司法打破传统"三权分立"式的构造模式，允许一人公司不设董事会只设置一名执行董事。故就当时实际情况而言，对于规模较小、结构较为简单的有限公司而言，不强制其设置经理并赋予其一定的自主决定权是科学合理的，立法也应当顾及这一现实情况。但随着我国社会主义市场经济体系的不断完善与发展及商事变革提出的新挑战，经理在公司组织体关系中是否仍为供公司自治的备选项，应重新忖量经理在公司法实践中的发展轨迹。

第一，公司数量与日俱增并伴随着商事交易信息化、复杂化、外部竞争加剧的新特征。根据国家市场监督管理总局的统计，截止到 2020 年底，全国有限责任公司数量为 3832.3 万家，股份有限公司 51.9 万家，合计约 3884.2 万家公司，〔1〕并且数目还在持续增长中。公司数量的激增必然引致外部竞争的加剧，面对激烈的竞争环境以及商事变革提出的新挑战，无论是在业务执行还是在经营决策上，"多由股东出任的董事会在公司经营管理方面已力所不及"，〔2〕传统"一篮子"式的董事会决策执行一体化运行模式已严重掣肘公司交易效率与未来发展，专业、高效成为公司内部机构精细化改革的态势。而经理由于具有丰富的经营管理经验、专业学识、市场感知力，以及不凡的业务经营能力，能够弥补董事会在现代公司经营管理不足的缺憾，这使得立法上可有可无式存在的经理逐渐成为实践中绝大多数公司的选择。境外公司法实践同样如此，经理虽被排除在公司组织机构之外，而且多为由公司章程任意设定的机构，但实务中各类公司一般都设置总经理。〔3〕

第二，经营权的归属与行使愈发分离。伯利和米恩斯的两权分离理论从宏观上确立了公司所有权与经营权的组织形态，〔4〕近年来的讨论也多围绕经营权在股东会和董事会间的分配问题，较少有学者关注经营权的归属与其行使效率间的关系，而业务执行在作出决议之后确有一个"实施"层次的问题，或者授权董事执行，或者授权经理执行，如《公司法》第 49 条的规定。〔5〕高效、便捷的运营机制和治理模式意味着公司能够获得更多的商业资源，在我国既有公司制度下，董事会的设置及其职权已被法定化，理论上缺少对其优化的规范基础，即使存在优化的可能性，或许需要对董事会的制度体系作较大的调整，但存在立法技术难题与可行性障碍。事实上，《公司法草案》也未根本解决以上难题。《公司法草案》第 62 条、第 124 条虽明确董事会为公司的执行机构并内部区分为执行董事与非执行董事，但董事会执行业务的操作流程是什么？执行董事的权利源于何处、权限范围的边界在哪里？执行董事执行公司所有业务还是仅执行特定事项？这些疑问在草案中依然难寻答案。因此，最理想的举措是维持既有组织建构，在公司内部设置经理行使部分经营权以舒缓重压之下的董事会，由经理负责统揽公司日常经营，具体落实公司管理层的各项政策、指令和业务计划。

---

〔1〕 数据源于国家市场监督管理总局 2020 年 12 月统计数据。

〔2〕 韩长印、吴泽勇：《公司业务执行权之主体归属——兼论公司经理的法律地位》，载《法学研究》1999 年第 4 期。

〔3〕 参见李建伟：《公司制度、公司治理与公司管理》，人民法院出版社 2005 年版，第 192 页。

〔4〕 参见许可：《股东会与董事会分权制度研究》，载《中国法学》2017 年第 2 期。

〔5〕 参见王保树：《股份有限公司经营层的职能结构——兼论公司经营层职能的分化趋势》，载《法学研究》1999 年第 5 期。

可见，从我国公司法发展进程来看，如果说经理由 1993 年《公司法》"必须设置"向 2005 年《公司法》"可以设置"的转变是迫于早期市场经济尚不成熟的无奈选择，那么由"可以设置"向"必须设置"的回归则是市场经济高度发展的必然结果。本文认为，公司法修改的立足点应是近二十年公司实践中的变与不变，藉此推陈出新，2005 年《公司法》既然考虑到实践中经理之于有限公司的必要性才修改为"可以设置"，当下无论于有限公司还是股份公司，经理的重要性显而易见，将经理定性为必设机构存在理论和实践上的合理性。是以为实现经理在公司治理中的现实意义与规范意义的统一，彰显公司法体系的科学性和逻辑自洽性，立法应当回应经理的实践转向，规定公司必设经理，同时本文也认为应有例外规定作为部分公司经理自治的补充，后文将对此予以详尽阐述。

（二）任意性设置与对外代表权纠纷

经理任意性设置不仅在理论上有进行深刻讨论的空间，在商事实践交易的安全性上仍存在对其作进一步分析的余地。本节对代表权纠纷讨论的重点不在于研判事后救济方式，而是试图从经理强制性设置方式的事前规制角度为缓解此类纠纷和减轻交易相对方的审查注意义务探寻一种可能的解决思路。

1. 纠纷解决核心——善恶意的判断

"在现行公司法之下，经理作为公司的日常业务的经营管理机构，既享有公司的内部管理权，又享有代表公司进行对外业务的权力，为与法定代表人的权力相区分，理论上将这种权力定性为职务代理权，而且与普通代理人不同，经理享有的是代表公司进行一切行为的全权代理权而非特定行为的单一代理权。"[1]《民法典》总则编第 170 条第 1 款关于职务代理的规定为经理的全权代理理论提供了解释依归，该款规定"执行法人或者非法人组织工作任务的人员，就其职权范围内的事项，以法人或者非法人组织的名义实施的民事法律行为，对法人或者非法人组织发生效力"。职务代理权本质上是经归纳或概括而来的一类权利的总称，《德国商法典》和《日本商法典》将其类型化为经理权与代办权，而经理权的范围是经营团体业务所必要的一切行为。[2] 因此，在涉及经理代表权纠纷的

---

[1] 赵旭东：《公司组织机构职权规范的制度安排与立法设计》，载《政法论坛》2022 年第 4 期。

[2] 参见徐深澄：《〈民法总则〉职务代理规则的体系化阐释——以契合团体自治兼顾交易安全为轴》，载《法学家》2019 年第 2 期。

实务案件中，经理有无代理权、是否越权对解决争议案件的重要性被弱化，认定核心更趋向于交易相对方善意的判断标准。这在《民法典》和 2019 年《全国法院民商事审判工作会议纪要》（以下简称《九民纪要》）中已有所体现，如《民法典》第 61 条第 3 款规定"法人章程或者法人权力机构对法定代表人代表权的限制，不得对抗善意相对人"；第 170 条第 2 款规定"法人或者非法人组织对执行其工作任务的人员职权范围的限制，不得对抗善意相对人"；《九民纪要》第 17 项指出"人民法院应当根据《合同法》[1] 第 50 条关于法定代表人越权代表的规定，区分订立合同时债权人是否善意分别认定合同效力：债权人善意的，合同有效；反之，合同无效"。审判实践也总结出处理此类纠纷较为细致的判断规则，一般仅审查法定代表人的身份是否属实、是否以法人的名义、公章是否真实等形式要件。[2] 而上述判断规则中注意和审查的前置性行为往往被默认为苛责于交易相对方的义务，包括核验经理身份是否真实，成为相对方是否善意的认定关键。

2. 任意性设置加重了相对方的审查义务

"当第三人与职务代理人进行交易时，规范设计的重点是如何让第三人相信职务代理人具有代理权。在比较法上，立法者以类型化的技术确定职务代理人的身份，即以商事登记或法律规定的方式限定职务代理权的范围。"[3] 尽管依《公司登记管理条例》第 20、21、37 条的规定，经理人也是公司登记的事项之一，但该登记在本质上仅是对法人（公司）的主体登记，无法产生确认经理权的效果，[4]《公司法草案》第 25 条同样未将经理纳入公司登记事项，也就无法真正产生公示对抗效力。具言之，条例明确规定公司登记事项不包括经理，设立经理时也仅需提交载明经理姓名的文件，即使变更经理仅向登记机关备案即可，这使得我国的经理权难以产生第三人合理信赖的商事外观，经理作为非必要登记事项的规定使得本以降低第三人查验代理权限成本进而提升交易效率的职务代理制度形

---

〔1〕《九民纪要》出台时，《民法典》尚未实施，《合同法》仍然有效，故在《九民纪要》中采《合同法》的表述。

〔2〕 参见迟颖：《法定代表人越权行为的效力与责任承担——〈民法典〉第 16 条第 2、3 款解释论》，载《清华法学》2021 年第 4 期。

〔3〕 杨秋宇：《融贯民商：职务代理的构造逻辑与规范表达——〈民法总则〉第 170 条释评》，载《法律科学》2020 年第 1 期。

〔4〕 参见张谷：《从民商关系角度谈〈民法总则〉的理解与适用》，载《中国应用法学》2017 年第 4 期。

同虚设。[1]纵然"万物皆可信息化"的互联网时代不乏获取公司经理身份信息的途径，如通过企查查、天眼查以及网络检索等方式，但面临的现实窘境是企查查等专业化企业信息查询平台仍以市监部门的公示信息为主要数据源，针对经理身份是否真实发挥的作用实属有限。采取此种间接方式难以回避的掣肘仍是前期核实交易信息花费的时间和资源，以及经理身份信息在双方当事人间的不对称。事实上，转瞬即逝的交易机会和瞬息万变的交易环境导致交易相对人在核验经理身份上往往心有余而力不足，倘若一项交易的顺利成立和有效实施建立在交易相对人单方面繁重的事前判断和必要性审查上，无疑将不利于建立高效透明的商事交易环境，同时也意味着亟须完善相关法律规范以适应商事实践的需要。因而商事实践中要求相对人无抽象轻过失的善意似乎并不恰当，毕竟经理代理公司的权限也是概括代理权和职务代理权，这与法定代表人对外代表公司的权限相差无几；另外，经理从事的代理行为也处于商事行为领域，从交易快捷和安全的角度考虑，也不应该对相对人施加过重的调查义务。[2]

由此可见，若要减轻商事交易双方间的信息不对称、加强交易安全，需以经理作为必要登记事项为前提，而目前经理尚未被纳入公司登记公示信息的原因恰恰在于其任意性设置的立法例，一定程度上削弱了其作为必须登记信息的可行性，试想既然公司立法者认为经理于公司而言是可有可无式的存在，又何以在部门规章（《公司登记管理条例》）中以必须登记事项之规定暗含其非任意性设置？若径行在部门规章中另行规定则有违上位法之嫌，其效力也有待商榷，是以上述症结的合理解决路径应以改变经理设置方式为出发点，规定经理强制性设置能够为其成为必要登记事项提供法理基础，破除其立法上的可行性障碍。总之，或许我们本不应在事后归责或事前责任分配上过于苛责交易相对人，而应力图在规范设计上打消相对人的交易安全顾虑，规定公司经理强制性设置。

3. 经理强制性设置的优势分析

经理设置方式优劣的评判标准应以公司立法的价值取向为轴心，统筹企业自身成长与社会经济发展的共同价值目标当属公司法对商事交易效率的追求。藉此，本部分结合前述分析着重从交易安全和交易效率视域论述经理强制性设置的

---

[1] 参见尹飞：《体系化视角下的意定代理权来源》，载《法学研究》2015 年第 6 期。

[2] 参见殷秋实：《法定代表人的内涵界定与制度定位》，载《法学》2017 年第 2 期。

优势所在。

首先，保证基础层面的交易安全是提升交易效率的基础，如若依靠信息公示机制和现行法律规范尚不能保证全权代理公司从事经营活动的经理身份的真实性，高效的营商环境的建立也将无从谈起。是以，经理身份信息成为公司登记机关的必要登记事项是既权威又简便地使交易双方彼此合理信赖，有效控制公司与交易相对人的交易风险、维护社会经济秩序稳定[1]的最佳途径。《公司登记管理条例》第9条必须登记事项之规定何以将经理排除在外，笔者尝试以法教义学为出发点剖析该条未将经理纳入的法理基础，并以现行公司规范体系为着眼点重新审视经理强制性设置对确保交易安全的必要性。

第一，准确理解2016年《公司登记管理条例》第9条缘何选择法定代表人而舍弃董事长或经理作为必须登记事项，需结合法定代表人的功能定位、2016年条例修订时经理在公司规范体系中的性质定位加以论证。从法定代表人的功能定位上看，法定代表人的本质是以"物化"形式存在的公司"拟人化"的体现，与公司是"一体两面"的关系，其代表权基于其职位而当然地获得，概括地享有以法人之民事行为能力行事的权力且原则上不受限制。[2]考虑到全权代理对营业交易安全与公共市场秩序将产生重要、直接影响，因而需根据法律规定，要求登记申请人必须申请，并予以登记、公示。[3]从经理在2006年公司法规范体系中的性质定位上看，一方面，彼时公司法虽对经理权予以规定，但列举式的职权立法例注定使经理权局限于特定范围而难以与广义经理权相提并论，导致其无法如法定代表人一般对外全权代表公司。另一方面，法定代表人作为公司必设机构，契合公司登记事项的强制性、必设性特征，而有限公司与股份公司经理设置方式不统一的立法现状难以与该特征相协调。第二，现行公司规范体系下经理是否仍因前述缺憾的存在而难以成为必要登记事项，应重新审视经理的性质定位。如前文所述，《民法典》开创性地规定了职务代理制度，使得经理事实上享有了代表公司进行一切行为的全权代理权，这与法定代表人的代表权能本质上并无异同，因而也应作为公司必要登记事项来构建使第三人合理信赖的商事外观，现行公司

---

[1] 参见沈贵明：《论公司资本登记制改革的配套措施跟进》，载《法学》2014年第4期。

[2] 参见蔡立东：《论法定代表人的法律地位》，载《法学论坛》2017年第4期。

[3] 参见肖海军：《论商事登记事项的立法确定——兼评〈商事主体登记管理条例（草案）〉》，载《法学论坛》2021年第4期。

法与公司法草案关于有限公司和股份公司经理任意性设置的规定却有悖于职务代理的内在逻辑。面对截然不同的立法倾向性，本文认为职务代理对广义经理权的承认是对经理职能最为准确和贴切的界定，其他配套制度设计应致力于保障经理权的实现，具体到经理应采任意性设置还是强制性设置，规定经理强制性设置也就顺理成章，如此一来，将能弥补公司登记条例在经理信息登记上的缺憾。

其次，强制设置经理有助于降低相对人在核实身份信息上所花费的时间和金钱成本、缩短合同审查周期，有效提升交易效率。交易双方间的信息不对称犹如悬在头顶的达摩克利斯之剑，涵盖合同履行能力的强弱、企业社会信用等级状况、代理人身份是否真实等内容，已成为影响商事交易效率的重要阻碍，虽难以从根本上消除信息不对称给企业经营带来的困扰，但通过立法设计可以缩小交易双方信息不对称的鸿沟。如前所述，经理强制性设置是经理成为必须登记事项的前提，由此，经理身份信息便能通过权威登记机关查询等直接方式获取，身份核验将不再成为信息屏障，合同文件和公司印章的审查效率也会因该信息屏障的消除而得到有效提升。综上所述，强制性设置经理是减少司法实践中由经理引发的对外代表权纠纷、提升企业运营效率的最佳途径。

（三）经理中心主义对经理设置模式的影响

公司治理模式究竟以股东会、董事会还是经理为中心是一个悬而未决的难题。学界曾对股东会主义和董事会主义下的核心领导权进行过深入的实践考证与理论重塑，值得注意的是，"主义之争"的焦点是确认公司的核心领导者，而从公司发展阶段的角度看，公司的核心领导者是相对的而非绝对的。19世纪初，各国均认为股东是公司最高利益的享有者，因此也理应掌控公司，为此大陆法系的国家认为股东会是最高且万能的机关。[1]从20世纪开始，多数国家的公司立法逐渐转向董事会主义，如德国1937年《股份公司法》规定董事会是公司的领导机构，负责公司经营事务的管理。[2]此外，肯定其中一种中心主义并不代表对另外两种中心主义的全盘否定，关键是明晰"主义之争"背后公司发展实践的价值倾向性，故而不妨坦然接受当下经理中心主义新趋向的客观事实，直面由此

---

〔1〕 参见赵旭东：《股东会中心主义抑或董事会中心主义？——公司治理模式的界定、评判与选择》，载《法学评论》2021年第3期。

〔2〕 参见杜景林、卢谌译：《德国股份法》，中国政法大学出版社2000年版，第34、58页。

引发的新的公司治理命题。

兼具时代性与灵活性特色的商事交易模式深刻影响着公司内部治理架构，这在当下公司治理格局中体现为股东会中心主义[1]向经理中心主义抑或与经理并列掌握公司"话语权"转变的新态势，[2]即使经理中心主义尚未以公司规范的形式为立法者所肯定，也尚未成为主流学说，但这种新态势所反映出的经理重要性的提升已是学界不争的事实，很多经营决策看似是董事会或董事在完成，实际大量的决策事项都是由经理层负责决策。[3]因此，无论如何强调董事会或股东会的"中心"作用，面临经营活动常态化的维护以及业务执行层面不胜枚举的大小决策，依靠繁琐的前置程序和机械化的表决程序来确保决议有效的会议制机构很难想象能真正运营好公司。

首先，公司常态化运行必然需要相应的常设机构予以全天候保障，既要遵守公司高层的经营理念和要求，又要执行和落实公司业务指令、确保公司正常运转，并且经济高速发展的时代背景进一步强化了公司对该常设机构的依赖。以程序正义和结果科学合理为价值导向的会议制机构固然在决策上有其优势，但目前快节奏和高强度的商事环境、企业对交易效率前所未有的关注和追求，使其在生产经营管理上难以和灵活性、专业性更强的经理相媲美，甚至出现公司不惜重金"挖经理"的现象，不设经理的公司有时也会因此得不到交易相对方的信任或被视为运行机制不健全的公司。"一个公司可以没有董事会，也可以不设监事会，但却不可能没有经理。所有公司法无论设定何种权力结构和管理模式，负责日常管理事务的经理都是必设机构。虽然许多公司的股东会、董事会、监事会经常因内部矛盾冲突和管理不规范而陷于瘫痪或形同虚设，甚至几年都未能举行一次会议或未能作出任何决议，但公司却能进行日常经营活动。其原因就在于经理机构始终保持运转状态。"[4]另外，实践中也鲜有公司的董事会时刻待命召开会议以决定日常经营事项，而是董事会授权交由经理统筹公司的生产经营，保证每次董事会会议符合法定生效条件更非易事。其次，立法上公司核心领导权或最高决定

---

〔1〕 由于我国目前公司治理究竟是股东会中心主义还是董事会中心主义学界仍未形成共识，此处采股东会中心主义的目的重在表明向经理中心主义转变的趋势，并无特定含义。

〔2〕 参见潘林：《论公司机关决策权力的配置》，载《中国法学》2022年第1期。

〔3〕 参见蒋大兴：《公司董事会的职权再造——基于"夹层代理"及现实主义的逻辑》，载《现代法学》2020年第4期。

〔4〕 赵旭东：《再思公司经理的法律定位与制度设计》，载《法律科学》2021年第3期。

权的归属与其实际行使应分开讨论，否则容易陷入权利归属即为权利行使的形而上的思维中，忽视行使主体对实现权利目的的影响。充分发挥经营权的价值是权利的最终目的。因此，虽然立法和实践中标准的战略规划程序是经理将战略规划草案提交给董事会审议通过，但实际上仍然是总经理及其他高级经理人员对公司具体的战略决策制定起着决定作用，对重大的战略决策起着重要作用。[1] 实际上，董事会或股东会权利向经理下沉既能防止因权力集中带来的决策效率低下，也能避免权力的滥用，能更好地促进权利的实现。

综上，引起学界重视的经理中心主义实际上反映了经理地位的显著提升和经理成为公司必设机构的客观事实，而这正是企业为适应高效、便捷以及专业化发展新模式而自发进行的实践抉择，是商事实践发展的必然结果。

（四）《公司法草案》第 131 条的理论解读

继 2005 年《公司法》修订由有限公司经理强制性设置向任意性设置转变后，2021 年年末公布的《公司法草案》承继了公司自治的价值理念在股份公司经理设置方式上的适用，于《公司法草案》第 131 条第 1 款规定"股份有限公司可以设经理"。基于前述论证得出的经理应强制性设置的论点，似乎因有悖于该条蕴含的公司自治理念而难以证成，如何正确看待这一矛盾并充分认识第 131 条在优化经理制度体系中的作用，本文认为，不能囿于公司自治理念的束缚，而应立足于公司法体系的稳定性。具言之，应从价值理念视域分析该条修订的立法背景，从立法可行性视角分析其是否契合公司法规范体系，从实践价值角度分析其能否引领商事实践发展，并在此基础上探寻平衡经理强制性设置与公司经理自治的解决路径。

首先，《公司法草案》第 131 条是公司自治理念主导下的立法完善。弱强制性规范、强化公司自治权一直是公司法学界竭力主张的修法理念，[2] 公司法草案进一步赋予股份公司自主决定经理设置的自治权或受学界呼声的影响。从世界范围来看，绝大多数国家的公司法并未将公司类型作为经理设置模式的考量因素，

---

〔1〕 参见李建伟：《公司制度、公司治理与公司管理——法律在公司管理中的地位与作用》，人民法院出版社 2005 年版，第 200 页。

〔2〕 参见施天涛：《公司法的自由主义及其法律政策——兼论我国〈公司法〉的修改》，载《环球法律评论》2005 年第 1 期。

而是均施以任意性规范，这在一定程度上代表了全球公司治理的新趋势——公司自治理念的强化，在深化改革开放、打造国际化营商环境的背景下，主流的公司价值导向势必对我国公司法修订产生重要影响。值得注意的是，2021年12月24日全国人民代表大会常务委员会公布的《关于〈中华人民共和国公司法（修订草案）〉的说明》在"草案起草工作注意要点"中提到"注意吸收借鉴一些国家公司法律制度有益经验"，《公司法草案》第131条的修订恰是这一立法指导方向的有力体现。2005年公司法修订已将有限公司经理强制性设置模式修改为任意性设置，此次针对股份公司经理设置方式的修订一定程度上也是为了保持与有限公司的一致性。

其次，《公司法草案》第131条是否能够进一步完善公司法体系的自洽性，殊值探讨。公司法修订之前经理享有法定的经理权，其作为必设机构能够保证权责统一，保障其业务执行职能的实现。但草案仅对经理设置方式进行了修订，至于经理退出后的业务执行主体和业务执行权归属问题，草案未作出明确规定，甚至未触及与任意性设置密切相关的经理退出机制构建的现实需要。谁是经理退出公司后的职能承继者？执行董事是否为业务执行的补充机构？前述疑问理应作为经理任意性设置的配套制度在草案中予以解决，遗憾的是，公司法草案并未对此作出明确规定，反观《日本商法典》与《韩国商法典》关于经理任意性设置的立法设计以及配套的业务执行主体和业务执行权的清晰规定，草案在借鉴这一自治理念的同时反而呈现出更多亟待完善的立法问题，而这些问题正成为立法上的"灰色地带"。由此可见，草案虽赋予股份公司自主决定设置经理的自治权，但未制定相应的配套制度保障这一目的有效实现，配套制度的缺失意味着草案并未构建起经理的实质退出机制，经理任意性设置在实践操作中无法真正落实，既然公司法未为企业提供经理退出的示范流程，公司可能仍会沿袭设置经理的传统做法，导致实践效果与修法目的背道而驰，经理自治也更多地体现为宣示性意义。倘若为了体现公司自治理念仅对经理设置方式加以改变，未能建构科学合理的涉及经理职能、经理权限的配套制度，公司法体系也会因此变得更加混乱，因而《公司法草案》第131条的立法转向未能有助于建构一套逻辑自洽、规范缜密的公司法。

最后，该条缺乏商事实践的支撑。一方面，随着我国社会主义市场经济体系的不断完善与发展，商事交易所呈现出的国际化、信息化、复杂化、高效化、外部竞争性加剧的新特征对公司经营模式和交易效率提出了更高的要求。如前所述，纵然董事会是公司经营权的集大成者，但我国董事会组织架构的制度设计尚未实现董事会内部科学决策和经营权高效行使的有效融合，其价值功能仍侧重于以会议制机构身份保障公司经营决策的科学性与合理性，而非决策执行的及时性和高效性，明确立法指引的缺失也难称董事会内部有独立的负责贯彻落实董事会决议、股东会决议的执行机构，体现为执行董事模糊性的职能定位和职权规范，导致的结果是公司通常选择以设置经理的方式来完成执行主体的转化，弥补董事会制度的不足。另一方面，相比于以资本方式介入公司的股东、投资人，经理的准入门槛往往不受资本的牵制，而是更注重其经营管理经验、专业学识以及业务经营能力，而这正是增强企业营利、提升效能的核心"软实力"，加之经理在经营管理、董事会决议的落实上不受会议制机构繁琐的事前、事中程序的束缚，能够保证董事会决策的科学落实和高效实施，因而实践中公司的运营流程往往是经理组织日常经营管理与业务开展、组织实施股东会决议与董事会决议等。经理的身影更是随处可见，公司名片抑或以法定代表人身份在工商登记信息中体现，逐渐成为普遍的公司组织机构设置模式。基于此，《公司法草案》第131条赋予公司自主设置经理的实践意义并不明显，即使具备一定的实践价值，相信也仅符合极少数股份公司内部治理的需要，是否应该注重少数公司的特殊需求而罔顾绝大多数公司的实践选择并在公司法修订中得以展现，殊值深思。综上所述，《公司法草案》第131条虽以公司自治理念为指引，但以修法形式来体现这一理念也折射出存在难以保证公司法体系内在协调、脱离我国商事实践等问题，何以在贯彻公司自治理念的同时又能避免上述问题的出现？本文认为，可以董事兼任经理的规定作为解释路径。

《公司法》第114条、《公司法草案》第132条均规定股份公司的董事会成员可以兼任经理，经理与董事可以是"两块牌子一套人马"的关系，即董事一人可以同时拥有两个身份，确切地说是两个称谓，类似于国家机构中各级纪律检查委员会与监察委员会的关系，在外部关系上董事以经理身份参与经营活动，对内身份如何则依具体事项而定，同时"兼任"的规定表明公司内部组织结构较不设经理并未表现出异同，因而并不会增添机构数量上的负担。既然《公司法草案》第131条自治权的本质为是否增添额外的经理机构由公司自主决定，那么公司在董事兼任经理上的自治实际已经起到了该效果，因为此时的经理仅是董事的另一个称谓，本身不具备实质内涵。假使在经理强制性设置的背景下，亟须经理参与经营管理的股份公司自然会一如既往地设置经理，这是企业意思自治的结果，实际上和采取何种设置模式的立法例无关；对于实无必要设置经理的股份公司，通过章程规定由董事兼任经理也能起到不设置经理的法律效果。董事兼任经理的规定能够消弭经理设置的强制性与有限公司自治性之间的隔阂，缓和两者之间的冲突，由此可见，立法者不必担心强制性设置经理带来的公司自治理念缺失的问题，而且与股份公司一直以来的实践传统相适应，该结论同样适用于自治性更强的有限公司。

四、经理设置模式的理论重塑

面临经理设置方式的选择，归根结底还是要统一于我国现行的立法规范，与目前我国的公司治理结构相契合。规定公司必须设置经理既能实现两类型公司设置模式的统一，也符合商事实践的需要。但强制公司设置经理应是原则性规定，为了更好地契合我国公司治理体系的内在逻辑，应允许一人有限责任公司、规模较小的股份有限公司和有限公司以章程的除外规定作为意思自治的补充。

（一）经理设置的原则性规定

基于前述分析，对于有限公司和股份公司，应原则性地强制公司设置经理。从体系解释观之，对经理设置均采强制性规定，一方面能够与全权代理公司的经理权相呼应，不至于经营管理权难以真正落实；另一方面可以保持公司内部机构设置的统一，以实现组织体的稳定性。从比较法视野观之，英美法系及大陆法系部分国家将经理设置为任意性机构是由于业务执行权已被分配给董事会，经理仅为业务执行的辅助机构，故无对其强制规定之必要。但经理作为我国必不可少的常设辅助业务执行机关，现行《公司法》对总经理机构的设置法定化及其职权法定化的规定，从某种程度说，这一积极性制度安排恰恰有效减少了立法与现实反差的程度和空间，合乎我国本土实践的需要，不失为一项确保实现公司法人治理效率性的重要制度安排。[1]从商事实践观之，经过十几年的经济发展，公司治理理念和交易方式已经发生了重大变化，经理强制性设置更能与当下的商事实践

---

〔1〕 参见李建伟：《公司制度、公司治理与公司管理》，人民法院出版社 2005 年版，第 192 页。

相契合。综上所述，经理强制性设置能够彰显出我国公司法体系的科学性和逻辑自洽性。

（二）经理设置的例外规定

在我国现行公司制度安排下，原则性地规定公司必设经理并不会对商事实践产生较大的影响，相反，能够与公司法实践中普遍建构的内部组织框架相协调。但对于一些特殊类型和规模较小的公司，要求其强制设立经理可能并无必要，甚至会打压成立一人公司或小型公司的积极性，不利于社会经济的发展，故需要照顾该类公司的特殊需求，对此的解决方式是允许该类公司在章程中作除外规定，刚柔并济的立法举措在保证立法与实践内在机理相统一的基础上，也能更好地贴合我国公司治理体系的内在逻辑。

首先，享有经理设置自治权的特定公司应具备一定的理论基础和区分标准。作为经理强制性设置的例外，倘若仅凭臆造而不具备令人信服的理论基础和区分标准，将可能导致公司管理制度的混乱，且难以规范的形式进入权威严谨的公司法条文中，因此，本文结合现行公司法和公司法草案的规定，认为一人有限责任公司、规模较小的股份有限公司和有限公司符合如上标准。"应当区分大小公司并分别立法已经成了学界的共识"，[1]细言之，在有限公司股东会和董事会的设立上，《公司法》第50条、第61条考虑到一人有限公司规模上的特殊性，允许一人有限公司可以不设股东会和董事会，只设一名执行董事，作为公司法上必设机关的股东会和董事会，在一人有限公司组织机构的建立上都成为例外规定，理应也允许一人有限公司自主决定经理设置与否，以适应一人有限公司在组织架构建立上拥有的较大自主决定权，精简内部机构设置也能保证公司高效的运行。《公司法草案》第70条、第130条也是此次修订新增的条文，规定"规模较小的有限责任公司，可以不设董事会，设一名董事或者经理"，"规模较小的股份有限公司，可以不设董事会，设一至两名董事"，这与一人有限公司的相关规定殊途同归，均是由于公司规模较小，才通过简化机构设置的方式来确保有效治理、高效运行，允许其在经理设置上也享有自主决定权便顺理成章。《公司法草案》第

---

〔1〕吴越：《"个性化"的有限责任公司——评〈中国公司法修改草案建议稿〉相关问题》，载《现代法学》2005年第1期。

115 条新规定了一人股份公司,并且也允许其可以不设股东会,但仅有一名股东是否意味着公司其他组织机构即董事会组成也较为简单,能够适用一人有限公司组织机构设置上的特权,公司法对此并没有明文规定,笔者认为《公司法草案》第 130 条实际上已经涵盖了组织结构较为简单的一人股份公司,不适宜再行将一人股份作为第四种例外情形。原因在于,实践中存在规模较大的股份公司股东只有一人的实例,而规模较大的股份公司并不符合《公司法草案》第 130 条可以不设董事会的情形,不具备简化组织机构的实质条件,因此不宜将一人股份公司纳入特殊情形。其次,由现行法上任意性规定修改为强制性规定,同时又赋予公司设置与否的自治权,是否会导致例外性规定架空强制性规定、使强制设置经理的规定形同虚设?事实上,这一例外性规定并不会使强制设立经理的规定形同虚设,原因在于,作为公司意思自治的补充性规定,其目标群体仅是众多公司中极小的一部分,相较于数量更多的中等规模的公司,并不会产生强制性规定成为摆设的担忧,另外,一人有限公司可以不设董事会和股东会的规定已经施行近 20年,并未对有限公司必须设置股东会和董事会的原则性规定产生不利影响。

五、结语

立足本土实践并结合我国国情是基础和前提,原因在于我国经理在立法设计、功能定位、权利义务上与境外经理制度存在明显的差异。基于我国商事实践的特殊情况和我国公司法制度安排,是准确认定经理设置方式的基础和依归,我国公司法虽历经多次修改,但内在体系还存在着值得完善和改进的地方,尤其以公司治理较为突出,而现代公司治理的转向正逐渐以经理为中心,在某些方面经理甚至起着比公司董事会更为重要的作用。为能够适应未来商事发展的趋势和商事实践的需要,应重新对经理的设置方式予以认定,使其合乎我国实践发展。因此,无论出于实践需要还是保证规范的统一性,经理设置的强制性规定在未来公司法修改中应当得以体现,为营商环境的改善和商事交易的安全稳定提供立法保障。商事实践或商事实践的发展趋势是公司法进行修订最原始的材料,是修订的主要依归。经理在公司治理中发挥着举足轻重的作用,经理职权的立法例也不同于其他国家,经理的法律性质和法律地位也值得商榷。由此可见,我国公司法在经理的规定上还有很多值得进一步完善的地方,这些难题需要逐一解决。

(初审:严嘉欢 鲍明慧)

公司治理视角下法定代表人的
理论反思与制度完善

艾祎桐*

内容摘要： 一直以来，法定代表人被认为是一项具有中国特色的制度。但在代表权唯一性、法定性的配置之下，公司权力过度集中、印章使用泛滥、代表人干扰公司意思自由的治理乱象频发。这主要是由于制度设计中分权与制约、职责分担理念的缺失以及垄断性代表权与内部职权的错配。此种症结根源于新中国成立前后"一长制"盛行的历史背景以及制度演进过程中强烈的结构、制度与文化路径依赖导向。以境外尊重代表人配置自治、避免权力集中的公司代表制度为参考，在国企改革的现代企业制度建设方向转变、公司股权结构日益分散的背景之下，我国《公司法》应当跳脱旧有路径，完善经理权的配备，并赋予公司更多的代表人配置选择空间，进而实现公司运行安全与效率的兼顾。

关键词： 法定代表人　代表权　公司治理　经理权　集体代表制

法人作为无生命的组织体，无论是否具有独立、完整的意思属性与人格属性，其参与到各类活动中均有赖于自然人主体。作为法人对外意思表达机制与对内治理结构安排的交叉点，法人代表的相关规则兼具行为法与组织法色彩，在各国的法人制度领域都不可或缺。而我国现行的法定代表人制度，在承袭大陆法系代表说的传统之上，更具独创性：必须从董事长、执行董事或者经理之中选择一者作为公司代表人，需要在章程中载明并依法登记。这样一种具有中国特色的制

---

* 艾祎桐，对外经济贸易大学 2022 级民商法学硕士研究生。

度安排却在实践中引发了大量的代表权归属、争夺纠纷。最为典型的有广东王老吉药业代表权争议所引发的司法介入：王老吉药业依据股东合同、公司章程的规定，召开股东大会免除王某仪的法定代表人职务并请求法院协助其办理变更登记，原被告双方则产生"公司章程规定的解聘、变更法定代表人的特殊程序是否有效"之争议。〔1〕再如，当当网创始股东李国庆携同多人闯入办公室抢走几十枚公章后，立即召开临时股东大会争夺法定代表人身份，公司陷入"夺权"危机。这些乱象不禁让人深思：法定代表人身份何以如此"抢手"？在法定代表人制度构造下究竟隐含着怎样的理解偏差，从而导致公司内部治理的混乱？历经多次公司法修改，2022 年《中华人民共和国公司法（修订草案二次审议稿）》（以下简称《公司法（修订草案二次审议稿）》）也仅将法定代表人的可选范围变更为"代表公司执行公司事务的董事或者经理"，并没有对代表人数量等关键问题进行实质性变更，我国的代表人制度为何不同于比较法上的先进经验而长期保持其独特性？对上述问题以及制度的历史背景和演进过程进行反思、剖析，能够对规则本身及其完善进路有更加全面、清晰的认识。

一、中国语境下的代表权配置争议

（一）问题显现：法定代表人制度下的乱象

1. 公司权力集中状况加剧

近年来，企业财务造假案件不断显现，所涉金额巨大，导致大批中小股东权益遭受重大损失。在这些案件中，控股人或实际控制人常常通过身份的重重叠加为自己操纵公司提供便利。尽管在凌驾于其他股东之上的控股权与经营层的领导性地位面前，法定代表人的身份加成似乎无关紧要，但事实上不容忽视。比如，康美药业控股人马兴田凭借法定代表人的身份，能够直接代表公司对外签署各类协议、进行虚假交易，肆意虚增银行存款、营业成本和收入以缓解巨大的运行压力和优化运营指标，从而进行更加高价的股票买卖和融资行为。〔2〕在康得新案中，公司实际控制人钟玉利用其法定代表人的身份，对外以公司名义欺诈发行股

---

〔1〕 王某仪诉广州白云山医药集团有限公司等公司登记纠纷案，广州市中级人民法院（2015）穗中法立民终 1154 号民事裁定书。

〔2〕 康美药业股份有限公司虚假陈述案，中国证监会行政处罚决定书第〔2020〕24 号。

票、债券以及骗购外汇，损害上市公司利益。[1]同样地，实践中关联交易、抽逃出资的状况不在少数的重要原因之一，也是控股人与实际控制人能凭借法定代表人身份随意以公司名义对外签署合同、转移财产。

当探寻公司权力集中、集体决策机制失灵问题之根本时，我们在企业"股权高度集中"之事实层面上致力于寻找混合所有制改革等解决方案之余，也需要思考：为何企业的控股股东或实际控制人绝大多数选择将法定代表权牢牢把握在手中？以股权高度集中之既定事实作为前提，我国法定代表人法定性与唯一性的制度设计实际在法律层面为大股东或实际控制人控制公司运作提供了技术支持。这一制度与股权高度集中之事实"相辅相成"，共同导致董事会形骸化、公司权力过度集中的现象。

2. 印章效力与代表人表意效力冲突

法定代表人作为代表法人行使职权的主要负责人，其代表行为效果直接归属于法人，是法人意思对外表达的主要承担者。印章在我国被认为是公司权威的化身。因此，印章公信力与法定代表人签字的效力之间产生猛烈碰撞与对抗，进一步导致"人章冲突""章章冲突"。比如，在"北京法博洋国际科技发展有限公司诉陈某公司利益责任纠纷案"中，原告法博洋公司诉其法定代理人陈某违反法定竞业禁止、忠实义务，而陈某辩称董事张某某、刘某未经法定代表人授权，仅持有公司营业执照与公章，并不具有对外代表法博洋公司起诉的资格，由此产生诉权归属争议。[2]实践中，印章公信力优于代表人签字的情况并不少见，乃至于出现完全忽视公司利益的"唯印章论"；在"天津市亿泽鸿发商贸有限公司诉天津天润建筑工程有限公司等买卖合同纠纷案"中，行为人无任何职位，仅仅作为公司股东身份介入公司的管理中，其在公司对外担保合同中使用私自刻印、与真实公章样本不一致的印章都被认为具有与公司印章相同的效力。[3]

表面上看，是印章的滥用使得法定代表人的权威性大打折扣，导致公司代表权的行使效力不稳定。但实质上，若公司的对外表意通道设计科学且能够充分发

---

[1] 康得投资集团有限公司虚假陈述案，中国证监会行政处罚决定书第〔2021〕56号。
[2] 北京法博洋国际科技发展有限公司诉陈某（CHONLANEVICTOR）公司利益责任纠纷案，北京市第一中级人民法院（2013）一中民初13957号民事判决书。
[3] 天津市亿泽鸿发商贸有限公司诉天津天润建筑工程有限公司等买卖合同纠纷，天津市武清区人民法院（2016）津0114民再4号民事判决书。

挥效用，缺乏立法背书的印章的存续空间就会被大幅度限缩。究其根本，法人代表权体系化的配置规则失灵导致印章文化的盛行。因而，有必要对法定代表人制度的实然效用进行反思。

3. 法定代表人干扰公司意思自由

依据《民法典》第 61 条，法定代表人具有广泛的对外代表权。同时，《民法典》《公司法》并没有特殊规定法定代表人对内权力范围。因而在我国的语境下，法定代表人身份仅被定位为公司意思的表意通道，并不基于代表人身份而享有对内职权的扩张。在应然层面上，代表人对外表意的内容应当与内部决策保持绝对的同一性。但是，在实践中存在很多代表权行使脱离公司内部意思的情况，引发代表人权限事实扩张、公司决策结构不清的问题。

这一症结在公司担保问题方面尤其显著：即使法律对公司担保等特定事项的决策权归属有明文规定，但法定代表人在无决议的情况下违规提供担保的情况非常普遍，且由于维护交易稳定性的需要与事后追责困难，这几乎造成事实上法院对法定代表人独立决策权的认可。[1] 在一些特殊情况下，法院似乎擅长于揣摩、推断公司的"真实意思"，认可代表人决策范围的大幅扩张。在"上海昌江投资管理有限公司与龙誉（扬州）置业有限公司委托合同纠纷案"中，公司法定代表人在未取得公司同意的情况下，即以公司名义为其丈夫的债务提供担保。法院认为担保公司及其股东既然明知行为人与作为公司实际控制人的债务人之间的夫妻关系，就应当预见到其中的利害关系，在此前提下公司就应当承担任命行为人为法定代表人及其以公司名义担保的效果，不能再主张其越权担保。[2] 在"和昌（福建）房地产开发有限公司、王某栋民间借贷纠纷案"中，最高人民法院认为公司的董事均由法定代表人委派，并且章程规定为他人提供担保需经董事会决议，因而公司实际上赋予了法定代表人在公司经营过程中对包括对外提供担保在内所有事项的决定权，不构成越权担保。[3] 针对这些案件，在受到广泛关注的越权行为效力问题之外，仍有一系列疑问：代表机关本不应基于特殊的人际关系

〔1〕 参见宋雨：《公司代表权体系化配置研究》，西南财经大学 2020 年博士学位论文。
〔2〕 上海昌江投资管理有限公司与龙誉（扬州）置业有限公司委托合同纠纷案，上海市第二中级人民法院（2018）沪 02 民终 6567 号民事判决书。
〔3〕 和昌（福建）房地产开发有限公司、王某栋民间借贷纠纷案，最高人民法院（2018）最高法民申 404 号民事裁定书。

或选任关系而对公司的决策施加影响，但为何实践中法定代表人频频背离公司的意思进行表达，乃至反噬公司的意思自由？这种现象背后究竟隐含了何种制度设计的缺漏与症结？

（二）症结透视：治理架构的不合理

面对以上公司权力过度集中、代表权归属争议、法定代表人为利益相反行为等问题，当今理论界的批判集中于法定代表人制度的"法定性""唯一性"、代表人的权责不对称等问题。[1] 这些探讨为我们反思、完善相关规则提供了着力点。但仅仅从制度引发的负面效应之表层寻求争议的事后解决或孤立地对制度优劣进行评析均不全面，也非为治本之策。实际上，法定代表人不仅仅是公司意思对外表达的渠道，其与公司内部治理结构之间的关联也非常紧密，也是上述争议的根源所在，理应得到重视。当然也有较新的研究关注到法定代表人与公司治理之间的关联，但其仍主张保留单一代表制，或者对公司代表权分配实行完全的章程自治。[2] 以上解决方案都没有直击法定代表人制度的痛点，反映出仍未能清晰认识到症结所在。

1. 权责高度集中于一人

根据《公司法》第 13 条，公司的法定代表人具有唯一性，这具有两方面的内涵：一方面，由单一的自然人担任公司的对外行为主体；另一方面，法定代表人的担纲者垄断了法人的意思表达。此种权责的高度集中于一人与代表职能的广泛性形成强烈的对比，彰显法定代表人制度的实践困境与逻辑矛盾。

无论在股东本位理论还是利益相关者理论之下，法人机关内部的分权与制约都是一个必须遵循的原则，关乎法人目的与利益之实现。[3] 但我国法定代表人的制度设计却漠视了分权的必要性，缺乏对法定代表人的监督与制约，形成了中国特色的"独任代表制"，并由此导致了"僭主现象"。[4] 在董事长担任代表人

---

[1] 参见柳经纬：《论法定代表人》，载《贵州大学学报（社会科学版）》2002 年第 2 期；徐彦冰：《法定代表人制度的弊端及其完善》，载《法学》2004 年第 7 期；曹兴权、荣振华：《公司代表人制度"法定性"的弱化——法律与社会良性互动视角的分析》，载《北方法学》2013 年第 1 期。

[2] 参见王毓莹：《公司法定唯一代表制：反思与改革》，载《清华法学》2022 年第 5 期；刘道远：《公司法定代表人的角色、制度渊源及其完善》，载《比较法研究》2022 年第 4 期。

[3] 参见马骏驹：《法人制度的基本理论和立法问题之探讨（中）》，载《法学评论》2004 年第 5 期。

[4] 参见蔡立东：《论法定代表人的法律地位》，载《法学论坛》2017 年第 4 期。

之时，权力与地位的异化问题更加复杂。在公司的运行过程中，董事会通常作为一个整体发挥股东会决议的执行、重要经营事项的决策等职能。而董事长地位的特殊性，仅体现在其能够主持股东（大）会、召集与主持董事会会议，并不与其他董事存在本质上的地位差异。仅由董事长作为法定代表人的备选人在立法需求与技术上并不具备充分的理由，反而使得董事长在形式上享有超越其所属组织权限范围的对外代表权，引发"一董独大"之争议。此种观点基于各个董事实际上只能代表各自支配股东的利益，而不可能企望其代表全体股东利益。[1]在缺乏权力制约的前提下，董事长就拥有了为自身、某些或某个股东谋求利益的操作空间，影响董事会作为一个功能整体职能的实现，甚至损害其他股东利益。此种追求唯一性的制度设计在我国股权集中度相对较高的背景下，更加不具合理性。有极大机会能够担任董事长或经理职位自然成为股东之间博弈的目标，成为"一股独大"的技术支持，进一步加剧了公司权力集中。根据南开大学中国公司治理研究院推出的《2021年度中国上市公司治理分类指数报告》，我国上市公司董事长与总经理两职兼任的比例高达 32.29%。[2]在我国上市公司董事长兼任总经理现象普遍的前提下，再加上法定代表人的巨大权力，公司甚至会出现"一言堂"的现象。

从另一个角度而言，这种代表权的高度集中其实也是职责的高度集中。审批签署日常文件、参与诉讼等活动容易使法定代表人不堪重负。在实践中，公司的业务执行通常由法定代表人之外的人参与。但公司一切事项的对外表达有赖于法定代表人，就具体事务特别授权他人代表公司又十分繁琐。传统文化下"官凭文书私凭印"的理念则为调适此种业务执行者与意思表达者的割裂状态指引了路径，即其他人员能够通过掌握作为法人身份凭证的印章正当、便捷地进行业务的处理。法定代表人制度下对于单一的自然人即可处理公司一切对外事项的不合理预设，导致实践中印章对公司精心安排下的权力配置的取代。尽管"认章不认人"的观念在2019年《九民纪要》颁布后逐步得以纠偏，但受限于法定代表人唯一性，这一问题仍未得到系统解决。我国印章文化之传统仍与公司内部成员的权限不清与责任机制匮乏之现实纠缠不清，甚至进入了一种"恶性循环"。

---

[1] 王光明：《混合代表制——公司法人代表制度之检讨与重构》，载《商事法论集》2006年第1期。

[2] 参见南开大学公司治理网，http://www.cg.org.cn/，2022年10月26日访问。

2. 法定代表权与内部职权的错配

代表权的归属是公司权力分配过程中的关键一环，为维护公司治理的稳定性，其应当适配于内部治理结构。不同于西方公司董事会作为业务决策与执行机构、经理辅助董事执行业务的定位，在现行《公司法》下，董事会本身的权力被一分为二，决策权归董事会，经理则通过占据本应由董事会行使的执行权异变为公司常设的业务执行机关。这种制度突破与建构实则无可厚非，甚至较传统理论有提升执行效率、符合公司权力转移趋势之优势。[1]然而，在法定代表人唯一性的语境之下，就会出现公司内部治理的混乱与高成本：当董事长（执行董事）担任法定代表人时，法定代表权的垄断性构成了经理业务执行的障碍；而在经理担任法定代表人时，决策者与法定代表人的完全割裂则代表公司意思的形成与表达阶段的更高分离度。

《公司法》列举了经理的 8 项职权，从这些职权中，我们无法得出经理可以代表公司对外为业务行为及相关诉讼行为的结论。而在经典的商法理论下，经理享有在法定或意定范围内对内管理以及对外以公司名义处理业务的权力，即经理权。尽管此种对外权力性质为代理权，但在法律行为领域，代表与代理在效果归属方式层面以及需要解决的越权滥用等问题没有实质性的区别。[2]这也就意味着经理当然享有与法定代表人并行不悖的"代表"职能，设置了经理权的国家以制定法明确授权的方式填补了代表人身份与业务执行权之间的分离。我国经理职权产生的基础与依据固然可能是经理权，但《公司法》的经理职权却以过于细致的表述与缺乏明确的代理权授予的方式呈现，与经理权概念并不适配。此种不承认经理为当然的对外代理人的做法是规范与实践的严重脱节。[3]尽管职务代理能够一定程度上满足经理履职的需求，但仍有缺陷。一方面，职务代理本质上属于委托代理，我国对于职务代理并没有配套的商事登记制度。这为当事人徒增章程或文件的审查义务，且容易产生相对人"善意"的认定难题。若《公司法》明

---

[1] 参见韩长印、吴泽勇：《公司业务执行权之主体归属——兼论公司经理的法律地位》，载《法学研究》1999 年第 4 期。

[2] 因而尽管下文中表述为"经理的对外代理权"，但若具有制定法的依据，其功能效用与"代表权"并无显著差异。参见殷秋实：《法定代表人的内涵界定与制度定位》，载《法学》2017 年第 2 期；冉克平：《论商事职务代理及其体系构造》，载《法商研究》2021 年第 1 期。

[3] 参见赵旭东：《再思公司经理的法律定位与制度设计》，载《法律科学（西北政法大学学报）》2021 年第 3 期。

确规定作为经理当然享有的经理权范围以及配套登记制度，则有利于商事交易安全的维护。另一方面，职务代理中不包含诉讼代表权，这导致法定代表人对诉讼代表人身份的垄断，而经理权的范围涵括诉讼代表权。正是囿于现行法下经理代理权的缺失，为了减少纠纷的产生与对外表意的不畅，经理在业务执行中高度依赖印章，印章的权威性即被助长。

在经理担任法定代表人时，决策者与代表人的完全割裂会徒增交易的环节与成本。传统理论下将经理权赋予经理并且仅在处分不动产的相关事项上予以限制，是基于许多国家公司立法赋予董事会的代表权力以及经理作为业务辅助执行者的身份，此种派生性、从属性的身份决定了经理对外表意权的天然受限性。[1]而在我国，经理作为独立的执行机关且董事会整体无对外表意权，若允许经理作为法定代表人，在所有事项上全权对外代表公司，则不可避免地会干扰董事会的意思实现，存在较高的代理成本。尽管这种决策与表达的落差在董事长担任法定代表人时同样有可能出现，但由于经理未能参与到相应事项的磋商和决议过程中，在对外权力无限制而对内权力小的情况下，其与董事会存在分歧的可能性较大，意志更加游离于董事会之外。因而，董事会决策与经理代表行为的磨合成本会更高。从另一个角度看，决策权与代表权的分离也不利于董事在公司的运转中知悉具体情况以及将商业信息融入公司决策之中。

基于以上分析，我们可以感知到，我国法定代表人制度的设计过度聚焦于代表人对外代表公司的身份，抑或外部交易的安全性，而忽视了其基于原本职位所享有的对内职权，以及代表权分配进而导致的公司内部治理难题。当我们选择性地将代表权适配于业务决策者与业务执行者时，带来的效应不限于对外意思表达主体的确定，很大程度上也是对内部职权架构稳定性与合理性的考验。在我国公司治理结构的背景之下，法定代表人制度规则供给模式无论从理论还是实践角度都难以令人满意。依据公司制度趋同理论，未来各法域的公司法、公司治理等将通过不同公司治理模式之间的跨法域竞争等途径发生形式或实质上的融合、趋同乃至一体化的趋势。[2]因而，有必要对制度的理念根源与发展脉络进行梳理，以探求制度完善的切入点。

---

〔1〕 参见赵万一、宋时波：《公司经理权的界定及其在我国的法律完善》，载《商业经济与管理》2006 年第 9 期。

〔2〕 参见朱慈蕴、林凯：《公司制度趋同理论检视下的中国公司治理评析》，载《法学研究》2013 年第 5 期。

二、制度困境之根源

（一）"一长制"之历史背景

从历史的角度看，法定代表人的制度理念实则有迹可循。长期以来，我国的企业管理思想深受苏联企业经营模式与列宁"一长制"经典理论的影响。在十月革命对生产造成巨大影响以及缺乏管理经验的背景之下，列宁于20世纪初提出了企业厂长负责的一长制。一长制与集体管理制相对应，是指在企业的生产活动中实行个人指挥和个人负责，企业的其他成员在统一的意志之下进行生产经营活动。[1]得益于一长制，苏联的管理秩序得以建立，工业生产在此基础上得以高速发展。新中国成立初期，社会主义大国苏联的先进经验恰好迎合了急于改变落后工业面貌的中国的制度借鉴需求。以新中国成立前根据地三人团、常务会议的国营企业管理模式为基础，一长制被引入，成为我国首选的企业管理方式。[2]一长制助力新中国成立初期企业民主改革和工业的恢复、发展，保障我国"一五计划"顺利完成。但同时也存在与上级领导机关实行的党委领导制不相衔接、官僚主义与命令主义滋生等缺陷。20世纪五六十年代全国转而推行党委领导下的厂长负责制，实行集体领导和个人负责相结合，一长制退出了历史的舞台。

新中国成立后国有企业领导制度在一长制与党委领导制之间反复。[3]但20世纪以来，制度变迁的核心均为统一领导、集中指挥与全面负责以维护国家对经济的控制力，"一长制"的主线贯穿于新中国成立前后。在此背景下构建的法定代表人制度也具有高度的集权色彩。只有唯一、固定的代表权外观才能保障企业运作与商事交易安全，这一逻辑链条始终暗含在法定代表人制度萌芽与发展过程中。在这种理念下，企业内部的分权与制衡在法定代表人制度设计的过程中似乎无关紧要。一方面，1993年《公司法》只将董事长（执行董事）作为法定代表人的规定，体现我们追求企业内部事务决定权与外部代表权的高度结合。另一方

---

[1] 参见赵俊臣：《列宁的一长制思想及其在我国的经验教训》，载《经济问题探索》1985年第7期。
[2] 参见周少华：《对企业"一长制"的再认识》，载《湖南行政学院学报》2006年第5期。
[3] 参见田毅鹏、苗延义：《单位制形成过程中的"苏联元素"——以建国初期国企"一长制"为中心》，载《吉林大学社会科学学报》2016年第3期。

面，厂长负责制下经理（厂长）集经营决策权、业务执行权与代表权于一身，这也暗示了为何我们会对经理地位处理失当。这源于我们后续对经理权力进行分割时，主观上或者潜意识中仍在抗拒将经理"贬"为代理人，导致客观上制度与产权体系的重建难以一蹴而就。[1]也有学者提出，未赋予经理以经理权可能是一种对经理权力的彻底"净化"，但与大陆法系商法典上以及英美判例法中所确认的经理权力相比，实际上显得有点矫枉过正。[2]无论如何，尽管法定代表人是国有企业改革过程中为将企业从经济机关改造为独立法人而设计的配套制度，但一长制的历史背景都是这一制度难以走出的语境。

（二）制度演进：基于路径依赖理论的解释

在历史背景的探究之外，历经经济体制改革、企业模式再造以及公司治理规则移植，法定代表人制度为何仍旧保持其高度的延续性与比较法视角上的独特性也是值得探究的议题。针对这一问题的探讨就有赖于与进化理论对立的多元论，以解释各国公司治理存异之现实。就公司法的制度层面而言，具体的解释路径是路径依赖理论。

路径依赖理论最初适用于生物演化领域，后逐渐发展适用于技术变迁、组织制度演进等领域，用以描述过去的发展对现在和将来的影响。[3]基于路径依赖的来源不同，比博绍克和罗伊认为在公司法上存在结构驱动的路径依赖和规则驱动的路径依赖：前者是指由于规则制定者的理性选择和集体行动导致的路径依赖，且既得利益者不能从制度转变中获得较大的收益而导致排斥改革；后者则来源于主导性法律规范的力量与细节所导致的制度适用后果的巨大差异。[4]同时，有学者也认为经由不同的文化体所产生的思维模式是产生特定公司治理模式的前提，公司治理与文化因素有内在的原生性，因而也存在文化驱动的路径依赖。[5]在法定代表人制度的演进过程中，以上三类路径依赖均存在。

---

〔1〕参见范健、蒋大兴：《公司经理权法律问题比较研究——兼及我国公司立法之检讨》，载《南京大学学报（哲学·人文·社会科学）》1998年第3期。

〔2〕参见王保树、钱玉林：《经理法律地位之比较研究》，载《法学评论》2002年第2期。

〔3〕参见邝红艳：《路径依赖——公司治理锁定的成因分析》，载《商业研究》2004年第3期。

〔4〕参见邓峰：《中国公司治理的路径依赖》，载《中外法学》2008年第1期。

〔5〕参见程文晋、陈丽新：《公司治理的文化路径依赖及其创新性选择》，载《甘肃政法学院学报》2006年第3期。

第一，结构驱动的路径依赖。企业是国有资产的特殊表现形式，初始的所有权结构是国家所有，此种前提制约着公司结构的选择。一方面，尽管我们已通过国有股减持、股份分置等方式开展多轮国退民进的改革，但如今很多由国有企业改制而来的上市公司中，初始所有权的架构并没有被大幅改变。[1] 针对国有企业而言，从最初的党委领导下的厂长负责制到最终的法定代表人制度，国家仍牢牢把握对企业负责人的选任。另一方面，单一自然人或家族持股的企业更加符合这种市场下的制度环境和体制需求。在此背景之下，我国民营企业股权也较为集中。基于利益侵占效应理论，高度的权力集中符合控股股东以其他股东利益为代价追求自身利益最大化的需求。囿于国有企业与民营企业的此种股权结构，破除权力集中架构缺乏动力，体现了强大的路径依赖力量。法人代表的相关制度也自然依照有利于公司利益集团的路径进行设计与延续。

第二，制度驱动的路径依赖。法定代表人的制度设计很大程度上取决于已然存在的公司法律体系与治理结构。最初，我国的相关立法逐渐出现"法定代表人"的表述，并且确定了企业的行政正职负责人是唯一的法定代表人。1993年党的十四届三中全会后，国有企业的公司制改造正式启动，《公司法》应运而生。此时国有企业配套的制度需求占据了极大的视野空间，《公司法》需要维护代表权的集中性。在《公司法》之后的屡次修改中，塑造法定代表人权威性的路径依赖也得以持续。2005年对《公司法》的修正以及2022年发布的《公司法（修订草案二次审议稿）》对法定代表人制度的修改均未触及实质，不改变单一法定代表人的配备，现行的治理困境就难以克服。相配套的法律、法规的出台也带来了制度的互补与协调效应。制度的演变局限于对初始安排的修正上，这是公司治理被锁定的表现。即使对境外代表制度进行借鉴、吸收，也难以与现有制度衔接，无法发挥预期的功能。

第三，法定代表人制度体现了我们对于法人和代表人利益一致性预设的文化驱动路径依赖，在此种思维模式下分权与制衡被漠视。我们倾向于将团体利益与个人利益认定为前者吞噬后者，抑或后者反噬前者的关系。尽管随着自由、平等、民主等观念的传播以及个人正当的逐利行为得到认可，法定代表人与法人利

---

[1] 参见蒋建湘：《我国国有公司股权结构及其法律改革——以公司治理效率为主要视角》，载《法律科学（西北政法大学学报）》2012年第6期。

益的冲突问题显现，但利益一致性假设仍然将法定代表人置于无需得到制约的地位。在这种文化背景之下，"裹挟着本土特色的权力意识，手持法定表意管道的权杖，法定代表人进退失据：要么逾越权限损害公司利益，要么被公司绑定而无法脱身"。[1]

三、制度完善进路

法定代表人制度体现强烈的路径依赖导向，试图破解以完成公司法的进化有以下三种路径：各方谈判来分享转轨而带来的收益、重塑公共意识、通过强烈的变革来消除既得利益者保有的租金。[2] 在我国，由代表广大群众利益的公共机关与法人控制者进行谈判是不可行的。一方面，通过既有的法定代表人制度获得不菲收益的法人控制者与公共权力享有者往往重合；另一方面，民营企业家也可能有寻租的倾向。在我国的语境下，破除集权文化带来的公众共识难以依靠其进行制度的改弦更张。但是，如今法定代表人早已不再承载塑造企业独立法人地位的历史任务，内部治理制衡的追求是当今国有企业改革的重要命题。同时，以往股权高度集中的情况也呈现逐渐减少的趋势，与之相配套的内部权力集中化的制度不具有适应性，不再符合高效率交易与运转、保护中小股东利益的要求。因此，以境外公司代表制度中尊重公司自治、代表人数可以设置多人等原则为参考系，进行变革以彻底破除法定代表人的制度惯性具有相当的必要性。

（一）代表权垄断性的破除：经理权的配备

从英美式的执行董事治理体制与日韩董事会代表董事改革的经验来看，二者共同的着重点都是董事会内部意思决定和业务执行权力的相对分离。在英美法系下，一般认为公司与董事之间为一种信托关系，从而赋予董事会笼统的权力和领导地位。由于董事会的机关属性，最终执行业务的通常是董事会选任的部分董事，如美国采用部分董事和董事会授权的高级主管共同执行业务的模式。[3] 这部分董事作为执行董事，成为名副其实的董事会下属机关。日韩则实行代表董事

---

[1] 刘斌：《公司治理视域下公司表意机制之检讨》，载《中国政法大学学报》2021年第2期。

[2] 参见邓峰：《中国公司治理的路径依赖》，载《中外法学》2008年第1期。

[3] 参见韩长印、吴泽勇：《公司业务执行权之主体归属——兼论公司经理的法律地位》，载《法学研究》1999年第4期。

制度，由董事会持有意思决定权，而代表董事具体执行业务，董事会内部实际分支出执行代表机关。[1] 在我国的体制之下，经理在权力分配中获取到的职权与国外董事会内部权力分化的作用机理实质高度相似。进而有学者提出，可以将我国的经理纳入董事层范围，作为担当业务执行者，地位类似于英美法上的执行董事；并且由其在职务范围内代表公司，对第三人而言地位类似于大陆法上的代表董事。[2] 这种改造的目的是将经理的内部地位构建在一个恰当的位置，使得经理与公司、经理与第三人的关系变得更加明朗。但是若将经理比照董事的身份进行定位与改制，一方面，会带来较为繁琐的配套制度改革需求；另一方面，这会架空经理的概念，而将董事会的实质职能范围扩张，重回业务决策权与执行权归于同一个机关的状态。虽然具有信息反馈及时、决策准确实施等优势，但同时也缺少董事会与经理层之间的相互监督与制约。

《公司法（修订草案二次审议稿）》第 67、74、120、127 条则改变了董事会与经理职权列举的规范方式，代之以抽象的原则性规定。亦即，除股东会职权外的所有事项都由董事会负责，而经理"根据公司章程规定或者董事会的授权行使职权"。这种改变可能基于公司治理模式董事会中心主义的选择而有意强化董事会在公司治理中的地位，并且有尊重公司对内部事项进行自治性安排的合理性。但首先，上述权力集中、印章滥用等问题无法得到解决。即使章程规定或者董事会授予经理对外代理权，也往往具有繁杂性、不确定性和私密性，相对人为确认也须承担公司章程和董事会授权文件的审查义务。经理权本身具有长期性和概括性，为维护交易安全，应该由《公司法》授予经理对外代理权。[3] 其次，如果认为经理的对外表意权可以由董事会授权，但是通常认为我国董事会整体并没有对外表意权，这种授权没有合理正当的基础。[4] 这也进一步印证了改革的核心并非内部职权的分化和经理层的定位。保持业务决策机关与业务执行机关的分离反而更加符合现代公司内部权力移转的新趋势。

实际上，问题的关键在于业务执行者对以制定法授权为依托的代理权的需

---

[1] 参见黄爱学：《日、韩公司代表董事制度立法比较及其借鉴》，载《广西政法管理干部学院学报》2006 年第 1 期。

[2] 参见王保树、钱玉林：《经理法律地位之比较研究》，载《法学评论》2002 年第 2 期。

[3] 参见赵旭东：《公司组织机构职权规范的制度安排与立法设计》，载《政法论坛》2022 年第 4 期。

[4] 参见刘斌：《公司治理视域下公司表意机制之检讨》，载《中国政法大学学报》2021 年第 2 期。

求。无论对经理进行何种定位，只要其负有业务执行的职责，就应当享有相应的对外代理权。《公司法》理应为公司实践提供具有商事特性与相对普适性的规范供给，同时与《民法典》第 170 条进行衔接，如果一味适用传统代理规则将会产生过多的治理成本。从表意通道多元化的角度而言，对经理代理权的配备也符合分权与制约的法理。英美法系中的经理职权广泛，对外代理权仅受到职位本身、反面推定察觉原则、内部行政条规三方面的限制。[1] 在大陆法系下，经理通常获得法律的概括性授权，章程、公司合同也可以进行特殊授权与限制。《德国商法典》第一编第五章规定了"经理权与代办权"：进行经营所产生的诉讼上的和诉讼外的一切种类的行为和法律行为；《日本公司法》第一编第六章也有类似的规定。[2] 相较而言，我国没有赋予经理对外代理公司的当然权力，并不适配于现代公司治理结构，因此也会带来巨大的规制成本。

在《公司法》中有关经理权限的相关条款中明确经理权的配备、完善商事职务代理制度是更优的选择。此时，后者是《民法典》第 170 条在商事领域的特殊规范，甚至由于经理权有对内的管理权之内涵，相较于第 170 条规定的职务代理范围更为广泛。当然，原则上经理对外代理的职权要被限制在非重大经营活动中的常规事项范围内，但是公司章程可以对此进行变通。对于业务是否处于常规的范围内，通常取决于公司的经营范围与商事习惯；并且由于经理的此种业务"既是决策中的执行，也是执行中的决策"，[3] 不免享有部分具体事务的决策权；而对于对公司存在重大影响的事项，如对外投资与担保、转让重要资产等此类公司法或公司章程规定必须经股东（大）会作出决议的事项，经理在获得特别授权的情况下方可对外代理公司。在解释上，应从设置或选任经理人的目的探求经理权的界限，包括所有与为达成商业经营的目的可能有关的事项。[4] 我们也需要尊重企业的自治，允许其以章程、公司合同的方式对经理的代表权范围进行变更。并进行人选和权限的配套商事登记，否则内部限制不能对抗善意第三人。如此，我们便能构建经理权层面的商事代理制度，更能理清对经理授权的界限，明确商事

---

〔1〕参见范健、蒋大兴：《公司经理权法律问题比较研究——兼及我国公司立法之检讨》，载《南京大学学报（哲学·人文·社会科学）》1998 年第 3 期。

〔2〕参见张舫、李先映：《论商法中的经理权》，载《河北法学》2007 年第 2 期。

〔3〕参见王鸿：《公司经理法律地位的确认与职权区域的界定》，载《当代法学》2003 年第 7 期。

〔4〕参见冉克平：《论商事职务代理及其体系构造》，载《法商研究》2021 年第 1 期。

领域的特殊设置与后果。[1] 经理代理权的配备一定程度上可以破除法定代表权的垄断性，避免公司对外签字权以及诉权被代表人挟持，同时减少由于经理对外表意权的制定法依据缺失而使用印章的情况，一定程度上改善实务中代表人独任制带来的效率低下问题。

表1　公司中代表权配置和行使规则一览表

处理事项	重要性	决策机关	代表权配置规则	识别来源	强调价值
重大交易行为	影响公司存续	股东（大）会	代表机关/获得特别授权的经理	法律或公司章程	安全
非重大经营活动	非常规事项（数额大或者非为常规业务等）	董事会	代表机关/获得特别授权的经理	公司章程或商事习惯	安全与效率
	常规事项	董事会/经理	经理	商事习惯或公司经营范围	效率

在经理享有常规事项的对外代表权的前提下，由其担任法定代表人就不再具有充足的必要性。一方面，法定代表人不再是公司唯一代表人，经理基于法律或者章程的规定享有当然的对外代表权，与其执行职能相适配。另一方面，正如前述，我国《公司法》下经理的地位与权限不足以支撑经理独自全权代表公司，会徒增代理成本。由作为决策参与者的董事或者董事会享有代表权，能减少意思形成与意思表达阶段主体割裂而导致的法定代表人干扰公司意思自由的情况。

（二）强调公司自治：共同或集体代表制的可选性

公司作为一个自治性的组织体，应当尊重其在不侵犯他人权益与公益前提之下的意思自治，以追求更高层次的效益。市场环境瞬息万变，只有公司最清楚自身的目标，能够充分衡量自身利益的得失。[2] 但在如今的公司法体制下，只有董事长和经理能够担任法定代表人，数量和范围有限，并且程序严格。一旦选定，除非法定代表人授权或者通过法律规定、章程规定的程序变更董事长或经理，否

〔1〕 比较法上的商事代理包括经理代理权、代办权、营业员的代理权等。参见蒋大兴、王首杰：《论民法总则对商事代理的调整——比较法与规范分析的逻辑》，载《广东社会科学》2016年第1期。
〔2〕 参见〔英〕亚当·斯密：《国富论》，郭大力等译，译林出版社2011年版。

则尽管客观情势发生变化、法定代表人出现道德风险，公司也无法对代表权作出更加合适的安排，公司不得不承受代表权硬性安排的不利后果。[1] 在实践中，各公司总是用各种变通方式，使代表人外的董事、经理等人员也能够代表公司，乃至突破代表人任职范围限制，如 2018 年华为技术有限公司将法定代表人变更为该公司的监事会秘书。因此，《公司法》无需固守传统的代表人制度设计理念，应允许一定的自治空间。

从比较法的角度看待代表权配置自治的问题，能够更加确切地感知到我国《公司法》对代表人选任的干预过多。对于公司代理人选任范围、权限空间与程序自治的尊重正是普通法最为突出的特征。以法人拟制说为依据的代理说盛行于英美法国家，实质上由代理人制度发挥公司代表制度的功能，没有公司代表人的概念。董事会为公司当然的代理机关；同时在公司法规定或者公司授权的范围内，董事、董事会、高级职员，乃至公司秘书等均能以公司名义对外行事，在公司业务需要时作出授权即可。[2] 大陆法系对代表人制度的规定则带有更加明显的强制性，但仍然以公司自治原则为主线。《德国有限责任公司法》第 35 条规定经理为有限责任公司的代表人，当经理为多名时，除非公司合同另有规定，否则实行共同代表。[3]《德国股份公司法》第 78 条规定原则上由全体董事在诉讼上和诉讼外代表公司，但第三人对公司进行意思表示时，向董事会中的一人表示即可；章程或者章程授权的监事会决议可以对共同代表原则进行变更，选择有限共同代表制（两个以上但非全部的董事会成员代表公司）或者不真正共同代表制（一个董事会成员和经理人共同代理公司），乃至单独代表制（一个董事会成员代表公司）。[4] 实践中，德国各股份公司几乎都根据第 78 条第 3 款利用章程对董事会集体代表制进行了变更。[5] 日本、韩国则原则上由董事分别代表公司，但可以由章程规定一名或者多名代表董事代表公司；且代表权通常由各个代表董事分别行使，但董事会可以确定由多名董事共同代表

〔1〕 参见柳经纬：《论法定代表人》，载《贵州大学学报（社会科学版）》2002 年第 2 期。

〔2〕 参见张松晓：《公司代表人制度的比较法考察与启示》，载《商事法论集》2013 年第 1 期。

〔3〕 参见［德］格茨·怀克、克里斯蒂娜·温德比西勒：《德国公司法》（第 21 版），殷盛译，法律出版社 2010 年版。

〔4〕 参见［德］格茨·怀克、克里斯蒂娜·温德比西勒：《德国公司法》（第 21 版），殷盛译，法律出版社 2010 年版。

〔5〕 参见杨继：《中国股份公司法定代表人制度的存废》，载《现代法学》2004 年第 6 期。

公司。[1]其自治性体现在代表董事数量的不受限性以及单独代表制、共同代表制的并存。依据《法国商法典》第 225-51 条第 1 款和第 225-56 条第 2 款，在仅设立管理委员会的单层制股份公司中，原则上由总经理担任公司代表人，并且对于第三人，副总经理与总经理享有相同的权力，但如果公司章程规定由董事长负责公司全面领导业务的，则由其担任代表人；依据第 225-66 条，在同时设立管理委员会与监事会的双层制股份公司中，管理委员会主席或者独任总经理是公司的代表人，但公司章程可以授权监事会赋予管理委员会的其他成员同样的代表权。[2]相较于《法国商法典》2001 年修改之前的董事长单独代表权，修改后的代表人模式增添了更多的任意性。

在实践操作与比较法的视域之下，对选任范围和配置模式的严苛限制实则低效，我们也应当以尊重公司自治、代表人数可以设置多人为原则进行制度的改进与构造。但考虑到法定代表人制度仍体现强烈路径依赖导向，制度的大幅转轨虽有强烈的需求，但现实可能性仍然有限。因而，我们应当在与现有制度有所衔接的前提下，对比较法上的规则进行参考，以增加代表人制度的灵活性与自治性，在法律授权经理对外代表公司签署常规业务合同、行使诉权的前提下，原则上法定代表人由代表公司执行公司事务的董事担任（不允许经理单独代表公司的理由前已论述），公司可以通过章程或者股东大会决议的方式确定符合公司体制的代表人模式，可以由两名以上的董事或者一名经理与董事（此时经理代表权的范围应当依照代表人权限范围而非经理权范围确定）共同代表公司，也可以由董事会全体成员共同代表公司。至少对于封闭性较强的有限责任公司而言，应当允许其进行更加灵活的代表权配置。有相反观点认为，在多人共同代表的情况下，相对人判断对方代表人的难度可能上升，进而影响公司交易的效率。但是在一人代表与多人代表情况下，相对人审查义务并无二致，只是交易习惯有所不同。反而在一人固定代表制对相对人倾斜保护的前提下，相对人养成了"惰于"尽到必要审查义务的习惯，多人代表则可以理顺在交易安全与交易效率上过于保护相对人的偏差。[3]若公司选择了共同或集体代表制，则可以减少个人控制公司对外表意

---

〔1〕比如《日本有限公司法》第 27 条规定："董事代表公司；有数人为董事时，各自代表公司。前项代表权行使的规定，不妨碍以章程或股东大会的决议确定代表公司的董事或确定由数名董事共同代表公司，或依章程之规定由董事之间的互选确定代表公司的董事。"

〔2〕参见《法国公司法典》，罗结珍译，中国法制出版社 2007 年版。

〔3〕参见袁碧华：《法定代表人的制度困境与自治理念下的革新》，载《政法论丛》2020 年第 6 期。

通道的状况，在一定程度上阻碍大股东或者实际控制人"一言堂"的形成。固守法定代表人的唯一性和职权集中性、否定董事会的集体代表权反而会导致董事会整体职权的压缩，与《公司法（修订草案二次审议稿）》第67、120条意图加强董事会中心主义的意旨不符。

此外，经理代表权与代表制多元化的构建均需要配套登记制度的保障与助力。依据《公司法》第13条以及《企业法人法定代表人登记管理规定》（已失效）第3条等条文的要求，对于法定代表人采取登记生效主义的立场。这固然能够保护第三人的善意与交易安全，但公司表意的机制仍属内部自治事项。我们应当转化思维，区分内部权力配置与外观代表权，平衡公司内外部关系，也即对内争议以公司决议为准、对外争议以公示登记为准。最高人民法院在"大拇指环保科技集团（福建）有限公司与中华环保科技集团有限公司股东出资纠纷案"中也秉持此类内外区分的观点。[1] 现行《市场主体登记管理条例实施细则》第6条也仅要求将法定代表人姓名登记，并没有核准登记的表述。因此，我们应当采取登记对抗主义，经理、代表机关的资格或权限范围非经登记不能对抗善意第三人。

四、结语

法人代表作为法人制度之网上的纽结，代表权的安排是公司治理的重要环节。在我国公司权力配置的视角下，代表权集中、印章使用泛滥、代表人干扰公司意思表达等问题实则有迹可循。一则由于我们对分权与制约、职责分担理念的忽视，导致法定代表人的表意垄断与内部权责的集中化；二则是经理代表权的全无或全有的二选一，导致经理执行权与对外表意权的分离，抑或作为代表人的经理干扰董事会的意思实现。《公司法》过度关注法定代表人单一性与权威性形象的塑造，而漠视了代表权分配对公司内部治理结构带来的负面效应与挑战。这既源于历史基因上的"无意识"，也源于路径依赖上的"有意识"，结构、制度与文化上的依赖都暗示了制度转型的高成本。立足于对境外公司代表制度的借鉴以及对我国制度缺陷的审视，《公司法》应当增设授予经理至少包括从事常规事项相

---

[1] 大拇指环保科技集团（福建）有限公司诉中华环保科技集团有限公司股东出资纠纷案，《最高人民法院公报》2014年第8期。

关的签字、诉讼活动在内的对外代理公司的权力，并且原则上由代表公司执行公司事务的董事担任公司代表人，允许公司以章程或股东大会决议方式选择有限共同代表制、不真正共同代表制或董事会集体代表制，并进行配套登记。

（初审：吴国是　陈若琪）

我国类别股制度的法律构建：
以双层股权结构为视角

张沛谋*

内容摘要：双层股权结构提供了一种差异化的表决机制。双层股权结构应当以类别股制度为前提，目前我国《公司法》存在尚未构建明确的类别股制度，造成了理论和制度的缺位。从国际观点上看，双层股权结构的制度引入通常伴随着公司类别股制度的修订，结合我国现有的优先股与双层股权结构的试点经验，构建类别股制度十分必要。2021年12月24日公布的《公司法（修订草案）》已将类别股制度纳入修法之中。在积极移植双层股权结构的同时，《公司法》应当完善类别股制度，以保证我国资本市场的有序发展。

关键词：双层股权结构　类别股　表决权　公司治理

双层股权结构（Dual-Class Shares Structure）是调整公司股权结构方式的一种。近代意义上的双层股权结构企业最早发源于美国，这种所有权和现金流权分离的结构形式带来了全球性的影响。一方面，掌握控制权是企业家的朴素需求，企业家渴望在企业上市融资的同时，保留对于公司的控制权。另一方面，双层股权结构所代表的同股不同权，也对现有的公司制度和理论发起了冲击。

双层股权结构引起了我国学术界的密切关注。随着国内资本市场规制的不断变革，学界的研究方向也经历了若干次转变。双层股权结构最早于2006年进入

---

　　* 张沛谋，台北大学法律学院法律学系2019级博士研究生。

我国学界的视野，早期学界普遍认为，双层股权结构作为舶来品，天然与国企改革契合，以维护社会公共利益作为需求，能在混合所有制企业中保留国有股的成分，[1]在保证国家控制力的同时实现国有资本的逐步退出。因此，关于在国有企业中引入差异化表决机制的提议得到了广泛支持。[2]

2015年前后，学界开始逐步探讨是否开放双层股权结构在我国境内上市。学界主要集中分析双层股权结构优劣的同时，尝试为"同股不同权"寻求新的解释方法。2020年，我国开启在上海证券交易所科创板的试点，正式采纳双层股权结构上市。当下，我国学界的研究重点已从"是否引入"变成"如何引入"，并探讨如何就现有机制进行完善。[3]

双层股权结构的引入可能暴露出一系列法律不相适配的问题。严格说来，我国《公司法》并未构建完备的类别股制度，将规定其他种类股份的权利保留给国务院。[4]在《公司法》尚未提供法定制度的前提下，实践中已经开始出现优先股和复数表决权股，这种缺位的现象缺少立法的支撑。2021年12月24日，经第十三届全国人大常委会第三十二次会议审议的《公司法（修订草案）》正式公开征求意见，类别股制度已经成为本轮《公司法》改革的要点。因此，我国在积极推进双层股权结构试点的同时，应当重新审视现行公司法律体系，回应市场的需求，并构建《公司法》与《证券法》之间的联动。

本文共分为五个部分，第一部分主要探讨双层股权结构在我国的试点情况，指出当下双层股权结构和制度之间的冲突，明确双层股权结构和类别股之间的关系，指出《公司法》应当为双层股权结构提供法律依据。第二部分主要探讨我国类别股制度的发展现状，从同股同权的角度分析双层股权结构的引入对我国《公司法》带来的理论冲突。第三部分通过比较法的研究，归纳主要国家和地区的类别股制度概况，为我国提供立法上的经验借鉴。第四部分从《公司法（修订

---

〔1〕 冯果、杨梦:《国企二次改革与双层股权结构的运用》，载《法律科学（西北政法大学学报）》2014年第6期。

〔2〕 马一:《股权稀释过程中公司控制权保持：法律途径与边界——以双层股权结构和马云"中国合伙人制"为研究对象》，载《中外法学》2014年第3期；金晓文:《论双层股权结构的可行性和法律边界》，载《法律适用》2015年第7期。

〔3〕 沈朝晖:《双层股权结构的"日落条款"》，载《环球法律评论》2020年第3期；朱翔宇、柴瑞娟:《双层股权结构时间型"日落条款"研究——以证券交易所竞争为视角》，载《上海金融》2021年第7期。

〔4〕《公司法》第131条，国务院可以对公司发行本法规定以外的其他种类的股份，另行作出规定。

草案）》出发，尝试探讨在引入双层股权结构的背景下我国类别股制度的应有模式。最后为结论。

一、我国双层股权结构的法律构建

（一）双层股权结构的内涵

双层股权结构已经成为当今资本市场和公司治理辩论中最有争议的问题之一。双层股权结构又被称为双重股权结构，双层股权结构针对公开发行公司，公司将其分为 AB 股两类股份，其中，A 类股份为复数表决权股，每一股享有复数表决权，B 类股为普通股，遵循一股一表决权，AB 股同时并存。[1]双层股权结构的内部构造中必须包含两类不同的股份。一类是通常掌握的普通股，另一类由特定人群持有的，可以称之为特别股份，在企业内部享有一定的投票优势，通常享有比普通股更多倍数的投票权。因此，双层股权结构蕴含的一个基本特征是，即便持股数相同，股份之间的表决权也会存在差异。

（二）双层股权结构的制度现状

在企业发展的各个阶段，都可能产生对股权结构调整的需求。以企业的发展阶段作为分类标准，目前可将引入双层股权结构的阶段划分为：私有化阶段、寻求上市阶段和已上市公司的转型阶段。

1. 私有化阶段

第一阶段为企业的私有化阶段，在企业从设立登记至上市前，企业股权处于相对封闭的状态。[2]我国《公司法》第 42 条并不禁止有限责任公司对表决权进行特殊安排，但上述规定可能存在制度的空缺。根据文义解释，差异化的表决机制仅限于有限责任公司适用，这可能会忽视新设股份公司对于权利控制的需求。我国《公司法》原则上严格遵循同股同权的规定，倘若在设立阶段存在同股不同

---

〔1〕 Joel Seligman, Equal Protection in Shareholder Voting Rights: The One Common Share, *One Vote Controversy*, 54 Geo. Wash. L. Rev. pp. 687–688 (1985).

〔2〕 从严格意义上说，私有化阶段的差异化股权构造，并非学理上所意指的双层股权结构。双层股权结构的探讨范围限于公开公司中适用，一般性的封闭公司所做出的差异性股权安排不认为是本文所探讨的双层股权结构。但本文意在探讨《公司法》对于股权构造的制度现状，所以在此一并罗列，合先叙明。

权的章程设定，可能会面临无法登记的难题。

目前，我国在多个城市已开展登记试点，意图满足科技企业在创立阶段的差异化表决需求。以深圳市为例，2020 年 8 月《深圳特区经济条例》颁布，允许在深圳设立登记科技企业采用特别表决权股份制度。[1]2021 年 3 月，深圳市人大修订的《深圳经济特区商事登记若干规定》开始实施，允许差异化表决安排的架构的公司进行商事登记。[2]2021 年 8 月，杭州市萧山区同样展开"同股不同权"的改革试点。[3]总体而言，目前仅允许有限责任公司和科技型股份有限公司设立差异化的股权架构，暂未开放其他行业企业设立差异化表决机制。

2. 上市阶段

在金融全球化的背景下，证券交易所的地位日益重要，是否允许双层股权结构发行上市，更多体现的是当地的金融监管与证券交易所的上市政策。一方面，各国金融管制及开放的程度将最终影响国际资本的流动规模，影响金融资本在全球金融中心之间的流动；[4]另一方面，提升国际竞争力的同时，贸然移植双层股权结构，则有可能导致一些国家或地区陷入"底线竞争"（Race to the Bottom）的恶性循环。[5]

当今全球对于双层股权结构的立法模式主要包括下面三种[6]：第一，禁止双层股权结构公司上市的禁令模式（Imposition of Bans）。即便双层股权结构能够促进企业上市融资，但制度本身仍存在较大争议，目前仍有很多国家和地区处于观望状态。第二，允许设立且没有任何重大限制的许可模式（Permissive Model），

---

[1]《深圳经济特区科技创新条例》第 99 条，在深圳市依照《公司法》登记的科技企业可以设置特殊股权结构，在公司章程中约定表决权差异安排，在普通股份之外，设置拥有大于普通股份表决权数量的特别表决权股份。有特别表决权股份的股东，可以包括公司的创始股东和其他对公司技术进步、业务发展有重大贡献并且在公司的后续发展中持续发挥重要作用的股东，以及上述人员实际控制的持股主体。设置特殊股权结构的公司，其他方面符合有关上市规则的，可以通过证券交易机构上市交易。

[2]《深圳经济特区商事登记若干规定》第 4 条，商事主体备案包括下列事项：（1）章程或者协议；（2）经营范围；（3）董事、监事、高级管理人员；（4）商事登记管理联系人。商事登记机关应当根据前款规定，按照商事主体类型，分别规定各类商事主体备案事项的具体内容。公司依法设置特殊股权结构的，应当在章程中明确表决权差异安排。

[3]《关于进一步深化商事制度改革激发市场主体活力的若干意见（杭政办函〔2021〕38 号）》。

[4] 许少强：《国际金融中心建设的决定因素：经济实力抑或金融政策——基于历史的思考》，载《上海金融》2013 年第 6 期。

[5] 蒋小敏：《双层股权结构与国际金融中心的制度竞争》，载《上海金融》2020 年第 9 期。

[6] Aurelio Gurrea-Martínez, Theory, Evidence, and Policy on Dual-Class Shares: A Country-Specific Response to A Global Debate, *European Business Organization Law Review*, pp. 1–41 (2021).

例如美国、瑞典和荷兰，这些地区的资本市场更为成熟，给予企业充分的自由。第三，部分受限模式（Restrictive Approach），例如新加坡、加拿大、印度。这些地区的交易所制定的上市规则会对双层股权结构的企业进行限制性规定，诸如表决权倍数、上市企业类型、个案审批等存在其他的要求。

2019年《上海证券交易所科创板股票上市规则》（以下简称《上市规则》）的颁布，标志着我国正式开放双层股权结构的试点，上市公司具有表决权差异安排的，应当充分、详细地就差异化股权结构的内容进行披露，并且满足上市规则中关于持续公开的规则。

3. 资本重组阶段

对于已上市公司的单一表决制度公司，同样会存在转型为双层股权结构的需求。此时，一般会通过修订公司章程进行资本重组（Recapitalization）转变为双层股权结构。目前，资本重组的方式主要包括转换要约（Exchange Offer）、配股方案（Special Dividend）、表决权转化（Voting Rights Alteration）。[1] 资本重组存在较大的不确定性，投资者因信息不对称无法对具体方案进行有效判断，可能导致公众利益受损。目前，包括美国在内大部分国家或地区都不允许上市公司在IPO之后转变为双层股权结构。[2] 我国在试点过程中对表决权架构的变动进行严格限制，暂不允许上市公司通过修改公司章程或资本重组的方式实现双层股权结构。[3]

（三）双层股权结构与类别股制度的关系

双层股权结构在我国有着广阔的发展空间，双层股权结构既能鼓励公司进行上市融资，又能满足保留控制权的需求，从前文可见，我国正在尝试在企业的各个阶段为双层股权结构企业打开通路，但面临的重要问题是，双层股权结构其本身特有的内涵，可能与现有《公司法》的立法理念产生不适，集中体现在类别股制度之中。

类别股制度，是区别于普通股制度的一种制度总成。类别股兼具债权和股权

---

[1] Jeffrey N. Gordon, Ties That Bond: Dual Class Common Stock and the Problem of Shareholder Choice, 76 *California Law Review*, pp. 39–42 (1988).

[2] 张巍：《资本的规则》，中国法制出版社2017年版，第216—230页。

[3]《上海证券交易所科创板股票上市规则》第4.5.2条。发行人首次公开发行并上市前设置表决权差异安排的，应当经出席股东大会的股东所持三分之二以上的表决权通过。发行人在首次公开发行并上市前不具有表决权差异安排的，不得在首次公开发行并上市后以任何方式设置此类安排。

的双重属性，其种类极为丰富。[1] 依照面额之有无、是否记名、面额之存在，会产生不同的分类。双层股权结构必然意味着企业内部存在多种类别的股份，即普通股和特殊表决权股。因此，按照表决权的多寡，会出现复数表决权股（Super-voting share）、限制表决权股（Limited-voting share）及无表决权股（Non-voting share）。

　　类别股制度是双层股权结构的制度前提。双层股权结构和类别股之间并不是从属关系。[2] 双层股权结构是一种在上市公司中实现的差异化表决构造模式，双层股权结构中包含的特殊表决权股是类别股种类中的一环。我国《公司法》总则中并无股份种类的细致规定，其所蕴含的股权逻辑在于我国原则上只允许单一形式的股份表达。虽然我国《公司法》允许有限责任公司在章程中就股份的表决数和表决程序进行自主性安排，其逻辑结果在于，有限责任公司的股份具备了复数表决权股的外貌，这种基于表决权的治理规则承担了类别股应发挥的职能。如前文所述，随着我国上市公司中双层股权结构的试点发展，表决权和现金流权得以重新配置，相比封闭公司，上市公司受到的金融监管和治理引导更为严格，其发行的股份种类和股权内容都应受到《公司法》和其他商事法律的规制，因此，我国公司法需要提供一个股份种类的概念进行统筹。

　　双层股权结构的引入是全方位的构造过程，股份类别股化之后带来的则是股东身份的类别化，持有特殊股份的股东应当与普通股股东相区别。通常而言，作为类别股股东的股东权益享有其特殊性，这种特殊性存在于类别股股东享有自己的意思表达形式，需要由《公司法》提供或者授权以确立权利的边界。

　　因此，《公司法》的类别股制度供给是双层股权结构发展的逻辑前提。双层股权结构使我国《公司法》对于类别股制度的"真空感"更为明显。双层股权结构需要类别股提供制度支撑，类别股是双层股权结构发展的必要前提。《公司法》需要给予类别股制度更为清晰的界定。本文认为，引入双层股权结构的同时，首先应当构建类别股制度。

---

　　[1] 傅穹、肖华杰：《我国股份有限公司类别股制度构建的立法路径》，载《西南民族大学学报（人文社科版）》2019 年第 8 期。

　　[2] 有文章认为，双层股权结构是一种类别股，此种说法并不严谨。如果将双层股权结构与类别股进行直接概念上的等同，甚至将双层股权结构特指复数表决权股，可能导致概念的误用。李燕、李理：《公司治理之下的双层股权结构：正当性基础与本土化实施路径》，载《河北法学》2021 年第 4 期。

二、我国类别股制度的实践经验与理论症结

（一）我国类别股制度的发展现状

我国《公司法》并未具体针对类别股的股份类型进行规定，上市公司一直秉持同股同权（One Share One Vote，OSOV）的表决构造。自 1993 年我国颁布《公司法》以来，一直采取相对保留的形式，将类别股的设立权预留给国务院，直至近年来才开始逐步构建。

1. 优先股

我国类别股制度的设立进程起源于 2013 年国务院颁布的《关于开展优先股试点的指导意见》。2014 年证监会颁布《优先股试点管理办法》，允许境内所有上市公司和非上市公众公司发行优先股。根据管理办法，优先股是一种能使其股份持有人优先于普通股股东分配公司利润和剩余财产，但参与公司决策管理等权利受到限制的股份。[1]商业银行有极高的维持资本充足率的需求，故其更有发行优先股进行融资的动力。[2]优先股多用于满足银行的融资需求，受到了融资方和投资者的青睐。[3]在实务操作中，优先股采用"独立代码、单独表决"模式，每只优先股的代码与上市公司的普通股代码不同，在重大事项进行分类表决之时，优先股股东进行单独表决。[4]

优先股具备固定股息和无表决权的特征，在剥夺表决权的同时给予更多的投资回报，本质更加接近于债权关系，[5]即便上市公司能通过发行优先股实现事实上的无表决权股构造，被视为双层股权制度的鼻祖，其同时呈现无表决权的特

---

〔1〕 根据《优先股试点管理办法》，可对优先股进行如下的理论分类，包括参与优先股和非参与优先股，可转换优先股和不可转换优先股，可赎回优先股与不可赎回优先股，可调整优先股与不可调整优先股，强制分红优先股与非强制分红优先股，本文在此仅做列举，不予赘述。

〔2〕 朱慈蕴、神作裕之：《差异化表决制度的引入与控制权约束机制的创新——以中日差异化表决权实践为视角》，载《清华法学》2019 年第 13 期。

〔3〕 刘胜军：《保护优先股股东的权利——基于政治经济学维度的分析》，载《银行家》2017 年第 3 期；刘胜军：《类别表决权：类别股股东保护与公司行为自由的衡平——兼评〈优先股试点管理办法〉第 10 条》，载《法学评论》2015 年第 1 期。

〔4〕 曾斌、林蔚然等：《资本治理的逻辑》，中国法制出版社 2020 年版，第 9—10 页。

〔5〕 张巍：《资本的规则》，中国法制出版社 2017 年版，第 216—230 页。

点，进一步推动了我国差异化表决权制度的实践发展。[1]

2. 复数表决权股

2019 年，上海证券交易所科创板试点接纳双层股权结构。2020 年，随着优刻得公司（UCloud）和九号公司（Segway-Ninebot）先后在科创板顺利上市，再度丰富了我国类别股制度的内涵：这标志着我国上市企业中存在着事实上的复数表决权股。复数表决权股通常享有成倍数的表决权，一般由企业的创始人、高级管理人及其他享有特殊地位的人拥有。复数表决权股能够在企业吸纳外来资本的同时，满足股东对公司的控制意愿，实现企业家的愿景价值（Idiosyncratic Value）。[2]

从持股比例上而言，企业通常可以对于表决权的倍数差异进行任意设置，但通常会受到证券交易所上市规则的另行规定，最普遍的结构安排是超级表决权普通股每股有不超过 10 倍的投票权。[3]我国在科创板的双层股权结构试点之中，也同样采用了 10 倍表决权作为表决权的倍数上限。现代超级表决权股 10 倍的惯例，最早可以追溯到 1976 年美国证券交易所（AMEX）的 Wang Formula 规则。AMEX 允许 Wang Laboratories 公司以双层股权结构上市，但必须符合其设置的关于股票选举董事、投票权比例、不得稀释低表决权股等要求，其中就包括投票比率不超过 10:1 的规定，后来该规则陆续被其他交易所采用。[4]

从种类上而言，复数表决权股是特殊表决权股的形态之一，根据股份数量的多少，通过无表决权股和限制表决权股的配置同样能够实现双层股权的构造。[5]目前，我国《上市规则》中对于双层股权的构造限制仅包括复数表决权股，限制表决权股及无表决权股暂无适用的可能。

---

[1] 朱慈蕴、神作裕之：《差异化表决制度的引入与控制权约束机制的创新——以中日差异化表决权实践为视角》，载《清华法学》2019 年第 13 期。

[2] Zohar Goshen & Assaf Hamdani, Corporate Control and Idiosyncratic Vision, 125 Yale LJ pp. 594–610 (2015).

[3] Andrew William Winden, Sunrise, Sunset: an Empirical and Theoretical Assessment of Dual-class Stock Structures, Colum. Bus. L. Rev. pp. 863–865 (2018). 美国作为现代双层股权结构的诞生地，起初交易所并没有对投票权的差额比例设定限制。

[4] 如今在美国上市的中概股公司，通常都会选取以 10 倍以内的差异表决权，如赴美上市的百度、盛大、当当网。中国内地的小米公司与美团点评先后在香港上市并采用双层股权结构对于特殊表决权的 A 类股每股 10 票。

[5] 限制表决权股和无表决权股则代表票数递减的规制方向。限制表决权股相较于普通股享有更少的票数，无表决权股则相对更为极端，其完全剥夺股东权中的表决权，无法参与公司的经营决策。

（二）同股同权理论的挑战

类别股制度的引入和现有制度之间必然存在着理论冲突。长期以来，同股同权被视为公司法的基本规则，是绝大多数法域都会采取的直接原则。我国《公司法》第 126 条规定，公司发行股份应当实行一股一权原则，每一股份应当具有同等权利，即同股同权原则。

同股同权严格按照比例性原则（Proportionality Principle）就表决权与剩余索取权（Residual Interests）进行配比。[1] 同股同权的逻辑结果是资本多数决，在资本多数决的价值指引之下，股东以出资份额为基础影响决议结果，以实现股东之间的形式化平等。同股同权是政治学中一人一票发展的结果，被认为是最符合现代民主价值的体现，能够实现社会效用（Social Utility）的最大化。[2] 同股同权似乎更有利于贯彻平等与公平的价值，但同股同权可能并非最佳的股权结构配置。

首先，同股同权的偏离是不可避免的。同股同权的偏离是公司的创始人与最初所有者对于价值最大化的一种趋向性选择，这种选择取决于是否有外部的利益威胁，企业融资开放则同时也会被市场上的"野蛮人"所觊觎。外部威胁促使企业选择一种更为稳妥的方式：掌握控制权，双层股权结构则是其一种集中化的体现。[3] 一股一票作为一种投票结构虽然有其益处，但也只有在假定没有外部利益威胁的情况下才是最佳的。

其次，以同股同权为原则，以同股不同权为例外，逐渐成为各地立法的主要趋势。[4] 根据欧盟的调研报告显示，从各成员国的立法来看，完全同股同权的立法体系（All-OSOV）实际上十分有限，任何强制推行同股同权的尝试都可能导致公司控制权的偏移。[5] 在契约自由的精神倡导下，实践中催生出多种复杂的

---

〔1〕汪青松：《论股份公司股东权利的分离——以"一股一票"原则的历史兴衰为背景》，载《清华法学》2014 年第 2 期。

〔2〕Frank H. Easterbrook & Daniel R. Fischel, The Economic Structure of Corporate Law, p.73 (1996).

〔3〕Sanford J. Grossman & Oliver D. Hart, One Share-one Vote and the Market for Corporate Control, *20 Journal of Financial Economics*, pp. 207–208 (1988).

〔4〕Report on the Proportionality Principle in the European Union, pp. 14–15 (2007), available at:http://ec.europa.eu/internal_market/company/docs/shareholders/study/final_report_en.pdf (last visited Dec. 27, 2021).

〔5〕Arman Khachaturyan, The One-Share-One-Vote Controversy in the EU (2006).

衍生工具对同股同权进行分解（Decompose the OSOV）。包括双层股权结构在内，金字塔结构、交叉持股、表决权拘束契约都是分解同股同权的直接体现。因此，同股同权理论在这样的分解过程中，逐渐失去强制性规则的属性，或者说，呈现出一种半强制性状态。

最后，股东不同的利益偏好需要得到满足。同股同权假定了股东之间的利益同质化（Homogeneity），即便股东间的利益不完全相同，也很可能是相似的。[1]当下，股东异质化（Heterogeneity）已得到我国学界的普遍认可，[2]股东间存在着信息差异与不同的利益偏好，异质化的假定可以很好地解释当下的股权分离情形。[3]也因此，基于异质化理论，类别股制度在于提供一种从资本平等向实质平等的制度突破，实现股东平等原则的实质化，满足公司各类股东的不同需求。[4]

据此，借由双层股权结构试点作为视角，我国市场环境中对于类别股制度的需求也愈发明确。构建创新型公司法的规则是我国国家宏观战略服务能力所需，[5]在股份制度的变革期，我国《公司法》急需构建具有我国特色的类别股制度。

三、比较法视野下类别股制度的变革

当下各国公司法中对于类别股制度主要采用两种立法模式：一种是股份种类的自由化，公司法对公司发行股份种类不作强制性限制，只进行概括规定；另一种模式是种类的法定化，公司只能发行公司法所规定的种类股份。[6]本节将主要介绍全球主要国家和地区的类别股制度的立法，探讨在双层股权结构移植中可能产生的适配性问题，确保类别股制度与双层股权结构之间的良性互动。

---

〔1〕 Frank H. Easterbrook & Daniel R. Fischel, The Economic Structure of Corporate Law, p.73 (1996).

〔2〕 冯果：《股东异质化视角下的双层股权结构》，载《政法论坛》2016年第4期。汪青松、赵万一：《股份公司内部权力配置的结构性变革——以股东"同质化"假定到"异质化"现实的演进为视角》，载《现代法学》2011年第3期。

〔3〕 Shaun Martin & Frank Partnoy, Encumbered Shares, U. Ill. L. Rev. pp. 778–780 (2005).

〔4〕 赵玲：《我国类别股创设的法律路径》，载《法学杂志》2021年第3期。

〔5〕 吴飞飞：《论中国公司法的供给侧结构性改革——兼论中国公司法的"服务型"转向》，载《北方法学》2020年第2期。

〔6〕 张舫：《一股一票原则与不同投票权股的发行》，载《重庆大学学报（社会科学版）》2013年第1期。

（一）类别股授权式立法

1. 美国

美国被认为是首个出现现代意义上双层股权构造的国家。[1]与高度发达的资本市场相一致，美国各州的公司法对于类别股的规制态度较为宽松。[2]以《模范公司法》（Model Business Corporation Act，MBCA）和《特拉华州公司法》（Delaware General Corporation Law，DGCL）为例，美国《模范公司法》第 6.01 条规定，类别股的种类和数量必须在章程中予以明确，同类别股份的权利或限制应当相同。[3]《特拉华州公司法》的规定更为宽松，就股份的面值、投票权、特别权利和资格等不作过多的限制，允许公司自主规定股份类别，但是需要在章程中予以明确。[4]《特拉华州公司法》将发行类别股的权利授予董事会，对于各类股东之间的利益冲突，通常借由董事信义义务作为解释手段。[5]

---

〔1〕 对于双层股权结构，历史上的美国经历了从开放、禁止到再度开放的过程。在 19 世纪美国，"同股同权，一股一票"被认为是理所应当的，进入 20 世纪后，在上市公司的股票发行中，限制股东的投票权的趋势在不断增加。在 20 世纪初期，双层股权结构在市场中大受欢迎，直到 1925 年纽约证券交易所允许道奇兄弟公司上市，反对无表决权股份的声音达到高点。此后，主管机关对双层股权结构采取了相当长时间的禁令规定。1980 年前后，美国证券市场中敌意并购逐步兴起，双层股权结构作为一种防御机制再度被提及。美国证券交易所纷纷修改上市规则，允许双层股权结构的公司上市。至今，美国仍成为全球企业上市融资的首选之地。关于具体美国同股同权和双层股权结构的发展历史，参见 Joel Seligman, Equal Protection in Shareholder Voting Rights: The One Common Share, One Vote Controversy, 54 Geo. Wash. L. Rev. pp. 687, 694—698 (1985). Mary Leung, Rocky Tung, Dual-Class Shares: The Good, the Bad, and the Ugly, pp. 29—39 (2018). available at: https://www.cfainstitute.org/-/media/documents/survey/apac-dual-class-shares-survey-report.ashx. (last visited Dec. 27, 2021). Guido Ferrarini, One Share-One Vote: A European Rule? (2006). ECGI-Law Working Paper No.58/2006, available at: https://ssrn.com/abstract=875620. (last visited Dec. 27, 2021).

〔2〕 Colleen A. Dunlavy, Social Conceptions of the Corporation: Insights from the History of Shareholder Voting Rights, 63 Wash. & Lee L. Rev. p. 1356 (2006).

〔3〕 Model Business Corporation Act 2016, available at: https://www.americanbar.org/content/dam/aba/administrative/business_law/corplaws/2016_mbca.authcheckdam.pdf. (last visited Dec. 27, 2021).

〔4〕 DCGL §151. 每家公司均可通过章程或董事会决议发行多个种类的股份，包括面额股或无面额股，以及具备投票权、优先权、特殊权利和特殊资格的股份。股份种类及权利可以通过章程之外的事实以及决议进行确定。通过事实方式影响股份种类及权利的，应在决议中清晰载明。本条的"事实"是指任何事件，包括任何个人和行为主体（包括公司）的决定或行为。本章所规定的增加、减少或调整股本的权利应适用于所有或部分的类别股。

〔5〕 方嘉麟等：《闭锁性公司释义与实务应用》，元照出版社 2020 年版，第 104—105 页。

美国《模范公司法》和《特拉华州公司法》都强调股份种类和类别的自由化，允许不同类别股份之间存在差异，体现了形式平等向实质平等转变的特征，因而更加强调权利章程记载的重要性。总体而言，美国模式下类别股的范围相当宽泛，企业家可以最大限度地设计股权构造，这种高度自由的设立方式为资本市场注入了更多活力，也为双层股权结构的产生奠定了基础。诚然，这些企业是否能够如愿上市，仍需要各交易所和监管机构进行衡量，但在类别股的制度层面，这种制度自由对于企业发展而言是十分必要的。

2. 英国

对于类别股制度，英国同样采取较为宽松的态度，英国 2006 年颁布了新《公司法》（Companies Act 2006），就英国公司的股份类别和权利在第 9 章进行了专章规定。英国公司在股份类别上享有创设的自由，现行法律和法案中虽然未定义何为股份的类别，但只要公司的一部分股份上附带的权利是相同的，就可以构成一个类别。[1]英国对于股份的记载形式也十分宽松，类别股的权利内容无须强制记载于章程，只需在公司章程、大纲细则或以其他方式记录即可。《英国公司法》对于类别股变更形式的规定更具有弹性。公司章程可以自行确立类别股变更的要件。[2]对于不同意变更的类别股股东，在合计份额达到 15% 的情况下，可向法院申请撤销类别股的变动。[3]

英国与美国同属于类别股自由化的国家，但英国却未促成双层股权结构企业的发展，其原因在于英国的金融监管对待差异化股权结构的上市极为保守，[4]近期，英国金融行为监管局（Financial Conduct Authority，FCA）拟放宽双层股权结构的规定，减少公司上市的障碍，鼓励创新型企业及由创始人主导的公司能更

---

〔1〕《英国公司法》第 629 条。类别股：本条规定，如果股份附带的权利在所有方面都是一致的，则构成一个类别股。

〔2〕 在公司章程没有规定的情况下，类别股的变更需要已发行股份的至少四分之三以上的持有人书面同意，或者该类别的持有人通过特别决议。但该标准也并非强制性要求，公司可以自行在章程中设立甚至可以低于该标准。

〔3〕《英国公司法》第 634 条。拒绝变更的权利：没有股本的公司：（1）本条适用于公司类别股股东根据第 631 条（类别股的变更；没有股本的公司）行使权利的情形。（2）持股 15% 以上的类别股股东（即不支持变更决议或不对变更决议投票的人）可向法院申请取消变更。

〔4〕 根据现行规则，对于双层股权结构的公司无法在伦敦证券交易所的高级市场板块（Premium Segment）上市，仅允许在标准板块（Standard Segment）上市。

快地进入证券市场。[1]从英国的经验观察可知，至少在制度层面上，引入双层股权结构不会在公司的类别股上受到制度阻碍。

3. 新加坡

新加坡在引入双层股权结构的同时，也对类别股制度进行了相应修正。新加坡长久以来一直坚持同股同权的理论，在经历错失曼联公司的 IPO 上市后，新加坡开始逐步拟定修改双层股权结构的上市规则。[2]

现行《新加坡公司法》允许公司发行多种类别的股份，根据第 64A 条，上市公司可以就发行股份的表决权进行特殊安排，允许发行不同表决权的股份，在发行一类或多类别的股份时，应在章程中详细载明各类别股份的权利。对于类别股的权利变动，《新加坡公司法》同样规定了救济措施，在通过公司特别决议后，允许上市公司的股份对投票权做出限制，并允许已发行股份总数 5% 的持有人，向法院申请取消或废除关于类别股的权利变动。[3]

（二）类别股列举式立法

大陆法系国家和地区对于类别股制度倾向于采取明确列举式的立法规定。《日本公司法》对类别股进行了明确规定，依照《日本公司法》第 108 条，公司可以发行各种类别股，包括优先股、劣后股、表决权限制股、取得条件给付股以及当选一定董事监事的股份，但并不允许发行复数表决权股。对于类别股的权利变更，《日本公司法》第 322 条规定，如果类别股的发行可能对类别股股东的权益造成损害之时，必须通过类别股股东会的决议。

日本同样面临着引入双层股权结构和修正本国公司法的制度困境，在类别股制度中不接纳复数表决权股作为法定的股份制度，转采单元股制度来满足上市企

---

[1] Financial Conduct Authority, FCA consults on reforms to improve the effectiveness of UK primary markets, available at: https://www.fca.org.uk/news/press-releases/fca-consults-reforms-improve-effectiveness-uk-primary-markets (last visited Dec. 27, 2021).

[2] Zoe Condon, A Snapshot of Dual-Class Share Structures in the Twenty-first Century: A solution to Reconcile Shareholder Protections with Founder Autonomy, 68 Emory LJ pp. 335–338 (2018).

[3] 《新加坡公司法》第 74 条。对于股本分为不同类别股份的公司，如果公司章程规定，对于任何类别股所附权利的更改或废除，须经该类别已发行股份特定比例股东同意，或须经该类别股份的股东在类别股会议上通过决议批准的，根据该条，任何该类别股份所附带的权利于被更改或废除之时，合计不少于该股份总数的 50% 股东可向法院提出申请，要求取消该变更或废除，一旦提出申请，在法院确认之前，该变更或废除不发生效力。

业的特殊表决需求，〔1〕呈现出一种较为特殊的状态。〔2〕

（三）小结

引入双层股权结构需要公司法提供类别股的制度基础，诸如美国、英国这些传统的英美法系国家和地区，具备成熟市场的同时，立法也给予公司充分的自由，公司法立法中不对类别股的种类作出限制，赋予了企业极大的自主权，交由企业自主规定各类别股份的权利和义务，只要求在各类别的股份中保证类别股份制度的平等。双层股权结构的引入不会滋生制度之扞格，但诸如新加坡这类后起之秀，观其立法经验可以得出，公司法本身受同股同权的制度钳制，引入双层股权结构的同时则必须同步对公司法进行适度的调整。在类别股的权利救济上，部分国家和地区倾向于赋予类别股股东向法院申请否决的权利。

诸如日本这些受大陆法系影响较深的国家，对类别股的规定更为严格，就其种类、适用进行明确的法定化。同时，这些国家在制度改革上也更为保守。受同股同权的传统理论钳制，公司股东只能在公司法的供给范围内进行股份制度的选择。在符合现有学说的前提之下，对双层股权结构进行本土改造，对于复数表决权股，也并非一律禁止，而是呈现逐步开放的趋势。同样，日本在公司法中构建了类别股股东会的制度，在公司决议可能影响类别股股东的权益之时，需要类别股股东会的特殊表决。

上述各国家类别股修正与双层股权结构的移植经验，为我国的制度完善提供了诸多可参考依据。首先，双层股权结构的引入需要公司法予以适度调整，各国家都会不同程度地遭受到同股不同权的理论冲击。其次，公司法应当建立类别股制度，在引入双层股权结构的背景下，尤其应明确复数表决权股的法律地位。最

---

〔1〕《日本公司法》第188条。股份公司可在公司章程中规定，股份公司发行的一定数量的股份构成一个股份单位，股东有权在股东会或类别股股东会上行使一个投票权。前款所述股份数量不得超过法务省法律法规的数量规定。发行类别股的股份公司，单元股的股份数量应当按照股份的种类分别规定。《日本公司法施行规则》第34条。《日本公司法》第188条第2款规定的单元股的数量为1000股且不得超过已发行股份总数的二百分之一。股东按照1单元一表决权来行使表决权，不满足1单元股的不享有表决权，每1单元股的数量不超过1000股，并且每1单元股不能超过已经发行股份总数的二百分之一。

〔2〕公司可以自行规定单元股内的股权数量，比如在章程中规定，A种类股设定每100股为1单元股，B种类股每10股为1单元股，单元股制度下1单元股1表决权，则在持股数量相同的情形下，每100股B种类股的表决数是A类别股的10倍，属于实质上的复数表决权股份。樊纪伟：《日本复数表决权股份制度及发行公司上市规制——兼谈对我国种类股制度的启示》，载《证券市场导报》2017年第4期。

后，类别股的制度构建需要体系化，除股份制度之外，需要辅以类别股股东的权利救济作为配套措施，无论是英美法系常用的法院救济制度或是大陆法系的类别股股东会制度，公司法都应同步作出制度回应。

表1 类别股制度对比简表

国家	类别股自定	允许复数表决权股	类别股载于章程	授权董事会发行
美国	是	是	是	允许
英国	是	是	否	无明确规定
新加坡	是	是	是	允许
日本	否	否；单元股	是	允许
中国	否	否	是	不允许

四、类别股制度的体系构建：从《公司法（修订草案）》出发

类别股制度的体系构建需要结合我国市场经济的发展现状加以探讨。在双层股权结构引入的背景之下，对于股份制度的差异化要求更为突出，现有概括式授权立法的模式存在着诸多不确定性，现有股份制度与理论显得更加捉襟见肘。观察全球双层股权结构移植的潮流，大多伴以修正类别股制度为植入前提，在推动双层股权结构建立的同时，类别股制度的构建应当成为首先思考的问题。

（一）类别股制度法定化

类别股制度，尤其是复数表决权股应该是双层股权结构建设的制度前提。类别股制度的法定化包括概念的引入与股份种类的明确。

首先，《公司法》需引入类别股制度概念。如前文各国立法例所述，各国对于类别股的立法模式因市场需求而有所不同，无论是英美法系的概括授权式立法抑或是大陆法系的列举式立法，都明确将类别股作为一种股份制度的存在，成为公司股份制度的基础。[1]构建体系化的类别股制度应为一部现代公司法典所必需。《公司法（修订草案）》中就类别股制度进行了全面修正，在第五章"股份有限公司的设立和组织机构"中进行规定，区分了有限责任公司和股份有限公司

---

〔1〕 朱慈蕴、沈朝晖：《类别股与中国公司法的演进》，载《中国社会科学》2013年第9期。

的适用，总则与有限责任公司相关章节并无类别股制度的修订内容，有限责任公司则继续沿用现有制度，维持表决比例自定代替复数表决权股的治理方法，〔1〕但此种修订模式略显"顾此失彼"。

长期以来，我国在股份制度上缺少抽象化制度安排。我国公司法总则规范的规制本身缺少商事一般性规则，呈现出碎片化的立法特征。〔2〕现行《公司法》缺少对于股份制度的具体规定，有限责任公司通过《公司法》第 42 条，对表决权的差异化安排可以实现复数表决权股的实质效果。股份公司中，《公司法》第126 条和第 131 条共同构成股份种类的规定，我国将类别股制度的规定概括赋予国务院，总体而言，并未归属于前文所探讨的任何一种模式。此外，在缺乏股份制度的前提下，会加剧股东权利的契约化安排。《公司法》第 42 条呈现出的理论逻辑在于，并不反对有限责任公司股东自主就表决权作出自主性规范，在默认有限公司允许差异化表决机制的同时，认可股东之间存在的表决权拘束契约（Voting Agreement），这种将表决权作为标的契约模式极易引发协议替代治理的困境，〔3〕此种习惯性安排也一并蔓延到上市公司，为金融监管和信息披露带来新的难题。〔4〕因此，无论是从"提取公因式"的技术手段还是实用性的功能主义考量，《公司法》需要以股份制度作为上位概念加以统筹。本文认为，未来《公司法》修法中仍应就类别股概念在总则中加以补强，在分则中针对有限责任公司和股份有限公司同时予以细化，加以完善。

其次，类别股种类需要明确化。由于我国资本市场环境尚未完全成熟，我国《公司法》立法深受大陆法系影响，盲目效仿英美国家引入类别股授权式立法恐滋生不适。在具体落实上，国内学者多赞成采取折衷主义立法，〔5〕具体言之，对于封闭的有限公司，允许企业通过章程自主进行制度安排；对于股份公司则应严格限制各种股份制度的适用类型，保留授权国务院的规定，留足制度空间，以保障我国《公司法》充分的弹性。

---

〔1〕《公司法（修订草案）》第 60 条，股东会会议由股东按照出资比例行使表决权；但是，公司章程另有规定的除外。

〔2〕 钱玉林：《公司法总则的再生》，载《环球法律评论》2019 年第 4 期。

〔3〕 周游：《公司法语境下决议与协议之分》，载《政法论坛》2019 年第 5 期。

〔4〕 蒋学跃：《证券市场一致行动协议问题探讨》，载《证券市场导报》2019 年第 9 期。

〔5〕 赵玲：《我国类别股创设的法律路径》，载《法学杂志》2021 年第 3 期；郭富青：《论公司法与邻近法律部门的立法协同》，载《法律科学（西北政法大学学报）》2021 年第 6 期。

上述观点也得到了《公司法（修订草案）》的采纳。修订草案列举的种类股包括优先股、劣后股、特殊表决权股与转让受限股。同时，草案保留了现行授权国务院进行类别股规定的条款，[1]本文对此予以赞同。但该条文仍有完善空间：其一，目前被草案明确采纳的类别股种类有限。对于特定事项否决权的"黄金股"以及国际上较多采用的"当选一定董事、监事类别股"并未在此列，在股份多样性上仍有待突破。其二，"无表决权股"的适用存有疑虑，是否能够通过该条文第1款第2项，解释出我国允许"无表决权股"的使用，仍有待立法机关进行明释。

（二）类别股制度体系的完善

类别股制度的引入不只在于股份种类的多元，也会要求《公司法》对相关制度进行同步完善。

1. 股份种类纳入公司章程必要记载事项

《公司法（修订草案）》认为，类别股制度应当作为股份有限公司的章程必要记载事项，[2]此种立法方式值得肯定。

首先，类别股作为公司章程的必要记载事项符合现行立法构造。类别股制度的制度设计极易存在信息差异。通过前述各地立法中观察得到，为消除信息壁垒，确保投资者作出理性的投资判断，除英国外，其他法域均一致要求将章程记载作为强制记载事项之中。股份制度事关公司决策的制定与运行，从我国《公司法》第81条出发，公司股份总数、每股金额与注册资本均应作为应当记载的事项。基于整体解释，类别股作为公司股份制度内涵之一，公司的股份种类及其数量应纳入该条的解释范围。

其次，章程必要记载事项是商事公示主义和强化信息披露的共同要求。一方面，在优先股的试点文件中，依照国务院《关于开展优先股试点的指导意见》与《优先股试点管理办法》的意旨，对于优先股的公司章程需要明确关于优先股股

---

〔1〕《公司法（修订草案）》第157条，公司可以按照公司章程的规定发行下列与普通股权利不同的类别股：（一）优先或者劣后分配利润或者剩余财产的股份；（二）每一股的表决权数多于或者少于普通股的股份；（三）转让须经公司同意等转让受限的股份；（四）国务院规定的其他类别股。公开发行股份的公司不得发行前款第二项、第三项规定的类别股；公开发行前已发行的除外。

〔2〕《公司法（修订草案）》第96条，股份有限公司章程应当载明下列事项：……（四）公司股份总数，公司设立时应发行的股份数，发行面额股的，每股的金额；（五）发行类别股的，类别股的股份数及其权利和义务……

东和普通股股东利润分配、剩余财产分配、优先股表决权恢复等诸多事项，都应当在章程中予以明确。另一方面，类别股的权利内容是影响投资者投资判断的重要指标之一。依照科创板《上市规则》要求公司章程记载特别表决权股的数量，并要求双层股权结构企业承担了更高的信息披露义务，依照其规定，现有两家双层股权结构的公司都在其年报中就是否采纳双层股权结构与复数表决权股的具体事项进行显著提示和详细披露。

2. 类别股发行的职权划定

类别股制度变更整个公司股权架构。依照前述各国立法例的分析，几乎都允许将发行类别股的决议授权董事会，在所有权和经营权相分离的国际趋势下，英美国家公司治理采用董事会中心主义已然成为热潮。我国需要明确的问题是，类别股的发行权归属于股东会还是董事会。

长久以来，我国《公司法》展现出强化股东会地位的特征。[1]一方面，秉承股东会中心主义的取向，依照我国《公司法》第 37 条和第 99 条的股东会职权规范，公司重大事项的决策权仍保留给股东会，并未彰显出公司权力由股东会向董事会倾斜的特点。另一方面，我国在试点过程中也将发行类别股的权利交由股东会。我国《优先股试点管理办法》第 10 条规定，发行优先股的权利归属于股东大会。科创板《上市规则》亦将设置差异化表决机制的权利交由股东大会，此处的差异化表决机制必然包含复数表决权股，可以作出复数表决权股的发行权交由股东会的推论。除此之外，科创板《上市规则》无论是对双层股权结构的变更还是对于股权内容的变更同样授权给股东会，据此，就差异化表决机制而言，科创板《上市规则》中体现出的权利核心均为股东会而非董事会。因此，将类别股的发行权归于股东会是符合逻辑推论的。

但在此次修法中，类别股的发行权允许有条件地授权给董事会。依照《公司法（修订草案）》第 164 条，[2]原则上，发行新股的权利仍保留给股东会，例外情况下允许董事会发行，必须满足"股东会或章程授权、新股表决权总数不超过 20%"两个条件。包括本条在内，修订草案总体呈现出向董事会中心主义的靠

---

〔1〕 叶林：《公司治理制度：理念、规则与实践》，中国人民大学出版社 2021 年版，第 52—57 页。

〔2〕《公司法（修订草案）》第 164 条，公司章程或者股东会授权董事会决定发行新股的，董事会决议应当经全体董事三分之二以上通过。发行新股所代表的表决权数超过公司已发行股份代表的表决权总数百分之二十的，应当经股东会决议。

近，多处修正体现出强化股份公司董事会职权的倾向：例如，草案修改了现有公司法对于董事会职权的列举，将董事会定性为执行机构，加强董事会在公司经营决策中的作用。[1]又如，草案在股份公司章节明确董事专门委员会的设置，并且在完善独立董事制度的同时，逐步弱化监事会的职能。[2]

总而言之，从我国现阶段的立法趋势出发，股东会中心主义并不再是"金科玉律"，类别股制度的发行权完全授权给股东会的模式可能会受到局限，以股东会发行为原则、以董事会发行为例外的立法模式更符合当下的发展需求。

（三）构建类别股股东会制度

公司法的修正需要以保护股东利益为出发点，[3]类别股股东的权益应当成为类别股制度建设中的重要环节，为避免经营阶层损害类别股股东权益，在股东行动主义（Shareholder Activism）的指引下积极鼓励股东参与公司治理，对于无表决权股或者限制表决权股的股东，应当给予一定的制度救济。

类别股的发行需要辅以分类表决制度予以配套实施，类别股股东召开类别股股东会对特殊事项进行分类表决，作为公司决议甚至章程变更的前置条件。目前，存在类别股制度构建的法域基本都配备了分类表决制度，[4]在此次修法中，《公司法（修订草案）》在第158条也配套规定了类别股股东会制度。[5]

---

〔1〕《公司法（修订草案）》第62条，有限责任公司设董事会。董事会是公司的执行机构，行使本法和公司章程规定属于股东会职权之外的职权。公司章程对董事会权力的限制不得对抗善意相对人。《公司法（修订草案）》第124条，股份有限公司设董事会，其成员为三人以上。董事会成员可以按照公司章程的规定确定为执行董事和非执行董事。本法第62条关于有限责任公司董事会职权的规定，第63条第1款关于董事会成员中职工代表的规定，第65条、第66条关于有限责任公司董事的任职、辞职和解任的规定，适用于股份有限公司。

〔2〕《公司法（修订草案）》第125条，股份有限公司可以按照公司章程的规定在董事会中设置由董事组成的审计委员会等专门委员会。审计委员会负责对公司财务、会计进行监督，并行使公司章程规定的其他职权。设审计委员会且其成员过半数为非执行董事的股份有限公司，可以不设监事会或者监事，审计委员会的成员不得担任公司经理或者财务负责人。

〔3〕邹海林：《关于公司法修改的几点思考》，载《法律适用》2020年第1期。

〔4〕关于类别股分类表决制的境外立法例，参见王建文：《论我国类别股股东分类表决制度的法律适用》，载《当代法学》2020年第3期。

〔5〕《公司法（修订草案）》第158条，发行类别股的公司，有本法第119条第3款规定的事项，可能对类别股股东的权利造成损害的，除应当依照第119条第3款的规定经股东会决议外，还应当经出席类别股股东会的股东所持表决权三分之二以上通过。公司章程可以对需经类别股股东会决议的其他事项作出规定。

　　类别股股东会制度应从实质和程序两个维度进行分析：

　　从实质上看，应当明确类别股股东会的召集事由。理论上说，类别股股东的召集事由的判断标准应为可能影响类别股股东自身利益，我国现有的制度中已经初见类别股股东会的样态，在召集事由上，《优先股试点管理办法》第10条与第37条将范围限定在公司重大经营事项与优先股的发行之中，优先股股东可以参加股东会并就前述事项进行分类表决。因此，秉承"利益相关"理论的观点，公司章程应当规定可能减损类别股股东利益的事由，防止普通股股东以修改章程为由侵害类别股股东权益。同时，类别股股东会的召集事由应当设立边界，防止类别股股东会成为公司产生正常决议的阻碍。各类别股股东会之间应当保持一定的独立性。针对公司可能存在发行多种类别股的情形，仅有在权利受影响的类别股股东有权召开该类别的股东会，并不必然导致其他类别的股东会召集会议的结果。从《公司法（修订草案）》来看，对类别股股东会的召集事由同样采取"利益相关"的观点，以"可能造成类别股股东的权利损害"为标准，并允许公司章程就类别股股东会的召集事由进行自主性规定，值得采纳。

　　从程序上看，对于类别股股东会的召集规则、议事规则与决议标准应当进行细化规定。[1]一方面，类别股股东会和股东会召开的时间先后，是先有类别股股东会还是先有股东会存在争议，存在同时召集或者区分先后的观点冲突。理论上而言，在股东会作出修正类别股制度的决议应当成为类别股股东召开事由，股东会必须先于类别股制度召开，[2]这种逻辑模式已然增加了公司的决议成本。因此，有学者指出，我国可以根据不同的公司类型进行区分式立法，对于上市公司应当严格区分类别股股东会的先后次序，但对有限责任公司则可以宽松处理，可以共同召开会议，以在决策效率和制度公平之间实现平衡，值得借鉴。[3]但在此次修法草案中，并未就类别股股东会与股东会的召集程序事项作出规定，略显遗憾。

　　另一方面，在决议标准上，需注意规制出席标准和决议标准。在类别股规定于章程的前提之下，公司股东会涉及类别股股东权益变更的提案适用我国《公

---

　　[1]　朱慈蕴、沈朝晖：《类别股与中国公司法的演进》，载《中国社会科学》2013年第9期。
　　[2]　冯果、诸培宁：《差异化表决权的公司法回应：制度检讨与规范设计》，载《江汉论坛》2020年第5期。
　　[3]　王建文：《论我国类别股股东分类表决制度的法律适用》，载《当代法学》2020年第3期。

司法》第 41 条与第 103 条之"三分之二"的决议标准并无疑义，现有《优先股试点管理办法》与科创板《上市规则》中同样就决议标准设置"三分之二"的规定，此观点也被《公司法（修订草案）》吸收。可见，无论从章程修改还是从类别股制度的特殊性角度出发，我国设置的"三分之二"的标准都应得到认可。但是，现阶段立法的规制仅停留在决议标准，并未就出席标准作出要求。但双重门槛的设置直接增加了类别股变更的难度，更彰显出类别股制度所应当具有的稳定价值。

最后，由于制度目的在于保护类别股股东，因此决议标准解释上应作为最低限度标准，应当允许并鼓励公司在章程中设立更高的决议通过标准。在此次《公司法（修正草案）》中，仅就类别股的召集事由允许章程规定，通过文义解释，不能得出允许章程在决议标准上进行自主性规定。结合前文论述，《公司法》可在决议标准上视需求进行补强。

五、结论

资本市场的实践积累和商业需求促使法律制度不断革新。当前，我国证券市场中进行了各类有益的积极探索，随着优先股制度和双层股权结构的逐步试点，加上《公司法（修订草案）》，我国已经展现出建设现代化证券市场的决心。类别股是《公司法》的关键制度问题，从双层股权结构的视角而言，集中体现在以表决权为对象的股份制度的缺失。双层股权结构和类别股制度之间的互动应当是同步的，从目前已知各法域的立法经验来看，我国《公司法》也应当及时予以适当的制度调整，给予类别股种类明确的界定。同时，类别股制度的引入是一体多面的，类别股制度的引入，将极大挑战我国《公司法》现有的同股同权理论，亦会带来章程记载、职权划定与类别股股东会的重新塑造。《公司法（修订草案）》已经对类别股及其相关制度进行了细致规定，对此次的修法方向必须予以肯定。但在未来的修法过程中仍要逐步细化，以提升上市企业的公司治理能力，完善我国的社会主义市场经济制度。

（初审：王　瑶　徐可心）

公司章程外部效力的法经济分析

周宋杰[*]

内容摘要：《公司法（修订草案）》征求意见稿多处有关公司章程的规定产生变动，遗憾的是，章程外部效力问题没有得到根本回应。实际上，章程外部效力不仅是一个法律问题，同样反映出部分经济学问题，章程约束公司的同时，还影响公司后续参与者、外部交易人等其他主体，产生明显外部性，另外，章程具有不完备性，但由于交易成本过高，公司与受影响者难以通过私人协商达成有效率的结果。因此，公司法需要对章程特定记载事项的外部效力进行规范，降低公司与外部人之间的交易成本。规则之上的有效无效乃是形式，规则背后的利益分配才是实质，章程外部效力的深层次矛盾依旧是外部债权人与公司之间的利益博弈，理解与消弭这一冲突还需解释章程外部效力的经济本质，发挥公司法的制度作用。

关键词：章程外部效力　外部性　合同不完备性　成本效益分析

一、问题的提出

《公司法（修订草案）》征求意见稿存在多处公司章程规定的变动，包括提交义务、公示机制、限制内部人职权的对抗效力等。[1]遗憾的是，章程外部效力问题没有得到根本回应。草案规定章程对法定代表人职权、董事会权力的限制，不得对抗善意相对人，对其他记载事项的对抗效力却付之阙如。关于公司章程约束范围，草案第 5 条与现行《公司法》第 11 条保持一致，局限在公司、股

---

[*] 周宋杰，华东政法大学国际金融法律学院 2021 级硕士研究生。
[1]《公司法（修订草案）》第 11 条第 2 款、23 条、34 条、62 条第 2 款。

东、董事、监事、高级管理人员之列。公司章程对公司外部主体（如债权人、第三人）是否具有约束力的问题，在司法实践中也存在不同的见解，需要予以明确，以确立公司章程外部权威。[1]

整体上来说，我国现行公司法缺少有关章程外部效力的原则性规定，即便将现行《公司法》第16条视为章程外部效力的具体体现，但如何理解第16条本身规范属性也存在问题，[2]法院早期在公司超过章程规定限额对外提供担保是否有效这一问题上无法形成统一裁判意见便是例证。[3]上述争论不仅损害交易相对人的事前合理预期，还给司法机关的事后审判带来一定困扰。

学界为此展开积极研究，但公司章程应否具备外部效力远处于争议之中，主流意见认为章程在通常情况下不具有外部效力，[4]但在特殊情况下可以通过法律明文规定赋予章程对抗第三人的效力（如公司对外担保的规定），[5]少数学者认为即使在法律明文提示的地方，章程的规定也不能对抗第三人。[6]此外，还有部分学者从商事登记公示效力[7]、民事契约附随义务[8]、推定知道规则[9]等角度论证公司章程具有外部效力。法学界对外部效力的多元见解源自不同的观察视角，公信力、对抗力以及商事登记积极、消极效力以章程为观察对象，第三人拘束力或相对人审查义务则是以第三人为观察对象，其实都是在论述第三人和公司之间的权利义务关系，本质上不存在矛盾。

实际上，"一刀切"式规定章程外部效力面临两难的困境，需要在第三人交易效率和公司交易安全之间作出抉择，若章程登记公示事项全部具有外部效力，第三人为自证善意，需要对每一项交易审查章程有无特殊规定，交易迅捷便利遭到破坏，反之，公司在章程中记载某类事项的限制将形同虚设，采用章程自治维

---

〔1〕 蒋大兴：《公司法修订草案中的关键缺失》，载《中国法律评论》2022年第5期。

〔2〕 钱玉林：《公司法第16条的规范意义》，载《法学研究》2011年第6期。

〔3〕 梁上上：《公司担保合同的相对人审查义务》，载《法学》2013年第3期。

〔4〕 赵旭东：《公司法》，高等教育出版社2006年版，第174页。

〔5〕 李建伟：《公司法学》（第四版），中国人民大学出版社2018年版，第106页。

〔6〕 朱锦清：《公司法学》修订本，清华大学出版社2020年版，第131页；施天涛：《公司法论》（第四版），法律出版社2018年版，第133页。

〔7〕 周林彬、吴劲文：《公司章程"对外"效力何以可能？——以公司章程担保条款为例》，载《甘肃政法学院学报》2019年第3期。

〔8〕 吴飞飞：《公司章程对外效力重述》，载《广西社会科学》2015年第12期。

〔9〕 陈进：《公司章程对外效力研究》，载《甘肃政法学院学报》2012年第5期。

护交易安全的作用旁落。公司法调整章程外部效力的出发点不是单纯偏向公司或第三人，而是在两者利益失范时求一平衡，法律应该在权利界定上使社会成本最低化、社会资源配置达到最优点，[1]公司法制度目的之一在于降低公司与外部人之间的交易成本，沿此路径不难看出，内部章程对抗外部人的实质是通过公司法合理分配权利义务以达到有效率的结果。

现有法教义学理论多探讨章程具备外部效力的法理基础，鲜有解释公司法为何需要赋予章程外部效力以及哪些类型的记载事项约束第三人是有效率的，这既是章程产生对外效力的两大先决条件，也是背后的制度动机。因此，本文从"为什么""怎么做"两个层面对章程外部效力问题展开全盘梳理：第一部分运用外部性、合同不完备性理论阐述公司法调整章程外部效力的经济动因，第二部分对公司和外部人在不同交易情况下的外部成本收益进行比较，类型化归纳应当产生第三人约束力的特殊记载事项。

二、公司法调整章程外部效力的经济动因

（一）公司章程具有外部性

大陆法系主流观点认为公司章程是一种自治宪章，不仅约束制定者，也约束公司机关和新加入的公司组织者，自治宪章说从"同意加入公司"这一行为中推断出后续参与者具有自愿接受章程约束的意思表示，但章程对受约束主体发生效力的法理基础并不明确。[2]

契约说是英美国家对章程性质的定性，其构成公司和成员共同遵守的法定契约，[3]传统民法理论认为契约具有相对性，是一种特定债权人得向特定债务人请求给付的法律关系，[4]该说能较好解释章程约束力来源，即订立主体间的一致同意，但难以解释章程为何能对公司后续参与者如非发起人股东、继任高管产生约束力。

---

[1] ［美］理查德·波斯纳：《法律的经济分析》（第七版）（中文第2版），蒋兆康译，法律出版社2012年版，第49—50页。

[2] 孙英：《公司章程效力研究》，法律出版社2014年版，第22—24页。

[3] 孙英：《公司章程效力研究》，法律出版社2014年版，第25页。

[4] 王泽鉴：《债法原理》，北京大学出版社2009年版，第8页。

由此可见，法学界解释章程性质的困难在于行为实施者与受行为影响者的分离，换言之，章程订立者之间的权利义务约定可对外部人产生约束力。在经济学上，某些活动可能给第三方——即交易中买卖双方之外的其他人——带来影响，但这种影响没有得到相应的回报或惩罚，[1] 被称为"外部性"（externality）。需要注意的是，外部效力与外部性并非同一概念，章程外部效力由公司法赋予，是否或哪些事项具备外部效力可能随着规则发生变化，但外部性是章程的客观经济属性，无论公司法作出何种规则安排，外部性始终存在。

章程约束力明显具有溢出效应，章程是发起人协商订立的约束股东、公司、董事、监事、高级管理人员的自治规章，[2] 同时，章程记载内容会影响如公司担保权人、债权人之类的外部人。公司对外担保数额和权限原本由内部作出决议或记载于章程，然而，学界形成共识之前，[3] 摇摆不定的司法实践凸显外部性带来的困扰，公司越权对外担保中，最高人民法院早期形成两种裁判进路：[4] 第一种是规范识别进路，首先判断认为《公司法》第16条属于管理性强制性规定，继而认定担保合同有效；[5] 第二种是法定权限限制进路，相对人应当就公司担保的决议等文件进行审查，并以此作为判断是否为善意相对人的基础。[6]

裁判进路不一致，加剧公司履行担保合同的不确定性，早期实证研究结果表明，公司越权担保合同效力认定结果存在明显分化，在458份样本中，认定有效的共有402份，占到87.77%，认定无效的有53份，占到11.57%，剩余3份认定为效力待定。[7] 通常情况下，担保合同能否履行取决于合同本身，与章程记

---

〔1〕 张维迎：《经济学原理》，西北大学出版社2015年版，第459页。

〔2〕 我国现行《公司法》第11条规定。

〔3〕 目前主流观点认为公司提供担保时，担保权人应当承担对公司决议和章程的审查义务。参见高圣平：《再论公司法定代表人越权担保的法律效力》，载《现代法学》2021年第6期；刘俊海：《公司法定代表人越权签署的担保合同效力规则的反思与重构》，载《中国法学》2020年第5期；罗培新：《公司担保法律规则的价值冲突与司法考量》，载《中外法学》2012年第6期。

〔4〕 高圣平、范佳慧：《公司法定代表人越权担保效力判断的解释基础——基于最高人民法院裁判分歧的分析和展开》，载《比较法研究》2019年第1期。

〔5〕 类似观点参见：最高人民法院（2016）最高法民终158号民事判决书、最高人民法院（2016）最高法民终158号民事判决书、最高人民法院（2015）最高法民二终308号民事判决书。

〔6〕 类似观点参见：最高人民法院（2017）最高法民申4565号民事裁定书、最高人民法院（2017）最高法民再258号民事判决书、最高人民法院（2014）最高法民申字第1876号民事裁定书。

〔7〕 李游：《公司担保中交易相对人合理的审查义务——基于458份裁判文书的分析》，载《政治与法律》2018年第5期。

载内容无关，然而，公司越权担保中的裁判进路分歧，导致合同效力可能受到章程影响，这种不确定性打破债权人合理预期，损害担保交易效率，是章程外部性的重要体现。

另外，我国实行资本认缴制度后，股东出资期限可由股东自由在发起人协议或公司章程中约定，公司偿债能力很大程度上受到出资期限的制约。《九民纪要》第 6 条认为，除公司具备破产原因但不申请破产，或公司在债务产生后恶意延长出资期限外，债权人不能请求未届出资期限的股东在未出资范围内对公司不能清偿的债务承担补充赔偿责任。如此规定的原因在于，《企业信息公示暂行条例》第 9 条第 4 项规定，[1] 股东的出资时间向社会进行公示，债权人与公司交易时，有机会审查股东出资时间，决定交易就意味着愿意接受出资时间的约束。[2] 股东以出资期限尚未届满为由向公司债权人提出的抗辩，不是契约之债本身的效力，而是公示产生的效力，即因为出资信息公示的对世效力使这一抗辩突破了债的相对性。[3] 由此可见，担保权人的章程审查义务和债权人的期限忍耐义务无疑是受到章程界外效应的影响。

（二）公司章程的不完备性

美国学者伊斯特布鲁克认为公司与市场参与方之间的安排取决于诸多合同法及制定法，而不是公司法或作为独立主体的公司的地位，后者会掩盖公司交易的本质，因此其将公司称为合同的联结或一套明示或默示的合同，公司章程条款就是真正的协议。[4] 在相当重要的意义上，公司参与方之间的关系属于合同关系，将参与方绑在一起的主要合同是公司章程。[5] 经济学意义上之契约又称合约，指

---

[1] 《企业信息公示暂行条例》第 9 条第 4 项规定，企业年度报告内容包括：……（四）企业为有限责任公司或者股份有限公司的，其股东或者发起人认缴和实缴的出资额、出资时间、出资方式等信息。

[2] 类似观点参见：北京市第一中级人民法院（2017）京 01 民初 256 号民事判决书、广东省广州市中级人民法院（2018）粤 01 民终 7234 号民事判决书、山东省青岛市中级人民法院（2019）鲁 02 民终 2880 号民事判决书。

[3] 钱玉林：《股东出资加速到期的理论证成》，载《法学研究》2020 年第 6 期。

[4] Frank H. Easterbrook & Daniel R. Fischel, The Corporate Contract, *Columbia Law Review*, Vol.89, 7 November 1989, pp.1416–1448.

[5] ［美］莱纳·克拉克曼、亨利·汉斯曼等：《公司法剖析：比较与功能的视角》，罗培新译，法律出版社 2012 年版，第 20 页。

的是一种权利交换的承诺，也就是产权交换的承诺，[1]合约条款的形成可以由当事人之间自行协商，有些条款可能是固定的，特殊情况下还可以由法院和立法机关来提供部分条款，[2]外部债权人以及内部后续参与者之间的合约内容就兼有第一、三种情形。传统民事合同理论重在关注由当事人意思自治而形成的权利义务内容，但法经济学意义上之合约关注双方的权利义务安排，却不注重这种安排形成的途径，既可以由当事人自由约定，也可通过法律规定形成。

合同是严重不完备的，我们将看到这是合同实践一个非常重要的特点。合同往往省略了那些与合同当事人有潜在关系的各种各样的变数和偶然性。[3]要达成和执行一个完备的契约需要具备四方面的条件：其一，定约双方必须预见到达成和执行契约的所有情况；其二，契约各方必须对预见到的所有情况达成一致的权利义务安排；其三，契约执行过程中各方乐意遵守契约条款；其四，契约执行情况能够以低成本的方式被确定。[4]

章程显然无法满足这些条件，公司不会与外部债权人、担保权人就双方权利义务一一协商并在章程中记载，原因主要在于：首先，交易外部人是不确定的，公司订立章程时无法预见其存续期间将和哪些外部人发生交易，为特殊目的而成立的公司可以尝试与外部人就双方权利义务进行协商，但毕竟是少数情况；其次，高昂的事前磋商成本，即便公司能够合理确定未来交易对手方，但双方预见可能发生的所有事故和意外的成本极高，实际上也不可能达到这一程度，况且，对所有情况达成一致权利义务安排需要花费不少时间；最后，合同双方经过深思熟虑后可能会有意留下缺口，[5]事后二次协商不失为一种代替事前约定的低成本冲突化解方式，事前"绞尽脑汁"谈判反倒多此一举。

综上所述，章程因约束范围扩张而具备外部性，作为经济意义上之契约又是不完备的，订立者无法通过与受影响主体一一协商将外部性内在化，立法者和法

---

[1] 张五常：《经济解释》（2014 增订本），中信出版社 2015 年版，第 505 页。

[2] ［美］莱纳·克拉克曼、亨利·汉斯曼等：《公司法剖析：比较与功能的视角》，罗培新译，法律出版社 2012 年版，第 20 页。

[3] ［美］斯蒂文·沙维尔：《法律经济分析的基础理论》，赵海怡、史册等译，中国人民大学出版社 2012 年版，第 272 页。

[4] 于颖：《企业契约的不完备性及其后果》，载《财经问题研究》2008 年第 6 期。

[5] ［美］罗伯特·考特、托马斯·尤伦：《法和经济学》（第五版），史晋川、董雪兵译，上海人民出版社 2010 年版，第 196 页。

官不能不管公司法的具体规定，完全依赖管理者和投资者之间的谈判来达成有效率的结果，[1]政策制定者需要投入时间和精力去创造公司法规则，降低章程外部性和不完备性带来的交易成本。

三、调整章程外部效力的规则属性

公司法作为一国调整公司法律关系的重要法律规范，主要包含强制性规则和赋权型规则，两者的区别在于各方主体有无义务必须遵守，后者可以分为默认规则和菜单规则，即"选出"式规则或"选入"式规则，前者是指若公司没有明确排除使用，那么默认成文法条款约束公司，后者则是指除非公司明确表示愿意接受这种条款的约束，否则对公司不产生任何效力。

公司法强制性规则产生的基础复杂，国外学者归纳为五种：（1）投资者保护说；（2）不确定性说；（3）公共产品说；（4）创新说；（5）机会主义修订章程说。[2]我国学者认为涉及公司治理结构、利润分配事项一般应以任意性规范（赋权型规则）为主，信义义务规则则是针对公司长期合同的不完备性而提供的合同漏洞补充机制，关系到外部债权人和股东公司利益的长期保护，应设定为强制性规范。[3]

我国现行公司法采用不同属性的规则调整后续参与者与公司间的法律关系，主要有以下情形：其一，公司治理结构规则多采用赋权性规则，留待章程自由约定，但对于继任管理者之任职资格、信义义务等职责事项几乎全部采取强制性规则；[4]其二，有限责任公司新加入股东的权利义务大部分在章程中约定，如《公司法》第42条所规定的有限责任公司股东可以通过章程分离表决权与出资比例；[5]其三，与有限责任公司恰恰相反，我国《公司法》第103条规定股份有限公司股东出席股东大会会议，所持每一股份有一表决权，章程不得对股东表决权

〔1〕 Yair Listokin, What Do Corporate Default Rules and Memos Do? An Empirical Examination, 6 *Journal of Empirical Legal Studies* 279(2009).

〔2〕 Jeffrey N. Gordon, Mandatory Structure of Corporate Law, *Columbia Law Review*, Vol.89, 7 November 1989, pp.1549–1598.

〔3〕 罗培新：《公司法强制性与任意性边界之厘定：一个法理分析框架》，载《中国法学》2007年第4期。

〔4〕 我国《公司法》第146条、第147条和第148条。

〔5〕 我国《公司法》第42条规定股东会会议由股东按照出资比例行使表决权，但是公司章程另有规定的除外。

作出变更。这一差异源自公司封闭性不同，有限责任公司股东人数较少且股东间关系密切，差异化的表决安排有利于提升运行效率，股份有限公司封闭性较弱，股东人数众多且相互间并不了解，不参与公司日常事务执行，严格遵循资本多数决原则较为合理。

对于外部交易人，公司法采用强制性规则调整的原因在于：某些情况下，法律权利的初始界定确实会影响经济制度的运行效率，权利的某种配置可能会比任何其他配置带来更高的产值，[1] 科斯第二定律表明在交易成本不为零的情况下，不同的权利初始界定会带来不同的经济运行效率。如前所述，章程外部性无法通过私人协商的方式解决，公司与交易相对人之间的初始权利界定往往含混不清，这样的不确定性带来高昂的交易费用。

采用默认规则或菜单式规则的弊端在于即便公司法对章程外部效力作出权利义务界定，章程也可通过"选出"这些法律规则来使公司法的安排变得毫无意义，此外，即使公司老老实实地将公司法默认的权利义务纳入章程，债权人仍然要通过查询章程来消除不确定性，[2] 这本身就会产生系列交易费用，所以依靠赋权型规则无法达到降低交易费用、提升资源配置效率的目的。

从法经济学的视角来看，公司法采用不同属性的规则处理章程外部性问题依旧要出于成本收益之考量，股份有限公司股东、外部交易人与公司通过私人协商作出权利义务安排的成本高，宜通过强制性规则直接规定权利义务以降低交易成本；就公司内部人而言，有限责任公司股东与管理层容易知悉章程内容，能够与公司通过低成本的私人协商直接达成有效率的结果，公司法作出强制规定反倒有害。

四、成本收益分析下的有效约束事项

（一）"全有"或"全无"外部效力下的交易成本不确定

交易费用的转变不容易（往往不能）以金钱数字或基数来度量，但交易费用

---

〔1〕 Coase R. H., The Problem of Social Cost, *Journal of Law & Economics*, Vol.56, 4 November 2013, pp.837–878.

〔2〕 若采用赋权型规则，外部人与公司交易时，虽然知道公司法关于某些事项的权利义务安排，但不知道公司章程是否将这项法律规定纳入其中，需要查询对方章程来确定。

在原则上是事实，可以考证，先以理论逻辑推断某类费用与某种行为的关联，然后以不同的情况来衡量交易费用的高低。[1]传统制度经济学所关注的交易成本主要由信息搜寻成本、谈判成本、缔约成本、监督履约情况成本及可能发生的处理违约行为的成本构成。[2]

在此讨论两种简单情形下交易费用的高低。当公司法规定章程没有外部效力时：其一，信息搜寻成本不高，原因在于外部人无需关心章程对其有无约束力；其二，谈判成本和缔约成本处于中等水平，主要基于两方面因素的考量，外部人不了解公司基本情况将产生信息不对称，提升谈判和缔约成本，与此同时，公司无需向外部人提供章程会降低磋商成本，谈判、缔约成本升高或降低最终取决于交易类型；其三，处理违约行为的成本将大幅度升高，公司法没有事先界定外部人是否需要受章程约束，私人协商解决争议往往需要多次讨价还价，如果双方最终诉诸法院，还要计算司法成本。

当章程被公司法认定具有外部效力时，外部人有足够激励寻求章程，带来额外搜寻成本，谈判和缔约成本依旧视交易类型而定，但处理违约行为的成本会降低，事前划分权利义务为当事人事后谈判和法院作出判决节省时间。因此，交易费用高低无法直接得出，需结合不同交易事项进行分析，但至少可以解释公司法为何不直接规定章程外部效力"全有"或"全无"。

"一刀切式"规定章程外部效力带来交易成本的不确定，若章程产生外部效力，第三人与公司交易时负有审查义务，第三人交易成本陡然上升，交易迅捷之利益受到损害；若章程不产生外部效力，公司不得以章程公示记载内容对抗第三人，则公司交易成本将增加，[3]交易安全之利益无法得到保护。由此可见，第三人和公司的交易成本处于变动之中，整体升高或降低其实取决于具体交易类型。

（二）不同交易类型下当事人成本收益对比

那么，公司与外部人在章程外部效力问题上的成本和收益主要包括什么？

王文宇教授认为判定特定事项是否具有对世效力之重点为：在"通知公示

---

[1] 张五常：《经济解释》（2014增订本），中信出版社2015年版，第291—294页。

[2] ［德］柯武刚、史漫飞：《制度经济学：社会秩序与公共政策》，韩朝华译，商务印书馆2000年版，第239页。

[3] 每次交易时公司负有主动向单个交易相对人披露章程记载内容的义务。

机制之合理可行性之间"与"第三人之资讯搜寻成本之高低"两者间求一平衡，若通知公示机制合理可行且第三人搜寻成本有限，则章程记载内容得对抗第三人。[1]第三人搜寻成本固然重要，若只讨论搜寻成本却有顾此失彼之嫌，单从第三人角度出发是无法得出搜寻成本高低之结论的，找到一种能够比较公司和债权人双方成本收益的方法可能更为合适。

1. 外部人搜寻成本与搜寻收益

人们只在搜寻行为所带来的社会收益大于搜寻成本时才实施搜寻行为，[2]对外部人而言，搜寻成本主要是指获取和理解章程花费的代价。章程获取成本由多种因素决定，包括搜索途径、搜索时间、搜索内容的真实性和准确性等，同时，获得章程只是第一步，更重要的是准确理解内容，外部人要知道记载事项对交易产生的影响。

我国获取公司章程的途径主要有三种：第一，通过国家企业信用信息公示系统进行查询或直接前往登记机关索要公司章程登记事项信息；第二，利用"企查查""天眼查"等第三方信息平台获取；第三，向公司私下获取。通过第三方信息平台和企业信用信息公示系统等信息技术手段查询章程的时间成本较低，向登记机关或公司直接索取公司章程时间成本较高。公司是否上市对章程内容的真实性和准确性会产生影响，我国非上市公司章程登记公示事项不同于章程记载事项，[3]公示范围实际上小于章程全部记载内容，上市公司因承担证券市场上的信息披露义务，章程全部记载事项通常容易为外部人知悉。[4]因此，非上市公司交易相对人难以获得准确的章程内容，需要花费额外成本向公司直接索取或确认章程内容。

理解成本是搜寻成本的另一组成部分，获取章程是过程，知悉章程如何影响交易才是最终目标。解读章程是专业性很强的工作，有时可能需要中介机构帮助

---

[1] 王文宇：《公司保证之权限与规章之对世效力》，载《台湾本土法学杂志》2003 年第 47 期。

[2] ［美］斯蒂文·沙维尔：《法律经济分析的基础理论》，赵海怡、史册等译，中国人民大学出版社2012 年版，第 295 页。

[3] 我国《公司法》第 6 条规定公众可以向登记机关申请查询公司登记事项，公司登记机关应当提供查询服务。我国《市场登记管理条例》第 8 条规定的登记事项却不包括全部章程记载内容，登记事项与章程内容只是存在部分重合，因此我国章程备案并不等同于公示章程记载内容。

[4] 上海证券交易所关于加强上市公司信息网上披露有关工作通知（上证上字［2001］45 号）规定，凡在本所上市公司，应在 2001 年 4 月 30 日前将公司章程在本所网站披露。

审查。作为公司的"根本大法"，章程记载事项纷繁复杂，如主体权利义务、财务策略、治理架构、反收购条款、关联交易限制等。发觉这些条款对未来交易的影响并不容易，需要经过甄别和筛选，面对股权并购、长期战略协议等重大交易，章程往往是调查的重点。因此，理解章程的成本并不算低，较高的审查程度同样意味着高昂的理解成本。

减少信息不对称、降低商事交易风险是外部人的搜寻收益，信息费用可分为两类，一是关于物品本身的知识或信息，二是交易信息包括价格差异、合约保障以及买卖双方的资讯，[1]外部人搜寻章程显然能够减少后者所导致的信息费用。交易相对人在知悉公司基本财务状况、治理策略以及代表人限制等重要信息时，能够更加迅捷地与公司完成交易，降低双方谈判和协商成本。其实，若外部人在交易完成后享有相当高比例的合作剩余，即便公司法不规定章程具有外部效力，其也有足够大的激励主动获取章程并对内容进行审核，甚至能够达到实质审查程度。换言之，搜寻章程降低风险所带来的收益远大于搜寻成本时，无论公司法是否规定章程具有外部效力，交易相对人都会积极审查章程内容。

2. 章程外部化成本与收益

在可用的机会为既定的条件下，理性人系统而有目的地尽最大努力去实现其目标，[2]公司符合理性经济人特征，可以推定章程记载事项有助于公司实现经济利益最大化，例如公司在章程中记载法定代表人职权范围、设置公司对外担保最大限额以及作出不同类型决议的表决权数量要求等，这些事项符合公司基本利益取向。当记载事项不具备外部效力时，公司可能会实际实施或者被法律强制要求实施不符合章程的行为，这样的行为背离利益最大化目标，甚至损害公司利益，对于公司来说是无效率的。若外部人受到章程特定记载事项约束，那么原先偏离最大化目标的行为会被法律认定为无效或重新修正。

因此，外部化的主要收益是公司能够遵循章程预先设定规则行事，并以此获取利益，这一点非常难以理解，实际上我们无从得知仅凭遵守章程能带来多大的经济收益。广义的经济利益由两部分组成，即积极的经济利益和消极的经济利益，前者是指行为主体通过经济活动带来的利益净流入，后者则是指行为主体采

---

〔1〕 张五常：《经济解释》（2014 增订本），中信出版社 2015 年版，第 417 页。

〔2〕 ［美］格里高利·曼昆：《经济学原理微观经济学分册》，梁小民、梁砾译，北京大学出版社 2015 年版，第 6 页。

取风险规避行动防止利益净流出。

从逻辑上来看，外部化收益是积极收益和消极收益之和，如果消极收益已经大于外部化成本，则外部化收益整体上必定大于外部化成本，因此，可以将外部化收益近似于遵守章程特定记载事项为公司避免的损失。衡量消极收益是比较容易的，外部人需要受章程记载事项约束并因此避免给公司带来损害，在数量上等于外部人不受章程约束给公司带来的损失，以公司对外担保为例，章程限制公司担保事项对担保权人不具有约束力时，公司不得主张担保合同无效，需要承担相应责任，实际损失即全部担保责任超过章程规定限额部分，超出部分其实就是章程外部化的消极收益。

在稀缺性的世界中，选择一样东西意味着要放弃其他东西，一项机会成本也就是所放弃的物品或劳务的价值，[1]外部化成本是章程对第三人具有约束力而使公司遭受的损失，这类成本大多是潜在的机会成本，主要是公司丧失的交易机会以及披露带来的竞争优势削弱。章程内容符合公司利益，但不一定符合外部人利益，约束力给公司带来消极收益时，也会让外部人遭受损失。因此，外部人会更谨慎小心地处理交易，提高交易价格以补偿法律风险，或者干脆拒绝交易，最终由公司承担价格提升、交易频率减少的成本。

同时，信息披露的间接成本不但更加庞大，而且更难测度，其中最重要的无外乎改变公司原有盈利项目的成本，[2]信息作为一种公共产品同样存在"搭便车"的现象，公示章程的目的在于降低交易对手搜寻成本，但章程记载信息对竞争对手同样具有意义，公司往往将其经营方针、投资计划或分配制度等重要事项记载在章程中，竞争对手可以通过搭公示制度的"便车"获得优势竞争地位，类似潜在成本或多或少是外部化引致的。

（三）总效益最大化与约束性事项归纳

传统经济学上认为成本效益分析是将一种项目的成本和收益进行量化并以货币价值形式进行衡量，从而对项目成本和收益进行比较，为政策制定者选择最优

---

〔1〕〔美〕保罗·萨缪尔森、威廉·诺德豪斯：《经济学》第16版，萧琛等译，华夏出版社1999年版，第10页。

〔2〕〔美〕弗兰克·伊斯特布鲁克、丹尼尔·费希尔：《公司法的经济结构》（中译本第二版），罗培新、张建伟译，北京大学出版社2014年版，第318页。

方案提供决策信息的经济评价方法。[1]如前所述，章程外部化收益与第三人搜寻收益之和是双方在这一问题上的总收益，相应的总成本就是外部化成本与搜寻成本之和，因此，总效益等于外部化收益与搜寻收益之和扣除外部化成本与搜寻成本，等式表达如下：

等式一：总效益＝外部化收益＋搜寻收益－外部化成本－搜寻成本

上述等式包含不同主体的效益情况，细致分析各种情况存在困难，尤其是第三人、公司成本收益较为接近时，当前讨论深度仅限于"远大于"这一简单情形。从制度供给成本收益来看，只有效益显著时，公司法的干预才是恰当的。法律成本是法律运作整个动态过程所付的代价，这种代价的描述，包括从静态的制度到动态的运作、从表层的设施到深层的心理。[2]法律的精确性同样应该以法律实施的目标为参照，且不能忽略成本的约束，过度精确的法律不仅是一种浪费，而且会带来额外的麻烦。[3]当公司、第三人成本收益接近时，立法者识别具体情形中总效益是否为正的难度加大，甚至面临无法识别的困难，法律成本代价高昂，同时，由于双方成本收益相互接近，总效益不显著，制度收益不高。

此外，与立法机关的中心化信息处理系统相比，司法机关利用其类似于市场机制的分散化信息处理系统，使其在搜集信息和决策判断方面具有得天独厚的优势。[4]如前所述，当收益、成本较为接近时，公司法并不能提供有效指引，但司法机关可以根据具体情况，作出有效率的判决，及时弥补事前规则空白。

等式二：外部人效益＝搜寻收益－搜寻成本

对外部人而言，其效益等于搜寻收益与搜寻成本的差额：

1. 当搜寻收益远大于搜寻成本时，外部人效益近似搜寻收益，即外部人效益＝搜寻收益；

---

〔1〕 许光建、魏义方：《成本收益分析方法的国际应用及对我国的启示》，载《价格理论与实践》2014年第4期。

〔2〕 钱弘道：《法律的经济分析工具》，载《法学研究》2004年第4期。

〔3〕 田源：《行为法律经济学视野中的"法律确定性命题"——以规则和标准的分类为线索》，载《法制与社会发展》2018年第2期。

〔4〕 ［美］吉莉安·K.哈德菲尔德：《模糊性价值之衡量——对法律精确性的一种经济学视角的考察》，程朝阳译，载陈金钊、谢晖主编：《法律方法》（第19卷），山东人民出版社2016年版，第127页。

2. 当搜寻成本远大于搜寻收益时，外部人效益近似搜寻成本，即外部人效益 = − 搜寻成本。

等式三：公司效益 = 外部化收益 − 外部化成本

对公司效益同样处理，其效益等于外部化收益与外部化成本的差额：

1. 当外部化收益远大于外部化成本时，公司效益近似于外部化收益，即公司效益 = 外部化收益；

2. 当外部化成本远大于外部化收益时，公司效益近似于外部化成本，即公司效益 = − 外部化成本。

根据上述分类，总效益应当存在四种不同情形，如下表所示：

表 1

	外部人效益	公司效益	总效益
情形一	搜寻收益	外部化收益	搜寻收益 + 外部化收益
情形二	搜寻收益	− 外部化成本	搜寻收益 − 外部化成本
情形三	− 搜寻成本	外部化收益	外部化收益 − 搜寻成本
情形四	− 搜寻成本	− 外部化成本	− 外部化成本 − 搜寻成本

对于情形一、情形二，无需公司法调整章程外部效力。当外部人搜寻收益远大于搜寻成本时，其有足够动力主动获取并了解章程，以达到有效率的结果。由于存在搜寻行为，公司可以举证证明第三人知晓章程内容，主张记载事项对其产生约束力。因此，在这种情况下，章程约束第三人的法律效果自动产生，公司法没有必要额外规定。对于情形四，社会总效益呈现为负值，公司法最好不要规定此类记载事项具有外部效力。搜寻收益远小于搜寻成本，表明不存在搜寻行为，外部人没有足够动力获取并了解章程，这些事项虽然与交易有关，但影响不大。同时，外部化成本远大于外部化收益，意味着赋予此类事项外部效力，公司将损失不少商业机会。因此，将此类记载事项的约束力局限在公司内部，才是有效率的。

对于情形三，公司法需要衡量外部化收益和搜寻成本，考虑赋予哪些事项外部效力。由于不存在搜寻行为，[1] 约束第三人的效果无法自动产生，公司法应当

---

[1] 情形三中，搜寻收益远小于搜寻成本，外部人没有足够激励展开搜寻。

作出制度安排以降低外部人、公司的交易费用。接下来，重点讨论情形三，等式表达如下所示：

等式四：总效益 = 外部化收益 – 搜寻成本[1]

当章程约束第三人避免给公司带来的损失大于外部人搜寻成本时，总效益存在剩余，而且两者差额越大，总效益越高。因此，如果某些交易事项可能会给公司带来极大损失，并且这些损失大于搜寻章程的成本，那么公司法赋予规定这类交易的章程内容以外部效力是有效率的。

英美法系更关注交易双方获益情况，相应发展出"对价原则"，一种确保交易公平的机制，通过决定哪些允诺可以执行、哪些允诺不可执行来实现当事人的利益平衡和公正。[2]通常情况下，交易时双方风险收益平衡，但在某些特殊交易类型中，双方获取合作剩余的比例显然不对等，如公司对外担保、赠与自身资产、提供无息借款等，公司从这些交易中获取的收益明显低于外部人，甚至几乎没有收益可以获取，但履行这些交易又要付出相当大的代价，交易相对人获得收益不需要付出对价或者对价微小。

此外，在一些他益型的交易中，外部人需要向公司支付相应对价，但对价收益会被公司自愿移转至他处，如公司设立以第三人为受益人的信托、订立为第三人利益的合同等。外部人虽需要支付相应对价，但公司并没有享受对价收益，因此依旧是收益不对等的。不确定性（风险）是一个企业甚至一个国家难以预先估计的，因而属于不可控的、影响产品收入实现的外在因素，[3]一些传统的高风险商事行为如期货交易、对赌协议等，既可能给公司带来异常丰厚的回报，也可能给公司带来难以承担的损失，章程往往会限制公司从事这些行为。公司在这些交易中的对价收益是平衡的，但获得总效益的关键是考察外部化收益与搜寻成本差额是否巨大，公司在高风险交易中通过章程外部效力避免的损失显然超过交易对手方的搜寻成本。

综上所述，赋予特定记载事项外部效力的原则是外部化收益大于搜寻成本，

---

〔1〕 要让社会总效益 > 0，必须满足外部化收益 > 搜寻成本。

〔2〕 刘承韪：《英美合同法中对价原则之功能分析》，载《中外法学》2006 年第 5 期。

〔3〕 葛家澍：《企业收入实现及"实现"概念探析——论企业收入的已实现、可实现和未实现》，载《审计与经济研究》2012 年第 1 期。

这些事项被分为三类：其一，公司不获取任何收益；其二，公司将收益转移给第三者；其三，公司可能遭受极大损失，上述三种交易类型具有无偿性、他益性和高风险性三项特征。

五、结论

章程特定记载事项对公司后续参与者和外部交易者产生影响，具有明显外部性，根据公司契约理论，章程是参与各方为降低重复协商成本而订立的合同，但由于合同之不完备性，章程订立者无法与受影响主体私下协商解决外部性问题，公司法为降低交易费用，需采用强制性规则调整章程外部效力。

章程外部化成本、收益以及外部人搜寻成本、收益是影响总效益的决定性因素，公司法调整章程外部效力的总效益等于外部化收益与搜寻收益之和扣除外部化成本和搜寻成本。当外部人搜寻收益明显大于搜寻成本时，其会主动搜寻章程，自动达到有效率结果，无需公司法额外干涉。当搜寻成本远大于搜寻收益时，若搜寻收益超过搜寻成本，那么公司法应当赋予此类记载事项外部效力，换言之，因某些交易违背章程可能带来巨大损失时，公司可以通过主张外部效力使相对人受章程约束从而避免损失。

这些交易具有高风险性和收益不均衡两大特征，前者特指虽然收益对等，但大概率会给公司造成巨额损失，后者主要包括公司未取得相应对价、对价收益转移给其他主体两种类型。因此，对于记载有关无偿性、他益性和高风险性等交易的章程内容，公司法应当采用强制性规则赋予这些事项外部效力。

（初审：丁思霖　冯仁航）

法金前沿

算法默示合谋的现实威胁性分析与规制建议

熊利娟*

内容摘要： 定价算法的广泛应用提高了市场信息的透明度和信息间的交互频率，能够降低经营者之间默示合谋的合意成本，减少合谋者的欺骗行为。该特点理论上对默示合谋具有促进作用，因而引发了人们的担忧。当前如何应对算法默示合谋逐渐成为反垄断领域关注的重点。本文从消费者、经营者以及市场结构的不同角度对算法默示合谋成立的假设进行分析，论证了定价算法无法化解如需求弹性、边际成本、价格歧视以及市场壁垒等多个影响默示合谋稳定性的因素。结论认为，算法默示合谋在实际市场中难以达成，具有较低的现实威胁性。因此，主张对算法默示合谋的规制应坚持审慎的干预原则，建议反垄断执法机关强化能力建设，并且在执法前进行全面的市场研究，推定默示合谋时应具有充分确凿的间接证据。

关键词： 定价算法　默示合谋　现实威胁性

一、问题的提出

随着数字驱动商业模式和人工智能的不断进步，算法正成为现代经济发展中必不可少的技术，也被越来越广泛地应用于商业实践。然而，每当新的技术深刻变革企业运营和企业间互动的方式时，都可能带来企业利用它们增强的技术权力损害消费者权益而谋求私人利益的风险，进而引发人们的担忧。[1]定价算法的

---

*　熊利娟，华东政法大学国际金融法律学院 2021 级硕士研究生。

〔1〕　OECD, Algorithms and Collusion: Competition Policy in the Digital Age, p.7(2017).

广泛应用也不例外。其中，定价算法默示合谋[1]给当前反垄断执法带来的挑战更是被重点关注。定价算法默示合谋是指经营者之间没有经过相互磋商，而经营者普遍使用的定价算法通过不断地自主搜集和分析市场数据，共同将市场价格锁定在高于竞争价格的水平，形成限制竞争的行为。[2]

在司法实践方面，已有国家对算法合谋进行研究并发布相关报告，如德国反垄断委员会发布的《竞争政策：数字市场的挑战》、美国FTC发布的《大数据：包容工具抑或排除工具》、OECD发布的《算法与合谋：数字时代的竞争政策》等。

在学术研究方面，国外研究中存在多种不同观点。有学者通过设置情景进行逻辑推理，认为算法默示合谋是现实的，呼吁政府对其进行反垄断规制。[3]而持相反观点的学者则将算法默示合谋称为"科幻小说"，认为算法默示合谋的基本假设过于严格。[4]通过考察算法设计和实际市场情况，[5]论证默示合谋结果具有非真实性，强调基于证据的反垄断监管。上述对算法默示合谋的真实性或现实威胁性持不同观点的学者，对待反垄断规制的态度也十分不同。认为算法默示合谋具有现实威胁性的学者持强监管态度，主张对当前的反垄断执法进行扩展，将默示合谋纳入其中。而认为算法默示合谋不具有现实威胁性的学者则更加支持审慎的监管态度。

与国外研究相比，国内学者对算法默示合谋的研究起步较晚。在算法默示合

---

[1] 鉴于当前产生算法合谋问题的领域有限，本文所指的算法合谋主要是指经营者通过各类定价算法达成的价格合谋行为。

[2] 目前针对算法默示合谋的分类有两种，一是Ezrachi和Stucke在《算法的陷阱：超级平台、算法垄断与场景欺骗》一书中提出的"预测代理"场景下的算法默示合谋和"电子眼"场景下的算法默示合谋；二是OECD发布的报告中提出的信号算法默示合谋以及自主学习算法默示合谋。两种分类虽有差异，但在"预测代理"场景下和信号算法分类下算法如何促进和巩固默示合谋的担忧逻辑一致，如定价算法的运用会提高价格信息的交互频率、市场透明度等，具体内容于下文详述。对"电子眼"场景和自主学习算法引起的算法默示合谋都没有准确的解释。考虑到当前技术发展与实现后一种算法默示合谋之间存在的巨大差距，本文只讨论前一种，即"预测代理"或信号算法默示合谋。

[3] [英]阿里尔·扎拉奇、[美]莫里斯·E.斯图克：《算法的陷阱：超级平台、算法垄断与场景欺骗》，余潇译，中信出版社2018年版，第五部分"有形之手的介入"。

[4] Nicolas Petit, Antitrust and Artificial Intelligence: A Research Agenda, *Journal of European Competition Law & Practice*, Vol.8:361, pp.361–362(2017).

[5] Bernhardt & Ralf Dewenter, Collusion by Code or Algorithmic Collusion? When Pricing Algorithms Take Over, *European Competition Journal*, Vol.16: 1, pp.1–30(2020).

谋的真实性研究方面，有学者通过建立算法模型成功实现了算法与人类合谋的情形，[1]但结果极不稳定。其余研究则主要集中于反垄断制度对算法合谋的应对及创新。例如钟原分析了算法合谋反垄断执法面临的难题并提出类型化的反垄断规制思路；[2]时建中通过对共同市场支配地位的构成要件进行解析，认为共同市场支配地位制度拓展适用于算法默示合谋具有必要性和可行性；[3]周围通过分析合谋形成的理论内核和"协议"的内涵，认为将算法默示合谋引入反垄断法规制具有正当性，并从多个方面探究了规制算法默示合谋的合理性框架；[4]唐要家、尹钰锋分析了算法达成合谋的经济机理，主张采取事后反垄断禁止为主，同时辅以事前规制的政策组合，并建议创新反垄断工具以应对算法默示合谋。[5]

现有的官方报告和学术研究大多是理论上的推演，对于实证的分析和论述相对较少，算法默示合谋的现实威胁性究竟如何尚无定论。笔者认为在对算法默示合谋的现实威胁性具有充分认识的基础上考虑如何规制，可以避免监管力度不够而影响市场竞争秩序，或是监管力度过大而抑制技术创新和市场信息交换效率的问题。因此，尝试从算法默示合谋成立的基础逻辑出发进行经济分析，考察算法默示合谋在实际市场竞争中的威胁性，基于分析结果提出规制建议。

二、现有观点：存在算法默示合谋的隐忧

根据现有观点，导致算法默示合谋隐忧的原因是多层面的，一是定价算法的广泛应用，二是定价算法的动态定价功能将可能增加默示合谋的风险，三是对于潜在的算法默示合谋，当前的反垄断法"束手无策"。对上述原因的层层分析，有助于厘清算法默示合谋何以引起人们的广泛关注和担忧。

（一）定价算法的应用

定价算法通常被理解为市场中经营者运行的计算代码，用于自动设定价格以

---

〔1〕 Nan Zhou et al., Algorithmic Collusion in Cournot Duopoly Market: Evidence from Experimental Economics, *arXiv preprint arXiv*: 1802.08061 (2018).

〔2〕 钟原：《大数据时代垄断协议规制的法律困境及其类型化解决思路》，载《天府新论》2018 年第 2 期。

〔3〕 时建中：《共同市场支配地位制度拓展适用于算法默示共谋研究》，载《中国法学》2020 年第 2 期。

〔4〕 周围：《算法共谋的反垄断法规制》，载《法学》2020 年第 1 期。

〔5〕 唐要家、尹钰锋：《算法合谋的反垄断规制及工具创新研究》，载《产经评论》2020 年第 2 期。

实现利润最大化。[1] 作为一项先进、中立的技术，定价算法与传统人工定价方式相比具有以下优势：第一，对竞争对手能够实现实时动态定价。定价算法具有强大的数据搜集、处理和优化决策的能力，能够对供应条件的变化（如库存、产能限制或竞争对手的价格）以及市场需求的波动做出即时反应。[2] 此外，使用定价算法的电子商务经营者不受设计新广告、创建新目录和标记商品价格变化的"菜单成本"的影响，只需一个指令便可以即时重新定价。[3] 第二，对消费者能够实现个性化定价。定价算法通过对消费者数据的分析，在了解消费者的消费习惯、行为偏好、经济状况等信息的情况下，可以对消费者进行精准的个性化广告推送以及判断不同消费者对同一商品或服务的保留价格，从而实施价格歧视，获得更多的消费者盈余。[4]

显然使用定价算法的经营者在市场中将获得竞争优势，各经营者为了确保自己不在竞争中落败，会竞相投入定价算法技术的研发和应用，开展"大数据军备竞赛"。[5] 2017 年欧盟委员会完成了对电子商务部门的调查，调查中 50% 的经营者表示会跟踪竞争对手的在线价格，通常使用定价算法程序对数百个定价网站进行即时访问，"爬取"和监控竞争对手的产品价格或其他商业信息。其中约 78% 的经营者表示会根据获取到的竞争信息相应调整自己的定价。[6] 定价算法的广泛应用是产生算法默示合谋隐忧的前提，其为合谋的形成提供了必要的基础条件。

（二）算法促进默示合谋的风险

默示合谋与具有垄断协议的联合限制竞争行为——明示合谋相对，通常指经营者之间没有垄断协议，甚至没有经过磋商，而实际上存在协调一致的行为。[7]

---

〔1〕 Chawla, S., J. D. Hartline & R. Kleinberg, Algorithmic Pricing via Virtual Valuations, In Proceeding of the 8th ACM Conference on Electronic Commerce, pp.243–251(2007).

〔2〕 OECD, Algorithms and Collusion: Competition Policy in the Digital Age, p.7(2017).

〔3〕 Weiss, R. M. & A. K. Mehrotra, Online Dynamic Pricing: Efficiency, Equity and the Future of E-commerce, *Virginia Journal of Law and Technology*, Vol.6: 1, p.3(2001).

〔4〕 喻玲：《算法消费者价格歧视反垄断法属性的误读及辨明》，载《法学》2020 年第 9 期。

〔5〕 [英] 阿里尔·扎拉奇、[美] 莫里斯·E. 斯图克：《算法的陷阱：超级平台、算法垄断与场景欺骗》，余潇译，中信出版社 2018 年版，第五部分第 6 章 "中心辐射式场景"。

〔6〕 Paul Gilbert & Alexander Waksman, The European Commission's E-commerce Sector Inquiry: from Market Power to Marketplace Power? *Comp Law*, Vol.16: 179, pp.179–180(2017).

〔7〕 [美] 理查德·A. 波斯纳：《反托拉斯法》（第二版），孙秋宁译，中国政法大学出版社 2003 年版，第 62 页。

默示合谋是反垄断法中"其他协同行为"的表现形式之一。理论上经营者有可能默契地达成共同将价格固定在高于竞争价格水平的合意,形成限制竞争的效果。但实际中由于达成合谋合意的信息成本较高,且合谋者之间的欺骗行为层出不穷等问题,市场中的默示合谋并不常见。当前对于算法能够促进默示合谋的隐忧大多建立在定价算法的第一个应用优势之上,认为这一应用优势对于化解上述问题、促进和巩固默示合谋具有以下作用。

首先,算法显著降低了达成合谋合意的信息成本。定价算法提高了价格信息的交互频率。这一特点具有两方面的意义:第一,由于协调形成共同目标的成本过高,传统的默示合谋通常限于寡头垄断市场。而算法快速搜集、处理价格信息的能力降低了协调成本,可以弱化经营者数量与达成合谋之间的相关性,[1]使合谋发生在广泛应用定价算法的非寡头市场成为可能。第二,可以减少价格信号的成本。传统市场中率先发出价格信号(将价格提高到竞争价格之上)的经营者需要承担其他竞争者不予回应或回应过慢导致自身损失的风险。而高频的价格信息互动将减小这种风险。当有算法试探性地定出高于竞争价格的价格时,即可能被竞争对手的算法迅速捕捉,并根据自身利润最大化的目标对该信号快速做出加入或拒绝合谋的回应。即使竞争对手不予回应或拒绝合谋,发出信号的算法也可以快速降低价格,防止造成客户流失。

其次,算法可以有效减少合谋者的欺骗行为。这体现在两个方面:第一,根据动态寡头垄断理论,如果经营者之间的博弈次数有限,合谋将无法持续,因为欺骗会是一种占优策略。[2]而算法之间信息的高频互动使价格博弈可以持续迅速地进行,欺骗所能得到的好处将大大降低。第二,算法显著提高了市场信息的透明度,市场行为暴露在每个经营者的算法监控之下。经营者可以快速发现对手是否遵守达成的默示合谋协议。一旦发现对手想要以低于固定价格的定价抢占市场份额,其余合谋者便会迅速跟进,引发价格战。率先降价的"叛徒"无法从降价中获利,跟进的合谋经营者也会遭受损失。因此为避免不必要的价格战,算法会偏向于维持已经形成的合谋局面。

---

〔1〕 周围:《算法共谋的反垄断法规制》,载《法学》2020 年第 1 期。
〔2〕 〔美〕朱·弗登博格、〔法〕让·梯若尔:《寡头垄断的动态模型:理论与应用经济学基础》,张嫚等译,机械工业出版社 2016 年版,第 63—74 页。

（三）当前反垄断法的规制困境

为规范平台企业的发展，2021 年 2 月国务院反垄断委员会出台了《关于平台经济领域的反垄断指南》。根据该指南第 5 条的规定，算法默示合谋属于其他协同行为，但该如何规制存在诸多现实困境。

首先，协同行为难以识别。协同行为的认定一直是反垄断领域的一大难题，法律法规对其内涵和外延的规定都不甚明确。《关于平台经济领域的反垄断指南》对协同行为的认定仅简要提及在难以获得直接证据时，可以根据《禁止垄断协议暂行规定》第 6 条的规定，适用间接证据进行推定。《禁止垄断协议暂行规定》第 6 条列举的间接推定协同行为的考量因素包括"一致性的行为""意思联络或信息交流""缺乏合理解释"以及"相关市场的情况"。[1]这些本就模糊不清的因素在算法默示合谋中存在适用困难。第一，难以查证经营者之间具有意思联络或信息交流。算法默示合谋是各经营者采用的定价算法针对市场情况所做出的自动反应，经营者的意思表示隐于算法黑箱之中，甚或本就没有意思联络。第二，上文已提及定价算法具有应用优势，经营者广泛使用算法具有正当性和合理性，难以通过间接证据推定经营者使用定价算法存在主观的合谋意图。第三，算法的广泛使用使寡头的相互依赖发生在非寡头市场成为可能。根据寡头相互依赖理论，定价算法之间相互搜集信息再基于市场信息做出定价决策是理性且不可避免的，[2]市场中的平行行为与协同行为将更加难以区分。

其次，责任承担主体难以确定。算法默示合谋中的合谋是由算法代替经营者做出，对于算法、算法研发者还是算法使用者是责任主体的问题尚存争议。另外，算法默示合谋需要具备算法广泛应用的基础，使用定价算法的经营者越多越容易形成合谋的效果。若将经营者确认为责任主体，无法确定执法机关应将惩罚的红线划在第几个使用定价算法的经营者那里。在定价算法具有竞争优势的情况下，限制在后经营者的使用不仅不具合理性，还会巩固在先使用定价算法经营者的垄断地位。

算法默示合谋是传统默示合谋的老问题在数字化时代的新形式。通过梳理发

---

[1] 剌森：《平台经济领域中算法协同行为的治理机制研究》，载《经济问题》2022 年第 3 期。

[2] Turner Donald F. The Definition of Agreement under the Sherman Act: Conscious Parallelism and Refusals to Deal, *Harvard Law Review*, Vol.75: 655, pp.655–706(1962).

现算法可以降低合谋合意成本，以及减少合谋者的欺骗行为的推论是引发人们诸多忧虑的根本原因。但从市场整体视角观察默示合谋可以发现，上述推论在真实市场中难以成立，算法很难化解影响合谋达成的重要因素。笔者基于对市场参与者以及市场结构的分析，认为算法默示合谋难以实现。

三、假设分析：算法默示合谋难以实现

市场中的经营者以追求利润最大化为目标，默示合谋理论上是经营者可能选择的市场行为之一。但在实际市场中，经营者的行为受到各方市场参与者以及市场结构的影响，这一选择总是难以实现也未必是最佳选择。笔者认为对算法的应用能否提高经营者默示合谋的现实威胁性的分析，应全面考虑市场参与者的决策以及市场结构是否产生实质变化。具体而言，应当考察算法的应用是否能够改变市场中消费者的需求决策、经营者的供给决策，以及体现市场竞争动态变化的市场结构的情况。当前认为算法默示合谋存在隐忧的观点中并未对市场参与者及市场结构进行全面讨论，而是暗含或默认了一些未经推敲的假设，如市场中的消费者被动接受合谋结果，经营者总是倾向于选择加入合谋以及市场结构固定不变。下文将考察算法能否对市场参与者的决策以及市场结构产生实质影响，重点对被默认成立的假设做进一步分析。若未产生实质影响或假设并不成立，则算法默示合谋的现实威胁性存疑。

（一）消费者：主动选择而非被动接受

当前对算法默示合谋的分析中很少有关于消费者的讨论，默认消费者只能被动接受算法形成的合谋结果。这种接受体现在两个方面，一是对合谋价格的接受，即消费者对商品缺乏需求价格弹性，在商品价格提高时不会减少需求；二是对合谋行为的无能为力，即消费者一方的力量在经营者强大的算法权力面前十分弱小，对算法默示合谋束手无策。更有甚者，消费者可能察觉不到市场中的价格操纵力量，"数字化的手"将取代"无形的手"。[1] 然而事实果真如此吗？如果我们以更加乐观的态度观察市场中的消费者力量，可以发现上述算法合谋中的假

---

[1] ［英］阿里尔·扎拉奇、［美］莫里斯·E.斯图克：《算法的陷阱：超级平台、算法垄断与场景欺骗》，余潇译，中信出版社2018年版，第五部分"有形之手的介入"。

设并不可靠。

首先，消费者对商品缺乏需求价格弹性，可以分为两种情况。第一，算法默示合谋只能发生在缺乏需求价格弹性的商品市场中；第二，算法在所有具有可替代性的商品市场中达成了默示合谋。对于第一种情况，一种商品的需求价格弹性除了其本身的性质外，主要是由其他替代品的多或少以及它们的价格决定的。[1]缺乏价格需求弹性的商品通常没有替代品或替代品难以获得。然而真实市场中的商品基本都存在替代品，也即消费者对绝大多数商品都不缺乏需求价格弹性。以电为例，一般认为电在日常生产、生活中必不可少，且由于电力管制，仅由国家电力部门供应，较难替代。但实际在电力局用电供需缺口较大或电价过高时，减少用电或自备发电机都将成为消费者的新选择。[2]

对于第二种情况，算法在所有具有替代性的商品市场中达成合谋也不具有真实性，原因在于：（1）无法准确界定具有替代性的商品市场。反垄断法中用"相关市场"的概念代表"具有替代性的商品市场"。相关市场的界定依据是商品的交叉需求弹性，具有较大弹性的商品同属相关市场。然而自19世纪90年代英国经济学家阿弗里德·马歇尔提出需求弹性的概念至今，仍未有测定需求弹性的良方。以至于经济学中认为对需求弹性的直接测定是令人绝望的、不可靠的。[3]交叉需求弹性只能作为定性而非定量的界定依据使得相关市场的外延模糊不清，无法准确界定。（2）假设算法能够突破相关市场界定的难题，但相关市场中的商品虽然具有一定的替代性，差异性却更加明显。不同的成本、生产效率、市场份额、目标消费者人群等使得商品原本的价格分属于不同的等级。即使可以通过算法搜集、处理所有相关市场的商品信息，也无法使相关市场中成本差异巨大的经营者共同固定价格，达成相同的利润目标。

其次，消费者对算法默示合谋无能为力的假设也不尽然。算法的不断发展并不只是给了经营者权力，也同样增强了消费者的选择权。搜索引擎、比价网站与

---

[1] 张五常：《经济解释》，中信出版社2010年版，第173页。

[2] 据《钱江晚报》报道，2004年夏季杭州将遭遇"用电荒"的消息导致该年1月至5月自备发电机的用户注册数量激增，注册总量从原本的900多户升至4800户。《"人间天堂"杭州遭遇电力危机》，https://news.sina.com.cn/c/2004-06-18/15383453135.shtml；《杭州人争相自备发电机私自安装暗藏"杀机"》，https://news.sohu.com/2004/06/27/70/news220737042.shtml，最后访问时间：2011年6月15日。

[3] [美]赫伯特·霍温坎普：《联邦反托拉斯政策——竞争法律及其实践》，许光耀等译，法律出版社2009年版，第83页。

电商平台使消费者可以快速了解不同商家提供的同类商品的种种信息，大幅降低了搜索成本。更有甚者，算法助理可以为消费者谈判和执行交易，形成买家联盟以享受更好的折扣。[1]在消费者可以轻易获得商品的价格、品质和品牌信息并进行比较时，即使经营者达成了算法默示合谋，商品品质或品牌不具竞争优势的经营者同样会很快失去客户。这部分经营者的利润目标将进一步偏离合谋整体的利润最大化目标，不得不退出合谋，转而以低价换取需求弹性较高的消费人群。

（二）经营者：价格歧视而非固定价格

算法默示合谋中假设经营者总是倾向于达成价格合谋，将市场价格固定在竞争价格之上。并且基于定价算法的第一个应用优势，当有合谋者实行欺骗行为时，其他合谋者可以快速发现并展开价格战，使率先降价的背叛者无利可图。这一假设和逻辑非常清晰，但其背后有着非常严苛的市场条件，在真实市场中难以成立。

首先，只有当经营者具有相同的生产效率和边际成本时，上述固定同一价格和实施惩罚巩固合谋的假设才能成立。由于默示合谋的结果是合谋集体的利润最大化，而非合谋者自身的利润最大化，因此经营者具有背叛合谋实现自身利润最大化的动机。如前所述，算法可以实现对背叛合谋行为的惩罚。对欺骗最有效、最可靠的惩罚是其他合谋者都迅速跟进降价者，将价格降到竞争水平。[2]根据算法默示合谋的假设，想要降价的经营者预期自己会迅速受到惩罚，为避免两败俱伤的结果，不会选择降价。然而，这一假设下要求所有合谋的经营者都具有相同的生产效率和边际成本。合谋经营者之所以采取跟进降价的惩罚措施是为避免降价者用低价抢占了自己的市场份额，但其所能跟进的惩罚在价格等于边际成本时便会自动停止，继续跟进降价会使自己生产越多损失越大。[3]如果经营者们的生产效率相同，具有相似的边际成本，价格战会在价格降低到边际成本时结束。但若率先降价者具有更高的生产效率、更低的边际成本，则可以选择继续降价而其

---

〔1〕 Michal S. Gal & Niva Elkin-Koren, Algorithmic Consumers, *Harvard Journal of Law & Technology*, Vol.30: 309, p.309(2017).

〔2〕［美］赫伯特·霍温坎普：《联邦反托拉斯政策——竞争法律及其实践》，许光耀等译，法律出版社2009年版，第165页。

〔3〕［美］赫伯特·霍温坎普：《联邦反托拉斯政策——竞争法律及其实践》，许光耀等译，法律出版社2009年版，第165页。

他经营者无法跟进惩罚，当其将价格降低到自己的边际收入等于边际成本时，便可使自身利润最大化。而实际市场中竞争的经营者很少具有相同的生产效率和边际成本，可能影响生产效率的因素如创新能力、生产规模等也各不相同。算法无法化解经营者生产效率不同的问题，背叛就无可避免。

其次，定价算法可以个性化定价的应用优势将阻碍算法默示合谋的达成。一般而言，默示合谋更容易发生在同质的标准化商品市场中，差异化的产品和个性化的价格将大大增加默示合谋的难度。经营者通过向消费者秘密制定个性化价格，也将削弱默示合谋的稳定性，增加市场的竞争性。在同一个市场上默示合谋与个性化定价并存，意味着所有经营者充当了实施一级价格歧视的联合垄断者，这是非常不可能的。[1] 各经营者生产效率不同时，生产效率较高的经营者本身就具有摆脱固定价格、背叛合谋的动机。实施个性化定价可以获得比同一定价下更高的利润，将进一步激励经营者背叛合谋。目前市场中并未发现算法默示合谋的案例，而大数据"杀熟"的调查呼声却不绝于耳。从各类打车软件、外卖平台到网上购票软件，同物不同价的事情时有曝光。可见，算法基于经营者自身利润最大化的考量将更可能选择个性化定价而非合谋。

（三）市场结构：动态变化而非固定不变

市场壁垒可以衡量潜在竞争者进入市场的难易程度，是影响默示合谋稳定的另一重要因素。默示合谋的维持需要稳定的市场结构。一般而言，具有较高市场壁垒会使得潜在竞争者难以入场，因而市场结构更加稳定。如果市场进入壁垒很低，利润的增长会吸引新的竞争者进入，改变市场结构并使超竞争性利润迅速受到侵蚀，从而降低合谋集体继续进行协调的动机。[2] 定价算法的应用是互联网企业发展的产物，此处讨论算法对市场壁垒的影响显然不应局限于定价算法，而应将讨论对象扩展至互联网企业。但是，一方面互联网企业的发展会冲击传统市场结构，加剧市场竞争；另一方面，互联网企业之间的相互竞争也难以形成市场壁垒。整体而言，算法的应用使得市场结构始终处于动态变化之中。

---

〔1〕 UK CMA, Pricing Algorithms: Economic Working Paper on the Use of Algorithms to Facilitate Collusion and Personalised Pricing, pp.44–45(2018).

〔2〕 钟原：《大数据时代垄断协议规制的法律困境及其类型化解决思路》，载《天府新论》2018 年第2 期。

　　首先，算法的应用可以降低传统市场壁垒，加剧市场竞争。互联网平台的兴起和发展深刻变革了传统市场的经营模式。例如在零售行业，定价算法的应用使线上零售商无须付出高昂的固定成本就可以快速进入或退出零售市场，大大降低了传统零售行业的行业壁垒，加剧了市场竞争。在酒店行业，爱彼迎等民宿短租公寓平台使得普通居民住宅成为旅行者的住宿选项，甚至可以和专业的宾馆或酒店竞争客源。在出租车行业，各种网约车已经取代传统出租车成为很多人日常出行的首选。

　　其次，互联网企业之间的竞争难以形成市场壁垒。对于互联网企业而言，投入大量资金研发完善平台后，服务用户的边际成本较低。因此在一定范围内，互联网企业的平均成本随着市场规模的扩大而降低，具有较强的规模效应。互联网企业的规模效应也导致互联网行业具有较高的市场集中度。这种高集中度的外观表现，引起了人们对于互联网企业会产生高市场壁垒，甚至形成垄断的担忧。在学术研究方面，有学者认为亚马逊、谷歌等巨头互联网平台先行者在数据收集和网络效应方面具备的先发优势，使得新的在线平台要成功进入将面临非常高的壁垒。[1] 在反垄断实践方面，目前已有针对互联网企业的反垄断执法案例。如美国司法部联合 11 个州对谷歌的反垄断诉讼，美国联邦贸易委员会以及 48 个州和地区的总检察长联盟对 Facebook 发起的反垄断诉讼，以及我国国家市场监管总局依法对阿里巴巴集团"二选一"等行为做出的行政处罚等。[2]

　　笔者认为，在互联网企业的相互竞争之下，难以形成阻碍潜在竞争者的高市场壁垒。换言之，互联网企业无法凭借其先发优势形成固定的市场结构。例如，在淘宝占据电子商务市场的绝对优势后不久，拼多多异军突起。甚至抖音作为一个新兴的社交分享平台也打出了"低价好物"的广告语，凭借众多优质的内容创作者直播带货，成功在电子商务领域获得一席之位。互联网企业的竞争是对用户流量的竞争。在用户搜集不同平台的信息费用以及转换平台的成本较低时，互联网行业之间的相互竞争无法形成市场壁垒阻碍潜在竞争者进入。

　　通过上述对市场整体的分析可以发现，消费者的需求弹性不同、经营者的边际成本差异、价格歧视倾向以及市场壁垒降低都将使得算法默示合谋的现实威胁

---

〔1〕［美］Lina M. Khan：《亚马逊的反垄断悖论》，朱悦译，载《网络信息法学研究》2019 年第 1 期。

〔2〕 王先林、曹汇：《平台经济领域反垄断的三个关键问题》，载《探索与争鸣》2021 年第 9 期。

性较低。因此，笔者认为针对算法默示合谋的反垄断执法应坚持审慎原则，防止执法过度损害技术进步和商业创新。

四、规制建议：坚持审慎的干预原则

算法能够通过更有效的定价实现巨大的效率收益。本欲弥补和矫正市场失灵的反垄断执法，可能因过度的监管干预而造成新的市场失灵，并且降低经营者投资算法创新的积极性，阻碍技术进步。在算法默示合谋具有较低现实威胁性的情况下，反垄断执法应坚持审慎的干预原则。鉴于此，笔者建议可从执法机关能力建设、市场研究和间接证据三方面探究审慎规制算法默示合谋的合理措施。

（一）强化执法机关能力建设

坚持审慎干预的原则，需要执法机关能够对市场中的竞争行为和合谋行为做出准确的区分。算法默示合谋涉及算法技术，对反垄断执法机关具有一定的专业知识要求。执法机关应当与时俱进，注重自身的执法能力建设。执法机关消除与使用定价算法的经营者之间的技术信息差距，有助于判断经营者使用定价算法的行为是否恰当，进行准确的反垄断执法。"防止仅以表象判断是否违法而导致执法过严，打击本不应纳入反垄断法规制范畴的创新行为。"[1]具体而言，执法机关可以成立专门的工作小组对互联网领域可能产生的反垄断问题进行持续深入的研究。对此境外已经进行了相关实践。如意大利竞争管理局于2018年2月成立了算法工作组。该工作组一方面在定价算法使用率较高的商品市场中对算法进行研究，探究定价算法改进定价模式、定制服务和预测市场趋势的效率，以及可能产生的反竞争影响。另一方面对线上经营者和他们展开业务的在线平台之间的相互关系进行研究。考察经营者所采用的某些定价策略是否受到在线平台所使用的算法的影响，以及平台内和平台间使用的定价算法对于市场竞争的影响。工作组还表示将招聘算法专家以提高工作组的专业技能，协助研究。[2]英国竞争与市场监管局也成立了由数据科学家、计算机专家和经济学家

---

〔1〕 李丹：《算法共谋：边界的确定及其反垄断法规制》，载《广东财经大学学报》2020年第2期。

〔2〕 See Implications of E-commerce for Competition Policy-Note by Italy, https://one.oecd.org/document/DAF/COMP/WD(2018)32/en/pdf.

组成的团队，对算法和人工智能相关的竞争问题展开市场研究并提供竞争政策建议。[1]我国国家市场监管总局可以考虑借鉴国际的先进经验，组建既具有法律知识又掌握信息技术的专业团队，进一步强化执法能力建设。

（二）推进全面市场研究

由于定价算法应用广泛，算法默示合谋的审查将对市场中的经营行为产生巨大影响。加之算法默示合谋在实际市场中成立的可能性很低，为防止错误执法，在执法前进行市场研究十分必要。在未明确市场的非竞争性是否由算法默示合谋导致时，执法机关进行市场研究可以更加科学、理性地对数字市场中的商业行为做出判断。

市场研究应当整体全面，研究对象包括市场参与主体以及市场结构。全面的市场研究可以帮助反垄断执法机关了解算法驱动市场的最新动态以及任何竞争问题的严重程度。研究可以按照广泛使用定价算法的行业分类展开。对于不同种类的商品市场，需要先划定市场范围。由于目前有效的国务院反垄断委员会《关于相关市场界定的指南》发布于 2009 年，已严重落后于数字经济的发展。在划定使用定价算法的线上销售市场时，相关地域市场的判断标准可能不再适用。上文曾言，以需求弹性划定相关市场范围在经济学上极不可靠。如何制定经济学上可以接受、司法上可以执行的相关市场范围判定标准，仍需进一步的讨论和规范。然后，应在划定的市场范围内全面考察消费者是否有多种可替代商品以供选择，经营者之间的产品定位、边际成本的差异大小，潜在的竞争经营者进入市场是否需要面对过高的市场壁垒等因素。通过对上述影响默示合谋因素的研究，执法机构可以更加了解该市场中的竞争情况。之后再对市场中广泛使用的定价算法进行评估，考察定价算法的使用是否会导致经营者之间形成价格合谋。对算法的评估目前仍在探索中，国外学者提出了一种"沙盒"方法，尝试通过在模拟市场中培育算法，并监控算法与市场结果之间的关联关系。[2]该方法能否适用于实践尚未可知。由于算法的评估结果对于准确合谋认定具有重大影响，我国执法机关也应考虑积极开展算法评估方式的研究。

---

〔1〕 唐要家、尹钰锋：《算法合谋的反垄断规制及工具创新研究》，载《产经评论》2020 年第 2 期。

〔2〕 Calvano E., Calzolari G., Denicolò V., et al. Algorithmic Pricing What Implications for Competition Policy?, *Review of Industrial Organization*, Vol.55: 1, p.168(2019).

（三）强调充分的间接证据

默示合谋因不具有直接的垄断协议，一般通过间接证据进行推定，此种方式存在一定的模糊性。审慎监管原则下强调审查算法默示合谋需尽可能获得充分的间接证据。结合我国反垄断实践和定价算法的特点，笔者认为在采用间接证据时可能需要考虑以下两点。

第一，通过扎实的经济学分析，充分论证算法促进合谋、限制竞争的作用机制。此处分析需要以上述全面的市场研究为基础。执法机关进行市场研究后对市场中影响默示合谋的因素已有了解。从经济分析的角度来看，若该市场中影响默示合谋的因素都被化解，具备形成默示合谋的条件，合谋机制是不是以一种能够产生实际联络证据的方式进行组织和执行，只是细节问题。[1] 因此，执法机关需要在理解定价算法运作机制的基础上，充分论证其如何促进并化解市场中影响默示合谋的因素。论证之后才可建立定价算法与默示合谋之间的相关关系。

第二，充分排除平行行为的合理怀疑。市场中经营者同时固定或变更价格，可能是经营者根据经营状况独立做出的平行定价行为。例如，同一商品市场中的经营者可能面对相似的原材料供给或市场需求变化，而相继做出一致的价格涨跌调整。因此，定价算法所表现出的"协同"现象需要进一步分析，在全面市场研究的基础上，考察定价是源于对市场供给、需求或结构变化的反馈还是合谋者之间心照不宣地"跟随"竞争者定价。充分排除平行行为的合理怀疑后才可推定算法的相同定价是合谋的表现结果。

五、结语

本文首先对现有观点中认为算法默示合谋存在隐忧的原因进行梳理，分析出定价算法可以降低合谋合意成本，以及减少合谋者的欺骗行为的推论是引发人们诸多忧虑的根本原因。其次，从市场参与者以及市场结构的不同角度对算法默示合谋成立的假设进行分析，论证了实际市场中定价算法无法化解如需求弹性、生产效率、价格歧视以及市场壁垒等多个影响默示合谋稳定性的因素。基于此，本文得出算法默示合谋在实际市场中难以形成、现实威胁性较低的结论。最后，鉴

---

[1] 杨文明：《算法时代的垄断协议规制：挑战与应对》，载《比较法研究》2022 年第 1 期。

于论证结果，提倡审慎的反垄断监管态度并提出三项具体建议。其一，应强化执法机关的能力建设；其二，在执法前进行全面的市场研究；其三，执法机关对于默示合谋的推定应建立在充分确凿的间接证据之上。

数字经济时代，算法在改变以往生产、生活方式的同时也会带来社会关系的重大变革。身处变革之中，往往难以窥得全貌。当前，算法默示合谋仍处于未成形的隐忧状态，执法者很难对其具有充分准确的认识。笔者希望可以通过本文提供一个新的审视算法默示合谋的角度，为适度执法提供可供借鉴的思路。

（初审：金奕州　朱骊安）

中概股危机的法律因应之道：
历史回顾、问题透析与路径探寻

吴锦汶*

内容摘要： Bonding 理论称能够进入美国证券市场的股票一定会有着良好的表现，然而近十年两次爆发的中概股信任危机的情况却打破了这种预测。中概股融资历经了从 CCF 到 CRM 的历史模式，最终演进为普遍采用 VIE 上市模式，但特殊结构所导致的治理漏洞却并未解决。中概股集体不良表现的原因并不仅限于审计问题，更与公司内外部治理乱象紧密相关。在现存的应对方案中，消极退市存在局限性，跨境审计合作方案可作权宜之计。长远来看，提升本土公司治理和监管质量才是根本因应之道。在未来，我国至少应该通过完善独立董事等制度对公司内部治理进行规制，并通过行使长臂管辖权、完善集体诉讼制度等对国内资本市场环境进行改革，提升自身水平，增强国际吸引力及国际话语权。

关键词： 中概股　VIE 模式　跨境审计纠纷　公司治理　独立董事制度

一、问题的提出：中概股与 Bonding 理论

Bonding 理论是近年来学者研究交叉上市公司治理特点的关键理论，其解释了证券市场与公司治理、股票表现之间的关系。[1] 根据 Bonding 理论，因为美

---

*　吴锦汶，对外经济贸易大学法学院 2021 级硕士研究生，现任职于深圳证券交易所巡回审理协作部。作者声明：本文仅为作者个人观点，不代表供职单位意见。

〔1〕 Bonding 理论是指海外上市使得上市公司主动与上市地的法制规则捆绑在一起，企业通过上市等于对上市地投资者作出了遵守上市地规则的承诺，并受到这些规则的约束，使得上市企业在公司（转下页）

国证券市场中严密的法律约束机制和完善的监管环境，选择赴美上市的企业一定是对自身未来发展具有信心的"绩优股"。美国证券市场监管主要可以分为以证券交易委员会为代表的政府层面的监管和民间组织主导的非政府层面的监管。在政府监管层面，出于对 1929 年金融危机的反思，美国迅速出台了 1933 年《证券法》、1934 年《证券交易法》等一系列规制证券市场的法律文件，证券交易委员会也应运而生。在民间组织主导的市场监督领域，以浑水、香橼为代表的大型做空机构，通过分析公司财务报表和实地调研等方式出具财务报告，利用打压股价的方式卖空牟利。虽说做空机构给证券市场带来了巨大的波动性甚至可能引发市场危机，但从侧面来讲，其作为一种监管的方式，起到了"鲶鱼效应"，确实有助于反映证券的真实价格、倒逼企业披露真实的财务情况，营造更为严格的市场环境。此外，美国具有独特且完备的"公认会计准则"（GAAP）。[1]总体来看，美国证券市场的监管措施与法律制度相对较为完善，这正是 Bonding 理论得以发挥作用的基础。

然而近十年间中概股出现的两次大规模危机似乎在昭示着 Bonding 理论的失败。目前，重新审视 Bonding 理论，厘清上市地市场监管与中概股表现之间的关系尤为重要。2010—2013 年间，中概股曾经集体遭受过一次重创。在此期间，不仅面对着大型做空机构的"刁难"，而且因支付宝等头部上市公司违反信息披露义务转移资产等丑闻。2019 年瑞幸咖啡造假事件爆出后，再次引发中概股集体雪崩：好未来、新东方等教培行业基于国内外双重压力股价暴跌约九成；贝壳、滴滴出行、拼多多等股价几乎腰斩。整体的不良表现引起了新一轮信任危机的产生，也引发了国内外学者对中概股这种反直觉表现背后成因的探索。众多学者把矛头对准中美审计监管纠纷，将矛盾归结于中美关于审计底稿出境的法律规定冲突。

鲜有人注意到，资本市场的监管并非囿于审计一面，在审计纠纷之外仍有众多问题与中概股危机密切相关。Bonding 理论绝非仅仅依靠审计监管，中概股公

（接上页）治理上得到改善。See Coffee, J., The Future as History: The Prospects for Global Convergence in Corporate Governance and its Implications, *Northwestern University Law Review*, Vol.93. p.641(1999); Stulz, R. M, Globalization, Corporate Finance and Cost of Capital, *Journal of Applied Corporate Finance*, Vol.12: 3, p.8(2010).

〔1〕 GAAP 是由一家经过 SEC 委托的民间专业机构——美国财务会计准则委员会（FASB）制定的，其主要根据美国的经济情况而设置，以准则数量多、内容具体细致为特点。

司内部治理以及市场外部治理均导致其自身不良表现和境外监管者的不信任感。中国企业、美国投资者包括两国证监会皆需反思：中概股为何频频"暴雷"？Bonding 理论为何会在中概股上失灵？中美法律中有关审计问题的冲突该如何解决？中概股未来将何去何从？国内资本市场对此又需要做出哪些反应？本文将对上述问题展开思考，以期为解决中美跨境审计监管寻求可行方向及对国内证券市场改革提出合理建议。

二、中概股的历史演进：从 CCF、CRM 到 VIE

中概股上市最直接的方式为 IPO，即通过发行股票或存托凭证的方式实现资金融通。企业无需设置任何交易架构，直接以中国公司作为上市主体向海外证券交易所提起上市申请，经由海外证券交易所审查后挂牌交易。虽说直接申请 IPO 是中概股赴美上市的常规做法，但由于申请程序繁琐且标准较高，单纯以 IPO 方式进入美国资本市场逐渐无法满足日益活跃的中国企业上市需求。面对诸多限制与审查，中国企业不断寻求一种更简单便捷的实现外资融通的方式。在过去二十余年逐步探索的历史中，经历了从 CCF 到 CRM 再到 VIE 的漫长演变过程。

（一）前 VIE 时代：CCF 与 CRM

1. CCF 的初次尝试

1978 年改革开放之后为刺激经济的发展，国门逐渐向外商投资打开，但在涉猎行业以及审批程序上仍然有较为严格的限制。

1994 年，为了规避《从事放开经营电信业务审批管理暂行办法》和国务院《关于进一步加强电信业务市场管理意见的通知》中禁止外资进入或参与境内电信行业经营的规定，中国联通发明并采用了 CCF（China-China-Foreign）交易架构。[1]中国联通计划运用此方式吸引外资，解决资金紧缺问题。

作为一种应对禁止外商投资的开创性融资方式，此时 CCF 交易架构面临的

---

[1] CCF 是指由一家外国公司提供资本或技术，与一家没有被禁止设立中外合资企业的中国合作伙伴成立合资企业。这家新设立的合资企业通过一系列合同或协议，最终把资本或技术投入拥有实体经营业务的中国公司。See Chuang, Leontine D, Investing in China's Telecommunications Market: Reflections on the Rule of Law and Foreign Investment in China, *Northwestern Journal of International Law & Business*, Vol.20: 3, p.510(2000).

最大风险是政策变动导致的合法性认定。1998 年 10 月，中国政府出台文件叫停这一交易架构，CCF 的尝试戛然而止。[1] 尽管最终失败，CCF 仍是我国最早采用控制权架构设置引入外资的方式，为未来 VIE 模式的设计与流行奠定了一定的基础。

2. CRM 的产生与式微

CCF 的短暂尝试失败后，"借壳上市"的红筹架构作为一种新的方式开始被广泛使用。"壳公司"既可以通过中国企业自行在海外设立，又可以直接购买一家海外目标公司。起初，"造壳上市"是众多公司的选择，不仅可以避免海外直接上市的繁琐程序和外资进入的限制，还可以避免大量的税收。然而在 2006 年，随着商务部等六部门联合发布《关于外国投资者并购境内企业的规定》，自然人或法人设立海外公司需要报经审批。[2] 于是，采用"造壳上市"红筹架构的企业瞬间减少，CRM（China Reverse Merger，即反向收购）成为更加妥当的选择。[3]

CRM 的优势相对于传统的 IPO 来讲尤为明显。首先，金钱成本和时间成本骤降。IPO 通常需要花费半年以上的时间，公司不仅需要在审计师、律师、券商的帮助下尽可能详尽地披露财务指标，还要进行营销宣传，即所谓的"路演"。在金钱成本方面，取得一家壳公司的控制权虽然也要付出一定的成本，但远低于 IPO 所需。其次，通过 CRM 方式上市的内地企业上市之后作为一个整体需要遵循 SEC 的披露要求，但无需向 SEC 披露其先前的财务信息，仅仅需要壳公司去进行披露。对于一些规模较小的公司来说，无法选择 IPO 之路，只能通过低价购买一个壳公司完成上市目的。[4]

根据 PCAOB 的研究报告，2007—2010 年为 CRM 的热潮，先后有 159 家中国公司通过此方式进入美国资本市场。不幸的是在接下来的两年中，超 50 家因

---

[1] Serena Shi, Dragon's House of Cards: Perils of Investing in Variable Interest Entities Domiciled in the People's Republic of China and Listed in the United States, *Social Science Electronic Publishing*, Fordham International Law Journal, Vol.37, No.4, p.1275(2014).

[2]《关于外国投资者并购境内企业的规定》第 11 条："境内公司、企业或自然人以其在境外合法设立或控制的公司名义并购与其有关联关系的境内的公司，应报商务部审批。当事人不得以外商投资企业境内投资或其他方式规避前述要求。"

[3] CRM 是选取一家已经在美股上市的壳公司并以收购的方式获得该壳公司的控制权，后借助壳公司收购本公司资产业务等去实现上市目的。

[4] Schawang, A N, Missing the Mark: An Examination of the Current Government Response to the Chinese Reverse Merger Dilemma. *St Louis University Law Journal*, Vol.57, pp.219–252(2012).

财务造假等欺诈行为主动或被迫停止交易。[1]CRM 公司频频"暴雷"的现象主要集中于以下原因：一是审计监管漏洞。绕过 SEC 严格的尽职调查使得 CRM 具有简便快捷的优势，但也带来了披露内容的缺陷；二是上市主体与实体企业不一致的特殊结构，使得 PCAOB 与 SEC 无法对反向收购公司账户进行深入的调查核实，同时由于公司的注册和上市地都在美国，从而无需接受中国证监会的约束；三是公司本身质量良莠不齐。放弃 IPO 而选择反向收购的企业大都出于对自身规模、经营状态的考量畏惧选择更具挑战的"主流之路"，日后发生经营失败的可能性更大，若公司内部治理不够严密，在追求企业高额利润的过程中选择财务造假以吸引投资者的可能性更高。[2]

针对这种并不乐观的现象，SEC 及时对 CRM 的中概股企业做出了特殊警告与要求。2010 年 2 月，SEC 发表声明称，致力于建立一套"单一的高质量全球会计准则"，此项要求针对的正是反向收购企业，SEC 的根本目的是把反向收购要求提升到与 IPO 一样的标准。[3]2011 年 6 月，SEC 投资者教育和宣传办公室发布了一份题为《反向收购》的投资者公告，指出此类公司存在的风险和典型的欺诈手段，用以提醒投资者。[4]同年 11 月，SEC 提高了股票上市标准，要求采用反向并购方式的中国企业需要经过长达一年的"成熟期"。在"成熟期"中，中国企业被要求继续在场外市场或全国性交易场所交易满一年并向 SEC 提交经过审计的完整会计年度财务报告。此外，SEC 要求其需要在一定时期内维持一个最低的股价且在申请及交易所批准上市的前 60 个交易日中有 30 个交易日的股价都维持在上述金额之上才可以上市。[5]SEC 声称其用意并非仅在打压中概股，而是希望通过更严格地审查提升中概股质量并借此赢得美国投资者的投资信心。

〔1〕 Fried J M, Kamar E, China and the Rise of Law-Proof Insiders, *Social Science Electronic Publishing*, pp.20–21(2020).

〔2〕 Lim T C, Jessica L, Liu Y, et al, Red Flag — Characteristics of Fraudulent U. S.-Listed Chinese Companies. *Social Science Electronic Publishing*, Vol.1: 10, pp.1–11(2015).

〔3〕 Bu Q, The Chinese Reverse Merger Companies (RMCs) Reassessed: Promising but Challenging? *J. intl Bus. & L Chinese Reverse Merger Companies*, Vol.12: 1, p.22(2013).

〔4〕 See SEC's Office of Investor Education and Advocacy, Investor Alerts and Bulletins (June 2011), https://www.sec.gov/investor/alerts/reverse%20mergers.; SEC Issues Bulletin on Risks of Investing in Reverse Merger Companies (June 9, 2011), https://www.sec.gov/news/press/2011/2011-123.htm.

〔5〕 Bu Q, The Chinese Reverse Merger Companies (RMCs) Reassessed: Promising but Challenging? *J.intl Bus. & L Chinese Reverse Merger Companies*, Vol.12: 1, p.36(2013). 王啸：《美国转板上市机制的前车之鉴与启示》，载《清华金融评论》2014 年第 6 期。

（二）VIE 及其问题简述

1. VIE 兴起的原因

随着美国对反向收购上市政策的缩紧，中国企业不得不致力于寻找一个更为便捷高效的上市途径。与此同时，以互联网为代表的高新科技进入高速发展期，更多的中国企业希望走出国门到更加开放成熟的资本市场上市融资，现成的"壳公司"无法满足上市需求。此外，外国投资者也迫切希望设计出新的交易架构方式来规避中国对于外商投资的一系列限制。在多重需求促使下，VIE（Variable Interest Entities）模式诞生，与早期尝试的 CCF 相似但有所不同。[1]

与 CRM 相比，VIE 存在诸多优势。首先，在被称为"避税天堂"的开曼群岛注册公司可以享受优厚的税收条件。其次，VIE 利用协议控制而非股权控制的方式绕过了中国法律对某些行业限制外资进入的规定。此外，美国为提高其证券市场吸引力，对绝大多数境外上市公司都给予了更为宽松的超国民待遇。除加拿大以外，所有境外私人发行人都享受更低标准的信息披露要求，包括定期披露要求的期限、持续披露要求的内容等。[2] 总之，VIE 模式下的离岸公司作为上市主体可充分享受 CRM 不具备的优惠政策。

2. 交易架构带来的问题

VIE 模式另辟蹊径，完美地绕过了诸多限制。但机遇与风险并存，过分追求交易效率就会面临着安全性的丧失。首先是合法性问题。鉴于彼时中国资本市场尚未成熟，为满足许多内地企业尤其是高新科技及互联网领域企业的融资需求，我国起初态度暧昧，并未对 VIE 协议控制合法性问题给出明确规定。然而这实际上是短暂追求经济利益所作出的妥协。随着国内经济的发展，我国外资准入负面清单有所缩小，仅在一些关系国计民生的行业上有所限制。在负面清单不断限缩的形式下，再不对 VIE 架构进行一定的规制，恐会让外资限制规定形同虚设，影响国内经济发展和国家安全。2020 年 1 月 1 日起施行的《外商投资法》规定

---

〔1〕 VIE 是指无需通过股权持有、仅用协议的方式对实体经营企业进行控制并实现主体间财务的实际合并，再利用香港公司在境内投资一家外商投资企业（WFOE），最后通过签订控制协议（一般包括技术提供协议、采购协议、广告代理协议、咨询服务协议等）的方式获得内地实体企业的所有权和控制权，并把内地实体企业的利润转移出去。

〔2〕 马其家、刘慧娟、王淼：《我国国际板上市公司持续信息披露监管制度研究》，载《法律适用》2014年第 4 期。

外商投资的情形包括"外国投资者取得中国境内企业的股份、股权、财产份额或者其他类似权益"。[1] 此条款中对于"其他类似权益"并未有进一步的解读，若将其理解为包括"以协议方式控制的权益"就可能对 VIE 架构的合法性产生巨大影响：VIE 模式将与其他外商投资一样禁止或限制进入某些投资领域。其次，在财务数据的查证方面，VIE 架构存在着天然的缺漏。采用协议控制去建立联系会规避财务报表的合并，滋生财务造假风险。尽管根据美国财务会计标准委员会（FASB）制定的 FIN46 条款要求：承担 VIE 主要风险和收益的"第一受益人"（即国内实体）需要把 VIE 资产合并入自己的财务报表作为表内资产加以披露。但在实际操作中由于地理距离远、跨境监管难实现等问题，仍然存在很大的可操作空间。此外，在投资者救济方面，VIE 模式由于其结构的特殊性，存在从举证到执行的一系列诉讼困境，更加剧了中概股财务造假的产生可能性。

三、正确理解中概股危机成因：从审计纠纷到公司内外部治理乱象

受到经济形势和时代背景的影响，中概股赴美上市方式经历了从 CCF 到 CRM 再到 VIE 的长期探索与种种尝试。然而经前述分析可知，无论是 CRM 抑或 VIE 皆处处体现着监管与规制的"灰色地带"。在对"灰色地带"的反思中，学界把目光集中于对中美审计监管冲突问题的探讨，因为审计问题关系到投资者对企业的信心，对企业未来发展有着至关重要的作用。[2] 此点从近十年两次中概股被做空集中于虚假的信息披露等审计问题可见一斑。然而，本文在学界主流观点之外注意到，在众多监管与规制事项中审计底稿披露问题虽属核心，其他诸如公司内部治理标准的下降、投资者保护机制的疲软等学界未给予关注的因素也默默酝酿着中概股危机的发生。从 CCF 到 CRM 再到 VIE，虽然模式看似不断进化，但根本问题从未改变——此得以解释中概股集体失控背后的逻辑必然性。

---

〔1〕《外商投资法》第 2 条："本法所称外商投资，是指外国的自然人、企业或者其他组织（以下称外国投资者）直接或者间接在中国境内进行的投资活动，包括下列情形：

（一）外国投资者单独或者与其他投资者共同在中国境内设立外商投资企业；

（二）外国投资者取得中国境内企业的股份、股权、财产份额或者其他类似权益；

（三）外国投资者单独或者与其他投资者共同在中国境内投资新建项目；

（四）法律、行政法规或者国务院规定的其他方式的投资。"

〔2〕王欣月：《中概股公司跨境审计风险及防范路径研究——基于多案例分析》，载《市场周刊》2021 年第 34 期。

（一）主流视角：中概股危机的"财务造假"成因

1. 中美跨境审计合作困局

历史上，中国就审计底稿是否能够接受境外检查这一问题的态度存在变迁。2009 年 10 月，中国证监会、国家保密局、国家档案局曾明确要求企业海外上市过程中所产生的境内工作底稿等档案应当存放在境内，不得外流。若涉及国家秘密、国家安全和其他重大利益的，不得在非涉密计算机中存储、处理和传输。[1] 2013 年 5 月，中国证监会、财政部与 PCAOB 签署了《执法合作备忘录》，正式开展中美会计审计跨境执法合作。备忘录提出在美国注册的会计师事务所若因个案需要调取中国境内审计底稿，可通过 PCAOB 向证监会及财政部提出请求，中方将在一定范围内、履行相关程序后为其提供审计底稿。此次合作意向达成是在 2013 年中概股危机基本结束之时，通过时间点可以猜测中方作出此次让步是为了保护其已经赴美上市的中概股企业，希望通过提供审计底稿的方式阻止国外做空机构利用无端猜测盲目打压中概股股价的行动。2016 年，财政部、国家档案局发布的《会计师事务所审计档案管理办法》把"审计工作底稿"也纳入《档案法》及《档案法实施办法》所约束的"档案"范围内，使其出境受到相关约束。[2] 2019 年修订的《证券法》第 177 条规定："境外证券监督管理机构不得在中华人民共和国境内直接进行调查取证等活动。未经国务院证券监督管理机构和国务院有关主管部门同意，任何单位和个人不得擅自向境外提供与证券业务活动有关的文件和资料。"2020 年 12 月 18 日，美国通过的《外国公司问责法案》规定了外国公司若连续三年都未通过 PCAOB 审计将不得在任何美交所上市，一举把中美关于审计底稿的冲突推向高潮。

2. 会计师事务所的"低质量"审计服务

审计质量一般指在客户出现违约或违法行为时，注册会计师提出异议的可能

---

[1]《关于加强在境外发行证券与上市相关保密和档案管理工作的规定》第 6 条："在境外发行证券与上市过程中，提供相关证券服务的证券公司、证券服务机构在境内形成的工作底稿等档案应当存放在境内。前款所称工作底稿涉及国家秘密、国家安全或者重大利益的，不得在非涉密计算机信息系统中存储、处理和传输；未经有关主管部门批准，也不得将其携带、寄运至境外或者通过信息技术等任何手段传递给境外机构或者个人。"

[2]《档案法》（2020 年修订）第 25 条、《档案法实施办法》第 19 条规定禁止擅自运送、邮寄、携带出境或者通过互联网传输出境；确需出境的，按照国家有关规定办理审批手续。

性。保证审计质量是监管效果得以发挥的基础技术手段，诸多暴露问题的中概股多是由于其审计活动的不规范性。按照美国 2002 年的《萨班斯—奥克斯利法案》，在美上市的国内外企业所聘请的审计机构必须为在 PCAOB 注册且接受其监管的。但根据实证研究，中概股更加倾向于选择中国国内会计师事务所或美国小型会计师事务所担任审计机构。有学者解释此现象是因为这部分中概股赴美上市并非为谋求更好的发展，而是为了造假的便捷，并通过数据分析的方式得出了选择国内会计师事务所或美国小型会计师事务所与财务造假之间呈正相关的结论。[1]但本文认为这种"正相关结果"并不足以倒推出中国企业在选择审计机构时就有财务造假的目的，仅仅是此举产生的不良效果。

对于中国企业来讲，此是进行经济效率考量后的选择结果。选择国内会计师事务所的原因有以下两点：第一是按照我国《会计师事务所从事中国内地企业境外上市审计业务暂行规定》，中国内地企业可以自由选择内地或境外会计师事务所为其提供境外上市审计服务，但根据《外国会计师事务所在我国境内临时执行审计业务的暂行规定》的要求，中国境内无分支机构的外国会计师事务所在中国境内临时办理审计业务的，需向拟办理审计业务所在地的省级财政部门提出书面申请并经批准才可执行业务。第二是由于语言、文化的差异，美国会计师事务所的审计师在进行具体审计工作时往往会遇到更多的障碍。以上两方面原因都增加了选择外国会计师事务所的难度，因此中国企业更加倾向于选择境内或在境内有分支机构的会计师事务所。选择美国小型会计师事务所则是出于成本收益的考量，小型公司倾向于选择价格较为低廉的小型会计师事务所。小型会计师事务所出于逐利的目标，往往会忽视建立商业口碑与陷入诉讼的风险。在实践中，美国小型会计师事务所在中国境内并未设置分支机构，为减少审计困难，不得不把业务外包给中国会计师事务所。

（二）视线扩展：被忽略的公司治理监管问题

1. 被降低的公司内部治理要求
公司内部治理水平也是影响中概股质量的一大重要因素。公司治理发挥作用

---

〔1〕 Arney W R, When Bonding Fails: Clinical Assessment of High-Risk Families, *Beverly Hills. Sociology of Health & Illness*, Vol.7: 1, pp.128–129(2010).

的关键在于拥有所有权的人能够对拥有控制权的人进行监督。实践中，往往是公司治理结构不合格的企业管理层有更大的可能性去通过审计造假来欺骗股东和投资者。[1]回顾一系列退市的中概股所暴露出的问题：瑞幸咖啡存在超出COO个人行为的能力之外的高比例财务造假；辉山乳业高管涉嫌挪用公司资产；嘉汉林业、中国阀门存在未披露关联方或营收严重依赖关联交易；东南融通把其所拥有股票的70%都无偿赠送给朋友和公司职员；新泰辉煌公司业绩向好，而管理层抛售股票、急于套现等，均反映出公司内控体系的漏洞。

中概股集体出现内部治理问题与美国对其监管豁免存在一定相关。起初，根据美国1993年《证券法》和1994年《证券交易法》，其对本土上市企业与境外上市企业公司治理方面的约束几乎完全相同。随着在美上市境外企业的数量不断增加，SEC发现境外企业在母国受到的公司治理规定约束与美国要求不相一致，若同时要求其遵守美国证券市场的要求会加重上市成本，长期来看会降低美国资本市场的国际吸引力。基于这一考虑，加之来自伦敦、香港交易所的竞争，SEC出台了多条豁免条款，放宽了对境外上市公司的限制，逐渐形成了如今的境内企业与境外企业治理规则约束的全方位差异化局面。[2]

在公司治理结构中，独立董事制度在传统"三会一层"外愈发成为核心因素。前述美国证券市场推出的对中美证券监管差异也首先体现在独立董事的设置这一问题上。纽约证券交易所（NYSE）的《上市公司手册》及纳斯达克证券交易所（NASDAQ）的市场规则中均规定上市公司董事会应当由过半数的独立董事组成，而境外企业则可以根据发展需要去对独立董事的数量和比例进行选择。根据实证研究，设置独立董事可以显著减少公司财务造假的可能性。[3]中概股企业往往沿用国内证券市场的要求，倾向于设置较少的独立董事。在设立薪酬委员会、提名与治理委员会方面，绝大部分中概股选择适用两大证券交易所的豁免条款，并未设置相关机构。此外，美国对外国发行人财务报表的持续披露方面的要求与标准也要远低于国内发行人。因此美方把中概股频繁暴雷的原因仅归咎于中方政府对审计监管的不配合是极不合理的。美国需要反思，目前这种对境内外

---

〔1〕 马德芳：《中国概念股审计质量与跨境审计监管合作机制研究》，经济科学出版社2016年版，第51页。

〔2〕 李海龙：《跨境上市制度：美国的实践及启发》，载《证券法苑》2019年第27期。

〔3〕 Beasley M. S. An Empirical Analysis of the Relation Between the Board of Director Composition and Financial Statement, *Accounting Review*, Vol.71, pp.456–460(1996).

上市公司差异化要求的"双轨制"是否还具有存在的必要性，同时需要重新对制度进行价值考量。[1] 若仅为了提高证券市场吸引力而选择区别对待，恐构成监管制度的缺陷，成为中概股危机频发的诱因之一。

2. 失去牙齿的投资者保护机制

投资者保护看似与事前监管并无直接联系，但其作为事后救济手段，若能够有力地发挥作用无疑会对先前造假行为产生威慑力。采用 VIE 架构上市的中概股投资者们若想寻求救济，理论上讲存在两种途径：对上市主体开曼公司向开曼法院提起诉讼；向证券交易发生地美国提起集体诉讼。[2] 然而这两种途径存在一系列实行难题。第一，举证难题。由于前述审计底稿禁止出境的问题，投资者想要跨境调查境内实体经营情况、检查财务报表真实性十分困难。在浑水做空瑞幸咖啡的案例中，报告的作者雇用了 92 个全职调查员、1418 个兼职调查员，蹲点录像超 11260 个小时才推算出财务造假的结论，可谓付出的成本巨大。[3] 而这对于个人投资者来讲几乎是不可能获取的。且证券市场存在严重的信息不对称，投资者本就处于相对弱势的地位，使得举证难上加难。第二，法律保护程度低。开曼公司注册地在海外，既不受中国证监会也不受 SEC 的监管。投资者若选择对上市主体开曼公司提起诉讼，需要依据《开曼公司法》。然而，《开曼公司法》是绝对的"公司友好型"法律，其中关于股东保护的标准是非常低的，例如豁免了公司董事的信义义务。这主要是因为其继承的是英国法的判例，而英国引入 Foss v. Harbottle 原则及派生诉讼概念的时间较晚，[4] 所以开曼法院缺乏足够多的董事信义义务相关判例，小股东得到救济的可能性较低。[5] 第三，执行难题。与针对开曼公司提起诉讼相比，在美国根据证券法提起集体诉讼总体来讲效率更高。美

---

〔1〕 张雅、王淋淋：《中概股跨境审计监管争议及解决路径探析》，载《金融与经济》2021 年第 5 期。

〔2〕 Serena Shi, Dragon's House of Cards: Perils of Investing in Variable Interest Entities Domiciled in the People's Republic of China and Listed in the United States, *Fordham International Law Journal*, Vol.37: 4, p.1295(2014).

〔3〕《浑水 11260 小时视频证据做空瑞幸咖啡，狙击神州租车"一地鸡毛"背后的神秘铁三角》，https://baijiahao.baidu.com/s?id=1657333928806495623&wfr=spider&for=pc，最后访问时间：2021 年 12 月 1 日。

〔4〕 英国 Foss v. Harbottle 判例原则为准许少数股东对以下行为提出集体诉讼或以公司名义提出衍生诉讼：（1）超越公司权限或非法行为；（2）构成欺诈少数股东的行为，而过失方为控制公司的人士；及（3）未根据规定由大多数合格（或特别多数）股东通过决议案批准的行动。

〔5〕 吴秀波：《红筹企业回归 A 股市场与中小投资者权益保护——以三家科创板上市公司为例》，载《价格理论与实践》2021 年第 4 期。

国的证券集体诉讼较为成熟，不仅有专门的律师，甚至还形成了相关服务业链。但即使能够胜诉，两种途径均面临执行难的问题。在美国上市的中概股企业实际上只是一个离岸群岛的空壳公司，其实体经营业务全在中国境内，可执行财产也都在中国境内。总体而言，目前诉讼体系中存在的困境使得 VIE 模式下的中概股陷入治理难题。

四、中概股危机的因应之道

（一）美股退市：治标但未必治本

由于未来发展存在极大的不确定性，中概股回归是直觉做法。回归既包括保留其美股上市地位、同时前往其他资本市场二次上市，又包括通过私有化等方式先从美股退市、再前往其他资本市场重新上市。面对美方的高压态势，中概股集体可能采取的一种应对方式是根据《外国公司问责法案》在拒绝提供审计底稿三年后集体退市，放弃美国资本市场，选择 A 股或港股、新股市场。[1]然而这种消极处理方式的有效性需要进一步讨论。

1. 境外上市的需求

在中概股信任危机愈演愈烈的关头，仍有不少国内企业逆流而上，跨越重重困难赴美上市。思考中国企业坚定选择美国证券市场的原因是寻找出路的第一步。在注册制下，SEC 与美国投资者更加关注企业实质发展的潜力，并未对具体盈利能力提出过高要求，而中国证监会出于保护投资者的目的提出了严格标准，终结了很多新兴行业企业的上市梦。爱奇艺 2016 年和 2017 年财报显示连年亏损，不满足 A 股上市条件，但却于 2018 年 3 月 29 日在纳斯达克挂牌上市，总估值超 600 亿元。这是因为爱奇艺亏损率逐年降低且用户数量与会员率不断激增，都给了美国投资者以"光明前景"的想象。此外，国内 IPO 审核流程过长，从项目开始到最终上市敲钟经过两三年是正常现象，而美股相对来讲较为快速。对于某些急于上市的企业——例如与投资方签订对赌协议条件为完成上市目标的、从公司发展战略方面希望尽快融到大笔资金的——出于时间成本的考虑会选择赴美上市。尤其是对于处在黄金增长期的企业，错过了时代的风口就意味着失

---

〔1〕 冷静：《超越审计纠纷：中概股危机何解？》，载《中国法律评论》2021 年第 1 期。

去了红利，今后难以超越已经实现扩大化发展的竞争对手们。正是由于这种门槛与程序的差异，使得一些难以快速实现在中国证券市场上市的企业改变策略转向赴美上市。

除了常见的门槛、成本问题之外，选择美股市场还有以下原因：第一，估值问题。中美证券市场上股票估值存在着较大的差异，主要原因包括：证券市场的流动性、金融市场发展程度以及投资者结构差异。[1]针对新兴行业，国内证券市场并未有合适的企业进行对标，只能按照传统的行业标准对其进行估值，忽视了影响企业价值的创新性因素导致估价偏低。而美国证券市场拥有更加丰富的公司类型，中概股公司可以较为容易地寻找到理念相似的企业，例如瑞幸对标星巴克、爱奇艺对标网飞（Netflix）、蔚来汽车对标特斯拉等，可以使企业估值更高且更具参考价值。第二，商誉背书。根据 Bonding 理论，置身于美国这一法律体系更加成熟、监管体制更加严密的框架内，中国企业可以实现更良好的公司治理。对于公众投资者而言，赴美上市的选择是在宣告管理层的能力，美国资本市场的背书可以增加公司的无形价值。此外美国资本市场对于双重股权架构的允许、投资者的活跃程度都是吸引中国企业赴美上市的原因。总之面对着中概股企业对海外上市的需求，单纯地采用回归方式恐无法解决根本问题。

2. 选择港股、新股的问题

对于市值较大的公司来讲，可以尝试实现 A 股上市，而对于市值较小、无法达到 A 股市场门槛的公司来讲，退市意味着很难回归境内资本市场，而可能转向选择进入香港证券交易所（以下简称港交所）、新加坡证券交易所（以下简称新交所）等资本市场。但港交所、新交所与中概股之间仍然存在审计纠纷等一系列无法避免的冲突问题。2009 年，担任在港交所提交上市申请的标准水务公司审计师的安永会计师事务所退出审计，遭到了香港证监会调取审计文件的要求，安永以"可能构成内地法律限制出境的国家秘密"为由拒绝了香港证监会的请求，遭到了香港证监会的起诉。经审理，香港高等法院最终在 2014 年 5 月作出安永香港应当向香港证监会交出标准水务审计底稿的判决。香港相比于其他境外市场与内地资本市场的监管合作频率更高、待遇更优厚，尚存在审计问题上不

---

〔1〕 吉尔特·贝卡尔特、张晓燕、柯烁佳：《中美股票市场定价差异及其原因》，载《清华金融评论》2021 年第 9 期。

可调和的矛盾，其他境外监管机构更为甚之。新交所仅在 2008—2011 年间就勒令十余家中概股停牌进行特别审计。2011 年 11 月，新交所针对上市中概股企业天宇化纤发出公告，要求指派特别审计机构对财报中过高的维修成本、疑似关联交易等一系列存疑事项进行再次审计。而天宇化纤考虑到此举产生的较大费用将影响股东利益、口碑受挫，影响二级市场股价与干扰年终审计，拒绝了新交所的特别审计要求，并以停牌与其对峙。

3. 回归 A 股道阻且长

面对几乎所有境外交易所均存在的审计监管纠纷，回归 A 股似乎最为安全。但由于中概股"舍近求远"赴美上市的缘由——A 股市场 IPO 难度、市场容量、估值等限制因素并未根本性改变，刻意回归无疑意味着再次陷入上市难、融资少、估值低的困局。在这种大环境未改变的情况下，北京证券交易所（以下简称北交所）的揭牌开市可能为在美国碰壁的中概股企业提供一条优质后路。大量中概股企业特征与北交所"专精特新"的目标要求较为契合，日后有望借助其实现国内上市。

北交所的成立虽然在一定意义上确实丰富了国内资本市场的层次，向远走他乡的中概股释放出"接纳"的信号，但国内资本市场影响的有限性仍需深度考虑，仅仅依靠北交所的成立难以从根本上解决融资困难问题。我国国内资本市场总体容量有限：一方面是市场中的退市机制不完善，年均不足 1% 的退市率意味着无法靠优胜劣汰筛选优质企业，难以为新兴企业提供发展空间；另一方面是与美国以机构投资者为主不同，国内资本市场多为散户投资者，包括北交所在内的境内证券交易所均对投资者资格设定了偏高的门槛，限制了市场资金投入量与流动速度。在破局性改革未完成前，内地资本市场"僧多粥少"的局面难以好转。从总体布局来看，北交所成立的根本目的本是响应国家创新驱动和科技发展战略，帮助创新型小微企业解决融资困难的问题，并未与中概股回归具有直接关联。

综上所述，仅靠"集体退市，另谋出路"并不能从根本上解决中概股面临的问题。一方面，部分中国企业确实存在进入美国资本市场的需求，且这种需求无法在其他资本市场中得以弥补。另一方面，现阶段的国内 A 股市场难以担负起中概股发展的重任。即使选择在香港或新加坡等地上市，仍然会面临跨境审计监管等问题。且消极的集体退市无疑在向全球资本市场释放中概股表现不佳的信号，难免引起除美国之外的其他资本市场的联合抵制。[1]因此消极退出的逃避行为并不可取，真正想要做到长时有效发展仍需在原有格局中深化改革。

（二）跨境审计合作：中概股危机解决的权宜之计

"消极退市"方案之外的另一出路是跨境审计合作。在诸多合作方式之中，"监管互认"无疑是中方最期待达成的方案。实现监管互认不仅能打破目前审计工作无法推行的局面，还能省去双方对于问题的重复审查成本从而大幅度提升效率。《证券法》第177条规定了证监会可以和其他国家或者地区的证券监督管理机构建立监督管理合作机制以实施跨境监督管理。截至2020年4月，中国证监会已与64个国家和地区的证券期货监管机构建立了跨境监管与执法合作机制，此外还与国际货币基金组织、二十国集团、金融稳定委员会、世界银行、世界贸易组织等多个国际组织开展合作。[2]尽管有可观的合作机制存在，但监管互认的前提是双边监管力度和效果应等价。由于中国并没有一个不依赖政府资金、不加入政府编制、不接受政府监督的独立的市场纪律部门，监管力度恐怕无法与美国比拟。虽然中国证监会的监管主要目的与 SEC 相似，但监管方式、力度以及独立性完全不同。SEC 独立于美国联邦政府，具有准司法权、准立法权和独立执法权，因此在行使权力时能够不受政府的干预。在执法权限中，SEC 可以提起民事起诉、做出行政处罚甚至移送刑事案件。此外，受 SEC 管理的 PCAOB 是一家非政府机构，专门负责监管进入美国资本市场的上市公司的会计师事务所及注册会计师。相比之下中国证监会的职权范围非常有限，只能依据《证券法》对证券市场中存在的违法行为进行惩处。在瑞幸咖啡财务造假事件中，中国证监会由于没有执法权和侦查权，只能在财政部、市场监管总局等多方配合下对瑞幸境内实体作出处罚。[3]而在具体案件中对于会计师事务所的责任追究可能还需要法院及审计署的参与。此外在确定审计底稿是否属于国家秘密时还需要国家保密行

―――――――――

〔1〕 Maitra R. Scaling Two Great Walls: Resolving the Impasse Between China's State Secrets Law and International Disclosure Requirements. *Northwestern Journal of International Law & Business*. Vol.36: 3, p.587 (2016).

〔2〕 韩洪灵、陈帅弟、陆旭米、陈汉文：《瑞幸事件与中美跨境证券监管合作：回顾与展望》，载《会计之友》2020年第9期。

〔3〕 李有星、潘政：《论中概股危机下中美跨境审计监管合作》，载《证券市场导报》2020年第10期。

政管理部门确定。[1]权力的失衡使得中国证监会并未拥有和SEC相比拟的地位，无法成为美国接受的有效监管机构。因此就目前形势来讲，中美实现监管互认几乎不可能。

在监管互认难以实现的情况下，由中国证监会、财政部等机构和美国证券监管机构协作的现场联合检查成为协调法律冲突的良好途径。[2]中美双方都曾经表示过联合检查的意愿，未来签订双边协定的可能性较大。但由于这种构想仍缺乏具体的实施方案，产生了操作层面的问题：如何确定现场检查中国家秘密保护程度，控制审计师检查范围与记录方式。部分涉及国家秘密的禁止出境的审计底稿，即使在国内接受现场检查也会面临着泄露风险。因为外国审计师在出具审计报告时仍然会用到相关数据，完全禁止数据的披露是不现实的。

针对上述问题，数字经济时代的审计底稿技术处理或许能起到一定的辅助作用。审计底稿的技术处理可包括分流和数据脱敏。底稿分流是指根据中概股公司类型、行业以及其审计工作底稿的内容和性质进行多元化处理。从公司类型方面来讲，国有控股公司相比于非国有控股公司其审计底稿应当受到更严格的监管。从公司行业方面来讲，对于处在涉及国计民生、国家秘密和特定技术专利行业中的公司，应禁止其对外提供审计底稿。除此之外其他行业的公司尤其是民营企业，应适度放松对其底稿出境的要求。[3]但某些民营消费型公司的数据仍然可以关系国家安全，例如滴滴出行对于国内地图以及用户数据的信息采集无疑关乎国家安全，在其被调查存在不正当使用个人信息时，国家网信办根据《数据安全法》下架其应用并要求公司整改。在实务中的难题不是认定个别信息存在敏感成分，而是判断整体信息的敏感与否。关于采购设备、投资目标等个别信息看似与国家秘密毫无关联，但整体呈现出来或许能够展示整个国家的经济命脉。[4]此外，确定审计底稿是否含有敏感信息、构成国家秘密的法定调查权限如何分配。数据脱敏需要在抹去敏感内容的同时保持数据的原有特征，进行数据脱敏之后的底稿是否还具有参考价值还是一个问题。但从根本上讲，即使借助数据处理技

---

〔1〕《保守国家秘密法》第20条："机关、单位对是否属于国家秘密或者属于何种密级不明确或者有争议的，由国家保密行政管理部门或者省、自治区、直辖市保密行政管理部门确定。"

〔2〕李有星、潘政：《论中概股危机下中美跨境审计监管合作》，载《证券市场导报》2020年第10期。

〔3〕岳跃：《中概股危机来临》，载《财新周刊》2020年第21期。

〔4〕慕峰：《中概股迎史上最严监管：这些突击赴美上市公司如何威胁了国家安全》，载《中国经济周刊》2021年第13期。

术，底稿出境与现场联合检查严格等仍是难以协调的问题。这种问题的根源在于国外监管者对中概股企业内部治理的不信任感，因此提升本土公司治理能力才是解决审计冲突的关键举措。

（三）提升本土公司内部治理与外部市场监管质量：根本因应之道

目前在美国上市的中概股超两百家，但没有一家美国企业选择在中国证券市场上市。尽管面临境外市场的"信任危机"等压力，中国企业"远走"热情并未消减。悬殊的差距背后体现的是中国资本市场的吸引力不足与发展局限性。美国正是得益于本地资本市场的能力而紧握主动权，甚至可以随时修改自己的规则，《外国公司问责法案》就是一个鲜明的例子。因此，针对目前实现监管互认可能性低、联合检查话语权弱的情况，我国的首要任务是"练好内功"，从本土公司治理与国内资本市场改革抓起，真正把监督嵌入制度与市场中，提升国内审计监管与资本市场整体水平，为实现平等话语权、构建有效的跨境监管合作方案做准备。

首先是要加强对本土企业内部治理要求。根据前文分析，中美企业独董制度差异是关系到公司治理水平的关键点。1997 年我国借鉴西方经验正式引入的独立董事制度并未达到预期使用效果。完善独立董事制度首要任务是提升个人素质，即通过完善选拔机制来寻求有能力的人。受社会文化环境的影响，国内实践中的不少上市公司选择由名人担任独立董事，为其带来资源与知名度。[1] 应对此情况最有效的方式是通过严格的问责机制保证独立董事的勤勉尽责，倒逼不具备专业能力的独立董事退出，引导公司更加关注独立董事的专业素质而非"名人效应"。2021 年 11 月，广州市中级人民法院就康美药业证券虚假陈述责任纠纷案作出一审判决，多位独立董事根据其在年报和半年报上签字的行为被判处 5%—10% 的连带赔偿责任，罚金高达两亿元。此事件为"冷漠"的独立董事敲响了警钟，对于制度功能发挥起到了一定的促进作用。但担任独立董事的风险大幅度增加时会影响其选任，即使没有"独董集体离职潮"也会引发独董聘用更加困难的情况。因此，在责任加重的同时需要配合激励机制保证独立董事制度的运行。目前独董薪酬与内部董事差距甚远，在未来可以考虑对承担连带责任风险的独董适

---

〔1〕 刘俊海：《我国〈公司法〉移植独立董事制度的思考》，载《政法论坛》2003 年第 3 期。

当提高薪酬待遇，使职责风险和职位收益相匹配。

其次是要提升我国境内会计师行业审计质量。前文提出中概股企业审计工作最终将落入中国会计师事务所，因此提升境内审计行业整体质量将对中概股审计危机的解决起到重要作用。实证研究表明，若低质量审计策略的收益高于诉讼风险成本，选择低质量审计策略的会计师事务所将占统治地位。随着时间推移，越来越多的会计师事务所将逐渐采用低质量审计策略，而采用高质量审计策略的会计师事务所将越来越少。[1]前述康美药业案中，法院判定会计师事务所和签字会计师承担100%连带责任。[2]证监会对此判决给出了"具有开创意义，促进资本市场深化改革"的高度评价，并表示会配合法院完成后续工作，体现了我国整治审计服务市场的决心。[3]未来要提高审计行业整体质量，就必须以财政部为主导，严格检查、落实责任。尤其是在涉嫌巨额财务造假的案子中需要在行政责任之外追究会计师事务所和签字会计师的连带民事责任。此外行业内部需要增设注册会计师事务所审计质量信用评级，记录并公开各单位处罚情况监督名单，鼓励企业选择审计质量更高的会所作为审计机构，对行业"劣币"进行根本性驱除。

再次，必要时我国需积极对离岸公司行使长臂管辖权。若中国证监会对内地企业一系列造假违规行为自始保持消极态度，SEC为保护其国内投资者合法权益将会不得不主动行使管辖权。与其让渡管辖权陷入不利境地，不如提早严格要求，从根源上提升中概股企业质量标准。2020年3月1日起施行的新《证券法》第2条规定：在中华人民共和国境外的证券发行和交易活动，扰乱中华人民共和国境内市场秩序，损害境内投资者合法权益的，依照本法有关规定处理并追究法律责任。此条款内容较为宽泛，并未对"扰乱境内市场秩序""损害境内投资者合法权益"的标准予以明确限制。在瑞幸咖啡财务造假案中，能否行使长臂管辖权这一问题关键在于认定是否满足上述条件。由于瑞幸咖啡发行和交易都在境外，在形式上很难被认定为扰乱了境内市场秩序或损害境内投资者合法权

---

〔1〕 段特奇、刘斌、石恒贵：《审计市场低价管制能提高审计质量吗？》，载《中南财经政法大学学报》2013年第1期。

〔2〕 广东省广州市中级人民法院（2020）粤01民初2171号民事判决书。

〔3〕 《证监会有关部门负责人就康美药业特别代表人诉讼案作出判决答记者问》，http://www.csrc.gov.cn/pub/newsite/zjhxwfb/xwdd/202111/t20211112_408417.html，最后访问时间：2021年11月29日。

益，但在实质上确实有境内投资者间接持有其股份并因此蒙受损失，且其不良表现影响了众多中概股股价。从制度布局上来讲，虽说此规定较为宽泛、缺少具体操作标准，距离正式投入使用可能还存在时间，但立法行为本身标志着我国对证券法领域长臂管辖权的行使采取了实际行动，一定程度上体现了跨境监管的强势态度。

最后，打造更加优良的资本市场治理环境是根本之道。目前优化境内资本市场的一条重要途径是完善境内投资者保护机制，包括证券集体诉讼等制度建构。新修订的《证券法》第 95 条在《民事诉讼法》"人数不确定的代表人诉讼"的制度基础上作出规定：投资者保护机构可在受 50 名投资者委托的情况下作为代表人参加诉讼并可以为权利人直接在法院登记，除非投资者明确表示不愿意参加该诉讼。《证券法》把诉讼主体限定为投资者保护机构而非任意团体，降低了滥诉"骚扰"公司的可能性。康美药业案是全国首例证券集体诉讼，其将陆续清偿提起证券虚假陈述侵权集体诉讼的 5.2 万余名证券投资者的损失。目前经揭阳市中级人民法院裁定批准，康美药业破产重整案进入了执行阶段，但巨额赔偿落地执行仍然需要监管部门和法院配合推动。证券集体诉讼的成功进行标志着投资者救济途径的扩宽，预计今后将有更多类似诉讼的提出。从整个社会的经济效率来讲，未来在私人执法进展到一定程度之后，可以考虑向公共执法的过渡，逐步真正实现"嵌入式监管"而非事后"大规模的个案诉讼"。

五、结语

在 *When Bonding Fails: Clinical Assessment of High-Risk Families* 这篇论文中，作者认为 Bonding 理论在中概股上并不奏效，并急于探讨这种传统理论失败的原因。在本文看来，Bonding 理论具有高度的合理性，其在中概股上看似无法解释的情况并非因为理论自身的"失败"，而是因为理论的作用基础根本难以发挥，导致了其"失灵"的结果。Bonding 理论产生作用的前提是中概股受到 SEC 的执行权力约束，提高对自身信息披露的要求。因此，探求中概股谜题的出发点不应是为 Bonding 理论的"破产"寻找原因，更为准确的说法是为寻找中国企业逃避美国证券市场严密监管的原因。在内生原因与外部环境的双重夹击之下，中概股危机频繁发生。不良表现、信任危机的产生原因并非仅仅为主流媒体所宣称的跨境审计监管问题，上市架构的特殊性以及公司治理的监管缺失、投资者救济的实现困境等因素早已埋下祸端。在应对措施中，从美股退市再重新上市与寻求跨境审计合作的方案都存在治标不治本的问题。目前应对危机的根本之道是"练好内功"，需在政治问题讨论之外把目光放到行之有效的内部技术性改革上来，关注对本土公司治理水平的提升与资本市场环境的优化。

（初审：李凯哲　周程昱）

专利融资租赁证券化的法律风险检视与完善进路

谭雅茜　葛章志*

内容摘要： 专利融资租赁证券化是以融资租赁债权作为基础资产的专利证券化。专利融资租赁证券化不仅能够满足企业的融资需求并且具有运行模式灵活、未来现金流稳定、发起人特色鲜明等特点。我国已成功发行专利融资租赁证券化产品，但其中仍存在法律风险，如专利效力模糊不清、信息披露制度失范、融资租赁标的面临适格性挑战以及特殊目的机构法律主体地位缺失。对此，提出相应的完善路径：一是科学构建专利资产池；二是完善以基础资产为核心的信息披露制度；三是明确专利融资租赁客体适用逻辑；四是规范特殊目的机构制度设计。

关键词： 专利融资租赁　专利证券化　基础资产披露　特殊目的机构

经济全球化背景下，专利证券化融资已经成为增强专利资产流动性、促进专利价值实现的核心手段。专利证券化因其独特的融资优势及专利利用优势成为政策热点。[1]2015 年《关于深化体制机制改革加快实施创新驱动发展战略的若干意见》提出鼓励探索开展知识产权证券化业务。2021 年《知识产权强国建设纲要（2021—2035 年）》要求积极稳妥发展知识产权金融，规范探索知识产权融资模式创新。在相关政策的强有力推动下，北京、深圳、上海、苏州各地纷纷开展知识产权证券化的实践，进而调动了专利证券化市场主体的积极性。截至 2021

---

* 谭雅茜，中国科学技术大学知识产权研究院 2020 级硕士研究生；葛章志，中国科学技术大学知识产权研究院副研究员。

[1] 汤珊芬、程良友、袁晓东：《专利证券化——融资方式的新发展》，载《科技与经济》2006 年第 3 期。

年 12 月 31 日专利资产支持专项计划成功发行 59 单，累计发行规模达到 149.18 亿元。[1]经政策引导，市场涌现出多种专利证券化模式。其中，通过融资租赁债权形成稳定的未来现金流，满足证券化发行需求的融资租赁模式成为广泛应用的模式之一。遗憾的是，由于融资租赁证券化基础资产的特殊性、参与主体的多样性、法律关系的复杂性，使得证券化过程出现系统性风险。为减少融资租赁证券化交易风险，促进专利融资的顺利进行，需要对其风险进行逐一剖析，并提出相对应的完善路径，以期完善其制度保障及法律规制。[2]

一、专利融资租赁证券化的逻辑起点

专利融资租赁证券化能够实现专利资产价值的增益，形成资本的良性循环。其中支撑证券发行的现金流来源于专利资产通过融资租赁形成的可预期债权。根据融资租赁的客体不同，可以分为转让型融资租赁和许可型融资租赁。专利融资租赁证券化作为一种新型的融资模式，具有鲜明特点。

（一）专利融资租赁模式的概念阐释

专利资产是指由企业过去的交易或事项形成的、由企业拥有或者控制的，预期会给企业带来经济利益的专利。[3]但由于专利资产未来收益的不明确性，实践中鲜少以纯粹的专利资产为基础开展证券化，而是以专利资产收益权或债权作为基础资产。[4]其中，通过融资租赁形式转让专利或专利权所形成的债权就是专利融资租赁资产。专利融资租赁证券化是以融资租赁资产为基础，通过重组、评级、转让给特定机构等一系列措施进而将风险要素与收益要素相分离，以发行证券实现融资目的的系列行为。

专利融资租赁证券化是专利资产证券化交易模式之一。根据融资租赁的客体不同，融资租赁模式可以分为转让型融资租赁和许可型融资租赁。实践中两种模式的典型代表分别为"第一创业—文科租赁一期资产支持专项计划"（以下简称文科一期 ABS 计划）以及"兴业圆融—广州开发区专利许可资产支持专项计划"

---

〔1〕 数据来源：中国技术交易所《中国知识产权证券化市场统计报告（2018—2021）》。
〔2〕 冯晓青：《防范风险大力完善专利证券化的规制》，载《证券日报》2013 年 7 月 8 日 A04 版。
〔3〕 李溪玲、温强、乔立江：《会计》，北京邮电大学出版社 2007 年版，第 11 页。
〔4〕 孔令兵：《知识产权证券化中可证券化资产的选择及风险防控》，载《科技与法律》2017 年第 1 期。

（以下简称广州开发 ABS 计划）。两种模式在构建基础资产阶段存在差异，具体而言：文科一期 ABS 计划为传统的"售后回租"结构，融资企业选择专利资产并将自己享有的专利转让给北京市文化科技融资租赁公司（以下简称文科租赁）。融资企业再作为承租人以租赁的形式继续使用该专利，同时按照租赁合同按期支付费用，形成专利融资租赁资产。而广州开发 ABS 计划表现为"二次许可"结构，融资企业专利权以独占许可的方式许可给凯得融资租赁有限公司（以下简称凯得租赁），再由凯得租赁二次许可给原企业，进而形成专利许可债权。基于许可的融资租赁模式通过"二次许可"形成债权资产，实际上是以专利权作为融资租赁标的物先转让后回租，符合融资租赁的结构特点。

（二）专利融资租赁模式中的法律关系

专利融资租赁证券化流程复杂且参与主体众多，进而增加了厘定相关主体之间法律关系的难度。本文将以证券化的各阶段作为突破口，厘清主体之间的权利义务关系。

其一，构建基础资产阶段。可证券化专利资产的构建是融资租赁证券化的起点。转让型融资租赁模式下，发起人通过转让合同获得专利所有权，以专利租赁形式构建专利债权；许可型融资租赁，发起人通过独占许可合同获得专利使用权，以专利许可形式构建专利债权。发起人将专利债权作为证券化的基础资产，进而开展证券化进程。

其二，出售基础资产阶段。发起人对债务人享有基于专利租赁产生的债权。发起人与管理人通过签订《资产买卖协议》形成债权转让关系，将专利租赁产生的相关债权转移给特殊目的机构（Special Purpose Vehicle，SPV）以获取支付价款。SPV 在证券发行后，以所得款项支付相应价款并基于债权转让合同，成为债务人的新债权人，该债权的实现是 SPV 向投资者支付证券收益的资金来源。

其三，信用评级增级、评级阶段。SPV 委托信用增级评级机构对基础资产进行信用增级和评级，双方构成委托合同关系。信用增级评级机构应当依约完成信用增级和评级等委托事项，并享有取得相应报酬的权利。增信机构提供增信措施如差额支付承诺人的差额支付承诺可被视为《担保法》上的担保行为，与资产专项计划之间形成担保法律关系。

其四，证券发行销售阶段。投资者通过购买证券与 SPV 形成债权债务关系，投资者有要求 SPV 按照约定的方式支付证券本息的权利，同时负有支付购买证券相应对价的义务。

（三）专利融资租赁模式的价值剖析

专利融资租赁模式不仅能够利用专利资产满足企业的融资需求并且具有运行模式灵活、未来现金流稳定、发起人特色鲜明等特点。首先，专利融资租赁模式能够一次性满足专利权人的融资需求。融资租赁模式下，专利权人的融资需求在证券化初期，即专利权人将专利及衍生权利转让或许可给发起人，发起人支付相应的对价时即可一次性获得满足。专利权人先行受偿的制度设计将缓解科技型中小企业长期融资效率低的困境，及时满足企业的资金需求。

其次，融资租赁模式运行更为灵活。融资租赁证券化中，传统的"售后回租"形式及"双重许可"形式能够满足融资主体的多样化需求。专利资产既可以基于转让，又可以基于许可形成债权开展证券化，因此专利权人可以将专利转让给发起人，也可以选择保留专利权，将专利使用权独占许可给发起人。

再次，融资租赁模式未来现金流稳定。该模式下未来现金流来源于"出租人—承租人"双方结构下，承租人按照合同约定所承担的租赁债权，所以无需寻找额外的第三方支付专利许可费，从而避免了因第三方主体不明确带来的未来收益不确定风险。融资企业通过租赁形式继续使用专利一方面能够克服专利作为无形资产的缺点，补强收益的稳定性，另一方面通过后续的使用或出租能够实现专利的权利价值。[1]

最后，融资租赁模式发起人特色鲜明。过去的专利融资实践通常以金融机构为主导，而专利融资租赁模式发挥了非银行金融机构的作用。具有国资背景或者政府扶持的科技租赁公司作为原始权益人主导证券化业务的开展，如文科一期 ABS 租赁计划中的发起人文科租赁。此类融资租赁公司作为先行先试者，有效利用了政府部门和财政资金的支持，创造良好的专利证券化运营环境的同时鼓励民营金融机构适时开拓专利证券化业务。

---

〔1〕 沈云樵、孙丽娜：《我国专利证券化的模式及其制度构建》，载《河南财经政法大学学报》2020 年第 4 期。

二、我国专利融资租赁证券化的法律风险检视

专利融资租赁证券化是专利资产融资的全新方式，其涉及多个法律部门，整体结构较为复杂。同时专利融资租赁模式落地时间较短，配套的法律制度构建不完善，所以导致专利融资租赁证券化交易中法律架构存在不稳定性，进而影响了专利融资证券化的实际效果。本文通过对文科一期 ABS 计划、广州开发 ABS 计划运行结构以及现有法律基础进行梳理，针对专利融资租赁证券化法律风险进行剖析。

（一）专利效力模糊不清

基础资产是证券化的基础也是开展证券化的起点，在很大程度上决定了证券化产品的信用和稳定程度，因此基础资产的选择极为重要。[1]专利证券化的基础资产受到专利效力影响。不同于有形资产，客体的无形性增加了专利权利效力的不可控性。专利的取得和利用都存在着权利效力风险，主要表现在：第一，专利权利的不稳定性。取得专利权利往往需要经过一定的行政手续，如通过专利申请取得专利权必须经过国务院专利行政部门的审核批准及登记公告；通过合同转让获得专利权的必须向行政部门登记及公告。虽然专利权的获取经过行政权力的确认，但不能排除权利内容来源的非法性，比如窃取他人技术抢先申请专利。所以专利权的不稳定性来源之一就是专利产生之初的权利来源是否正当。[2]另外专利权还存在被宣告无效的风险。《专利法》第 45 条赋予了利害关系人请求专利行政部门宣告专利无效的异议权。一旦专利异议程序被启动，此时专利权利状态处于不稳定状态。行政部门通过审查和决定，可能会宣告专利权自始无效，此时基于专利权存在的专利转让合同及专利许可合同都将被视为无效，建立在无效合同上的专利债权也将不复存在。

第二，专利的权利负担无法明晰。专利客体的无形性、时间性和地域性等特有属性造成发起人获取专利权利信息障碍，加大了融资租赁公司审查难度。专利的权利瑕疵在融资租赁模式下隐藏得更深，融资租赁债权产生不涉及第三方承租

---

[1] 张华松、黎明：《知识产权证券化之基础资产探析》，载《法律适用》2016 年第 9 期。
[2] 曾涛：《知识产权资产证券化之基础资产选择与风险规避》，载《南京工程学院学报（社会科学版）》2021 年第 1 期。

人，导致融资租赁公司过分信任由出租人提供的专利资产，从而放大了专利权利负担在证券化中的风险。很显然，设有权利负担的专利在使用、处分、收益时受到限制，若将其作为基础资产，证券化现金流收益会因为其他权能商业化利用而减少，进而损害投资人应有的权益。[1]

（二）信息披露制度失范

信息披露制度对于专利证券化的发展极其重要，是证券法律法规中保护投资者利益原则的体现，也是帮助投资者面对封闭的证券化运作克服信息不对称的具体手段。然而，现有信息披露体系与专利证券化的披露需求存在脱节情况。

具体表现：第一，在信息披露主体上，根据《证券公司及基金管理公司子公司资产证券化业务信息披露指引》（以下简称《信息披露指引》）及《证券公司及基金管理公司子公司资产证券化业务管理规定》（以下简称《管理规定》），管理人以及其他服务机构法定负有信息披露义务。由上文所探讨的专利资产效力的不确定性以及证券化流程的复杂性可知，现有信息披露义务主体难以提供全面的专利证券风险信息。第二，披露责任追究不明确。对于事后违反法定义务进行责任追究与事前明确披露的主体责任同样重要。而《信息披露指引》与《管理规定》均未对违反披露义务的主体及负责人如何进行责任认定与责任追究作出明确性的规定。第三，披露内容上较为单一。《信息披露指引》详细规定了披露义务人应当披露或明确的事项，以基础资产和基础资产池客观基本信息为主。实践中，以广州开发ABS计划为例，披露信息包括专利资产权属、担保负担情况、运营和管理情况，资产池的设置、遴选、分布情况。但信息披露制度中缺乏专利软信息披露具体要求和标准，专利软信息是指关于专利未来发展趋势、未来市场需求的预测性信息。专利资产具有更迭快、市场淘汰率高的特征，若只关注现存客观情况，缺乏对软信息的考量不符合专利证券化的需要。同时披露内容缺乏风险预警信息，专利证券化以资产池为媒介，将具有杠杆率的基础资产进行打包重组，蕴含着基础资产风险；再以信用机制为支撑，赋予基础资产流动性同时形成了流动性风险。在证券化过程中，基础资产风险和流动性风险会随着交易结构传递给投资者。所以，为保护投资者权益，通过风险预警信息提供更为透明化的风险提示必不可少。

---

[1] 孔令兵：《知识产权证券化中可证券化资产的选择及风险防控》，载《科技与法律》2017年第1期。

（三）融资租赁标的面临适格性挑战

专利融资租赁证券化是传统融资租赁在证券化市场中的进一步创新。然而由于我国现行的法律制度对于知识产权的融资租赁客体规定不明确导致专利融资租赁标的面临着适格性挑战。

一方面，学术界关于专利是否能够作为融资租赁适格客体存在争议。持肯定观点的学者认为，融资租赁的本质决定了应当对其中的"物"作广义理解，不局限于"物"的有形或无形，符合本质属性都可以作为融资租赁标的物，[1] 从实践角度，融资租赁的客体范围根据实践的发展会有相应的变化。[2] 从历史发展来说，交易载体并非一成不变的。[3] 持否定观点的学者认为，权利人难以实现知识产权如有体物一般占有和支配，在融资租赁中承租人排他性占有使用租赁物难以得到保证，不宜作为融资租赁物。[4] 或从融资租赁交易物为固定资产角度出发，表明知识产权并不属于会计学中"固定资产"的概念范畴，从而否定了无形资产单独作为租赁物的合法性。[5]

另一方面，我国一直未出台专门调整融资租赁关系的法律法规。关于融资租赁的相关规定主要分散在《民法典》《关于审理融资租赁合同纠纷案件适用法律问题的解释》（以下简称《司法解释》）及部门规章之中。其中《民法典》第735条和第736条对融资租赁法律关系及合同内容作出了原则性的规定，然而对于租赁物种类并未作出明确的限制性规定。同时《司法解释》第1条也未对知识产权作为租赁物标的的合法性作出明确的回答。与法律规定的模糊态度不同，部门规章对知识产权租赁秉持着排斥态度。银保监会2022年出台的《融资租赁公司监督管理暂行办法》规定了融资租赁交易的租赁物范围仅能为固定资产，排除了专利融资租赁业务的可能性。总体上，将知识产权作为融资租赁标的物，在立法层面的表现上是较为消极的。专利融资租赁是否具有合法性，目前还未有明确的答案。

---

〔1〕 李鲁阳：《融资租赁若干问题研究和借鉴》，当代中国出版社2007年版，第43—46页。

〔2〕 刘汉霞：《我国知识产权融资租赁的现实困惑与法律规制》，载《知识产权》2017年第8期。

〔3〕 曾大鹏：《融资租赁法制创新的体系化思考》，载《法学》2014年第9期。

〔4〕 钱晓晨：《关于〈中华人民共和国融资租赁法（草案）〉民事法律规范若干问题的评析》，载《法律适用》2006年第4期。

〔5〕 金建忠：《融资租赁中租赁物的范围》，载《法学》2012年第7期。

（四）SPV 法律主体地位缺失

专利证券化中的破产隔离机制是为了有效抑制基础资产转移风险的产生和扩散，其中 SPV 是实现风险隔离的重要载体。文科一期 ABS 计划和广州开发 ABS 计划以证监会推出的资产支持专项计划（以下简称专项计划）作为 SPV，然而由于专项机构不具有法律上的独立地位，无法保障基础资产独立，同时无法实现信用承载主体转换，进而存在交易风险。

一方面，专项计划实体地位的缺失导致无法隔离管理人破产风险。风险隔离功能的实现要求发起人将融资租赁资产债权及相关风险全部转移给 SPV，从而达到与发起人隔离的目的。但根据《民法典》关于民事主体的规定，专项计划不具有独立法律人格，无法成为融资租赁资产的受让人。实践中证券公司为解决这一难题，引入管理人代替专项计划受让融资租赁债权。这种做法虽然一定程度上能规避发起人的破产风险，但无异于将风险转移到证券公司名下，对投资人而言风险依然存在。即使《证券公司及基金管理公司子公司资产证券化业务管理规定》中赋予专项管理计划一定的独立性，规定证券化中的基础资产不属于破产财产清算范畴。但该规定效力层级较低，难以对抗《民法典》关于破产财产范围的相关规定。

另一方面，专项计划实体地位的缺失导致资产信用的弱化，从而过度依赖信用增级措施，背离了专利资产证券化的基本原理。在专利证券化中，支撑证券化的信用机制从发起人主体信用向融资租赁资产信用转变，是通过 SPV 发挥其主体功能而实现的。具体而言，SPV 接受发起人转让的专利资产时，切断了发起人与专利资产之间的财产权关系，进而发起人的主体信用退出证券化信用机制；同时独立的专利资产成为接下来发行证券进行融资的担保信用主体。然而，由于专项计划不具备法律实体地位，限制了专利资产信用支撑作用发挥，所以专利资产证券化项目往往通过多种信用增级方式起到补充担保作用，如文科一期 ABS 计划采用了四种增级措施形成信用保护，包括优先级／次级支付机制、差额支付承诺、现金流转付机制及信用触发机制。[1] 然而多重的信用增级措施所承担的担

---

〔1〕 刘瑛、刘思海：《中美知识产权证券化的基本情况及特殊目的机构对比——以中国首两例知识产权证券化案例为视角》，载《河南师范大学学报（哲学社会科学版）》2021 年第 1 期。

保作用已远远超过融资租赁资产所承担的担保作用，专利资产发挥的担保作用在多重信用担保下被明显弱化，背离了专利证券化的基本原理。

三、我国专利融资租赁证券化的完善进路

囿于立法缺失与模糊，我国专利融资租赁证券化的规范应用任重道远。当前应科学构建专利资产池，完善以基础资产为核心的信息披露制度，明确专利融资租赁的适用逻辑，规范特殊目的机构的制度设计，进而防控专利融资租赁证券化风险。

（一）科学构建专利资产池

资产证券化中，对专利资产进行证券化的难度远远大于其他有形资产，主要因为基于专利资产所产生的现金收益易受到专利效力影响及外部市场变动而出现大幅度波动。而单一的专利资产使得上述风险更为集中，一旦专利资产的现金收益减少，证券化的发行将面临失败。为了有效化解单一资产带来的风险，发起人往往采用构建资产池的方式。资产池主要表现为专利组合的应用，通过对专利进行内部结构化的技术重组及定价安排，有效整合多项专利资产，进而形成专利集合体。这种专利集合体通过组合内部其他资产的升值来代偿某一贬损专利带来的损失，进而实现专利资产风险的稀释。我国现有的专利证券化产品通常也会采取资产池的形式降低专利资产价值波动带来的风险，但资产池的构建仍需要进一步的完善。

借助地方政府优势，构建优质专利池。优质的专利资产是构建资产池的关键，也是证券化融资的关键。资产池的构建应当充分利用地方政府的平台优势，进而对接拥有优质专利的企业，如广州开发 ABS 计划选取了广州开发区 11 家企业的专利资产。特定的开发区内能够更好地发挥地方政府功能。一方面，特定开发区内的政策优势、服务优势及平台优势，有助于培育和扶植高新技术企业，优化专利资产源头。另一方面，地方政府能够紧扣园区产业特点，组织园内企业申报并筛选符合证券化标准的企业专利资产，进而协助发起人构建更为优质的专利池，助力证券化业务的开展。

注重入池资产组合的多样性和混合性。美国 Royalty Pharma 案中，发起人吸取了耶鲁大学 Zerit 案中因选择单一资产而解散告终的经验，此轮证券化选择了

13 项生物医药专利建立专利池，多项医药专利的组合通过受众群体的多样化有效分散了单一医药专利被替代或被下架所引发的价值贬损。[1]事实证明，多样化的专利组合策略降低风险效果更佳。所以我国专利证券化资产池构建中，资产选择首先要遵循多样性原则，选择一定数量的专利进行组合，以专利之间的互补性覆盖单项专利资产权利效力风险所造成的收益减损。其次，专利池构建要注重专利组合策略，选择入池资产时不仅注重其现有的市场影响力，更需要关注专利资产之间相关关系的多样性以及市场前景变动等因素。相关关系的多样性能够提升资产池抵御风险路径的多样性。市场前景能够预测专利在未来一段时间内是否具有竞争力及不被替代性，进而保证资产池在市场的稳定获益能力。

（二）完善信息披露制度

融资租赁证券化模式下，加强尽职调查是有效规避专利效力风险的有效手段。尽职调查内容应当包括专利资产的权利归属和负担情况等。除被动地进行尽职调查外，还应完善专利证券化信息披露制度，要求披露义务人主动披露证券化信息，进而防范专利证券化基础资产风险，同时缓解投资者信息不对称问题，增强证券市场上投资者的投资信心。

首先，完善信息披露主体责任制度。一方面，扩大信息披露法定主体范围。融资租赁资产的复杂性使得信息披露法定主体应当具有多样性，除管理人及其他服务机构外，其他涉及基础资产的认定、现金流状态、风险隔离的主体也应当作为法定披露人。另一方面，明确责任追究规则。专利证券化作为一种新型融资手段，但其实质内涵与资产证券化基本相同，因此专利证券中信息披露责任追究应当适用《证券法》第 85 条规定，披露义务人对信息披露违法承担无过错责任，发起人的控股股东、董事、实际控制人等承担过错推定责任。[2]披露责任分配与责任追究两者相辅相成，共同构成较为完善的主体责任制度。

其次，强化证券产品存续期间的披露要求。资产筛选入池阶段披露的相关专利信息在后续的专利运营过程中容易受到技术、法律、市场等多方面的综合影响，所以持续性披露基础资产信息应当成为专利证券化信息披露制度的一项基本

〔1〕 邹小芃、王肖文、李鹏：《国外专利权证券化案例解析》，载《知识产权》2009 年第 1 期。

〔2〕 朱庆、周雪梅：《认定董事信息披露责任应坚持"三个区分"》，载《证券法苑》2021 年第 3 期。

原则。基于此原则，在证券发行环节证券发行人应通过发行计划说明书围绕基础资产开展信息披露，从而投资者能够准确把握基础资产信息以便投资决策。在证券的存续期间，发起人应当通过初次披露、季度披露、中期披露、年度披露、持有人大会以及重大事项的临时披露等方式持续地向投资者提供证券化信息。专利融资租赁证券针对发行环节、存续期间的基础资产信息披露要求一致，是持续性信息披露的内在要求。

最后，增加风险预警信息披露。专利证券基础资产风险会通过证券化产品传导，进而引发投资者风险。然而信息披露制度仅能提供影响交易活动的时点信息远远不够，还应当具有风险预警功能。披露风险预警信息，是专利证券化风险预警机制的组成部分，同时是形成风险约束机制的前提条件。风险预警信息披露的完善应从以下措施展开：第一，增加专利软信息的披露。发起人关注专利的现有价值之外，也要增强对专利软信息的重视程度。专利的创新程度、市场前景以及未来研发重点等专利软信息的披露，为投资者提供多维全面的视角。第二，要求金融机构报告衡量风险政策及风险管理控制结构，具体包括风险容忍限度以及风险监控程序，并且根据当前专利资产的运营情况结合市场风险变化，为未来基础资产的风险状况提供前瞻性分析。第三，引入预测性信息的"安全港"制度。"安全港"制度是为发起人及其他主体披露预测性信息行为提供的一种保护。[1]该种保护通过豁免披露人的法律责任而实现，具体而言披露人在现有事实基础上，诚实地发布预测性风险消息能免于后续事情不符时的法律责任。引入安全制度能够提高披露主体发布主观预测信息的积极性，进而保证预测性信息的披露。

（三）明确专利融资租赁适用逻辑

我国专利融资租赁证券化产品已发行，而知识产权作为融资租赁客体是否适格尚未明确，知识产权融资租赁交易规则也尚未建立。随着融资租赁交易形式的创新以及交易客体范围的扩展，现有的融资租赁法律难以满足融资租赁业务发展的制度需求。

---

〔1〕 魏俊：《证券法上的安全港及其制度价值——以前瞻性信息披露为例》，载《证券法苑》2014年第3期。

为规范专利融资租赁证券化发展，首先融资租赁亟需单行立法。目前，关于融资租赁的相关规范散落于《民法典》、配套的相关司法解释以及银保监会的规范性文件，导致规范体系性差，存在明显的漏缺问题。而融资租赁物客体范畴这一根本性制度问题需要法律规范解决，无论是司法解释还是行政机关的规范性文件都不适宜代替，[1] 出台融资租赁单行法可以更好地解决规范零散、衔接漏缺等弊端，同时为完善融资租赁规则提供充足空间。

其次，明确知识产权作为融资租赁法律关系的客体地位。一方面在融资租赁单行法中，需要对融资租赁物的范畴进行明确的厘定，进而明确专利可作为融资租赁客体。知识产权作为融资租赁的客体没有违反法律的禁止性规定，与《民法典》不存在理论上的冲突，具有赋权的可行性。专利融资租赁证券化是在市场经济下自行发展的一种融资模式，如果法律的规定不能与当下的市场发展趋势相适应，则极有可能被束之高阁。因此在立法上确认知识产权作为融资租赁物的适格性，是满足专利证券化市场需求、规范市场发展的必行之举。另一方面要在融资租赁单行法中，明确专利可作为融资租赁物的标准。第一，专利应当权界清晰、权利主体明确，即专利权利真实存在并属于专利权人。第二，专利应具备法律上的可转让性，专利的自由转让不被限制或禁止。第三，专利转化收益具有稳定性。

最后，明确知识产权融资租赁交易规则。根据融资租赁制度的发展初衷与制度本质，融资租赁交易应当符合融资与融物双重属性，以此区别于质押借贷。若知识产权作为融资租赁物，其无形性特征使其比一般融资租赁具有更大的风险，为防止知识产权融资租赁背离制度本质，应当对知识产权融资租赁交易规则作出明确。一方面在租赁模式上补充双重许可模式。知识产权融资租赁表现为传统的售后回租或双重许可形式。专利的双重许可形式体现了"三方两约"的特征，但主体之间实质构成许可关系，主体关系表现为专利提供方、许可方和被许可方，与传统融资租赁关系有所区别。因此，双重许可形式应当被补充在融资租赁交易模式中，从而为双重许可模式提供准确的法律依据与准则。另一方面限制租赁形式，独占许可形式能够最大程度保护承租人的利益，保证承租人的排他性使用专

---

〔1〕 梅夏英、王剑：《后〈民法典〉时代的融资租赁法律治理》，载《烟台大学学报（哲学社会科学版）》2021 年第 5 期。

利，进而弥补因知识产权无形性导致专利无法像动产直观地排他性适用，造成承租人风险的缺陷。因此，在专利融资租赁中，应当以独占许可为原则，排他许可为例外，禁止普通许可。

（四）规范特殊目的机构制度设计

专利融资租赁证券化中，文科一期 ABS 计划、广州开发 ABS 计划以专项计划作为 SPV 的形式，是充分考虑了我国当下的法律制度及融资市场需求后作出的选择。[1]然而专项计划的价值定位不明、法律地位不独立、主体性功能的薄弱导致融资租赁证券化中的交易风险。因此专项计划应当作为真实承接基础资产的载体，强化资产信用，实现破产隔离的主体性功能。

首先，厘清明确专项计划的价值定位。从 SPV 制度价值出发，遵循隔离风险、组织和利用资源、保护投资者权益等原则对专项计划运行进行科学合理的规划。[2]专项计划一方面处于证券化交易结构的中心位置，发挥着连接发起人与投资人的功能；另一方面应当是证券化风险规制的核心，发挥 SPV 的核心价值。专项计划的价值定位应随着证券化进程的发展略有侧重，具体而言：在专利衍生的债权转移阶段，专项计划应作为承担真实销售和风险隔离的载体，保障基础资产的产权安全和稳定存续；在证券化发行阶段，专项计划应当作为实现现金流的归集和偿付的主体，从而发挥 SPV 主体价值。因此，制定相关法律法规规范 SPV，应以重视专项计划在专利证券化过程中的价值定位为前提。

其次，明确资产支持专项计划法律地位。重新定位专项计划与管理人之间的关系，赋予专项计划相对独立的法律地位。实质上，专项计划具有信托法律关系的本质内涵，管理人履行管理义务设立专项计划。信托本身没有独立的法律地位，但法律赋予了信托财产的独立。从这一角度来看信托与专项计划是相同的。因此，如何明确资产专项计划地位，可借鉴日本 SPV 相关制度建立的经验，日本的《资产流动法》明确 SPV 的法律形式为公司模式和信托模式，明确两种模式下的 SPV 都为特殊法人，其法律地位以及业务开展程序与普通法人具有明显差异。同时，《资产流动法》禁止 SPV 从事除资产证券化及附属业务以外的任何

---

〔1〕 贺琪：《我国资产证券化 SPV 实体缺位与风险防控路径》，载《社会科学动态》2019 年第 8 期。
〔2〕 谢永江：《资产证券化特定目的机构研究》，中国法制出版社 2007 年版，第 46—52 页。

活动；禁止从事除委托契约中明确规定的活动；禁止除履行自身债务以外的借入外债行为；信托收益权不得随意转让。[1]结合我国专利证券化运营的实际情况，遵循专项计划本质内涵及价值定位，以立法的形式重新定位专项计划与管理人之间的法律关系，将专项计划中的独立资产性质以及归属规定确定在效力位阶更高的法律上。同时通过专门立法，明确规范专项计划作为独立法人的准入退出程序以及经营范围限制。

最后，强化支持专项计划主体性功能。专利证券化交易中，SPV 连接市场资金的供求双方决定了其具有主体性功能。专项计划的主体性功能就是实现证券化中信用机制转化。实现"真实销售"，切断了发起人与专利资产之间的财产权关系，基础资产信用才能代替发起人主体信用，完成信用转化。为更好地发挥专项计划的信用转化功效，需要明确"真实销售"的判断标准。然而我国并未建立专利证券化中的真实销售标准，只在《资产管理产品相关会计处理规定》等分散的会计处理规定中有所体现。因此，现阶段应当集中分散的处理规定，并规整成为判断证券化基础资产是否实现"真实销售"的一般性标准，纳入资产证券化的相关法律之中，以此解决"破产隔离"无法判断的难题。

四、结语

《"十四五"国家知识产权保护和运用规划》中再次强调了发展知识产权金融的重要性，这势必助推专利证券化的进一步发展。当前，我国相关政策持续推进专利证券化发展，融资租赁模式凭借其特殊优势广泛应用于专利证券化中，但运行过程中的法律风险会阻碍其发展的持续性。研究发现，其中的法律风险主要归咎于专利资产的不稳定性及相关法律制度的不完善性。为进一步规避风险，在基础资产构建层面，发起人应借助地方政府优势，构建优质专利资产池，注重入池资产组合的多样性和混合性并加强专利资产尽职调查。在法律制度完善层面，政府应紧跟市场需求制定相关法律法规完善信息披露制度，规范特殊目的结构，明确专利融资租赁的适用逻辑，填补制度空缺。以此应对专利融资租赁证券化交易中存在的风险，共同推进专利融资租赁证券化的发展。

（初审：梁瑞琳　郑慈懿）

---

〔1〕 刘思海：《论资产证券化中的特定目的机构》，载《江苏大学学报（社会科学版）》2018 年第 5 期。

内幕交易罪保护法益研究

龙健宁*

内容摘要： 在全世界范围内，内幕交易罪都存在定罪难的问题，深层次的原因是内幕交易罪的保护法益理论存在缺陷，无法指导该罪构成要件的解释。本文旨在研究内幕交易罪的保护法益，并以此指导该罪构成要件的解释。现有的法益理论，即管理秩序说、投资者合法权益说、信息平等说与信义义务说均存在不足。本罪的保护法益是金融系统的信任机制，因为内幕交易行为会破坏投资者的情绪性信任，进而导致整个金融市场的结构性信任受到威胁。信任机制理论符合金融系统的功能，并且能够得到实证数据与后果考察研究的支持。在金融系统信任机制的指导下，能够对于内幕交易罪的行为主体、交易对象、交易方式、主观方面等构成要件进行合理解释。

关键词： 内幕交易罪 法益理论 信任机制

一、问题意识

在中国，内幕交易罪的主体标准呈现出了不断扩大的趋势。《证券法》中所规定的证券交易内幕信息的知情人的范围在2005年与2019年分别经历了两次重大修改，每一次的修改都扩大了内幕信息的知情人的范围。[1]但与之形成鲜明

---

* 龙健宁，清华大学法学院2021级硕士研究生。

[1] 以2019年《证券法》第51条与2014年《证券法》第74条的对比为例：（1）2019年版本在第1款中增加了"发行人"。之前的版本只有"发行人的董事、监事、高级管理人员"，而2019年的版本中明确包括了"发行人"，即整个发行公司。（2）2019年版本的第3款在以往"发行人控股的公司"基础上，增加了"发行人实际控制的公司"及其董事、监事、高级管理人员。（3）2019年版本在第4款中增加了（转下页）

对比的是，内幕交易罪的案件数量很少。笔者从北大法宝、威科先行、聚法案例等数据库中，收集到 2010—2022 年以来的刑事判决书仅 63 份，平均每年定罪案件不到 5 件。而且根据白建军教授的实证研究，大部分符合定罪标准的内幕交易案件都没有定罪或移送刑事司法。[1]

内幕交易定罪难的问题不仅仅出现在中国，而是在国际上普遍存在。[2]有学者比较了全球 14 个最大证券市场所在国家的内幕交易法律、惩罚和定罪情况，发现每个国家都广泛而宽松地定义了"内部人"和"内幕交易"这两个术语，因为他们不希望任何人、实体进行内幕交易。[3]但英国议会银行业标准委员会（Parliamentary Commission on Banking Standards，PCBS）主席 Andrew Tyrie 向英国金融市场监管专家小组提出了一个直接而困难的问题："尽管金融危机和大量的误售丑闻接踵而至，但我们还没有看到任何人被送进监狱。这是因为没人应该进监狱，还是因为英国的处罚制度或法律系统存在根本性的失败？"[4]

（接上页）"因与公司业务往来可以获取公司有关内幕信息的人员"。这显著扩大了知情人的范围，包括了那些与公司有业务交往并可能获得内幕信息的人员。（4）2019 年版本新增了第 5 款，包括"上市公司收购人或者重大资产交易方及其控股股东、实际控制人、董事、监事和高级管理人员"。这是一项全新的规定，将上市公司的收购者和重大资产交易方，以及他们的关联人列为知情人。（5）2019 年版本的第 6 款对应 2014 年版本的第 7 款，但 2019 年版本扩大了机构范围，将"证券交易场所""证券服务机构""证券登记结算机构"有关人员包括在内。（6）2019 年版本第 8 款对应 2014 年版本的第 5 款，增加了因法定职责"对上市公司及其收购、重大资产交易进行管理"的工作人员，进一步扩大了知情人的定义。

〔1〕 参见白建军：《法学研究中的实证发现——以刑事实证研究为例》，载《政治与法律》2019 年第 11 期。白建军教授对全部内幕交易刑事案件和证监会公布的全部行政处罚案件进行分析后发现，交易额超过 50 万元的案件，定罪率仅为 25.9%，移送率仅为 15.4%。获利额超过 15 万元的案件，定罪率仅为 34.0%，移送率仅为 17.6%。交易额超过 250 万元的案件，定罪率仅为 28.6%，移送率仅为 14.6%。获利额超过 75 万元的案件，定罪率仅为 44.6%，移送率仅为 21.5%。值得注意的是，交易获利和情节双严重的案件，定罪率仅为 34.7%，移送率仅为 20.0%。交易获利和情节双特重的案件，定罪率仅为 40.2%，移送率仅为 21.2%。按照《最高人民法院、最高人民检察院关于办理内幕交易、泄露内幕信息刑事案件具体应用法律若干问题的解释》第 6 条的规定，在内幕信息敏感期内从事或者明示、暗示他人从事或者泄露内幕信息导致他人从事与该内幕信息有关的证券、期货交易，具有下列情形之一的，应当认定为"情节严重"的内幕交易：证券交易成交额在 50 万元以上的，或者获利或者避免损失数额在 15 万元以上的。该解释第 7 条规定，具有下列情形之一的，应当认定为"情节特别严重"的内幕交易：证券交易成交额在 250 万元以上的，或者获利或者避免损失数额在 75 万元以上的。

〔2〕 基于金融系统与金融规则的全球化，内幕交易行为在全球绝大多数国家都被认定为犯罪。尽管中美资本市场之间存在差异，但在某些经济现象和理论上存在共性，这使得一些美国的实证研究结果在一定程度上可以适用于中国。这些共性可能包括市场行为规律、投资者行为模式等。

〔3〕 Thompson J. H., A Global Comparison of Insider Trading Regulations. *International Journal of Accounting and Financial Reporting*, 2013.

〔4〕 参见英国议会银行业标准委员会（PCBS），2013d, p.Ev 424.

2011 年，德国各地的检察院共完成了 31 项关于内幕交易罪的调查程序，但仅有 2 人因内幕交易被判有罪。[1] 在德国，有学者实证研究后指出，内幕交易犯罪黑数高达 95%。[2]

这不禁引人深思，内幕交易罪的犯罪黑数问题背后的深层原因是什么？固然有证据收集困难、犯罪隐蔽性高、犯罪人权力过大等因素的作用，但这仅仅是表面现象。更深层次的问题是对内幕交易罪的理解和诠释本身的困难。特别是内幕交易罪的保护法益理论，直接关系到内幕交易罪刑法理论的整体构建，是解释该罪构成要件的奠基石，其正确性与明晰程度直接影响了刑法的适用和执行效率。但现有的内幕交易法益保护理论却纷争不断，而且各理论都存在严重缺陷，这导致内幕交易罪构成要件的解释产生了大量争议，阻碍了内幕交易罪的正确适用。要解决内幕交易定罪难的问题，首先应明晰内幕交易罪的保护法益，进而以法益指导该罪构成要件的解释，实现金融领域的有效规制，防范化解金融风险。

二、现有内幕交易罪保护法益理论

现有内幕交易罪保护法益的理论学说主要包括管理秩序说、投资者合法权益说、信息平等说以及信义义务说，但以上各学说都存在明显的不足，而且有一些共同的缺陷，无法成为内幕交易罪的保护法益理论。以下是具体的阐述。

（一）管理秩序说及其不足

管理秩序说认为，内幕交易罪保护的是禁止内幕交易这一市场经济管理秩序。经济秩序说产生于刑法对于内幕交易罪体系位置的安排，即内幕交易罪是在破坏金融管理秩序的章节中，保护法益为证券市场管理秩序或是应有之义。管理秩序说存在以下不足：（1）未进一步给出保护该种秩序的理由，管理秩序法益过度泛化，缺乏刑法应具有的明确性。[3]（2）纵向的管理关系并非金融秩序的全部内容，金融秩序中也涉及平等主体之间的金融关系，如果将内幕交易罪的法益

---

〔1〕 参见 2011 年德国联邦金融监管局年度报告：https://www.bafin.de/SharedDocs/Downloads/DE/Jahresbericht/dl_jb_2011.html?__blob=publica。

〔2〕 Hienzsch A., Das deutsche Insiderhandelsverbot in der Rechtswirklichkeit: eine empirische Studie. (No Title), 2006. 转引自 Kempf, Eberhard, Lüderssen, Klaus and Volk, Klaus. Unternehmenskultur und Wirtschaftsstrafrecht. Berlin, München, Boston: De Gruyter, 2015, p.105。

〔3〕 参见程红、王元昊：《证券内幕交易罪主体的理论基础与规范重构》，载《理论界》2021 年第 4 期。

单纯认定为管理秩序，则忽视了内幕交易中金融主体之间的互动关系。（3）如果将内幕交易的保护法益认定为证券市场管理秩序，无法赋予法益实质内容，当进一步追问为什么保护管理秩序时，管理秩序说只能回答因为这些管理秩序就是金融秩序，从而陷入循环论证。[1]

因此，赞成管理秩序说的观点一般将内幕交易罪的法益理解为复合法益，如将内幕交易罪的保护法益解释为证券、期货市场的管理秩序（或有序运行）和投资者的合法权益，[2]但引入投资者合法权益，真的可以解释内幕交易罪吗？

（二）投资者合法权益说及其不足

投资者合法权益说认为，内幕交易罪保护法益是投资者的合法权益，内幕交易罪本质上是平等市场主体滥用经济自由而对其他市场参与者的合法权益所造成的严重侵害。[3]以上观点得到了我国刑法学界通说的支持。如陈兴良教授指出，非流通股的交易不会影响证券市场秩序，也不会损及一般投资者的权益，与内幕交易罪的保护法益无关，不属于内幕交易罪的打击范围。[4]再如《刑法学》一书将内幕交易罪的保护法益解释为证券、期货市场的管理秩序和投资者的合法权益。[5]然而，投资者合法权益说也无法成为内幕交易的保护法益，理由如下：

（1）投资者合法权益说成立的前提是内幕交易罪在经济上是有害的，因此禁止内幕交易可以保护投资者合法权益，但这并未得到证明，相反，内幕交易被很多经济学家认为存在多种对经济的好处。Henry Manne 是首位对内幕交易进行详细研究的学者，他认为内幕交易并未对长期投资者造成任何重大损害，反而使市场更有效率。[6]内幕交易被认为有助于提升证券定价准确性，提高资本的配置效率。[7]而且内幕交易也会使得价格波动更为和缓。信息会在公布之前逐步流入某只证券的价格中。因此，与即时披露公告所引起的大幅度价格跳跃相比，一

---

〔1〕 参见蓝学友：《互联网环境中金融犯罪的秩序法益：从主体性法益观到主体间性法益观》，载《中国法律评论》2020 年第 2 期。

〔2〕 参见高铭暄、马克昌：《刑法学》，北京大学出版社、高等教育出版社 2022 年版；陈颖、薛静怡：《内幕交易罪的司法认定与立法完善》，载《中国检察官》2020 年第 16 期。

〔3〕 参见赵姗姗：《法益视角下证券内幕交易罪主体范围的规范构造》，载《政治与法律》2018 年第 10 期。

〔4〕 参见陈兴良：《金融犯罪若干疑难问题的案例解读》，载《江西警察学院学报》2017 年第 6 期。

〔5〕 参见高铭暄、马克昌：《刑法学》，北京大学出版社、高等教育出版社 2022 年版。

〔6〕 Manne, H., Insider Trading and the Stock Market, *The Free Press*, 1966.

〔7〕 See H. Manne, Insider Trading And The Stock Market (First Edition), *The Free Press*, 1966: pp.111–158.

只股票的价格会逐步接近其所谓的"实际"价值，这对投资者来说更为友好。[1]此外，内幕交易还被认为符合公司利益。[2]总之，许多研究表明，内幕交易产生的是正和博弈：获益者多于受损者。[3]在很多情况下，内幕交易罪是无被害人的犯罪。[4]由此可见，从经济学角度分析，内幕交易并不必然会造成投资者的损失。

（2）即便认为内幕交易会带来损害，但其损害的对象也并不一定是投资者，而是股东。具体而言，即便是在有被害人的学说观点中，关于真正的被害人是股东还是其他交易者也存在争议。[5]有观点认为，内幕交易带来的损失会被内化为公司与股东的损失，而不会对其他投资者造成损害。[6]因此，内幕信息应被视为公司的私有财产，由公司决定其用途，如用于激励公司高管以进一步提高经济效率。即使假设内幕交易确实使外部投资者面临损失的风险，市场价格也会调整，以确保投资者继续获得适当的回报。[7]

（3）即使认为内幕交易会给投资者带来损害，现有实证研究结果表明该损害微乎其微（仅为交易额的0.0021%），将投资者合法权益作为法益无法解释内幕交易罪与财产犯罪之间刑期的巨大差异。有学者对内幕交易的成本进行了实证研究，发现由于内幕人的购买行为，局外人（outsiders，原文中指复数概念的其他投资者）在接下来的六个月中预期的"成本"大约是0.0021%。这转化为一笔10000美元的交易中的21美分。[8]基于金融市场的全球化，金融规则也呈现出在全球范围内趋同的特征，中国资本市场与美国资本市场可谓大同小异，而且中

〔1〕 Schneider Wider, Insiderhandelsverbot und die Informationseffizienz des Kapitalmarkts, *Der Betrieb* 1993, pp.1429, 1431.

〔2〕 See H. Manne, Insider Trading And The Stock Market (First Edition), *The Free Press*, 1966: pp.111–158.

〔3〕 McGee R. W. Analyzing Insider Trading from the Perspectives of Utilitarian Ethics and Rights Theory, *Journal of Business Ethics*, 2010, 91: 65–82.

〔4〕 McGee R. W. Analyzing Insider Trading from the Perspectives of Utilitarian Ethics and Rights Theory, *Journal of Business Ethics*, 2010, 91: 65–82.

〔5〕 Parkman, A. M., B. C. George and M. Boss: 1988, Owners or Traders: Who Are the Real Victims of Insider Trading? *Journal of Business Ethics 7*, 965–971.

〔6〕 Ian Ayres; Joe Bankman, Substitutes for Insider Trading, *Stanford Law Review 54*, no.2 (November 2001): 235–294.

〔7〕 Ian B. Lee, Fairness and Insider Trading, *Columbia Business Law Review 2002*, no.1 (2002): 119–192.

〔8〕 Jeng, L. A., A. Metrick and R. Zeckhauser, Estimating the Returns to Insider Trading: A Performance-Evaluation Perspective, *The Review of Economics and Statistics*, 2003, 85(2), 453–471.

国政府对于金融安全的重视与管控能力是美国政府所不具有的，在某种意义上，投资者在中国受到损失的严重程度还要小于美国。根据司法解释的规定，证券交易成交额在 50 万元以上的应当认定为"情节严重"的内幕交易，而一笔 50 万元的内幕交易给外部交易者造成的损失是 10.5 元。即便是"情节特别严重"的内幕交易（证券交易成交额在 250 万元以上）给外部交易者造成的损失也仅仅有52.5 元。这与财产犯罪中对被害人造成的财产损失的数额限制严重不匹配。因此，从刑法体系的贯通性角度出发，投资者合法权益难以作为本罪的保护法益。

（4）将投资者合法权益说作为本罪法益无法解释本罪与操纵证券、期货市场罪之间的关系。内幕交易者为避免败露，股价一般不会有太大波动，但成功的操纵市场行为必然表现为股价的异常波动。[1]若以投资者合法权益作为法益，操纵证券、期货市场行为的危害性远大于内幕交易。但是，《刑法》仍然将两个罪名规定为相同的法定刑。而且当违法所得相同时，内幕交易罪的量刑甚至可能会更高。如内幕交易获利 80 万元，是"情节特别严重"，而操纵证券市场行为获利80 万元，甚至还没有达到"情节严重"的数额标准。[2]由此可见，不能将投资者合法权益作为内幕交易的保护法益。

（三）信息平等说及其不足

信息平等说认为，内幕交易罪保护的法益为公平秩序，即通过对内幕交易行为的规制使得所有投资者处在一个信息平等的位置，[3]交易主体平等获取市场信息。[4]内幕交易产生的根源在于信息不平衡，必须寻求适时的信息公开制度，保证投资者处于平等的地位进行投资。[5]在世界范围内，信息平等说是较为有力

---

〔1〕 参见彭冰：《建立补偿投资者的证券行政责任机制——针对内幕交易和操纵市场行为》，载《中外法学》2004 年第 5 期。

〔2〕 根据《最高人民法院、最高人民检察院关于办理内幕交易、泄露内幕信息刑事案件具体应用法律若干问题的解释》第 6 条、第 7 条：内幕交易罪"情节严重"与"情节特别严重"的认定标准分别是获利或者避免损失数额在 15 万元以上的、75 万元以上的。根据《最高人民法院、最高人民检察院关于办理操纵证券、期货市场刑事案件适用法律若干问题的解释》第 2 条、第 4 条：操纵证券、期货市场罪"情节严重"与"情节特别严重"的认定标准分别是获利或者避免损失数额在 100 万元以上的、1000 万元以上的。

〔3〕 参见余子寒：《内幕交易罪违法所得司法认定研究》，上海交通大学 2021 年博士学位论文。

〔4〕 参见刘双阳、李川：《法秩序统一性视野下被动获悉型内幕交易犯罪主体的识别》，载《河南财经政法大学学报》2020 年第 1 期。

〔5〕 参见李运平、王金贵：《全球化背景下的金融犯罪问题国际学术研讨会综述》，载《人民检察》2007年第 19 期。

的观点，英国和欧盟的制度以信息平等为前提，美国证券交易委员会（SEC）也主张采用信息平等的方法处理内幕交易。[1]

详言之，信息平等说包含对效率、公平、自主权的三重追求。（1）在经济效率上，自愿公开更多信息可降低公司系统性风险，进而满足公司利益和降低资本成本。因此，对内幕交易的监管成为合法的公司目标。[2]（2）在公平方面，市场是基于各方尊重彼此自主权的合作事业，因此，利用一方的信息劣势是不公平的。信息均等原则就体现市场的公平道德。公平既是一种增进其他"善"的方式，其本身也是一种值得追求的"善"。[3]（3）信息均等原则还尊重交易方的自主权。信息改善了决策质量，强化了决策与结果之间的关系，增强了自主权。不公开信息则被视为对自主权的侵犯。[4]但是信息平等说存在诸多不足，无法成为内幕交易罪的保护法益，原因有以下几点：

（1）首先，经济系统中，信息不对称是常态，且不会对经济效率产生负面影响。比如投资并购的专家比公司股东更知道公司的潜在价值，商品的卖家比买家更知道商品的价值，在这些场景中，专家的信息优势反而可以促进市场效率。[5]再如，在与订立合同有关的重要事实的告知义务问题上，卖方的购置成本、买方的购进底价等信息，虽对对方具有"重要意义"的信息，却不必告知对方。[6]因此，仅仅从这种信息不对称本身无法得出内幕交易不公平或不道德的结论。

（2）而且，信息不对称引起的不公平与应受刑事惩罚之间无自然的对应关系。具体而言，即使市场参与者利用不可逾越的信息优势进行交易不公平，但"并非所有财务不公平的情况都构成欺诈活动"。[7]如在合同订立中故意隐瞒与订立合同有关的重要事实或者提供虚假情况的，也并不一定构成诈骗罪，有可能仅仅构成民事违约或侵权。

---

[1] Edward Greene; Olivia Schmid, Duty-Free Insider Trading, *Columbia Business Law Review 2013*, no.2 (2013): 369–428.

[2] James D. Cox, Insider Trading Regulation and the Production of Information: Theory and Evidence, *Washington University Law Quarterly 64*, no.2 (Summer 1986): 475–506.

[3] Michael A. Perino, The Lost History of Insider Trading, *University of Illinois Law Review 2019*, no.3 (2019): 951–1004.

[4] Ian B. Lee, Fairness and Insider Trading, *Columbia Business Law Review 2002*, no.1 (2002): 119–192.

[5] Lawson, G., The Ethics of Insider Trading , *Harvard Journal of Law & Public Policy 11*, 1988, 727–783.

[6] 参见朱庆育：《民法总论》，北京大学出版社 2016 年版。

[7] Chiarella, 445 U.S. at 232.

（3）更重要的是，从后果考察而言，即使以刑法手段禁止内幕交易，也无法消除实质的信息不对称，无法实现真正的公平竞争环境。公司的高层管理人员将始终更清楚地知道何时公司会履行即时公告的义务。他们可以等待内幕信息的公布，在公布之后立即在交易所进行交易，从而合法地从他们的信息优势中获利。普通投资者却不可能如此快地对与股价相关的事实做出反应。因此，即使是即时公告的义务，也不能消除内幕交易者的时间优势。[1] 而且，即便在信息源上实现了均等地向所有人开放，但由于参与者认知能力与判断水平的区别，每个人的思维方式和心理过程也存在认知偏差，无法真正消除信息不对称。

（4）最后，将信息平等作为刑法保护法益，在某些情况下反而会损害金融市场的运作效率。以证券分析师等通过自己的努力获取信息优势的人为例，他们通过对现有信息的研究，得出结论购买被低估的证券（或出售被高估的证券），从而将被错误估计的证券的价格推向投资者认为合适的价值，对市场的效率作出了贡献。而这些人从他们的分析中得出的结论是这些证券目前估值不当，那么市场和社会就会受益，因为资源现在可以更好地分配给适当用途。[2] 如果把信息平等作为刑法保护法益，将奖励不勤奋的投资者、惩罚勤奋的投资者。[3] 反而造成了更大的不公平。

（四）信义义务说及其不足

信义义务说认为，内幕交易罪保护的法益是一种基于信义义务的受托关系。该观点认为，公司的高级管理人员和董事对股东有某种信托责任，要求他们完全披露股东可能从中受益的所有重要信息。有学者认为信义义务说是禁止内幕交易最有力的论据。[4] 具体而言，内幕交易被认为威胁到商业管理的核心：受托关系。所以内幕交易损害了公司、股东、社会三方利益。在受托关系中，其中一方代表另一方的利益行事。在复杂的经济系统中，受托关系是必要的。受托关系允

〔1〕 Lüderssen, Klaus, Kempf, Eberhard and Volk, Klaus. Die Finanzkrise, das Wirtschaftsstrafrecht und die Moral. Berlin, New York: De Gruyter, 2010.

〔2〕 Richard J. Morgan, Insider Trading and the Infringement of Property Rights, *Ohio State Law Journal 48*, no.1 (1987): 79–116.

〔3〕 Eric Engle, Insider Trading: Incoherent in Theory, Inefficient in Practice, *Oklahoma City University Law Review 32*, no.1 (Spring 2007): 37–86.

〔4〕 Moore, J., What Is Really Unethical About Insider Trading? *Journal of Business Ethics*, 1990, 9, 171–182.

许拥有不同资源、技能和信息的各方进行生产活动的合作。例如，希望投资于某项业务但又不能或不愿自行经营的股东，可以雇用他人为他们管理业务。经理、董事以及一定程度上的其他员工，成为他们管理的公司以及这些公司的股东的受托人。[1]但是，正是因为信义义务的产生要基于一定的信托关系，这使得它一般仅适用于公司的高级管理人员和董事，不适用于外部人员、非雇员，以及对股东和公司没有信托责任的雇员，因此存在较大的处罚漏洞。

（1）首先，传统的信义义务说无法处理外部人（例如公司聘请的律师、注册会计师等）向公司提供服务时获取公司内幕信息并运用信息从事相关证券内幕交易。为解决该漏洞，美国发展出了源头欺诈理论，该理论认为，外部人对内幕信息的来源者承担信息保密义务，外部人利用来自信息源的内幕信息从事内幕交易，违背了对信息源的保密义务。[2]源头欺诈理论与传统信义义务理论不同，源头欺诈理论将内幕交易案件中的受骗方认定为违规者在证券交易中使用的信息来源，而传统的信义义务说将与违法者进行交易的人确定为受骗方。[3]但源头欺诈理论依然存在模糊不清的问题，无法确定在什么时候以及在何种程度上一名外部人员需要对其信息来源承担保密义务。例如，源头欺诈理论无法处理以下问题：当证券投资分析师甲出于揭露 A 公司欺诈行为的目的，透露了 A 公司不为公众所知的欺诈行为，是否违背了甲对 A 公司信息源的保密义务。

（2）其次，传统的信义义务说也无法处理传递型内幕交易。传递型内幕交易是指内幕信息掌握者将内幕信息泄露给他人（内幕信息接受者），内幕信息接受者运用所获悉信息从事相关证券内幕交易。[4]由于内幕信息接受者不负有直接的信义义务，美国最高院又发展出了"个人利益"原则，即当信息源向内幕交易者泄露非公开信息并从中获得个人利益时，内幕交易者才会构成犯罪。[5]然而，随着 United States v. Newman 案和 Salman v. United States 案，法院开始将其视角

---

［1］ Moore, J., What Is Really Unethical About Insider Trading? *Journal of Business Ethics*, 1990, 9, 171–182.

［2］ 参见郑晖：《美国泄密型内幕交易法律责任中个人利益标准研究——兼谈泄密型内幕交易罪之中美对比》，载《证券市场导报》2017 年第 6 期。

［3］ Alan Strudler, Eric W. Orts, Moral Principle in the Law of Insider Trading, *Texas Law Review 78*, no.2 (1999–2000): 375–438.

［4］ 参见郑晖：《美国泄密型内幕交易法律责任中个人利益标准研究——兼谈泄密型内幕交易罪之中美对比》，载《证券市场导报》2017 年第 6 期。

［5］ Dirks, 463 U.S. at 662.

转向"赠与"理论。在这些案件中，法院确定，如果内部人员将内幕信息"赠与"亲朋好友，即使他没有直接从中获得利益，也可以构成内幕交易，因为在密切的个人关系中，这种所谓的"赠与"实际上与现金交易无异。[1] United States v. Martoma 案进一步推动了这种转变。在此案中，法院甚至放弃了"个人利益"的要求，只需要证明信息的接收者知道信息是内部人员非法泄露即可。[2] 这与传统的信义义务相差甚远。

（3）这种信义义务说无法与我国《刑法》相适应，在我国"非法获取证券、期货交易内幕信息的人员"也可以成为内幕交易罪的主体。例如，某盗贼成功盗窃了公司 A 的 CEO 的公文包，通过这种方式了解到公司 A 即将与公司 B 合并的信息。利用这个信息，他购买并卖出了公司 B 的股票并获得了巨大的收益。然而，根据信义义务说，由于该盗贼与公司 A 或其 CEO 之间并不存在事前的信义义务，因此他的行为并不构成证券欺诈，也不需要承担 10b-5 规则的责任。然而，根据我国的立法规定，他需要对内幕交易行为承担法律责任。[3]

（五）现有法益理论的共同缺陷

除了每个法益理论分别存在的不足外，上述法益理论存在一些共同的缺陷：

（1）忽略了金融的系统性。在金融系统中，不仅存在投资者与其他投资者之间的关系，还存在投资者与整个金融系统之间的关系。行为金融学的研究表明，投资者非理性行为和情绪波动可以影响价格的信息效率，投资者的信心可以影响市场的波动性和崩溃概率。[4] 特别是当金融系统与互联网相结合之后，金融市场的匿名性与现代传媒的高效性共同作用，使得个人对系统产生影响的能力极度扩张。因此，在处理金融系统中的犯罪行为时，不仅要考察投资者与投资者之间、投资者与内部人员的关系，还要考察投资者与金融系统的关系。管理秩序说忽略了金融系统的自主运作规律，投资者利益说、信息平等说与信义义务说都主要着眼于金融系统参与者的关系层面分析内幕交易，将内幕交易行为对于金融系统的

〔1〕 United States v. Newman, 773 F.3d 438, 452 (2d Cir. 2014). Salman v. United States, 137 S. Ct. 420 (2016).
〔2〕 United States v. Martoma, 894 F.3d 64 (2d Cir. 2017).
〔3〕 参见毛玲玲：《中美证券内幕交易规制的比较与借鉴》，载《法学》2007 年第 7 期。
〔4〕 参见张宗新、王海亮：《投资者情绪、主观信念调整与市场波动》，载《金融研究》2013 年第 4 期；李心丹：《行为金融理论：研究体系及展望》，载《金融研究》2005 年第 1 期。

影响放在了一个次要的位置。然而，脱离了金融系统的系统性，就无法准确把握内幕交易的不法性实质，继而无法为刑法惩罚内幕交易行为提供依据。

（2）不足以论证以刑法制裁内幕交易符合最后手段性。刑法的最后手段性在金融系统中具有极为重要的意义，理由有四点：第一，刑法的适用成本高。对金融系统参与者采取刑法惩罚可能导致严重的连锁反应，远超出报应刑的应有界限。特别是对关键的金融节点，客观上存在刑法执法成本过高的难题。而且，金融犯罪中行为外观的可辨别性低，与合法行为的差异小，仅凭行为外观往往无法分辨出金融系统犯罪与合法行为的区别，司法成本高。而且，金融系统具有超强的自创生性和创新性，刑法等外部力量的不当干涉可能导致金融技术与制度创新遭受重大损失。金融系统之间还存在制度性竞争，不同国家与地区之间的资金自由流通性极高，不合理的刑事风险会降低我国金融系统的制度性竞争力，具有极高的潜在的社会成本。第二，其他规制工具充分。金融系统中有众多监管机构与执法者，并且有先进的技术监管措施，证券法等前置法也较为完备，行政执法手段具有威慑力，行政机关剥夺金融牌照的威慑力可能并不小于几年的自由刑，比如，Ayres 和 Braithwaite 在他们的执行模型金字塔中将许可证的暂停和撤销置于顶端，这种处罚手段只会在常规刑事处罚未能产生震慑效果时启用。[1]第三，公平性有待加强。我国金融系统中存在国营与民营的现实性差异，后者的资源禀赋与生存条件弱于前者，在建立健全公平的金融环境前，后者为获得资金或投资机会更有可能违规经营，刑法打击对象也多半是后者，这会导致越弱越容易被打击、越被打击越弱的恶性循环。第四，参与者风险容忍程度高。除了存款与社会保险等特定领域外，金融系统普遍具有高风险与高收益并存的特点，参与者对于损失的承受能力较强，利益最大化处于首要的价值位阶，对法秩序安定性的呼吁相对较弱。基于以上原因，特别应该重视金融系统中刑法的最后手段性。但在投资者利益说、信息平等说、信义义务说中，为刑法制裁内幕交易行为提供的依据并不充分。比如就投资者利益说而言，投资顾问未在推荐投资产品时尽职尽责，会更加直接地损害投资者的利益。就信息平等说而言，公司拒绝股东查阅公司会计账簿的行为，会更严重地侵害股东与企业高管信息平等的地位。就信义义务说而言，如公司高管未经股东同意，将公司资金借贷给他人或者为他人提供担保的

---

[1] Skogh, Göran. (ed.), New Perspectives on Economic Crime. *Edward Elgar Publishing*, 2004.

行为，会更违背高管与股东之间的信义义务，因为高管内幕交易没有直接处分公司所有的财物。上述现有的内幕交易保护法益理论的轴线上，都有其他更加严重侵犯该种法益的行为不受刑法制裁，因此以刑法惩罚内幕交易是否符合最后手段性存疑。

（3）忽略了对以法律规制内幕交易的后果考察。法律制度有其目标，在理论研究时，需要考虑到某种制度设计是否可能达到该种目标，特别是刑事制裁关乎个人的自由甚至生命，代价高昂，在后果考察时要尤其慎重。只有通过刑事制裁能够比较有效地实现刑法的目标时，该制度设计才能达到良好的社会效果。而现有的内幕交易法益理论都难以通过刑法的后果考察，比如信息平等说的支持者没有考虑到，以刑法制裁内幕交易后依然无法实现信息平等，因为内部人依旧具有实质的信息优势，其可以在披露信息后用最短的时间完成交易。再比如针对投资者合法权益说，有学者进行实证研究后指出内幕交易造成的对其他投资者的总体损害只有内幕交易金额的 0.0021%。[1] 以投资者利益作为法益，不仅无法有效保障投资者利益，还会造成刑法在处理财产犯罪与金融犯罪时产生体系性冲突。

三、内幕交易罪的保护法益：金融系统的信任机制

正因为现有的内幕交易罪的保护法益理论存在诸多不足，本文意图在现有理论的基础上构建新的法益理论。内幕交易罪是典型的金融犯罪，要准确把握内幕交易罪的保护法益，就需要从金融系统本身的功能入手加以分析。金融系统要发挥功能，需要依靠信息机制、价格机制、关键节点机制与信任机制。四种机制相互作用、相互依赖，共同实现了金融系统的功能。本罪的保护法益是金融系统的信任机制。信任可以分为情绪性信任与结构性信任，而内幕交易会破坏投资者的情绪性信任，进而导致整个金融市场的结构性信任受到威胁。这种法益理论符合金融系统匿名化、网络化的发展趋势，能够阐明内幕交易行为产生破坏性的详细机理，论证采用刑法规制内幕交易必要性，并且能够得到实证数据与后果考察研究的支持。

---

〔1〕 Jeng, L. A., A. Metrick and R. Zeckhauser, Estimating the Returns to Insider Trading: A Performance-Evaluation Perspective, *The Review of Economics and Statistics 85*(2), 2003, 453–471.

（一）金融系统的内生机制

金融系统的构成性机制是由金融系统的功能决定的，换句话说，系统的结构应该适应其功能，而不是功能适应结构。[1]总体而言，金融系统的功能是配置资金，完成资金从此时此地到彼时彼地的跨时间跨区域交换。[2]根据社会系统论，某一个沟通意指某些东西，同时，被意指的东西也显示出其他衔接的可能性，然后这些可能性之一会在下一刻被实现，这样就形成了一种动态的循环过程。这个过程包括了选择性、可能性和再现性，通过这些元素，我们可以理解和构建复杂的社会系统和心理系统。[3]金融系统也是如此，金融系统也是一个自我推进的系统，每一次的价格变动都是市场参与者对新的可能性的选择，而这种选择又会影响到未来的价格趋势，创造出更多的可能性。这样一种金融系统自我调整、自我决策的能力，就是金融系统的自主性，包括在不受不必要的外部干扰的情况下，基于金融市场的供需状况和内部规则，确定金融产品的价格、利率和交易条件，以及根据市场反馈和金融环境的变化，进行自我纠错、风险控制和创新。

要保障金融系统的自主性，又需要以下四类构成性机制：（1）信息机制。信息机制是外部环境与金融系统信息沟通渠道，其保证金融系统能够接受到外部环境中的信息。信息不对称在任何市场都存在，但是在金融市场中表现尤为突出。没有信息传递，市场可能表现糟糕。要融资优质项目，必须进行信息传递。[4]（2）价格机制。价格机制是配置资金的动力来源，进入金融系统的信息形成市场价格，再利用人的逐利性，以价格为核心，为金融系统的资源配置提供动力。详言之，金融系统是一个复杂系统，其核心特征是丰富结构的大规模集体行为，这些行为是其组成部分之间反复非线性交互的结果。[5]这种互动之所以成为可能，需要化约复杂性，即金融系统将绝大部分排除系统之外，只有与价格有关的部分

---

[1] Merton, Robert C., and Zvi Bodie, Design of Financial Systems: Towards a Synthesis of Function and Structure, *The World of Risk Management*. 2006. 1–27.

[2] 陈志武：《金融的逻辑1：金融何以富国强民》，上海三联书店 2018 年版。

[3] 参见［德］Kneer G, Nassehi A：《卢曼社会系统理论导引》，鲁贵显译，巨流图书公司 1998 年版，第 96—100 页。

[4] Leland H. E., Pyle D. H. Informational Asymmetries, Financial Structure, and Financial Intermediation. *The Journal of Finance*, 1977, 32(2): 371–387.

[5] Sornette D., Why Stock Markets Crash: Critical Events in Complex Financial Systems. *Princeton University Press*, 2009.

进入金融系统，由此，以价格为基础，建立起一个"较不复杂的小岛"。因此，经济只以价格语言行事。价格是系统自我生成的结构，没有价格就不可能发生任何支付，系统通过市场利用价格来形成和修改其对外部环境的看法。价格还是发现需求的策略，是决定支付或不支付过程的组成部分，经济系统通过价格来了解其自身以及其外部环境的需求情况。[1]（3）关键节点机制。关键节点是指金融系统中的重要基础设施，比如各种信任媒介或者金融机构，关键节点为系统提供稳定性与创新性，并且为政治系统提供一个调整金融系统的窗口。比如，金融系统的日常运营是以关键节点为中心，有学者用矩阵法构建了我国银行体系网络，表明我国银行间市场拆借结构是以大型国有银行为中心的。[2]再比如，法律在金融系统中的适用也受到金融系统关键节点的影响，金融系统的顶端法律较弹性，而在边缘则较为刚性。系统的稳定往往需要在顶端具备更高的法律弹性，因为那里的决定可能影响整个系统的生存，私人交换和衍生品合同、主要中央银行间的交换协议等均可视为法律弹性的例证，这也从侧面印证了金融系统中关键节点的存在。[3]（4）信任机制。信任机制保障了投资者对金融系统运作逻辑的理解与信心，其表现不仅是信任金融系统中某个具体的个人或者节点，而是一种系统性信任，即投资者信任其他投资者也信任这个金融系统，信任机制为金融系统提供了社会心理层面的稳定状态。所谓的系统信任，不是关于金钱或真理等一般化媒介的信任，而是关于金融系统某些运作方式的信任。[4]

这四个构成性机制之间相互作用、相互依赖，共同实现了金融系统的功能。（1）信息机制架设了金融系统与外部环境的桥梁，节点机制是信息机制所依赖的通道之一，信息机制则使得价格机制得以形成真实价格的基础，信息的透明度与准确性也会影响金融系统的信任机制。（2）真实的价格来源于各种信息以及对信息不对称的克服，价格机制是金融系统得以配置资源的发动机，价格机制配置资源的功能也有赖于对金融系统的信任，以及信息的传播渠道。（3）而关键节点则是处理各种信息的关键枢纽，也是信息在金融系统内的传递渠道，关键节点还为

---

〔1〕 参见［德］尼克拉斯·卢曼：《社会的经济》，余瑞先等译，人民出版社 2008 年版，第 5 页。

〔2〕 参见高国华等：《基于资产负债表关联的银行系统性风险研究》，载《管理工程学报》2012 年第 4 期。

〔3〕 Pistor K., A Legal Theory of Finance. *Journal of Comparative Economics*, 2013, 41(2): 315–330.

〔4〕 Herzog, Lisa. Persönliches Vertrauen, Rechtsvertrauen, Systemvertrauen, *Deutsche Zeitschrift für Philosophie* 61, no.4 (2013): 529–548.

信息机制、价格机制、信任机制提供基础设施。（4）信任也来源于信息的可获取性与透明性，信任本身的质量与状态也会成为信息影响到价格机制，进而形成不同的价格。（5）信任机制能贯穿并链接其他三类机制，信任使得信息能够保持流动性与透明度，信任又能通过规范性的规则约束来保护金融系统的关键节点，而信任和信息的流通又共同影响价格的形成。这样，信任机制就成为将这三个机制联接起来的重要纽带，构建了金融系统的内生秩序。

（二）内幕交易对以市场为基础的金融系统信任机制的破坏

就信任的具体内涵而言，卢曼将信任分为两类：一是基于个人关系和日常经验的信任；二是更广泛、更抽象的系统信任。第一种信任基于个体之间的关系和相互理解，因此其适用范围是有限的。第二种信任的功能是处理和简化复杂的社会系统和环境，这种信任不再基于个人情感的互动，而是基于我们对于社会系统运作规则的认知与理解。[1]这种对信任的理解被众多学者采用，并运用于金融领域。如有学者将金融领域的信任分为两种类型：一是由经济主体的情感、情绪及其他主观特性所驱动的情绪化行为；二是基于系统能力、规章制度和规范的客观信息的结构性信任。[2]情绪性信任与结构性信任都被认为共同对金融市场发挥着至关重要的作用。就情绪性信任而言，信任特别是在金融波动的时期，经济主体的情绪驱动行为在创建信任条件中起着至关重要的作用。在此背景下，情绪性信任可以被视为结构性信任的源头，但无法替代结构性信任。[3]

在将信任理论运用于金融系统中时，要考虑到金融系统内部的分类。金融系统常被划分为以银行为基础的金融系统和以市场为基础的金融系统。[4]为了实现金融系统的功能，两类系统采取了不同的方法：银行通过监督审查和抵押担保等方式防止资金跨时间配置中的道德风险。而金融市场则允许各种各样的投资者和

---

〔1〕 参见［德］尼克拉斯·卢曼：《信任》，瞿铁鹏等译，上海世纪出版集团2005年版，第29页。

〔2〕 Bilan Y., Brychko M. M., Buriak A. V., et al. Financial, Business and Trust Cycles: the Issues of Synchronization. 2019.

〔3〕 Bilan Y., Brychko M. M., Buriak A. V., et al. Financial, Business and Trust Cycles: the Issues of Synchronization. 2019.

〔4〕 Boot A. W. A., Thakor A. V. Financial System Architecture. *The Review of Financial Studies*, 1997, 10(3): 693–733; Kwok C. C. Y., Tadesse S. National Culture and Financial Systems. *Journal of International Business Studies*, 2006, 37: 227–247; Ergungor O. E. Market-vs. Bank-Based Financial Systems: Do Investor Rights Really Matter? *Federal Reserve Bank of Cleveland*, Working Paper no.01–01R. 2002.

公司进行公开、公平的交易以促进资金更好地跨空间配置。[1]金融市场之间的竞争和交互产生了关于市场条件的信息，比如股票价格等，而证券的均衡市场价格对影响这些市场价格的企业实际决策又是有价值的信息反馈。这个信息循环为金融市场交易在实体部门产生影响提供了一个传播机制，这类传播机制是以银行为基础的金融系统所缺乏的。[2]诚然，在以银行为基础的金融系统中，信任也至关重要，但银行金融系统的信任法益是中心化的，这类中心化的节点能够为信任提供充足的理由，比如庞大的资金、良好的声誉、存款保险或者是政府背书等，比如银行设置的存款准备金等抵抗可能的信任危机。但在互动性的信任机制中，人们信任的对象是其他投资者。人们互相信任的原因又仅仅是存在保障这种信任的规则：人们信任的是其他人也会遵守规则这个事实。具体而言，在以市场为基础的金融系统中，信息的循环是系统得以运作的基础，而且其中又不存在银行一类中心化的信任保障机构，因此信任机制的破坏更容易产生严重的连锁反应。特别是在互联网技术与金融结合的时代，金融市场的匿名性使得结构信任尤其重要，当二级市场投资者通常匿名交易时，他们的交易决定中所涉及的任何信任和信心主要建立在市场本身之上。[3]因此，只有在以市场为基础的这类互动性的金融系统中，由于存在一个不信任不断被放大的过程，破坏信任机制的行为才可能会对金融系统的内生秩序产生巨大的冲击。

基于以上对信任理论的梳理，本文提出内幕交易中，金融系统的信任机制被破坏，是由两个紧密联系的流程导致的：在第一阶段，内幕交易导致情绪性信任被破坏，这进而引发了第二阶段的破坏，即结构性信任被破坏。具体而言：（1）在第一阶段，情绪性信任的破坏。当参与者知道市场中存在内幕交易时，参与者对金融市场情绪性信任被破坏，这可能导致他们减少投资，甚至退出市场。这种情况下，信任的破坏是直接由投资者的情绪、情感或者主观特性所驱动的，因为它源于参与者对市场公平性和公正性的直接评估。在此层面，每个人对于内

---

〔1〕 Sabani, L., Market Oriented Versus Bank Oriented Financial Systems: Incomplete Contracts and Long Term Commitments, unpublished manuscript, Universita' di Roma "La Sapienza" Dipartimento di Economia Pubblica and Trinity College, Cambridge, 1992, September. From: Boot A. W. A., Thakor A. V. Financial System Architecture. *The Review of Financial Studies*, 1997, 10(3): 693–733.

〔2〕 Boot A. W. A., Thakor A. V. Financial System Architecture. *The Review of Financial Studies*, 1997, 10(3): 693–733.

〔3〕 Colombo R. J. The Role of Trust in Financial Regulation. Vill. L. Rev., 2010, 55: 577.

幕交易所带来的影响的评估是不同的，上述四种现有的法益理论都能够发挥作用，比如有的人认为自己的经济利益将被破坏而丧失情绪性的信任，其他人可能会认为市场不公平，因为一部分人能够利用内部信息获取不正当的利益，而这种机会没有向金融市场的其他参与者开放，还有人可能基于信托关系被破坏而丧失情绪性信任。（2）在第二阶段，结构性信任被破坏。由于在金融系统中，参与者会根据他们对其他人可能的行动的预判作出反应，因此情绪性信任的破坏可能会导致结构性信任崩溃的风险。例如，如果市场参与者预期其他人会因为内幕交易而退出市场，那么他们也可能选择退出，以此避免在一个流动性下降、价格扭曲的市场中进行交易。在这种情况下，信任的破坏源于参与者对其他参与者行为的预期。即使某个投资者本身并不认为市场不公平或者市场无效率，但当他预期其他人会这么认为并退出市场时，基于此判断，该投资者可能也会选择退出市场，这就是博弈论中的"策略互动"。这种互动会造成一种恶性循环，即"价格异常波动—信任破坏—价格进一步波动"，在此极端情况下，投资者将逃离股票市场，损害资本形成和整个经济系统。[1]

总之，如上所述，金融系统的信任机制的目的就是保护金融系统规范化的心理层面的稳定状态。而信任机制的表现就是投资者对金融系统的信任。内幕交易会破坏投资者的情绪性信任，进而导致以市场为基础的金融市场的结构性信任受到威胁。如果失去了参加者的信任，导致参加者退出市场，市场本身就无法继续运转，价格会进一步偏离正常轨道，导致陷入恶性循环。因此，金融系统的信任机制正是关系到市场本身运行的重大利益。

（三）对以市场为基础的金融系统信任机制的批评与反驳

1. 内幕交易对以市场为基础的金融系统信任机制影响的实证研究争议及反驳

以市场为基础的金融系统的信任机制可能面临一些批评。比如，有学者在实证研究后发现，内幕交易并没有阻止很大一部分潜在投资者参与市场，其理由是在认为内幕交易非常普遍的受访者中，有超过一半的人仍然进行了投资。[2]

---

〔1〕 Michael A. Perino, The Lost History of Insider Trading, *University of Illinois Law Review 2019*, no.3 (2019): 951–1004.

〔2〕 John P. Anderson; Jeremy L. Kidd; George A. Mocsary, Public Perceptions of Insider Trading, *Seton Hall Law Review 51*, no.4 (2021): 1035–1120.

还有学者指出，尽管潜在投资者可能会因内幕交易的存在而疏远市场，从而降低市场流动性并提高社会有效用途的资本成本，但这一主张的实证证据却十分不足。[1]

实际上，第一种批评只考虑了投资者对内幕交易静态的认知状况，而没有考虑到在情绪性信任破坏后价格的异常波动可能性引发的结构性信任的破坏，即金融系统信任机制具有动态性。当金融市场中出现内幕交易事件时，其对投资者是否投资产生的影响是即时性的，因此更有可能导致互动性的信任塌方。而且，这种互动式的二阶信任塌方模式是有实证证据支持的：实证研究发现，据调查，与普通投资者相比，高收入、高学历的精英投资者对内幕交易接受度更低。而且，随着收入和教育程度的提高，对内幕交易的容忍度也在下降。较高的收入与内幕交易在道德上是错误的、应该是非法的信念相关，与利用内部信息交易的意愿成反比，且与内幕交易有关的交易意愿显示出随着收入增高持续下降的趋势（见下图 "Would Trade" 曲线的走势）。[2]

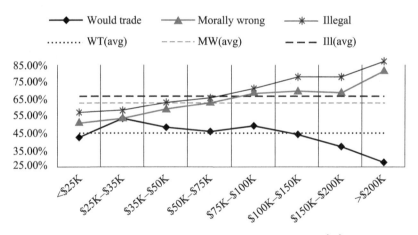

图 1　收入和水平与内幕交易的接受程度关系图[3]

〔1〕 Anderson, John P., Insider Trading and the Myth of Market Confidence (September 22, 2017). 56 *Washington University Journal of Law and Policy 1–16 (2018)*.

〔2〕 John P. Anderson；Jeremy L. Kidd；George A. Mocsary, Public Perceptions of Insider Trading, *Seton Hall Law Review 51*, no.4 (2021): 1035–1120.

〔3〕 John P. Anderson；Jeremy L. Kidd；George A. Mocsary, Public Perceptions of Insider Trading, *Seton Hall Law Review 51*, no.4 (2021): 1092.

"富则思安"具有全球普遍性，其心理学基础是"损失厌恶"。损失厌恶是指人们对于损失的反应比对同等规模的收益更加敏感，因此在人的财富基数更大时，相同比例的风险可能变得更加不可接受。[1]这种趋势也得到了来自中国的实证研究数据的支持：信任显著促进了富裕家庭的金融市场参与。[2]不仅是家庭，中国民营上市公司的数据也显示，当它们的经营业绩高于预期水平且处于相对富有的状态时，往往更倾向于采取追求稳定的策略，而且随着财务状况富裕程度的增加，"思安"的可能性也越大。[3]而正是这部分对于内幕交易敏感的人群掌握了绝大部分股票或其他金融标的份额，以美国为例，2016年全国最富有的10%的群体掌握了90%以上的股票份额。[4]当内幕交易发生时，精英投资者更有可能撤出在金融中占比较大的资金，进而引发剧烈的价格波动，然后在策略互动的作用下引发金融崩溃的系统性风险。以上判断并非仅适用于美国，据世界贫富差距数据库（World Inequality Database），2019年，美国前10%的富人财富占比为71.5%，中国前10%的富人财富占比为68.8%。美国前1%的富人财富占比为35.3%，中国前1%的富人财富占比为30.8%。[5]由此可见，虽然中国比美国财富集中程度较缓和，但头部集中的结构是相似的。

2. 以市场为基础的金融系统信任机制中的"虚假意识"问题及其反驳

此外，有学者批评这种信任的盲目性，即认为就算有证据显示内幕交易并不一定经济有害或道德错误，但是人们可能仍然认为内幕交易是不公平和不道德的，这种公众的认识的存在具有独立性，这使得市场信心理论面临"虚假意识"的批评，也就是保护市场信心实际上是在保护公众对内幕交易不理性、准确的判断。由此，该学者指出，市场信心理论是一个未经证实又无法证伪的理论，呼吁立法者谨慎将其作为支持刑事执法权力的理由。[6]

---

〔1〕 参见董梁：《我国股票市场投资者六种非理性心理研究》，载《现代管理科学》2003年第11期。

〔2〕 Cui W., Zhang Y. Effect of Trust on Financial Market Participation: Evidence from China. *Journal of the Asia Pacific Economy*, 2021, 26(3): 442–461.

〔3〕 参见张远飞、贺小刚、连燕玲：《"富则思安"吗？——基于中国民营上市公司的实证分析》，载《管理世界》2013年第7期。

〔4〕 资料来源：联邦储备委员会，高盛全球投资研究公司以及美联储消费金融调查交互式图表册，载 https://awealthofcommonsense.com/2019/01/who-owns-all-the-stocks-bonds/ 以及 https://theirrelevantinvestor.com/。

〔5〕 数据来源：世界贫富差距数据库（World Inequality Database），载 https://wid.world/zh/world-cn/。

〔6〕 Anderson, John P., Insider Trading and the Myth of Market Confidence (September 22, 2017). *56 Washington University Journal of Law and Policy* 1–16 (2018).

实际上，该学者所提出的公众的认识存在所具有的独立性，就是指第二阶信任破坏的过程，但该学者混淆了第一阶信任破坏与第二阶信任破坏之间的关系，仅着眼于"个人—市场"的主客体关系，而忽略了投资者之间的博弈与互动。当每个投资者在知道金融系统中出现内幕交易时，会首先考虑其他投资者的态度，如果其他投资者有可能基于内幕交易抛售金融标的，就会做出相同的反应。也即，"虚假意识"能够用行为金融学的观点得到解释，也就是内幕交易罪在经济或者道德上是否错误并不重要，重要的是这种行为会使得金融系统的参与者认为其他参与者不会信任该金融系统，进而引发类似银行挤兑的严重后果，导致金融系统的系统性崩溃。为了阻止此种小概率事件即风险的发生，进而用刑法规制内幕交易罪。此外，实证研究更进一步支持了这种反驳。研究表明，监管能够通过保证交易的公平性、透明性，以及对欺诈和操纵行为的打击，来增强这种认知信任。[1] 还有研究者使用结构方程模型方法分析输入数据，以实证方法确认了金融部门信任危机的恶化，如果不采取监管措施，将对宏观经济稳定产生损害。[2] 市场需要强大的法律作为支持的执行机制，而在法律软弱、契约执行缺失的地方，银行会出现，以内化交易，因为它们可以在司法之外执行合同。[3] 这些研究结果都表明，对内幕交易的监管和刑法规制是必要的，并且能够维护金融系统的信任机制和市场的稳定。

四、以市场为基础的金融系统信任机制指导下内幕交易罪构成要件的解释

针对内幕交易罪法益的讨论，最终需要落脚到对于内幕交易罪构成要件的解释中。在以市场为基础的金融系统信任机制这一法益的指导下，内幕交易罪的构成要件能够得到更恰当的解释。内幕交易罪的构成要件涉及内幕交易的行为主体、交易对象、交易方式、主观方面等多个方面。本章将承接上文论述的"情绪性信任破坏—结构性信任破坏"这一内幕交易罪的保护法益，对内幕交易罪中有争议的构成要件进行梳理。

〔1〕 Colombo R. J. The Role of Trust in Financial Regulation. Vill. L. Rev., 2010, 55: 577.

〔2〕 Brychko M., Bilan Y., Lyeonov S., et al. Trust Crisis in the Financial Sector and Macroeconomic Stability: A Structural Equation Modelling Approach. *Economic Research-Ekonomska Istraživanja*, 2021, 34(1): 828–855.

〔3〕 Kwok C. C. Y., Tadesse S. National Culture and Financial Systems. *Journal of International Business Studies*, 2006, 37: 227–247.

（一）偶然得知内幕信息者与外部分析者不属于内幕交易罪的主体

一般认为，内幕交易罪的主体是特殊主体，即必须是证券、期货交易内幕信息的知情人员或者非法获取证券、期货交易内幕信息的人员与单位。[1]将法定的内幕信息知情人或者通过盗窃等典型的非法手段获取内幕信息者认定为本罪主体并无任何困难。在此，存在的问题是，偶然得知内幕信息者、通过分析判断获得内幕信息者是否为非法获取内幕信息？

首先，应该避免对"非法获取"进行跳跃、模糊的论证。也即，不能因为偶然得知内幕信息者或者分析人士利用内幕信息从事交易，或者因为内幕交易行为受到了行政处罚，就将该行为整体性质打包认定为"非法获取"。对"非法获取"的本质应从获取信息手段的非法性上进行认定，而认定的标准即是获取信息的手段是否有可能损害金融系统的信任机制，特别是要判断是否会产生前述结构性信任风险。

与美国相关法律相比，中国刑法禁止"非法获取"内幕信息者从事内幕交易，能够在实践中较为有效地填补处罚漏洞，而其正当性却有待论证：与法定内幕信息人员相比，"非法获取"内幕信息者没有违背自己职业上的义务，但刑法依然将两者相同处罚，两者之间的差异如何补齐？这就要求获取内幕信息手段的非法性与职业义务的违反性在破坏法益的层面达到相同的水平。

偶然得知内幕信息者之所以不属于内幕交易罪的主体，是因为其获取内幕信息并基于此进行交易，虽然可能导致情绪性信任被破坏，但由于其具有明显的偶然性，不足以损害金融系统的结构性信任。但这里的偶然得知需要具有实质的偶然性，比如出租车司机偶然听到乘客的交谈、观看比赛时后排观众偶然听到前排观众的电话内容等。在家庭关系或亲友关系中，需要对这种"偶然性"进行严格的实质意义层面的判断。比如，只能将在睡梦中透露内幕信息等情形认定为具有实质的"偶然性"。

此外，外部分析师通过各种方式研究选定公司的业绩，包括审查所有公开的公司财务报告和其他报告，观察公司证券的市场表现，以合法的手段观察公司的运营和设施或与公司雇员和承包商交谈，并利用这些研究得出投资决策的，也

---

[1] 参见张明楷：《刑法学（第六版）》，法律出版社 2021 年版。

不能被认定为非法获取内幕信息。因为基于这种通过自己努力而获得的内幕信息进行交易，分析者付出了相应的成本，并且该分析机会是向所有市场参与者开放的，没有损失金融系统的信任机制，不能被认定为刑事不法。因此，在刑事诉讼中，如果行为人能够证明自己是基于自己的分析获得内幕信息的，不能被认定为刑事不法。

（二）内幕交易罪的犯罪对象包括金融衍生品等其他金融产品

我国《刑法》明确规定了内幕行为对象，"买入或者卖出该证券，或者从事与该内幕信息有关的期货交易"。但狭义的"证券"与"期货"两个概念并不能周延地覆盖所有金融产品，比如，金融产品还包括金融衍生品、保险产品等。

随着各类衍生品随着金融市场的发展扮演着越发重要的角色，实践中也已经有以金融衍生品为对象的内幕交易行为。在 SEC v. Rorech 案中，SEC 指控德意志银行的雇员 Jon-Paul Rorech 和千禧年对冲基金的经理 Renato Negrin 内幕交易。Rorech 在得知银行计划调整某信用违约掉期（CDS）的相关信息后，向 Negrin 泄露了这个内部消息。据此信息，Negrin 在 2006 年 7 月 17 日和 18 日分别以基金的名义购买了两个相关 CDS。当德意志银行在同年 7 月 24 日公开宣布了调整 CDS 的消息后，这个 CDS 的价格迅速上涨，然后 Negrin 迅速卖出他的 CDS，从而获利 120 万美元。[1] 此外，从理论上来说，内幕交易保险产品也是可能的。比如储蓄险，又称为现金价值寿险或者投资型寿险，是一种结合了保障和投资或储蓄功能的寿险产品。它在为保险持有人提供生命保障的同时，还设有一部分保费用于投资储蓄，从而积累现金价值。在保险合同有效期内，如果发生保险事故（如保险持有人去世），则保险公司按照合同约定向受益人或者保险持有人支付一定的保险金。如果保险持有人在保险期间生存，那么他们可以在某个时间点（如合同到期时）获得累积的现金价值或投资回报。在某些情况下，保险持有人还可以选择借用或提取部分或全部的现金价值。当行为人提前得知了储蓄险产品的定价利率将要调整的内幕信息，然后在调整前大量买入该保险产品，似乎也构成了"内幕交易"。因此，对于"证券""期货"的概念解释成为解决该问题的关键。要认定刑法上的"内幕交易罪"，关

---

〔1〕 SEC v. Rorech, at 370.

键问题是，在何种范围内解释"证券""期货"属于扩大解释？何时又属于类推解释？

就金融衍生品而言，在 SEC v. Rorech 案中，美国联邦法院并没有直接将信用违约掉期认定为股票或债券，而是将其认定为"以有价证券即债权（Bond）为基础的交换契约"，或者说它是一种"以证券为基础的交换契约"。[1]是否应该将"以证券为基础的交换契约"或者其他金融衍生品解释进"证券"的范畴？根据内幕交易罪保护法益的系统性，不难得出结论，由于"以证券为基础的交换契约"依然是金融系统中实现资金配置的工具，对其内幕交易依然会破坏金融系统的信任机制。而且，很多衍生性金融商品的交易是非标准化的，且大部分在场外市场（OTC）进行。由于这些交易的复杂性和缺乏透明度，更有可能导致金融市场参与者的不信任，[2]更重要的是，由于该金融衍生品的本质是一种证券，因此，将其认定为"证券"应属于扩大解释。因此有必要将其纳入刑法规制的范围。

就典型的保险产品而言，其与证券、期货等概念之间相差较远。证券是一种投资工具，代表了持有者在某个公司、政府或其他实体中的所有权、债权或其他权益。期货是一种标准化的合同，承诺在未来的某个时间以特定的价格买入或卖出一定数量的某种商品或者金融资产。保险则是一种风险管理工具，它通过将个体风险转移给保险公司，从而对可能发生的不确定性事件（如疾病、事故、死亡等）进行对冲。储蓄险的利率由两种方式确定，一类是预定利率型，即由保险公司内部决定，另一类是投资链接型，即与证券等投资组合表现挂钩。在第一类的案例中，保险公司内部决定利率，即使提前得知利率下调的信息而大量购入，获得了收益，也不应该将其认定为内幕交易罪，因为这类保险产品无法被"证券""期货"概念涵摄，将其认定为内幕交易罪的犯罪对象属于类推解释。其本质原因在于，在利率预定型保险产品中，仅存在被保险人与保险公司之间的关系，利率是由保险公司设置并固定的，某些被保险人的"内幕交易"虽然可能引起其他被保险人情绪性信任受损，但无法进一步影响保险产品的价格进而导致结构性信任被破坏，因此不能构成内幕交易罪。但在投资链接型的储蓄保险，由于

---

〔1〕 SEC v. Rorech, at 408.
〔2〕 参见洪令家：《内线交易进化：谈衍生性金融商品之内线交易》，载《东吴法律学报》2017年第2版。

其利率与证券等挂钩,内幕信息可能会影响此价格或利率,进而破坏信任机制,因此可能成为内幕交易罪的犯罪对象。

(三)交易关联证券属于"买入或者卖出该证券"

所谓内幕交易关联证券是指,内幕信息知情人知晓了关于 A 公司的内幕信息,但不直接交易 A 公司的证券,而是交易与 A 公司有关的其他公司的证券。比如甲是 A 公司的高管,持有 A 公司股票,后甲知悉了 A 公司产品造假的内幕信息,但甲没有直接交易 A 公司股票,而是大量购买与 A 公司有竞争关系的 B 公司的股票,但 A 公司丑闻公布后,B 公司占领了 A 公司原有的市场份额,B 公司股票大幅上涨,甲平仓获利。

我国《刑法》第 180 条规定,内幕交易罪的交易行为是"买入或者卖出该证券,或者从事与该内幕信息有关的期货交易"。由此带来了构成要件的解释问题:"与该内幕信息有关的期货交易"当然可以包括关联交易,但是"该证券"是否能够包含关联交易的证券?

2009 年《刑法》第 180 条第一次修正时,本条第 4 款增加了利用未公开信息交易罪,其表述是"从事与该信息相关的证券、期货交易活动",虽然《刑法》第 180 条第 1 款中依旧表述为"买入或者卖出该证券,或者从事与该内幕信息有关的期货交易",但这一立法修改将立法者的意思表露得非常清晰:对于信息与证券之间的关联应该做广义理解。其深层次的原因是,虽然交易关联证券没有直接买卖内幕信息所指向的特定金融标的,但其依然会导致情绪信任受损,进而破坏结构信任。换言之,交易关联证券同样依然会破坏金融系统的信任机制。因此,虽然在语义中"该"是特指,但应根据刑法的目的与相关规定,对使用不当的用语做出与刑法整体相协调的补正解释,将"该"的含义补正解释为泛指,即"该类"。由此,将与该内幕信息有关的关联证券的交易也纳入刑法打击的范围。

(四)信任法益直接冲突可以成立内幕交易罪的紧急避险事由

既然内幕交易罪的保护法益是金融系统的信任机制,那么有可能会发生信任法益的冲突问题:如 A 公司与 B 公司均为金融领域中甲公司的客户,B 公司持有 A 公司的股票,甲公司知晓了 A 客户的重大非公开信息。为了 B 客户的利益,就需要帮助 B 卖出 A 公司的股票,但这可能构成内幕交易。然而,如果未利用该重大的非公开信息进行交易，则违背对于 B 公司的义务。[1] 在此，甲公司从事内幕交易是基于信任关系的冲突处境，金融领域的信任机制在这种两难处境中不得不受到损害，只要甲公司不是故意造成此种局面，并在事前为避免出现这种利益冲突付出了努力，那么甲公司帮助 B 公司卖出 A 公司股票的行为就可能构成紧急避险，但要衡量甲公司保护 B 公司所维护的信任法益与交易 A 公司股票所损害的信任法益的大小，还需判断是否有其他更恰当的手段能够维护 B 公司的利益。

比如，在公司发生财务危机时，该内幕信息尚未公布，银行在消息公开之前抢先卖出该公司抵押的股票，即构成内幕交易罪。[2] 银行不得以该内幕交易有利于公司还债，进而有利于保障银行资金安全为由，进行信任冲突的抗辩。因为银行本身应该从贷款损失准备金等其他方面采取措施维护金融系统对银行的信任，抢先卖出该公司股票并不满足紧急避险的补充性要件。

（五）披露与泄露的界分应采用实质化标准

《刑法》第 180 条将泄露内幕信息也认定为犯罪，因此，泄露的界定就显得尤为关键。在文义上，披露与泄露两者有明确的区别：披露是指点到面的公开发布，泄露则具有点对点的私密性。但在实践中，严格地讲，披露的过程中往往伴随泄露的行为。比如记者想要对大众披露自己的卧底调查报告，但由于担心数据安全，先将报告发送给了同事备份。再比如，为披露收集素材时要深入访谈，在与访谈对象对话时必须要交代一些自己获得的信息才能获取信任等。因此，对于披露与泄露的区分，需要综合行为人处理信息的全流程进行判断，不能仅凭存在点对点的具有私密性的信息传输就将整个信息处理过程认定为"泄露"。

在泄露内幕信息罪的构成要件解释中也是如此。例如，Dirks 是证券分析师，他主要为机构投资者提供证券投资相关的分析。在 1973 年 3 月 6 日这一天，Dirks 从 Equity Funding of America 公司的前任董事 Ronald Secrist 那里获得了一些关于公司的重要信息。Secrist 声称，Equity Funding 公司的资产被公司的欺诈行为过度夸大。此前，已经有多名公司员工揭露了类似的情况，但相关部门没有

---

〔1〕 参见齐萌、刘博：《信息隔离墙的内幕交易抗辩效力研究》，载《上海法学研究》2021 年第 13 卷。
〔2〕 参见赖英照：《金融机构与内线交易》，载《兴大法学》2007 年 5 月。

采取足够的行动。因此，他希望 Dirks 能够进一步调查这个问题，并将结果公之于众。受到这个请求的启发，Dirks 开始对此进行了深入的调查。他去了位于洛杉矶的 Equity Funding 总部，并对一些董事及员工进行了访谈。尽管大部分人都否认了这个指控，但也有一些员工提供了进一步的证据，证实了公司资产的确存在虚账。在两周的调查过程中，Dirks 告知一些客户和投资者 Equity Funding 的欺诈证据不断涌现。虽然 Dirks 和他的公司都没有拥有或交易 Equity Funding 的股票，但接受了 Dirks 提供信息的一些人出售了他们持有的 Equity Funding 证券，包括五名投资顾问，他们清算的持股总额超过了 1600 万美元。虽然《华尔街日报》最初因为担心自己受到诽谤索赔拒绝刊登 Dirks 的故事，但 Dirks 调查的消息迅速传播开来，Equity Funding 的股票价格很快从每股 26 美元缩水到每股不到 15 美元。并于 3 月 27 日被纽约证券交易所命令停止交易，此后不久，加利福尼亚保险当局封存了该公司的相关记录并查出了欺诈证据。SEC 对该公司提起诉讼并开始调查 Dirks 在公开欺诈行为中的作用。法院最终认定 Dirks 并不构成证券欺诈。美国法院主要是从信义义务的角度加以论证：如果内幕信息发出者试图从内幕信息的非法披露中获得个人利益，那么内部人士或被倾诉者就违反了信义义务。如果不存在内幕信息发出者的一些个人利益，就没有违反对股东的义务，也不会有任何衍生的违法行为。[1]但如前所述，信义义务说存在多种不足，如果类似的案件发生在中国，应采用信任法益指导"泄露"要件的实质解释，将整体流程为"披露"性质的信息处理过程排除"泄露"这一构成要件范围之外。

五、结语

本文深入研究了内幕交易罪的保护法益问题，并基于此理论指导对该罪构成要件的解释。通过对现有的法益理论，如管理秩序说、投资者合法权益说、信息平等说与信义义务说等理论的分析，我们发现它们都存在一些不足，无法全面、准确地阐释和处理内幕交易罪的相关问题。我们提出，内幕交易罪的保护法益应该是金融系统的信任机制。内幕交易行为会破坏投资者的情绪性信任，进而导致整个金融市场的结构性信任受到威胁。这种理论符合金融系统的功能，并且能够得到实证数据与后果考察研究的支持。进一步，我们在金融系统信任机制的指导

---

[1]　Dirks, 463 U. S. at 662.

下，对内幕交易罪的构成要件进行了详细解释，包括行为主体、交易对象、交易方式、主观方面等要素。此外，我们还对该罪在实际操作中可能产生的冲突和困惑进行了讨论和解答。总的来说，通过从金融系统信任机制的角度去理解和解读内幕交易罪，能够更好地理解和应对内幕交易行为对金融市场产生的负面影响，从而有助于维护金融市场的公平性、透明性和稳定性，防范化解金融的系统性风险。

（初审：唐慕尧　王一中）

法经监管

制度利益衡量的方法论检视

——以信息披露制度为视角

林树荣*

内容摘要： 现有利益衡量论未能为制度利益的核心地位之落实提供具体的方法论。基于利益的层次结构，对制度利益进行衡量时应当遵循先形式、后实质的判断路径，即在铺陈主体利益谱系的基础上进行成本收益之综合判断（成本收益法），再以社会公共利益作为兜底的实质判断基准（"核心＋"方法）。以典型的信息披露制度为例，从自愿披露到强制性披露，以及从选择披露到公平披露的制度演进脉络，彰显当事人利益、制度利益与社会公共利益之间的利益衡量和动态博弈；精细化的披露制度之衡量，要求结合具体的法律情境来确定当事人主体的特征类型，以及厘清商法规则中社会公共利益的价值界碑，此即为上述方法论的实践路径体现。

关键词： 利益衡量论　成本收益分析　信息披露　国家强制

对制度利益的合理衡量是利益层次结构中联结当事人利益和社会公共利益的核心所在，但现有的利益衡量论对制度利益的层次定位仍较为模糊，以致制度利益的类型化与利益细分步骤在立法和司法适用中依旧存在较大的操作裁量空间。位于利益层次结构核心地位的制度利益，其前端联结当事人利益/群体利益，后端则受到社会公共利益的限制，但该种前端和后端的联结路径之判断标准是否存在差异？如何以更加具体化的方式诠释该种联结的结构属性？当事人利益和社会

---

* 林树荣，中国政法大学民商经济法学院 2021 级硕士研究生。

公共利益内部是否存在进一步的可分标准？证券信息披露制度为该难题的解答提供了上佳的观察视角，本文将对信息披露制度的立法历史进行回溯，分析信息披露制度形成中的利益衡量路径，并藉此提出制度利益的前后端衡量方法。以该衡量方法为标尺，可以发现我国现有信息披露制度的前端判断过于模糊，将当事人视为同质主体以至于未能厘清当事人利益，故对公司异质特征的剖析有助于精细化衡量；后端限制中的制度价值内涵范围过大，远离了国家利益层面之秩序价值和社会公共利益层面之实质正义价值，具体到证券信息披露制度之中，则体现为国家强制的介入范围过大，故应省思该制度中国家强制的实现路径和界限。本文力求借助信息披露制度来检验制度利益衡量的新方法论，以建立起制度利益衡量的初步分析框架。

一、信息披露制度的利益衡量路径解析

上市公司证券信息披露的形式包括自愿性披露与强制性披露，披露的规范性要求则存在选择性披露和公平披露两种规制方式。自愿/选择披露的形成具有自觉性、原始性和非规范性，彰显"私人自治"的品性；强制/公平披露的运用反而带有国家强制性和规范性，表征"国家强制"的意蕴。揆诸法理，国家强制与市场主体之私法自治乃位列对立关系，国家强制的设置始终处于不断地试错、容错与纠错的动态过程，以形成具备适应性的制度模式，方能与私人自治相匹配。[1]证券信息披露制度的形成和制度利益的固化，即是市场主体私人自治与国家强制相互博弈的结果，故对国家强制介入私人自治之合理性基础的探寻，应当辨识法律制度本身所追求或者凝固的制度利益，在历史与现实的对照中厘清核心利益以便作出合适的利益衡量。

（一）自愿披露与强制披露的利益冲突与抉择

近代以降，上市公司信息披露方式历经从自愿性披露到强制性披露，再到双管齐下、并驾齐驱的制度演化脉络。证券市场发展初期，监管部门坚信"看不见的手"在市场经济中的作用得以完全施展，故此时的披露制度以自愿性为主，市

---

〔1〕 参见李建伟：《有效市场下的政府监管、司法干预与公司自治：关系架构与制度选择》，载《中国政法大学学报》2015 年第 3 期。

场活动参与者在成本收益考量下会选择自身利益最大化的妥当行为，最终整体交易市场将会达到信息完全披露、资源有效配置的多元平衡状态。[1]但 20 世纪 30 年代惨痛的经济危机给传统监管理论造成沉重打击以及带来严重质疑，各国都对自愿披露制度进行不同程度的修缮和改正。例如美国的证券监管机构便要求发行人按照新的证券法规进行法定的强制性披露，希冀借助强制性披露方式为市场投资者提供更多的市场价值信息，从而不断纾解市场导向与政府监管之间的僵硬关系。此后，随着证券市场的迅速发展特别是机构投资者的崛起和专业证券分析团队的出现，基于历史成本信息的强制性知悉披露制度已处于强弩之末，强制性和自愿性信息披露方式相结合已普遍成为各国立法者的中意选择和恪守立场。

上述制度溯源所反映的是，制度利益的根本属性在于社会性，制度利益总是与社会发展状况相联系。[2]从自愿到强制的披露形式变化反映了立法对于制度利益的判断变迁。从制度设置的成本收益分析，即使证券法没有规定任何的强制披露，上市公司亦会在披露信息所花费成本与带来的股东效益之间两相衡量，并在公司成本低于公开效益时选择主动对外公开信息。[3]由此观之，对公司法人而言自愿性披露可能是最契合当事人利益的。可供斟酌的余地在于，该种当事人利益的价值创造程度是有限的。市场失效理论指出市场能提供的信息过少、社会资源浪费和信息过度研究滥筋、自愿性披露中利益冲突的不可避免性等因素，[4]终将导致自愿披露之低效率；利益团体理论也指出即使对于个体而言可能实施该制度的成本超过了其收益，但仍有许多不同的利益团体通过强制性披露制度而获得可观的利益，例如会计师、承销商和律师等。[5]故强制性披露的设置旨在协调当事人利益、群体利益与制度利益之间的紧张关系，以达至若合符节的利益衡量态势。此时肇端于自愿披露状态的强制披露能够带来更为可观的制度利益，得以在管理者控制信息与资本市场之公平效率的激烈矛盾中以政府介入的方式实现利益冲突的整体平衡。

〔1〕 参见梁飞媛：《中国上市公司自愿性信息披露与监管》，经济管理出版社 2011 年版，第 20 页。

〔2〕 参见梁上上：《利益衡量论》，北京大学出版社 2021 年版，第 163 页。

〔3〕 See George J. Benston, Required Disclosure and the Stock Market: An Evaluation of the Securities Exchange Act of 1934, *The American Economic Review*, Vol.63: 1, pp.132–155(1973).

〔4〕 See John C. Coffee, Jr., Market Failure and the Economic Case for a Mandatory Disclosure System, *Virginia Law Review*, Vol.70, pp.717–753(1984).

〔5〕 参见齐斌：《证券市场信息披露法律监管》，法律出版社 2000 年版，第 68—69 页。

从强制性披露单列再到与自愿披露并存的立法模式，则是另外一种相似的利益博弈结果。制度利益衡量与具体法律情境相结合判断是利益衡量论中的重要准则，被奉为圭臬的强制披露制度在任何法律情境下未必都是可得利益最佳的。首先，政治压力的存在使得强制披露准则之设置容易成为维护某些团体利益的工具，且制定机构容易囿于理性而出现政府失灵、制定错误的披露准则等窘境。其次，强制披露制度可能会不必要地增加社会的整体成本，毕竟制定以及要求公司严格遵守强制披露准则会付出较高的成本，同时信息披露准则的内容难以充分满足所有利益相关者的利益诉求，[1]可以说现今对差异化信息披露的重视便是该种利益协调失败的唯一出路。再次，强制披露会带来信号传递失灵的问题。自愿性披露使得高质量公司通过披露优势信息例如核心能力信息而获益，反观强制披露要求下的高质量企业无法自主选择披露，故而该种信号效应消失殆尽。[2]最后，强制披露的立论在于信息披露之充分性是市场公平效率的体现，悖论则为信息披露越充分，对投资者的保护固然更加有利，但公司的披露成本也相应高涨，经营负担也就越重。鉴于任意性披露的决策自主性、形式灵活性、内容多元性和披露不确定性等优势，[3]强制与任意披露相结合的方式是现代证券法制的应然选择、是制度利益博弈的最佳结果。

（二）选择性披露与公平披露的利益谱系审视

选择性或歧视性披露（Selective Disclosure）是指发行人有选择性地向证券市场中的特定主体披露重大且未公开的信息之行为。从利益层次结构分析，在当事人利益和群体利益层面，居立选择性披露制度之下而占领信息优势地位的市场参与者主要包括证券分析师、机构投资者以及投资顾问等，向上述主体提前披露部分重大的非公开信息具有合理性，因为该类主体具有信息筛选、信息传递和信息再加工等功能，能够凭借其专业能力对不成熟的信息进行处理和分析，由其过滤不成熟信息后再将信息提供给证券市场的投资者。弊端在于，对公司内部信息

---

[1] 参见胡元木、谭有超：《非财务信息披露：文献综述以及未来展望》，载《会计研究》2013年第3期。

[2] 参见钟凯、程小可、姚立杰：《内部控制信息披露与控股股东掏空——中国版"萨班斯"法案的实施效果》，载《中国软科学》2014年第9期。

[3] 参见梁飞媛：《中国上市公司自愿性信息披露与监管》，经济管理出版社2011年版，第1—3页。

表1　公平披露规则框架下的利益衡量

选择保护对象		衡量利益					
		当事人利益		群体利益		制度利益	社会公共利益
		发行人	投资者	证券分析业	机构投资者		
保护结果	收益	上市公司信息供给数量增加，有助于降低信息的搜集和处理成本。	1. 保障信息知情权，降低信息不对称程度；2. 增强对市场完整性的信心；3. 有助于对公司进行独立、综合的判断。	1. 缓解来自承销商和机构投资者的压力，〔1〕增强独立性；2. 预测准确度有所改进；3. 结束内部的不公平现象。〔2〕	缩减部分机构投资者的证券信息搜集成本。	1. 遏制内幕交易等违法行为的泛滥；2. 保证投资者平等地位；3. 降低对信息披露的监管压力。	保障证券市场更加公平、安全，促进市场效率的提高。
	成本	1. 提高信息披露负担和成本；2. 可能出现不负责任的信息超载或胆小谨慎的信息冷缩；〔3〕3. 信息供给质量下降。	难以判断何为重要性信息，对投资者能力要求较高。	1. 失去信息优势，数据收集和整理的成本提高；2. 分析报告准确度和及时性都会降低。〔4〕	1. 失去信息优势，市场竞争压力增强；2. 投资难度增加；3. 交易频率和交易量有所下降。	1. 阻碍资本市场的信息流动；2. 信息暴增和不成熟信息的泛滥，会增加市场的不确定性。	

---

〔1〕　参见谭跃、钟子英、管总平：《公平信息披露规则能缓解证券分析师的利益冲突吗》，载《南开管理评论》2013年第4期。

〔2〕　See John Tishbi, Regulation FD: the Year that Passed and the Years Ahead, *Loyola of Los Angeles Law Review*, Vol.35, pp.1131–1156(2002).

〔3〕　See Peter Talosig III, Regulation FD-Fairly Disruptive? an Increase in Capital Market Inefficiency, *Fordham Journal of Corporate & Financial Law*, Vol.9, pp.637–714(2004).

〔4〕　刘少波、彭绣梅：《公平信息披露与分析师预测精度——来自中国上市公司的经验证据》，载《证券市场导报》2012年第3期。

的过分依赖导致证券分析师和机构投资者的"信息贿赂"，[1] 从而可能丧失应有的独立性；凭借信息优势而非专业能力便能获得证券市场的订单份额，会造成恶性竞争从而损害群体的长远利益。在制度利益和社会公共利益层面，选择性披露违背证券市场的平等竞争原则，会挫折投资者对市场公平性的信心，容易导致拥有信息优势的主体进行趋利避害式的不正当交易；对证券分析师和机构投资者的信息依赖亦会增加投资者的整体交易成本。要而言之，对选择性披露的适当束缚是制度利益衡量之下的必要政策抉择和规制范式。

为了合理规制上市公司的选择性披露行为，美国证券交易委员会于 2000 年 8 月发布并实施的《公平披露规则》（Regulation Fair Disclosure），确立了公平披露的理念和规范，要求如果发行人披露信息时知道或因重大过失而不知道披露信息属于重大的未公开信息，此时其应当"同时"将该信息予以公开披露；[2] 如果发行人并不知道该信息是重大非公开信息，且不存在重大过失，则发行人应当"迅速"把该信息进行公开披露。[3] 公平披露规则试图在投资者和证券市场分析机构之间建立适当的信息平衡机制，能够保护中小投资者利益，增加其对市场完整性的信心。需要厘清的是，公平信息披露规则对各方主体所带来的成本和收益迥异，现将公平披露规则的利益衡量结果谱系以下表示之。公平披露规则的具体设置，即是立法者在该利益谱系基础上所作出的本土化抉择。

二、制度利益衡量中的前端嵌层与后端限制

（一）制度利益衡量的前后端方法论检视

借助于制度溯源可知，无论是从自愿披露到强制披露，抑或是从选择披露到公平披露，制度利益都在当事人利益 / 群体利益和社会公共利益之间力求实现妥当平衡。前者是制度利益设置的"前端嵌层"，即制度利益的内涵应当内生于当

---

〔1〕 既然提前获取这些重大的非公开信息对于分析师等市场专家是很有利的，则这些分析师很可能为了能够继续获得信息，而采取讨好发行人（及其主管人员）的策略，比如在向投资者提供建议和信息时，尽量对这些公司给予正面的积极评价。由此导致证券市场专家履行客观中立的职责与发行人美化自身形象之间的利益冲突。参见牧云：《谈美国 SEC 最新出台的〈公平披露规则〉及启示》，载《金融法苑》2001 年第 3 期。

〔2〕 17 C. F. R. 243.101(e).

〔3〕 17 C. F. R. 243.100(a)(1).

事人利益 / 群体利益中的利益博弈结果，制度利益得以形成和固定的缘由在于当事人利益 / 群体利益所赋予的法律上之力，[1] 反映的是立法者对各种问题或利害冲突所作出的法律秩序上的价值判断。[2] 后者则指引制度利益的发展，属于制度利益设置的"后端限制"，即社会公共利益指引制度利益在形成之后的发展路径。简单地说，当制度能较好地反映社会公共利益内容时，该制度利益就应当得到维护，以持续发挥价值补充和漏洞补充等必要功能；当制度利益未能契合社会公共利益时，制度利益就应当被打破重组。[3] 也正是由此，制度利益得以发挥联结当事人利益和社会公共利益的管道作用。

但更为重要的是，对制度利益的体系定位具有利益衡量上深层次的方法论意义，即对前端和后端之判断路径的逻辑梳理和厘清有益于制度利益在具体案件中的展开。制度利益的价值判断应当遵循"先形式、后实质"的路径。具言之，一是基于前端嵌层，应当先对当事人利益 / 群体利益作出利益谱系的具体铺陈，对法律制度背后隐而不彰的制度利益作深入剖析以枚举核心利益谱系，并以成本和收益作为衡量尺度，进行形式意义上的价值权衡。其所意谓的是，制度的建构应当能够使得制度所带来的综合收益大于其损耗成本，如此制度利益才具有本源正当性。此时经过各方协调平衡而达成的利益凝结于具体的法律制度之中，并得以通过制度利益的方式展现出来。此处的前端改革所借助的判断方法为"成本收益法"。二是基于后端限制，在初步选定契合当事人利益 / 群体利益的制度之后，制度利益虽已端倪形成，但其后续发展和适用仍应当借助社会公共利益作为实质判断标准，制度利益的适用正当性即源于与社会公共利益之合致。此处后端限制所借助的判断方法为"核心 +"方法。上述先形式、后实质的路径判断，将能校准制度利益的体系定位，更清晰和深层次地指出制度利益与其他利益层次的内在联络关系，并为立法和司法适用提供更加可视化的检验路径。

---

〔1〕 在论及当事人利益与制度利益的关系时，梁上上教授指出，"在具体的利益衡量过程中，必须尊重现行制度利益的分析"；"当事人的利益只有与该法律的制度利益相一致时，才能获得该法律制度的保护"。笔者认为，该论断只论及制度利益形成固定之后的选择问题；当制度利益未能形成时，对制度利益雏形的判断应当以当事人利益 / 群体利益为准，后者给予制度利益的形成以法律上之力；梁教授此处所论及的是制度利益借助该力形成并固定之后的制度反作用，即对当事人利益 / 群体利益产生新的指导作用。参见梁上上：《利益衡量论》，北京大学出版社 2021 年版，第 138—141 页。

〔2〕 参见杨仁寿：《法学方法论》，中国政法大学出版社 1999 年版，第 175—176 页。

〔3〕 参见梁上上：《利益衡量论》，北京大学出版社 2021 年版，第 144 页。

（二）前端嵌层中的利益衡量：成本收益法的引入

从利益识别、利益选择再到规范表达的过程中，制度利益的定型立基于当事人的利益之上，亦即当事人利益在利益层次结构中具有本源性地位，"个体利益是其他利益存在与发展的基础和目的"。[1]但对于当事人利益何以转化为制度利益，理论上暂未能提供明确可适用的操作方案。法经济学研究范式的引入或能为该利益衡量的转化过程提供诠释视角，特别是法律成本收益理论的分析框架甚为契合该种利益衡量的过程。法律成本收益理论强调最佳的法律制度应当是在衡量成本和收益之后做出的利益调节，即综合成本与收益是立法者进行法律供给决策的主要依据，"法律活动的实质就是权利义务遮蔽下的利益交易"。[2]该种成本收益的决策路径，可以细分为两个步骤。

首先，对当事人利益进行尽可能的铺陈和罗列。应当注意的是，当事人利益是可分的和具体的。虽然当事人属于同一"主体"，但对该"主体"的细分程度在理论上是无穷无尽的，例如公司可以区分为有限责任公司和股份有限公司，亦可以根据行业特征和公司规模作出无数的分类。对当事人的细分类型趋于无穷，但这并不影响我们根据具体的情境来截断该种细分工作的无限延续，因为某一具体的法律情境所要求的当事人类型之细分程度必定是明确和有限的。由此，尽管从理论上难以提前拟定当事人在所有法律情境中都应有的统一成本和收益标准，但可以结合具体的法律情境来确定当事人主体的类型（即对"当事人"的识别），并基于该些类型来判断当事人受涉利益（即对"当事人利益"的识别），此为微观的判断角度。其次，对不同的当事人利益进行选择以作出规范表达，此时应当采取成本收益的分析方法，要求所选择制度的整体收益大于成本，且该种衡量结果应当符合立法者和司法者的预期。此处的成本收益分析法并非对当事人个体的利益进行简单的加减乘除，因为当事人利益外部性和社会性成本等因素的存在会使得整体成本高于各单独个体成本的简单相加，故此处重在识别总的成本与收益，该步骤属于宏观的判断。由此，制度利益的雏形得以形成。

憾惜的是，囿于立法技术和成本、当事人利益层次构造的复杂性等问题，制

---

〔1〕 参见张斌：《利益衡量论——以个体主义方法论为视角的现代立法研究》，海天出版社 2015 年版，第 78 页。

〔2〕 冯玉军：《法经济学范式研究及其理论阐释》，载《法制与社会发展》2004 年第 1 期。

度利益的形成中对于当事人利益谱系的判断可能出现偏差，例如忽视特定主体的利益、将当事人视为同质主体予以权衡等问题。将当事人视为同质主体予以权衡，会导致制度未能清晰捋清当事人利益，更遑论对其进行成本和收益的形式判断。后文亦会以我国信息披露制度的利益衡量为基础，结合公司具体特征进行更加精细化的利益衡量。

（三）后端限制中的利益衡量："核心 +"的确定方法

较为常见的立法技术是以最为普遍的形态为模型进行立法，并采取例外、参照适用、补充适用等立法技术给其他形态预留相应的空间。[1]对社会公共利益的内涵之确定，亦可以参考该种技术，采取以静态的核心利益为主、以动态的其他利益为辅的方式来厘定社会公共利益的范畴。具体而言，一是在抽象的层面上对社会共同体所追求的价值进行梳理，对不同价值的并集进行提炼，概括出价值核心；二是除了核心价值之外，还要结合具体法律情境的特征，对其他的"非核心利益"[2]进行梳理，二者共同构成与某一制度利益相对应的社会公共利益。如此方能保持社会公共利益的高位阶、灵活性和阐释性。后文对于信息披露制度中国家强制因素的分析，即是结合具体的披露制度来厘定社会公共利益的内容范畴。

三、制度利益前端衡量中的公司异质特征剖析

（一）异质利益衡量的求解路径

如前文所述，鉴于当事人利益是可分的和具体的，故在对当事人利益进行铺陈和罗列时，应结合具体的法律情境来确定当事人主体的类型。以信息披露制度中的发行人主体（公司）为例，在对证券信息披露制度的利益衡量中，理应区分公司的异质特征，考虑行业类型、公司规模、市场依赖性等独特问题，以此为基础方能作出合格的成本收益判断。该种特征区分的路径以利益衡量论中的异质利益衡量之可能性为基础，但侧重点又有所不同。在利益衡量的方法论中，异质利

---

〔1〕 参见梁上上：《公司权力的归属》，载《政法论坛》2021 年第 5 期。
〔2〕 需要注意的是，此处所论及的"非核心利益"并非意指该部分利益不具有重要性，而是指该部分利益仅适用于特定的法律情境之中，无法跨越法律情境而获得普遍适用效力。

益衡量的公度性难题存在可解路径，异质利益衡量的价值基础在于基本社会共识之存在，例如作为客体的利益本身具有位阶秩序，包括不同类型利益之间的位阶和不同主体之间的利益位阶等。[1]此处所论及的"不同主体之间的利益位阶"，指的是主体（本体）不同所致固有利益不同，进而导致不同主体之间存在位阶差异的可能性；但笔者所强调之区分公司的异质特征，并非以主体的不同为论述基础，而是指"相同主体"所具有的"不同特征"。

但无论是在立法还是司法适用中，信息披露制度利益的衡量都是以公司类型而非特征为判断基础。行业类型、公司规模、市场依赖性等特征不同所带来的公司类型并无区别，立法抑或司法适用所关注的多是以公司类型（有限责任公司和股份有限公司）为基础的差异化判断，而非以公司特征为立法或司法适用的基点，是因为公司特征具有不确定性、模糊性和较强的主观判断性，以公司特征为基础进行利益衡量具有高昂的立法和司法成本，以及技术性要求过高，需待时机成熟方可为之。由此亦可见此处对制度利益衡量的论述与前述异质利益衡量中"不同主体之间的利益位阶"存在差异。

退一步言之，即使将公司特征作为"主体不同"的判断基准，例如从事高科技行业的公司与从事服务业的公司可被视为属于利益衡量中的不同主体，故存在利益位阶上的差异。现有论述对于不同主体间利益位阶的共识点在于，公法或私法领域中的弱者利益（弱势群体利益）和我国部分特殊企业（国有企业）更应当获得制度性的特别保护。[2]然则该些论述似乎浮于表面以至于带有规则理想化和适用局限性的不足，应当寻求更加合适且普遍适用的衡量标尺。在立法和司法适用的利益衡量中，对于不同主体之间利益的判断依旧是应当先采取形式的判断标准，即在剖析价值谱系的基础上进行成本和收益的客观权衡，同时在制度利益初步定型之后辅之以社会公共利益的兜底实质判断。

（二）自愿性披露中的公司异质特征影响

1. 行业类型

我国原先的信息披露规范大多以传统的制造业公司为规范对象，未能充分察

---

〔1〕 参见梁上上：《利益衡量论》，北京大学出版社 2021 年版，第 72—89 页。
〔2〕 参见梁上上：《利益衡量论》，北京大学出版社 2021 年版，第 87—89 页。

觉处于某些特殊行业的上市公司对信息披露方式的特殊需求，但目前交易所已经在试点的基础上对特定行业的信息披露进行针对性规定。[1]不区分行业类型的制度有助于降低监管压力，但粗糙型的立法无益于当事人效益的提升。一方面，上市公司具有根据行业类型进行针对性披露的动力。Robert E.Verrecchia 指出所有权交易费用会因行业而不同，例如化学工业公司由于其产品和行业发展的特性，更倾向于披露更多的公司特定信息。[2]倘若企业处于新经济、新模式和新业态领域，对其科技属性、成长价值属性等的专门解读和呈现更是能够全面展示企业图像，提高企业的市场综合效益。例如有论者指出作为该类企业信息披露战略重要内容之"核心能力信息"仅能以自愿的方式予以披露，难以纳入传统财务信息的范畴。[3]另一方面，分行业差异化信息披露的优势还在于，鉴于同行业内大部分的企业具有同质特征，若能依据行业共性以及企业自身特有风险来构造不同行业的信息披露准则或指引，将有利于市场投资者获取更多与投资决策相关的有效信息，助力投资者通过研析同类公司在业务经营和财务方面的同异进而加深对信息披露内容的掌控和理解。[4]故区分行业类型进行精细化规定，是当事人利益最大化的必然选择，差异化信息披露能够体现证券市场的实质公平和提高市场效率。

2. 公司规模

从成本收益的角度分析，自愿披露需要遵循特定的规范指引，例如应当对特定重要因素进行充分的风险警示、应当具有合理的编制基础以及履行适当的更正义务等要求，[5]由此引致对自愿披露之信息的搜集和处理耗费较大、政策性风险过大，上述要求也会加重上市公司进行自愿性披露的负担，导致自愿披露的整体

---

〔1〕 例如在深交所于 2022 年 1 月 7 日发布并实施的《深圳证券交易所上市公司自律监管指引第 4 号——创业板行业信息披露》(深证上〔2022〕16 号)中，对创业板上市公司所属的新一代信息技术产业、生物产业、数字创意产业、新能源产业、其他产业进行针对性的信息披露指引，披露对投资者决策有重大影响的行业经营性信息；在上交所于 2022 年 1 月 7 日发布并实施的《上海证券交易所科创板上市公司自律监管指引第 2 号——自愿信息披露》(上证发〔2022〕14 号)，对科创板上市公司的行业信息披露进行针对性规定。

〔2〕 See Robert E. Verrecchia, Discretionary Disclosure, *Journal of Accounting and Economics*, Vol.5, pp.179–194(1983).

〔3〕 参见宋献中：《论企业核心能力信息的自愿披露》，载《会计研究》2006 年第 2 期。

〔4〕 参见杨淦：《上市公司差异化信息披露研究》，西南政法大学 2015 年博士学位论文。

〔5〕《最高人民法院关于审理证券市场虚假陈述侵权民事赔偿案件的若干规定》(法释〔2022〕2 号)第 6 条。

成本过高。此时可能只有规模大的公司才能承担费用，且规模大的公司比规模小的公司拥有更多的财务分析者，其对信息的需求也相对应更多，[1]对搜集和处理信息的投入成本也相对较高。同时也正是基于该信息需求，规模大的公司搜集和处理所得的信息不仅能用于自愿披露，且能用于自身的财务分析以指导公司管理决策，整体效益较高。

3. 公司所在地与市场化进程

自愿信息披露行为发挥信号传递机制的前提是理性管理者、知情投资者和真实信息披露三个假设条件的满足。上市公司所处的地区不同，公司以及投资者的信息需求会有所差异，[2]对上述假设条件之满足程度的差异终会导致自愿披露的信息传递功能犬牙交错参差不齐。以经济发达地区注册的公司为例，对于上市公司而言，其在发达地区所面临的竞争更加激烈，加之其公司管理人员的财务会计水平相对较高，故公司的自愿性披露也相对较为积极。对于投资者而言，发达地区具有专业分析能力的投资者数量较多，对信息的需求量也更大，信息的信号传递功能得以发挥作用，且投资者对披露信息的用途更加丰富，故发达地区的投资者更加倾向于鼓励公司的自愿性披露。此外，公司所在地的政策因素也是不可忽视的一环，经济政策的不确定性加大了公司决策者对未来公司情况的预判难度，影响了市场竞争在提高自愿性信息披露质量方面所发挥的应有作用，[3]而在市场发展程度较高的地区，主政部门一般会减少对企业的无故干扰。[4]

4. 其他因素

首先，关系经济影响上市公司自愿披露的内在驱动力。发达国家的市场经济主要建立于平等合意的契约经济基础之上，相较之下我国的市场交易活动仍有建立在关系经济基础上之嫌，而该种关系经济会影响市场效率和提高交易成本，例如存在的信息隐蔽性和专用性会导致租耗和关系投资的相继出现。[5]由此导致，

［1］ See A. T. Craswell & S. L. Taylor, Discretionary Disclosure of Reserves By Oil and Gas Companies: An Economic Analysis, *Journal of Business Finance and Accounting*, Vol.19: 2, pp.295–308(1992).

［2］ 参见何进日、武丽：《信息披露制度变迁与欺诈管制》，载《会计研究》2006年第10期。

［3］ 参见刘慧芬、王华：《竞争环境、政策不确定性与自愿性信息披露》，载《经济管理》2015年第11期。

［4］ 李慧云、刘镝：《市场化进程、自愿性信息披露和权益资本成本》，载《会计研究》2016年第1期。有政府背景和受到较多的政府干预的企业，其所承担的权益资本成本较高。参见徐浩萍、吕长江：《政府角色、所有权性质与权益资本成本》，载《会计研究》2007年第6期。

［5］ 参见卢现祥：《论我国市场化的"质"——我国市场化进程的制度经济学思考》，载《财贸经济》2001年第10期。

为了避免由于披露所带来的高额专有成本，拥有更多关系网的高价值公司对资本市场交易的披露动机并不明显。[1]当然，该种关系经济的破解途径未必是信息披露制度力所能及的，但启示在于信息披露制度的规则设置应当降低披露专有成本以替代关系投资之存在，从而达到成本收益之最优配置。其次，公司结构也对自愿披露有所影响。有实证研究指出，独立董事规模越大、财会专业背景的独立董事比例越大、董事会越稳定、股权集中度越低（甚至不存在控股股东），公司自愿性信息披露的水平越高。[2]再次，公司的盈余业绩与自愿披露动力呈现一定的正相关关系。盈余业绩好的公司的管理人员具有自愿披露信息的激励，以向投资者展示自身的良好形象，从而区别于其他公司。[3]最后，投资者的投资价值取向亦是应予关注的问题。以机构投资者为例，实证研究发现稳定型的机构投资者对公司自愿信息披露的程度呈现出正向影响关系，而交易型投资者对自愿信息披露程度呈现出负向影响关系，因为前者关注的是公司的长期成长，有动力通过提升公司管理水平和信息透明度，进而提高公司决策的科学性和长期绩效。[4]

（三）公平披露中的公司异质特征影响

有学者以深圳证券市场为例，实证研究结果显示公平信心披露规则对主板市场产生消极影响，但对中小企业板市场产生积极影响（普遍获得了正向的超额收益），而出现该差异的原因在于两大市场所服务的企业群体定位不同。[5]处于高成长阶段的中小企业公司规模一般较小、内部结构不规范、对市场依赖性较强，新型业务专业性较强或者需要前瞻性投资参考意见，但该类型的公司发展速度快且收益明显，故其实际上具有高风险、高收益以及信息不对称的特点；而公平信息披露规则能够强制性增加资本市场的信息含量，降低信息的不对称程度。故对于中小企业而言，公平信息披露规则有助于降低成本且提高公司收益。相较之

---

〔1〕 参见程新生：《公司价值、自愿披露与市场化进程——基于定性信息的披露》，载《金融研究》2011年第8期。

〔2〕 参见程新生、徐婷婷、王琦、孙婧：《自愿性信息披露与公司治理：董事会功能与大股东行为》，载《武汉大学学报（哲学社会科学版）》2008年第4期。

〔3〕 参见殷枫：《中国上市公司自愿性信息披露研究》，中国商务出版社2006年版，第119页。

〔4〕 参见牛建波、吴超、李胜楠：《机构投资者类型、股权特征和自愿性信息披露》，载《管理评论》2013年第3期。

〔5〕 参见黄德春、张瑞：《公平信息披露规则对证券市场影响的研究——以深圳证券市场为例》，载《山西财经大学学报》2010年第4期。

下，主板上市公司由于规模大、上市时间长、绩效稳定等优点，更倾向于采用以往的选择性信息披露将公司的有利信息对外公开，[1]且由于该部分上市公司对市场价值变动的依赖性较弱，公平信息披露规则的限制反而容易使其减少信息披露。但论者并非希冀以此为标准来进行立法和司法适用的衡量判断，而是应当在利益衡量的过程中觉察上述企业的成本和收益之间的不平衡问题，在对公平披露规则的具体设计中予以关注。

四、制度利益后端衡量中的具体价值确定

制度利益的价值判断应当遵循先形式、后实质的贯鱼之序，前文对公司特征的论述，力图证实在利益衡量中以成本收益为范式的形式判断路径之重要性，强调制度的确定应当是能够使得制度带来的综合收益大于其成本。在后续的实质判断路径上，制度利益的适用正当性源于与社会公共利益之契合，"核心 +"的检验方法强调要在确定核心价值的基础上，结合具体法律情境的特征，对其他的"非核心利益"进行梳理。对社会公共利益核心价值的确定是理论上的重大难题，非为本文力所能及；但结合具体的信息披露制度来分析证券法律法规中的"非核心利益"，亦有助于该法律情境中社会公共利益的框架完善，为制度的实质正当性提供检验的试金石。

（一）信息披露制度判断的前置难题

尽管方法论上要求结合具体法律情境的特征来分析制度中对应的社会公共利益，但对于何为具体的法律情境、如何判断法律情境的特征之解答，则容易误入歧途。从前述对信息披露制度的立法溯源中可以发现，证券信息披露制度的变迁背后所蕴含的是国家强制与私人自治的冲突和调适，国家强制力在商法领域集中体现为强制性规范，故对体现国家强制力的"强制性规范"之判断即可窥见信息披露制度中的社会价值谱系。

此处需要先予以澄清的是，何为"体现国家强制力的强制性规范"？从信息披露制度的设置来看，信息披露多是以强制性规范的形式存在于证券法律规范之

---

[1] 参见黄德春、张瑞：《公平信息披露规则对证券市场影响的研究——以深圳证券市场为例》，载《山西财经大学学报》2010 年第 4 期。

中。尽管私人主体亦会出于成本收益的考虑而主动进行信息披露，但为了更好地保障投资者和实现市场经济资源的最佳配置，以强制性规范的范式对信息披露进行规范是较为有效的立法模式。但鉴于公司治理中法律作用具有局限性，例如部分公司内部治理关系不属于法律作用的范围，以及法律本身的抽象性和概括性与公司治理行为具体性等特点相龃龉，[1] 立法者对信息披露制度强制性规范的预设功能未必总能如期实现。要而言之，所谓的"强制性规范"未必总能发挥强制性的效果。

产生该种矛盾的原因有两个方面。一方面，强制性规范内含的规制效果是多方面的，例如有学者区分自治性强制规范、行政强制规范和司法干预规范，[2] 抑或绝对/相对强制与实体/程序强制[3] 等类型。譬如董事、高级管理人员无视《公司法》第 148 条的强制性规定，存在违反忠实义务并获利的行为，公司对上述人员所得的收入享有归入权，此时公司所享有的是自治救济权利；而《公司法》第十二章"法律责任"中的强制性规范，其违反后果多为引发司法救济等公权力介入，同为强制性因素但法律效果截然有别。可见，理论上对于强制性规范的法效尚未有统一的论断，多种区分学说各有其拥趸，对强制性规范本身的功能区分亦存在一定难度。另一方面，所谓的"强制性规范"之所以可能不具有强制因素，源于任意性和强制性规范区分的本质标准在于规范功能的差异，即认定规范性质时核心在于发现规范功能（即区分某一规范的功能在于实现强制或者保障自治）。倘若仅以文义解释、立法解释、体系解释等方法来确定某一规范即为强制性规范，而不从该规范的实际功能和实践价值中予以判断，难免会乱花渐欲迷人眼。从实现的法效果来判断强制/任意性规范的功能，方能解释论者所言"商事组织法上的任意性规范实际构成强制"的论断，即对某一规范强制性或任意性的属性论断应以该规范的法律实效为基础，而不应完全以规范类型为标准。[4] 由

————————

〔1〕 参见李建伟：《公司治理中法律作用的局限性及其破解》，载《商业经济与管理》2008 年第 7 期。

〔2〕 参见李建伟、毛快：《董事会人数违限的规范适用研究》，载《社会科学》2019 年第 5 期。

〔3〕 参见中国法学会商法学研究会：《"〈公司法〉修改巡回论坛"演讲与论辩辑要》，2021 年 9 月，第 321 页（蒋大兴教授语）。

〔4〕 郭锐教授指出，由于商事组织法中的任意性规范没有给行为人提供选择的余地，以及任意性规范作为行为人选择依据，属于公司治理结构中不可或缺的组成部分，故商事组织法上的任意性规范实际构成了强制。参见郭锐：《商事组织法中的强制性和任意性规范——以董事会制度为例》，载《环球法律评论》2016 年第 2 期。

是观之，对信息披露的强制性规范之法律实效的分析，应当在具体的法律情境中严格把握规范的现实功能；而此处的"结合具体的法律情境探寻制度利益"，强调的是分析具有实质强制性因素、具有强制规范功能的强制性规范。对该前置问题的厘清，是进行后续讨论的基础。

（二）商法规范中的社会公共利益分析

具体法律情境中的社会公共利益对制度利益之限制，集中体现于国家强制力的限度之中，故对"国家强制"内涵的界定有助于反推社会公共利益的具体界碑。国家强制普遍存在于现代各国的法律规范之中，支持国家强制的重要论断为公共利益强制理论，即以市场失灵理论和福利经济学为论述基调，认为政府是公共利益的维护者，应当回应社会公众的需求而对市场活动中无效率和不公平的行为予以规制，意在保护社会公众利益以提高社会的整体福利水平。[1] 故国家强制的正当性源于市场失灵之假设，信息不对称是市场失灵的深层原因，国家强制的介入意在缓解信息不对称以给投资者和市场发出有效的信号，并最终达到降低社会成本、防止机会主义行为和降低代理成本等多重社会目标。应当注意的是，公共利益强制理论将国家强制的目标限定在所谓的"公共利益"之中，对公共利益强制理论进行质疑和挑战的寻租理论和俘获理论也未对国家强制的该目标进行省思，而是侧重于关注国家强制实现的可能性和效率问题。

应当说，国家强制的价值内涵应当是多元化的，而非仅局限于公共利益的范畴之中。具而言之，国家强制的公法价值应当划分国家利益以及社会公共利益。在国家利益层面，国家利益是有限的，仅包括国家政权的稳定、国家主权和国家财产所有权利益，除此之外国家不应当存在任何独立的利益；[2] 在社会利益层面，社会利益是公众对社会文明状态的愿望和诉求，包括公共秩序的和平安全、经济秩序的健康安全和高效、社会弱者利益的保障、社会资源与机会的合理保存利用以及公共道德的维护等方面。[3] 在具体案件中社会公共利益所指向的具体利

---

[1] See Micheal Hantke-Domas, The Public Interest Theory of Regulation: Non-Existence or Misinterpretation? *European Journal of Law and Economics*, Vol.15: 2, pp.165–194(2003).

[2] 参见孙笑侠：《论法律与社会利益——对市场经济中公平问题的另一种思考》，载《中国法学》1995年第4期。

[3] 参见孙笑侠：《论法律与社会利益——对市场经济中公平问题的另一种思考》，载《中国法学》1995年第4期。

益可能有所不同，对其剖析也不能脱离具体的社会环境。倘若将利益衡量的视域限定于市场经济领域，则国家利益体现为市场安全和稳定，亦可谓之秩序价值；社会公共利益展现为实质正义。[1]综上，商法中国家强制的价值内涵应当限定于国家利益层面之秩序价值和社会公共利益层面之实质正义，此即为商法规范中的部分社会公共利益价值范畴。对"国家强制"进行限定的目的在于厘清国家强制适用的有限性，以避免国家强制手段对私人自治的过度戕害。毕竟作为一种规制手段的国家强制具有天然的侵扰市场秩序与侵害私人自由和利益之倾向，故国家强制的适用范围应当是极为有限的。[2]

（三）现有规则评述

本节已有的结论为，一是对强制性规范的判断应当从规范功能出发，二是商法中可予以判断的社会公共利益，应当限定为国家利益层面之秩序价值和社会公共利益层面之实质正义。从我国具体的信息披露规则来看，我国证券法律法规中对于公平披露规则的规制范围过于宽泛，以至于远远超出原有强制性规范的价值内涵范围，进而呈现出极强的强制因素。

现行《证券法》第 83 条第 1 款确立了公平披露规则，该条款与域外公平披露规则的差异在于采用了绝对公平的信息标准，[3]即无论是何种类型的信息，上市公司都应当向全体投资者进行公平披露，而不能自行采取选择性披露的方式。理论上对证券信息的全方位强制披露符合完全信息披露主义与有效市场的要求，即在自由竞争、信息充分的证券市场中，对证券信息的完整、公平地呈现即意味着信息价值的市场有效输入，信息必定被反映在市场价格之中从而被予以充分利用。问题在于，倘若结合具体的法律情境探寻制度利益，可以发现该种完全信息披露的立法预设与具体的法律情境间似乎仍有规则裂缝和适用龃龉。其一，我国证券市场存在信息需求群体缺位的问题，非理性的自然人投资者占比较大，投资者成熟程度不够，导致对信息的需求动力不足，难以对供给一方形成实质性影

---

〔1〕 参见张强：《商法强制性规范研究》，复旦大学 2011 年博士学位论文。

〔2〕 参见李建伟：《有效市场下的政府监管、司法干预与公司自治：关系架构与制度选择》，载《中国政法大学学报》2015 年第 3 期。

〔3〕 参见郭雳、彭雨晨：《新〈证券法〉公平信息披露规则的问题与调适》，载《多层次资本市场研究》2020 年第 2 期。

响，故信息供给者的披露动力较为不足。[1] 其二，现有的公平信息披露规则对自愿披露形成了明显的限制。上市公司自愿披露与投资者决策相关的信息，该部分信息可能是未经过严格审核处理的，原本应当借助于证券分析机构的信息筛选和过滤功能，之后再将该部分信息反馈给市场投资者；反观之，将不成熟信息予以公平披露，在投资者分析能力欠缺的情形下容易导致市场的严重波动，加上立法技术的粗糙和已有规则的模糊，自愿披露的上市公司无疑需要承担更严重的负担和责任，更遑论自愿披露的成本收益平衡。故在作为信息供给者的上市公司动力不足、收益较低的情况下，对全部信息课以公平披露规则的限制会再度增加上市公司的披露成本，导致成本和收益难以平衡，属于对当事人利益和社会公共利益的失调规制。此时证券法层面上的公平信息披露规则已在实践中造成负累。

相对比之下，2022 年初发布的上海证券交易所《上海证券交易所股票上市规则》（上证发〔2022〕1 号）、深圳证券交易所《深圳证券交易所股票上市规则》（深证上〔2022〕12 号）中的第 2.1.8 条都规定了，"上市公司及相关信息披露义务人应当同时向所有投资者公开披露重大信息"，可见此处仅对"重大信息"才课以"同时性"要求，实则降低了《证券法》规定的强制性，该种做法值得肯认。由此观之，《证券法》上的公平信息披露规则看似以强制性规范实现国家利益和社会公共利益，但在具体的法律情境中，倘若结合具体的规范功能来看，立法技术的阙如和规则概念的混乱引致该规定的射程范围过远，早已超出国家利益层面之秩序价值和社会公共利益层面之实质正义价值的范畴，偏离了其中的强制性因素存在之正当性基础。证券交易所的相关规则对此进行一定程度上的修正，但不同法律法规规章之间的协调仍有待立法和司法的努力。

五、结语：制度利益衡量的前后端方法论构建

利益衡量论指出制度利益是联结当事人利益和社会公共利益的核心，对制度利益进行衡量的路径在于厘清核心利益和对具体利益予以广泛铺陈和罗列。[2] 考察现有的论述可知，制度利益的该种承上启下功能尚未能发挥应有的方法论指引，对核心利益的厘清和铺陈也容易陷入理论癖好和论证逻辑循环，难免有流

---

〔1〕 参见甘培忠、夏爽：《信息披露制度构建中的矛盾与平衡》，载《法律适用》2017 年第 17 期。

〔2〕 参见梁上上：《制度利益衡量的逻辑》，载《中国法学》2012 年第 4 期。

于恣意之弊,在立法与司法实践中可能窒碍难行。故对制度利益的衡量应当区分"前端的形式判断"和"后端的实质判断",即在形式判断层面以成本收益分析法为标尺对利益谱系作出抉择,确定效益最优的制度雏形;在实质判断层面,借助于"核心 +"的方法对具体法律情境中的社会公共利益概念予以廓清,体现在市场经济领域内即为国家利益层面之秩序价值和社会公共利益层面之实质正义价值,以此为基础来校正制度的发展路径,以达成制度雏形的成熟进化。制度利益衡量的前后端细化,以及前后端具体方法论的分别引入,在证券信息披露制度中已经被有效检验。故该种精细化的利益衡量论无疑将为立法和司法中的利益衡量提供更加可视化的检验范式。

(初审:沙润和 张 钰)

论证券虚假陈述中介机构民事责任的司法认定

陈可欣*

内容摘要： 在证券虚假陈述民事赔偿案件中，围绕中介机构的裁判争点主要聚焦于民事责任的认定和分配两个层面。通常而言，法院倾向于参考监管意见，以"是否勤勉尽责"作为责任认定的标准，在中介机构具有过错时判决其承担较为严苛的连带责任，但各法院的认定思路和裁判结果存在些许差异，而且法律论证与适用逻辑粗疏，责任与过错不匹配的现象显著，亟待反思。中介机构虚假陈述民事责任的司法认定，应该结合行业规范及个案情形，视中介机构的主观过错和因果关系对民事责任予以审慎认定，并根据各中介机构的过错程度和原因力大小等因素对各自应承担的责任进行裁量分配。

关键词： 证券发行　虚假陈述　中介机构　连带责任

一、问题的提出

证券的发行离不开券商、会计师事务所、律师事务所、资信评级机构等中介机构的参与。中介机构的职责虽各不相同，但是它们共同构筑起了买方（投资者）与卖方（发行人）之间的桥梁，不仅发挥着保证和监督证券发行与交易的功能，还承载着缓解、克服证券交易双方信息不对称流弊的机能。总而言之，中介机构是资本市场核查验证、专业把关的首道防线，维持着证券市场的稳定和平衡，因此也被形象地称为"看门人"。但在实践中，发行人披露虚假信息致使投资者遭受损失的情况屡见不鲜，为了保护投资者的合法权益，法院多判决中介机

---

* 陈可欣，西南政法大学经济法学院 2021 级硕士研究生，现为江苏省高级人民法院法官助理。

构与发行人承担连带责任。在证券发行注册制改革的背景下，证券发行监管手段日渐严苛，其在司法层面表现为，中介机构虚假陈述的赔偿责任被全面压实，中介机构承担巨额赔偿的风险已经陡然上升。

2022年1月21日，最高人民法院（以下简称最高院）发布了新修订的《关于审理证券市场虚假陈述侵权民事赔偿案件的若干规定》（以下简称新《虚假陈述若干规定》），弥补和完善了过去立法中的诸多缺失与不足，包括但不限于：废除前置程序；责任分配上追"首恶"、打"帮凶"；进一步明确证券虚假陈述民事侵权责任中的重大性和交易因果关系要件；补充规定了履行承销保荐职责的机构、证券服务机构的过错认定及免责抗辩事由等。新《虚假陈述若干规定》的出台切实回应了司法实践需求与市场关切，对我国证券虚假陈述诉讼制度的发展具有重要意义。但是有些问题仍然没有得到回应，譬如当前法院对于中介机构的判罚是否过重？法院应该如何妥善认定中介机构在证券发行欺诈中的责任？中介机构又应该在何种合理范围内承担赔偿责任？我国司法实践对上述问题尚没有统一的解决路径，而证券虚假陈述责任纠纷案件频发又亟须明确的裁判规则加以指导。

鉴于此，在新《虚假陈述若干规定》出台的背景下，对中介机构民事责任司法认定的规则及路径进行完善是必要且迫切的，应该从当前司法现状的分析入手，发掘出中介机构虚假陈述民事责任司法认定过程中存在的问题，进而针对不足之处提出改进意见，以期建立规范、统一的裁判路径。

二、中介机构民事责任的司法现状分析

（一）司法数据分析

在中国裁判文书网以"证券虚假陈述责任纠纷"为案由，对各地中级以上人民法院自2020年1月1日起至2022年12月31日止的判决中介机构承担民事责任的裁判文书进行检索，可以得到数千条检索结果。在传统的"一案一立、分别审理"方式下，散户投资者就同一虚假陈述行为分别向法院起诉索赔，导致案件量巨大。通过对初选样本进行甄别，将其中事实与法律适用雷同的案件剔除，最后可以得到有效案件共计12例，分别是"上海大智慧案""金亚科技案""昆明机床案""九好科技案""华泽钴镍案""宁波圣莱达案""保千里案""山东雅博案"奥瑞德光电案"，还有我国首例中介机构按比例承担连带赔偿责任的"中安科案"，首例公司债券欺诈发行案"五洋债案"以及首例适用特别代表人诉讼制度的"康美药业案"，这些案例构成本文实证研究的材料来源。其中部分案件因散户投资者众多，起诉时间存在差异且跨度较大，所以在审理过程中新旧《虚假陈述若干规定》皆有适用，但条文修改未对责任认定结果造成显著影响，因此不作额外统计。

从前置程序来看，12 个样本案例皆存在前置程序且以行政处罚为主，在《虚假陈述若干规定》尚未修改的背景下，虽然相关规定已有所松动，但适用前置程序仍为主流。从审理程序来看，证券虚假陈述责任纠纷案件的二审率较高，在 12 个样本案例中经过二审的有 9 例，占样本数量的 75%，还有个别案件尚处于二审程序中，这反映出部分中介机构对于责任认定不服判，也体现出一审并未达到息诉止争的裁判效果。从承担民事责任的主体来看，在上述检索案例中，判决保荐、承销机构和会计师事务所承担民事责任的案件分别有 6 例和 9 例，只有极个别案件判决资产评估机构和律师事务所承担民事责任，其中"五洋债案"是首例在债券虚假陈述案件中判决律师事务所承担连带责任的案件。可以看出在证券虚假陈述侵权民事赔偿案件中，作为保荐人和主承销商的证券公司以及证券服务机构中的会计师事务所将面临比其他证券中介机构更大的法律风险，这与它们自身特殊的职责定位和较高的注意义务程度紧密相关。而从承担民事责任的具体形态来看，中介机构被判决承担的皆为连带赔偿责任，其中"中安科案"为首例中介机构按比例承担连带赔偿责任的生效判决，之后陆续有 4 例案件都采用了"比例连带责任"的形式。

（二）司法认定现状

实践中，对证券虚假陈述责任纠纷案件的审理，往往是以虚假陈述行为人受到行政处罚或刑罚制裁为前提，由投资者向法院提起民事诉讼索赔，法院再结合行业规范及个案情形，对各主体的民事责任予以审慎认定，并就各自应承担的责任进行裁量分配。下文将从前置程序、归责原则和责任承担三个方面就证券虚假陈述责任纠纷案件的司法认定现状展开分析。

1. 前置程序逐步取消

最高院在 2003 年《关于审理证券市场因虚假陈述引发的民事赔偿案件的若

干规定》（以下简称旧《虚假陈述若干规定》）第 6 条针对人民法院受理证券虚假陈述民事赔偿案件规定了前置程序，即原告如果就上市公司虚假陈述所造成的民事损失向人民法院提起诉讼，必须以该等虚假陈述已经受到行政处罚或者刑罚制裁为前提。从实践效果看，前置程序在减轻原告举证责任、防范滥诉、统一行政处罚与司法裁判标准等方面发挥了重要作用。但与此同时，前置程序也存在投资者诉权保障不足、权利实现周期过长等问题，这客观上加大了投资者的维权难度。

近年来，面对日益严峻的证券市场违法行为，对于投资者立案难这个问题，虽然没有新的司法解释出台，但随着最高院发布的《关于当前商事审判工作中的若干具体问题》（2015 年）和《全国法院审理债券纠纷案件座谈会纪要》（2020年）（以下简称《债券会议纪要》）的相关指导要求，司法实践中前置程序已逐步取消，是否受到行政处罚已不再是法院判断中介机构是否存在过错的唯一标准。例如，在"中安科案"中，上海市高级人民法院在招商证券和瑞华会计师事务所未遭受行政处罚的情况下，判决二者分别按照 25%、15% 的比例承担连带责任，此案成为突破"行政前置"程序的第一案。[1] 在"五洋债案"中，锦天城律师事务所和大公国际评估公司虽未受到行政处罚，也被浙江省高级人民法院判决分别按照 5%、10% 的比例承担连带责任赔偿。[2] 可见，在未受到证券监管部门行政处罚的情况下，证券中介机构也无法保证免责。

2022 年 1 月 21 日，最高院发布的新《虚假陈述若干规定》第 2 条提到，原告提起证券虚假陈述侵权民事赔偿诉讼，只要符合《中华人民共和国民事诉讼法》第 122 条规定并提交相应证据或证明材料，人民法院就应当予以受理；人民法院不得仅以虚假陈述未经监管部门行政处罚或者人民法院生效刑事判决认定为由裁定不予受理。该条规定从正反两个角度明确取消了前置程序的安排。前置程序的取消切实降低了投资者起诉的门槛，及时充分保障了受损投资者的诉权，但这也意味着未来以证券中介机构作为共同被告的证券虚假陈述民事赔偿案件必将大幅度增加，法院的办案压力也将增大。另外，过去对于揭露日认定、虚假陈述行为"重大性"认定等都已由前置程序解决，对这些内容法院无需再额外审查，

---

〔1〕 参见上海市高级人民法院（2020）沪民终 666 号民事判决书。

〔2〕 参见浙江省高级人民法院（2021）浙民终 389 号民事判决书。

但是前置程序取消之后将出现大量未经过刑事制裁或监管部门行政处罚的起诉案件，法院不仅需要对部分证券侵权行为要件展开独立审查和判断，还很可能需要协助原告完成高难度的待证事实的调查取证，[1]这对法院的专业化水平和精细化审理都提出了更高要求。

2. 民事责任的归责原则

归责原则是判断行为主体在某种法律状态下是否应当承担法律责任的基本准则。民事侵权领域的归责原则一般分为过错原则、无过错原则、公平原则。我国《证券法》第85条和第163条针对保荐承销机构和证券服务机构规定的均为过错推定原则，即在发生虚假陈述致使投资者遭受损失的情况下，推定证券市场中介机构对披露或制作、出具的文件中虚假记载、误导性陈述或重大遗漏部分存在过错，除非其能举证证明自己没有过错，否则就要与发行人承担连带赔偿责任。而且上述规定在主观方面并未区分故意、重大过失、一般过失和轻微过失。

对于如何认定中介机构的过错要件，根据最高院《债券会议纪要》规定，中介机构是否尽到"勤勉义务谨慎执业"是认定其是否存在过错的关键，新《证券法》则将这一认定标准表述为是否做到"勤勉尽责"。在现行立法体系下，中介机构证明自己没有过错与证明自己"勤勉尽责"具有逻辑一致性。[2]由检索案件可以看出，法院判决中介机构承担民事责任的理由也多为"未勤勉尽责"。在"中安科案"中，二审阶段的主要争议焦点为"招商证券公司和瑞华事务所是否勤勉尽责"，而且判决书中载明"关于证券服务机构是否勤勉尽责，应视其是否按照相关法律、行政法规、部门规章和行业执业规范等，对所依据的文件资料内容进行核查和验证"。[3]在"康美药业案"中，广州市中级人民法院在判决书中表明正中珠江会计师事务所未实施基本的审计程序行为，严重违反《中国注册会计师审计准则》和《中国注册会计师职业道德守则》等规定，导致康美药业严重财务造假未被审计发现，影响极其恶劣，[4]其实质就是指明正中珠江会计师事务所未勤勉尽责。勤勉尽责为各主体提供了一个明确且具体的标准，证监会将中介机

〔1〕 参见丁翔宇：《证券虚假陈述前置程序取消的辐散效应及其处理》，载《财经法学》2021年第5期。
〔2〕 参见缪因知：《证券虚假陈述赔偿中审计人责任构成要件与责任限缩》，载《财经法学》2021年第2期。
〔3〕 参见上海市高级人民法院（2020）沪民终666号民事判决书。
〔4〕 参见广东省广州市中级人民法院（2020）粤01民初2171号民事判决书。

构未勤勉尽责作为行政处罚的依据，法院将"是否勤勉尽责"作为中介机构的过错判断标准，中介机构则通过证明自己在履职过程中做到了勤勉尽责来维护"清白"。此外，从统计中还可以看出，中介机构在主观过错方面大多数表现为未勤勉尽责导致的"过失"，而"故意"实施虚假陈述行为的情况较为鲜见。

3. 民事责任的具体形态

我国《证券法》第85条和第163条分别规定了保荐承销机构和证券服务机构的责任形式是连带责任。在连带模式下，被侵权人可同时或先后请求侵权人中的一人或数人承担全部或部分赔偿，[1]将所有侵权人划入责任范围，能尽可能保护被侵权人的利益。目前，仅在"保千里案"一审判决中，法院认定银信资产评估公司在一定范围内承担补充赔偿责任，理由为"就补充责任而言，既强调了共同责任中多个责任主体的主从顺位，也反映了多个责任主体之间过错性质和程度的不同……银信公司在评估过程中，疏忽大意，把关不严，使本来可以避免的或者减少的损失得以发生或者扩大，属于补充责任人，对投资者损失应承担补充赔偿责任"，这在当时属于孤例。[2]但是在二审判决中，广东省高级人民法院还是综合考量案涉侵权行为的事实、各责任主体的过错程度等因素，改判银信资产评估有限公司与保千里公司就案涉债务的30%部分承担连带赔偿责任。[3]

在不考虑主观过错程度的情况下，要求中介机构对投资者损失承担完全意义上的连带赔偿责任未免有些"罚过其责"，可能会使过错程度较小的侵权行为人承担与自己过错不相匹配的赔偿责任，资金实力雄厚的中介机构最终沦为"深口袋"。因此，最高院2020年在发布的《债券会议纪要》中提出了"责任承担与过错程度相结合"的裁判标准。事实上，这一思路并非局限于债券纠纷，也同样适用于证券虚假陈述责任纠纷案件的审理。在近期司法实践中，有法院开始选择性适用"比例连带责任"，具体表现为如果中介机构存在与发行人共谋的故意，则对外与发行人就全部损失承担连带赔偿责任；如果中介机构仅存在过失，则根据过失程度及原因力大小，对外在一定范围内与发行人承担连带赔偿责任。2021年的"中安科案"是该判决思路的代表性案例，产生了我国证券虚假陈述责任纠纷

---

〔1〕 参见王利明、周友军、高圣平：《侵权责任法疑难问题研究》，中国法制出版社2012年版，第246页。

〔2〕 参见广东省深圳市中级人民法院（2018）粤03民初3692号民事判决书。

〔3〕 参见广东省高级人民法院（2020）粤民终1744号民事判决书。

适用"比例连带责任"的第一份终审生效判决，[1] 该判决对"比例连带责任"的正当性进行了论述，突破性地实现"过错与责任承担相适应"原则在此类纠纷中的适用，极大程度缓解了《证券法》刚性承担连带责任的副作用。后续的"五洋债案""雅博科技案"等均采用此种责任形态。在近期的"康美药业案"中，广州市中级人民法院对数十个涉案主体的主观过错程度进行区分，依据"明知""较大过失"以及"较小过失"的不同，判决当事人承担全额连带或比例连带责任。可以看出，"比例连带责任"的适用主体正从中介机构逐渐扩展到发行人的董事、监事以及高级管理人员，该责任形态必将在未来的证券虚假陈述判决中成为主流。

三、中介机构民事责任司法认定逻辑之反思

当前，证券虚假陈述诉讼正处于新司法解释施行带来的变革期，不仅前置程序退出历史舞台，相关认定规则有所变动，而且在司法实践中也出现了完全连带责任和比例连带责任两种不同的裁判思路。为了应对实践挑战和完善司法认定路径，有必要对当前的司法认定逻辑进行反思。

（一）因果关系认定过于粗疏

证券市场虚假陈述行为受民事侵权法律关系调整，因此因果关系是否成立是虚假陈述行为人是否需要承担民事赔偿责任的判断要件之一。在证券市场中，投资者与发行人并非"面对面"交易，因此投资者基于何种原因作出投资行为难以准确界定，这导致因果关系要件的认定变得复杂。如果直接将证明责任分配给作为原告的投资者，可能导致大量损失无法得到索赔。为了保护居于弱势地位的投资者的合法利益，最高院借鉴美国证券民事诉讼理论中的"欺诈市场理论"和信赖推定原则，在旧《虚假陈述若干规定》第 18 条采用了推定因果关系的思路，即在满足一定条件的情况下，直接推定虚假陈述行为与投资者的损害之间存在因果关系，直到 2020 年出台的《债券会议纪要》也沿用了此思路。这种推定极大减少了投资者的举证责任，也有利于提高司法效率，在实践中取得了较好效果。但是，这种粗放式的因果关系认定手段也给谬误留下了发展空间，对于因果关系要件采用盖然的全部推定可能会导致被告方的责任被扩大、合法权益遭受损害。

---

[1] 参见上海市高级人民法院（2020）沪民终 666 号民事判决书。

而且，过去证券纠纷案件数量较少、涉案主体少，因此即使个案存在争议也未造成严重影响。如今，随着前置程序逐步取消、特别代表人诉讼兴起等，以证券中介机构作为共同被告的证券虚假陈述民事赔偿案件数量显著增加，涉案判赔金额也是"水涨船高"，这对承担连带责任的证券中介机构而言是沉重的打击，也必将给证券市场带来长期的负面效应。

推定因果关系也给"抗辩"带来实践困难。最高院在旧《虚假陈述若干规定》第 19 条规定了因果关系抗辩事由，使被告可以通过举证来推翻对因果关系的推定，包括：投资者明知虚假陈述存在而进行的投资；投资者恶意投资、操纵证券价格的；损失或者部分损失是由证券市场系统风险等其他因素所导致等。但事实上，部分抗辩事由的举证对于发行人和中介机构而言也是很难完成的，尤其是在证明系统风险因素与非系统风险因素的扣除时，往往面临无休止的争论。虽然在证券虚假陈述责任纠纷中，剔除系统风险致损部分已成为司法共识，但是司法实践中系统风险扣除的方式并不统一，常见的有三种形式：法院酌定系统风险扣除比例、采用"直接比例法""相对比例法"等简明扣除比例、委托第三方专业机构处理。不同计算方式和参考标准得出的剔除比例可能大相径庭，这对于包括法官在内的各方而言都是重大挑战。此外，非系统性风险的扣除同样存在困难。旧《虚假陈述若干规定》第 19 条并没有明确非系统风险影响因素，更未细化认定标准，因此司法实践中不同法院对于被告提出的非系统风险因素抗辩的处理方式差异极大，甚至常有法院以"不能举证证明相关因素对股价产生影响及影响程度，自行承担举证不能的不利后果"为由否定该抗辩。以"康美药业案"为例，法院即以缺乏法律依据以及未充分举证证明为由驳回了被告关于非系统风险应予剔除的主张。

总而言之，在证券虚假陈述侵权赔偿案件的审理过程中，法院对因果关系要件的认定和对抗辩事由的审查略显粗疏，与精细化审判要求相比差距较大。

（二）主观过错认定过于模糊

法学理论界一般把过错视为对客观性义务的违反，以"注意义务"为代表的客观说已经得到普遍认可和应用。[1] 该学说运用到证券虚假陈述领域，表现为

---

〔1〕 参见刘燕：《会计师民事责任研究：公众利益与职业利益的平衡》，北京大学出版社 2004 年版，第 172 页。

以是否勤勉尽责作为中介机构的过错判断标准。相比于侧重行为人心理状态的主观标准，该种客观标准的存在既为中介机构的执业行为提供了指导，同时也避免行政机关、司法机关产生认知偏差和恣意擅断。

2020年，最高院出台的《债券会议纪要》强调"将责任承担与行为人的注意义务、注意能力和过错程度相结合，将民事责任追究的损失填补与震慑违法两个功能相结合"，同时明确要求"债券承销机构和债券服务机构对各自专业相关的业务事项未履行特别注意义务，对其他业务事项未履行普通注意义务的，应当判令其承担相应法律责任"。新《虚假陈述若干规定》虽然没有在条文中直接使用"特别注意义务""普通注意义务"等字眼，但其实质上承继了《债券会议纪要》关于注意义务的区分理念，仅在划分标准上存在细微差异。由此可见，我国监管和司法实务已试图区分中介机构对专业业务事项与非专业业务事项的注意义务标准——本于勤勉尽责义务而承担的、依赖自身专业知识和技能审慎履职的义务是特别注意义务，非基于自身专业知识和技能而承担的一般谨慎义务是普通注意义务。[1]

但是，即使立法试图将中介机构的注意义务进一步细化，也没能从根本上解决过错认定模糊化的问题。一方面，司法解释中使用的"审慎核查""合理信赖"等词汇本身就带有模糊性，在司法实践中难以精准把握；另一方面，在实际履职的过程中，各中介机构职责重叠、工作交叉的现象很普遍，相关文书之间相互引用和担保的情况也很常见，这导致不同中介机构的职责范围难以确定。[2]中介机构职责泛化、边界不清的问题也为司法裁判埋下隐患。以"五洋债案"为例，法院判令锦天城律师事务所承担连带赔偿责任的唯一理由是房产交易的信息披露问题，虽然房产交易的事实已经披露，但其中可能存在重大遗漏，法院认为锦天城律师事务所并未对该重大资产变化事项给予关注核查，对不动产权属尽职调查不到位。[3]事实上，因重大资产变化事项对承销商或信用评级机构追责尚情有可原，而对律师追责则不具有合理性。律师并没有资产估值的经验，资产估值也不

〔1〕 参见丁翔宇：《证券发行中介机构虚假陈述的责任分析——以因果关系和过错为视角》，载《环球法律评论》2021年第6期。
〔2〕 参见郭雳、李逸斯：《IPO中各中介机构的职责分配探析——从欣泰电气案议起》，载《证券法苑》2017年第5期。
〔3〕 参见浙江省杭州市中级人民法院（2020）浙01民初1691号民事判决书。

属于律师的专业服务范围，法院实际上是把估值当作了法律专业问题，并基于此认定锦天城律师事务所未勤勉尽责。但是，在相似的"中安科案"中，上海金融法院一审却并未判决律师事务所承担连带赔偿责任，理由是"华商律师事务所并非专业的审计或评估机构，其仅是从合法性、合规性角度对该定价予以评价，故要求被告华商律师事务所对基于专业机构评定的资产价值的准确性、真实性、完整性负责，于理无据"，[1]同案异判折射出司法机关对注意义务标准的理解莫衷一是。[2]在无法厘清中介机构的职责边界和注意义务履行标准时，妥善认定中介机构的民事责任将无从谈起。

（三）连带责任适用过于严苛

我国新旧《证券法》都对证券中介机构确立的是过错推定责任，即推定证券中介机构对制作、出具的文件中虚假记载、误导性陈述或重大遗漏存在过错，除非其能举证证明自己没有过错，否则就要承担侵权损害赔偿责任。但是，《证券法》相关条文未将中介机构的主观过错区分为故意和过失。因此，在司法实践中很多案件均刚性适用《证券法》（2014 年修订）第 173 条和《证券法》（2019 年修订）第 85 条、第 163 条规定，在中介机构很难证明自身不存在过错的情况下，忽视其附属性特征，不考虑其过失程度，直接推定中介机构存在过错，与发行人就投资者的全部损失承担连带赔偿责任。[3]连带赔偿责任具有充分保护原告投资者利益、便利司法操作的优点，也是许多法域处理虚假信息披露下各责任主体间关系的基本规则，[4]而其弊端在于容易造成被告之间过错与责任的不匹配，出现"一个只有 1% 过错的人却对 100% 的损失负责任"的情形。[5]

在"大智慧案"中，上海市高级人民法院认为，虽然《最高人民法院关于审理涉及会计师事务所在审计业务活动中民事侵权赔偿案件的若干规定》（以下

---

〔1〕 参见上海市高级人民法院（2020）沪民终 666 号民事判决书。

〔2〕 参见周淳：《证券发行虚假陈述：中介机构过错责任认定与反思》，载《证券市场导报》2021 年第 7 期。

〔3〕 参见陈洁：《证券虚假陈述中审验机构连带责任的厘清与修正》，载《中国法学》2021 年第 6 期。

〔4〕 参见湘财证券课题组、周卫青：《IPO 注册制下发行人与中介机构虚假陈述民事责任研究》，载《证券市场导报》2021 年第 4 期。

〔5〕 参见刘燕：《会计师民事责任研究：公众与职业利益的平衡》，北京大学出版社 2004 年版，第 248 页。

简称《审计侵权若干规定》）根据会计师事务所在审计业务活动中的主观过错程度，对责任承担形式进行了区分，但《证券法》规定了证券服务机构在虚假陈述责任纠纷中适用"过错推定原则"归责原则，并未进一步区分故意或者过失，在立信会计师事务所不能证明其无过错的情况下，法院最终判决其承担连带赔偿责任。[1] 在"金亚科技案"中，法院认为，《证券法》第173条明确规定会计师事务所等证券服务机构在虚假陈述责任纠纷中是以推定过错作为承担连带责任的构成要件，无需进一步区分故意或过失，一审法院也就没有必要审查会计师事务所在案涉审计过程中所犯错误是出于故意还是过失。在立信会计师事务所不能证明自身无过错的情况下，一审判决其与金亚科技公司对原告的损失承担连带赔偿责任并无不当。[2] 同样，前文提及的"昆明机床案""九好案"[3]"雅博科技案"[4]"宁波圣莱达案"均存在类似情况，在不区分主观过错的前提下，刚性适用《证券法》中规定的连带赔偿责任作出判决，给中介机构带来极大的负担。

（四）责任比例划分过于随意

在近期的司法实践中，有法院开始选择性适用"比例连带责任"，将压在证券市场中介机构胸口的大石微微松缓。在本文检索的12个案例中，适用过"比例连带责任"的案例有6个，法院判决中介机构承担"比例连带责任"的理由主要有"维护资本市场公开、公平、公正的市场秩序，有必要评价不同主体的侵权行为所造成的后果，以区分各自应当承担的责任份额，实现责任与侵权行为、主观过错程度相匹配"；[5]"如果具有过错的证券服务机构就全部损失承担连带责任，不基于过错情形予以区别，显然不符合责任与过错程度相当的侵权法基本法理"；[6]"连带赔偿责任并非仅限于全额连带赔偿，部分连带赔偿责任仍是法律所认可的一种责任形式"；[7]"证券服务机构向投资者承担侵权赔偿责任以过错推定为归责原则，认定证券服务机构的责任范围应遵从责任与过错程度相当的侵权法

---

〔1〕 参见上海市高级人民法院（2019）沪民终42号民事判决书。

〔2〕 参见四川省高级人民法院（2020）川民终50号民事判决书。

〔3〕 参见辽宁省高级人民法院（2021）辽民终466号民事判决书。

〔4〕 参见山东省济南市中级人民法院（2020）鲁01民初3555号民事判决书。

〔5〕 参见四川省高级人民法院（2020）川民终293号民事判决书。

〔6〕 参见广东省高级人民法院（2020）粤民终1744号民事判决书。

〔7〕 参见上海市高级人民法院（2020）沪民终666号民事判决书。

基本法理"[1] 等。

对于不同中介机构承担连带责任的比例，法院判定的依据主要有"综合考量主观过错程度、原因力等因素，结合独立财务顾问在上市公司重大资产重组中地位和作用，酌定招商证券公司在 25% 的范围内对中安科公司的证券虚假陈述民事责任承担连带赔偿责任"；[2] "考虑责任承担与过错程度相结合的原则以及投资者对信用评级的依赖度，酌情确定大公国际对五洋建设应负的民事责任在10% 范围内承担连带责任"；[3] "综合考量案涉侵权行为的事实、各责任主体的过错程度等因素，酌定银信公司应当就保千里公司案涉债务的 30% 承担连带责任"；[4] "据大华事务所注意义务和应负责任范围，综合考量大华事务所虚假陈述所涉事项、过错程度与造成损失的原因力等因素，酌定在 5% 的范围内对奥瑞德公司承担连带赔偿责任"[5] 等。

可以看出，法院往往以"责任与过错相当"的侵权法基本原则作为"比例连带责任"的法理基础，而在判定连带责任的比例时，往往用"综合考量侵权行为、过错程度等因素"作为解释一笔带过，最后笼统得出各个中介机构承担连带责任的比例份额。判决书说理不充分难免会让人认为法官的自由裁量权过大、主观色彩浓厚，进而可能会影响到判决结果的合理性及合法性。同时，从本文统计的案例可以看出，各地法院在中介机构责任比例分配上也存在不小差距，这也体现出司法实践中对于妥善认定中介机构民事责任缺少明确统一的标准和立场，在责任大小和追责逻辑方面也尚未形成统一的裁判思路。

四、中介机构民事责任司法认定路径之完善

（一）实现因果关系的精细化认定

在侵权法领域，客观上应予以苛责是主观归责的前提。因此，中介机构主观上存在过错不必然承担民事赔偿责任，只有其虚假陈述行为与投资者的交易决策

---

[1] 参见山东省济南市中级人民法院（2021）鲁 01 民初 1429 号民事判决书。

[2] 参见上海市高级人民法院（2020）沪民终 666 号民事判决书。

[3] 参见浙江省杭州市中级人民法院（2020）浙 01 民初 1691 号民事判决书。

[4] 参见广东省高级人民法院（2020）粤民终 1744 号民事判决书。

[5] 参见黑龙江省哈尔滨市中级人民法院（2021）黑 01 民初 2353 号民事判决书。

及损失之间存在因果关系，才可能构成侵权民事责任，这就要求对中介机构的因果关系进行精细化认定。

1. 明确因果关系二分法

"法院在处理纯粹经济损失案件时会发现它面临着发生无限大范围责任的可能性，既没有一个容易被作为标记的中间点，也无法通常求助于像介入原因这样的传统责任限制的工具。"[1]虚假陈述行为导致的投资者损失正是一种典型的纯粹经济损失。因此，为了避免中介机构的责任被无限扩大，可采用因果关系作为责任限制的手段，将中介机构的赔偿责任置于可控范围内。

因果关系二分法即将虚假陈述侵权责任中的因果关系进一步区分为"交易因果关系"和"损失因果关系"，前者被用来认定虚假陈述是否引起了投资者的交易行为，后者被用来判断交易行为是否导致了投资者的全部或部分损失。[2]如果第一层次的交易因果关系不成立，则无需再考虑第二层次的损失因果关系。在新《虚假陈述若干规定》出台之前，我国一直以旧《虚假陈述若干规定》作为法院判定虚假陈述侵权责任的重要依据，在因果关系认定方面并未区分交易因果关系与损失因果关系，而是在借鉴美国做法的基础上进行创新，"一揽子"处理因果关系要件的认定，直接建立起"虚假陈述"与"损害结果"之间的联系。这导致司法实践中不同法院对于案件的处理方式存在较大差异；同时，随着商业社会的发展日趋复杂，损失因果关系对中介机构责任减轻的作用也日趋受到限制，这些都要求立法作出回应和改进。

2022年新《虚假陈述若干规定》出台，明确将因果关系区分为交易因果关系与损失因果关系，在具体适用时先认定因果关系的"有或无"，再认定因果关系的"多与少"。就此，可以说我国在证券虚假陈述领域的因果关系二分法被正式确立，这既是对侵权法理的回归，也是对实践需求的回应。未来，法院在司法实践中应妥善运用因果关系二分法，在因果关系的认定中做到抽丝剥茧、细致分析，避免因果关系认定笼统、判决书说理不清楚不充分的情形出现。

2. 重视因果关系的抗辩事由

在新《证券法》进一步压实中介机构市场"看门人"职责这一价值导向之

---

〔1〕 参见程啸：《证券市场虚假陈述侵权损害赔偿责任》，人民法院出版社2004年版，第306页。

〔2〕 参见樊健：《我国证券市场虚假陈述交易上因果关系的新问题》，载《中外法学》2016年第6期。

下，中介机构要想规避责任更是难上加难。为了保持各方利益的平衡，在立法方面应当完善因果关系抗辩规则，在司法方面则要求法院对中介机构提出的因果关系抗辩事由进行着重考察和精细认定。

在交易因果关系方面，新《虚假陈述若干规定》第 12 条在改进原本措辞的基础上新增了两种交易因果关系不成立的情形，[1] 分别是"虚假陈述已经被证券市场广泛知悉"和"投资者的交易行为主要是受到上市公司的收购、重大资产重组等重大事件的影响"。同时，新规还增加第五项"投资者的交易行为与虚假陈述无关的其他情形"为兜底条款，让推翻交易因果关系的情形具备周延性，能够适应现实情势的变迁，但在实践中该条款需要法院结合个案情形予以判断和适用。总之，推翻交易因果关系的情形显著增加，赋予了中介机构更大的抗辩空间，有利于平衡"推定因果关系"可能带来的不公平，避免原被告双方利益维护出现较大偏差。

在损失因果关系方面，中介机构原则上仅对其虚假陈述行为引起的投资者损失承担责任，但是证券市场兼具投资与投机的双重性，证券价格的变动因素多元、损失原因复杂，所以投资者很可能还受到来自包括证券市场本身系统风险在内的其他风险的影响。[2] 也即，即使虚假陈述行为并未发生，这些损失也是难以避免的，所以其实质上与虚假陈述行为不存在关联。此时，如果全部损失皆由虚假陈述行为人承担，不仅违背因果关系的基本原则，也有悖于证券市场的公平理念。因此，要妥善认定中介机构的民事责任，必须在损失因果关系层面将与中介机构虚假陈述行为无关的损失部分予以剔除，进而确认中介机构虚假陈述行为导致投资者损失的确切范围，这即是损失因果关系抗辩的价值和功能所在。就此，新《虚假陈述若干规定》对旧规进行了扩充和细化，在第 31 条明确列举了更多剔除因素，包括"他人操纵市场、证券市场的风险、证券市场对特定事件的过度反应、上市公司内外部经营环境等其他因素"，为中介机构提供了更多可以用于

---

〔1〕《最高人民法院关于审理证券市场虚假陈述侵权民事赔偿案件的若干规定》第 12 条规定："被告能够证明下列情形之一的，人民法院应当认定交易因果关系不成立：（一）原告的交易行为发生在虚假陈述实施前，或者是在揭露或更正之后；（二）原告在交易时知道或者应当知道存在虚假陈述，或者虚假陈述已经被证券市场广泛知悉；（三）原告的交易行为是受到虚假陈述实施后发生的上市公司的收购、重大资产重组等其他重大事件的影响；（四）原告的交易行为构成内幕交易、操纵证券市场等证券违法行为的；（五）原告的交易行为与虚假陈述不具有交易因果关系的其他情形。"

〔2〕 参见贾纬：《证券市场侵权民事责任之完善》，载《法律适用》2014 年第 7 期。

切断其虚假陈述行为与损害结果之间因果链条的事件因素。未来，"损失因果关系的剔除"或将成为纠纷当事人上诉或申请再审的有力武器，这要求法院重视因果关系抗辩事由的审查，严格依照法律规定对虚假陈述究竟在多大程度上对投资者损失产生原因力的问题进行重点考察与认定。

（二）实现主观过错的清晰化认定

1. 区分不同主观过错状态

主观过错要件是法院判定主体承担侵权责任的关键要件，在很大程度上决定了主体的责任形态和范围。根据过错程度的不同，学界通常将过错从高到低划分为故意、重大过失、一般过失与轻微过失。[1]在证券虚假陈述领域，所谓故意是指中介机构明知自己的行为会发生侵害投资者权益的结果，希望或者放任这种结果发生的主观状态；过失是指中介机构因为疏忽大意或者轻信能够避免而未尽到应有的职业注意，最终导致损害结果发生的主观状态，其还可以进一步划分为重大过失、一般过失和轻微过失。区分不同的主观过错状态能清楚反映中介机构在证券虚假陈述中发挥的作用。

但是，在过去很长一段时间里，我国相关立法并未对中介机构的主观过错作进一步区分。原因在于受 20 世纪以来侵权法补偿受害者、预防侵权行为发生的立法理念影响，即一般认为在故意和过失引发侵权行为都要受到法律追责的情况下，对故意与过失的区分变得不再重要。但故意侵权与过失侵权始终存在本质上的差异，对二者不予区分，不仅会导致责任与过错不匹配的结果，最终也会致使侵权法的功能受到极大限制。为了贯彻"责任与过错相适应"的裁判标准，2022年最高院出台的新《虚假陈述若干规定》吸收了先前《债券会议纪要》的基本精神，在第 13 条规定："证券法第八十五条、第一百六十三条所称的过错，包括以下两种情形：（一）行为人故意制作、出具存在虚假陈述的信息披露文件，或者明知信息披露文件存在虚假陈述而不予指明、予以发布；（二）行为人严重违反注意义务，对信息披露文件中虚假陈述的形成或者发布存在过失。"该条规定表明我国立法正式对中介机构的主观过错状态作出区分，明确了证券侵权连带责任中行为人的"过错"包括故意和重大过失两种类型，而一般过失和轻微过失被排

---

[1] 参见张新宝：《侵权法上的原因力理论研究》，载《中国法学》2005 年第 2 期。

除在承担连带赔偿责任之外。

2. 明确注意义务的履行标准

考虑到过错是一种主观层面的判断,学界提出了"以注意义务为中心"的过错判断标准,用来判断中介机构。但是在实践中,注意义务存在界限模糊、履行标准不统一的问题,将严重影响法院认定各主体的过错,这在前文已经阐明。其实准确来说,注意义务应该定义为"过失"判断标准,因为"故意"并非违反注意义务的行为,不需要以一般理性人的标准来进行判断。[1]考虑到保荐、承销机构和证券服务机构的职能角色不同,笔者将二者注意义务的履行标准分开进行讨论。

对于保荐、承销机构,因为我国实行保荐人负责制,意味着保荐、承销机构在证券首次公开发行中处于核心和引领位置,因此立法对其规定了较广泛的义务范围和较高的义务标准。根据新《虚假陈述若干规定》第17条规定,对信息披露文件中没有证券服务机构专业意见支持的重要内容,保荐、承销机构需要"经过审慎尽职调查和独立判断,有合理理由相信该部分内容与真实情况相符",这是其特别注意义务;对信息披露文件中证券服务机构出具专业意见的重要内容,则要求保荐、承销机构"经过审慎核查和必要的调查、复核,有合理理由排除了职业怀疑并形成合理信赖",这是其普通注意义务。也即,保荐、承销机构对发行人上市申请文件等信息披露资料具有全面核查验证的义务,在证券服务机构已经履行特别注意义务的基础上,保荐、承销机构仍应对发行人的经营情况和风险进行客观中立的实质验证,否则不能满足免责的举证标准。实行此种差异化注意义务标准,有利于保荐、承销机构做到归位尽责、切实发挥效能,但是切忌过度加重其责任,否则很可能会导致中介机构之间责任混淆,使保荐、承销机构实际成为其他中介机构的责任"兜底者"。

对于证券服务机构,作为在会计、法律、评估等领域具有专业知识和经验的机构,其义务范围比保荐、承销机构更窄,义务标准也更低。

首先,在义务范围方面,证券服务机构的责任仅限于工作范围和专业领域。但实践中,证券发行需要披露的信息类型繁杂,证券服务机构之间资料文件重复

---

[1] 参见叶名怡:《侵权法上故意与过失的区分及其意义》,载《法律科学(西北政法大学学报)》2010年第4期。

收集、交叉引用的情况较为普遍，因此很难清晰界定各机构的专业范围。事实上，"专业范围"与"非专业范围"也并非非此即彼的关系。对于某一事项，可能既涉及财务方面的专业内容，也涉及法律方面的专业内容，此时只不过是不同中介机构在处理同一事项时侧重点不同，不能片面地将该事项纳入其中一个中介机构的专业范围，而让另一中介机构仅对该事项履行普通注意义务。合理的做法是结合各机构在这一事项中使用的专业技能、发挥的专业作用、对专业意见生成的贡献力大小等因素，综合判断其在这一事项中扮演的角色，由此来明确各个机构的注意义务范围。

其次，在义务标准方面，证券服务机构同样针对不同事项分别履行特别注意义务和普通注意义务。根据新《虚假陈述若干规定》第18条规定，证券服务机构在专业领域内具有更高的风险识别与控制能力，对于不需要依赖其他机构的基础工作或专业意见即可独立出具的专业意见，其履行特别注意义务；反之，证券服务机构履行普通注意义务，但要求其对于所依赖内容经过审慎核查和必要的调查、复核，排除职业怀疑并形成合理信赖。也即面对专业业务，仿照大陆法系与英美法系的做法，对证券服务机构采用"理性人"标准，即以其他同类专业人士通常尽到的程度为标准来判断主体是否尽到合理的注意义务以及是否具备技能运用水平，除非专业人士明确承诺会尽到更高的注意义务。[1] 因此，即使专业人士存在错误行为，也不当然构成侵权法上的过错，只有当其出现明显失职行为，连中等资质和能力的从业人员标准都未达到时，才应该往违反注意义务方面考虑。而面对非专业业务，证券服务机构只是与普通人无异的"门外汉"，只需要尽到与普通人程度相当的谨慎与注意即可。普通人不具有核实与验证专业信息之真实准确的客观能力，《证券法》第163条规定的核查与验证义务，也应仅限于与已知的事实进行比照。[2]

（三）实现民事责任的差异化认定

在证券虚假陈述责任案件的处理中，投资者往往将发行人和多个中介机构作为共同被告提起诉讼。在这种情况下，案件涉及的主体较多，各主体责任也可能

---

〔1〕 参见张民安主编：《民商法学家》（第1卷），中山大学出版社2005年版，第76—79页。
〔2〕 参见周淳：《证券发行虚假陈述：中介机构过错责任认定与反思》，载《证券市场导报》2021年第7期。

在一定程度上存在重合。为了使责任划分尽量周全和公允，在对中介机构的民事责任进行认定时，既要考虑基于因果关系产生的责任差异，也要考虑基于主观过错产生的责任差异，力求做到主客观相统一。

1. 不同原因力强度下责任的差异化

在数人侵权案件中，多名侵权行为人的违法行为造成同一损害，需要比较多种行为对损害后果产生的作用力，才能明确侵权行为人各自的责任范围。而对这一作用力的比较，实质上就是评估多名侵权行为人之间的原因力大小。在侵权行为人责任构成与责任分摊中考虑原因力大小，无论是英美法系抑或是大陆法系对这一观点都已达成共识。

通过考察法院对连带责任人原因力大小的审判路径可知，司法实践中对多名连带责任人之间原因力大小的划分是以责任人的义务为基础，从责任人的行为入手分析其对损害结果的作用大小。因此，笔者认为在证券虚假陈述领域，对中介机构原因力强度的判断可以借鉴这一审判路径，通过考察各机构在证券发行过程中的履职情况，来判断其虚假陈述行为对交易决策和投资者损失发挥的原因力大小。

保荐、承销机构是证券发行的总负责人和策划人，在证券市场中介机构中承担着"牵头"责任；同时，保荐、承销机构还需要重复核查验证其他中介机构的专业工作，对披露的文件也承担着"兜底"责任。[1]一旦保荐、承销机构发行披露的文件存在虚假陈述，大概率会对投资者的交易造成误导。同理，考虑到保荐、承销机构在证券发行中的参与程度最深，其虚假陈述行为引发的交易误导往往较为显著，一般情况下也足以导致较为明显的市场反应，从而使投资者产生全部或大部分价格损失。[2]无论从交易因果关系还是损失因果关系来看，保荐、承销机构都发挥着较大的原因力，这决定其通常应该与发行人就全部或主要损失承担连带赔偿责任。

相比之下，证券服务机构在证券发行中的角色、职责只是辅助性的，虽然各自在工作范围和专业领域内独立出具专业意见，但是这些专业意见往往需要依

---

[1] 参见周淳：《证券发行虚假陈述：中介机构过错责任认定与反思》，载《证券市场导报》2021年第7期。

[2] 参见丁翔宇：《证券发行中介机构虚假陈述的责任分析——以因果关系和过错为视角》，载《环球法律评论》2021年第6期。

赖其他机构的基础工作作出，并经过保荐、承销机构的全面核查验证。如若证券服务机构出具的专业意见存在虚假陈述，投资者的交易决策也未必是基于该份文件作出的，而是出于对保荐、承销机构全程负责的发行文件的信赖。即使该份专业意见影响到投资者的交易决策，最终的投资损失也并非由证券服务机构直接引起。因此，无论在交易因果关系还是损失因果关系中，证券服务机构发挥的原因力都较小，这意味着其在多数情况下只需承担部分连带责任或补充责任；即使同为承担部分连带责任，证券服务机构的责任份额也应低于保荐、承销机构。

考虑到证券交易具有复杂性和不确定性，在对原因力强度进行判断时，除了考察中介机构发挥的原因力大小，诸如国家政策的变化、公司经营的风险和控股股东损害中小股东的利益等系统风险和非系统风险因素的介入也是不可忽略的。法院需要考察上述因素分别在多大程度上促进了交易和损失的发生，再运用专业知识和实践经验，并结合计算机技术及数学公式，科学合理地确定各因素的原因力比例及责任范围。

2. 不同主观过错下责任的差异化

中介机构的主观过错可以区分为故意、重大过失、一般过失或轻微过失。在中介机构故意的情形下，其直接与发行人及其控股股东或实际控制人合谋实施虚假陈述行为，或者对虚假陈述行为持追求或放任的态度。[1]此时，中介机构与发行人具有共同致人损害的故意，双方的行为连结为共同行为，构成典型的共同侵权行为，中介机构理应就对投资者造成的全部损失与发行人承担连带赔偿责任。[2]但是从实践中来看，中介机构故意的情形并不多见，因此本文不作重点讨论。

中介机构过失的状态表现为其对虚假陈述导致的投资者损失持反对态度，只是出于疏忽大意或轻信可以避免的心理最终导致损害结果发生，这与故意的主观恶意程度截然有别。《证券法》第85条和第163条规定了中介机构的过错推定责任，结合最高院出台的新《虚假陈述若干规定》第13条的新规定，仅当行为人存在故意或严重违反注意义务的过失时，才属于前述的推定范围内。联系前文的

---

〔1〕 参见丁翔宇：《证券发行中介机构虚假陈述的责任分析——以因果关系和过错为视角》，载《环球法律评论》2021年第6期。

〔2〕《民法典》第1168条规定："二人以上共同实施侵权行为，造成他人损害的，应当承担连带责任。"

注意义务标准，此处的"严重违反注意义务"可以理解为专业人士在专业领域的工作中没有达到自身职位要求的注意义务标准，更有甚者连普通人所应当履行的注意义务标准都未到，此时行为人被认定为存在重大过失。在中介机构存在重大过失且其单独行为足以造成全部损害结果时，适用《民法典》第1171条规定，中介机构对全部损害承担连带赔偿责任；在中介机构存在重大过失，同时部分行为人造成全部损害结果，部分行为人仅造成部分损害结果的情况，对于仅造成部分损害结果的中介机构，考虑到其主观过错程度与前述情况相比较轻，为了避免以"全有或全无"方式适用传统连带责任给过失行为人带来过重的负担或风险，原则上其应该承担部分连带责任。[1]司法实践中采取的"比例连带责任"即部分连带责任在证券虚假陈述领域的具体化表达。

除了重大过失，中介机构在虚假陈述中也可能存在一般过失和轻微过失。若专业人士的行为未达到自身职位要求的特殊注意义务或者非专业人士的行为未达到"理性人"通常应有的注意时，则可以认定行为人至少存在一般过失；若行为人的客观行为虽未达到应当履行的注意义务标准，但是行为的偏离幅度较小，则法院可以依据实际情形判定其存在轻微过失。因为中介机构对发行人虚假陈述行为存在一般过失或轻微过失时，不纳入《证券法》第85条和第163条的过错推定范围，此时中介机构的过错应该由原告方投资者来举证证明。当中介机构存在一般过失或轻微过失，笔者认为，法院判定其承担补充责任更为合理，这是基于补充责任与连带责任在责任范围和顺位方面存在不同的考虑。在责任范围方面，补充责任人通常只承担与自己的过错程度和原因力相当的责任；在责任顺位方面，补充责任具有严格的次位性，这意味当中介机构不是直接责任人时，其仅在作为"首恶"的发行人或上市公司不能承担责任的情况下就首要责任人不能承担的部分承担责任。因此，法院在中介机构只存在一般过失或轻微过失时判决其承担补充责任，有利于在不影响权利人权利保护的前提下理顺主次责任之间的关系，平衡各方利益，同时达成追究"首恶"责任的目的。[2]

3. 民事责任的内部追偿问题

如上文所述，对于各个中介机构对外承担责任的范围，应当结合中介机构的

[1] 参见傅远泓：《论"部分连带"责任效果的类型化及适用》，载《民商法论丛》2020年第2期。
[2] 参见徐彩云、薛智胜：《原因力理论视角下的证券中介机构虚假陈述内部责任分担机制探讨》，载《齐鲁金融法律评论》2021年，第125页。

199

职责边界、主观过错程度、原因力等多因素综合考虑确定。但是在划定对外责任范围的同时，判决是否一并也完成了内部责任的划分呢？笔者认为，在适用"比例连带责任"的案件中，该"比例"只是划定各个债务人对外承担连带责任范围，并不能直接作为内部责任的划分依据。根据对判决书原文的考察，可以看出法官并无将该对外担责比例作为内部责任划分依据的意思，而更多地将"比例"理解为对侵权行为人的主观过错和与投资者损失之间的原因力大小的确定。但是，上述责任比例确实能够反映部分损害行为人的原因力大小，因此可以考虑作为内部追偿的重要参考。

对于中介机构在承担全部或部分连带责任后，可以依据《民法典》第 178 条第 2 款规定，根据各自责任大小确定最终的责任份额，难以确定责任大小的平均承担责任。此处"责任大小"的重要判断标准还是主观过错程度和因果关系的原因力大小。如果中介机构对外实际承担的责任超过自己最终的责任份额，则可以根据原因力大小，向责任份额更大的主体追偿。[1]但是，为了保证各责任主体"过罚相当"，同时不使法律关系进一步复杂化，中介机构在内部追偿时，原则上只应向发行人主张，不宜在中介机构之间相互追偿。[2]笔者建议，裁判者今后在审理此类案件时，除了判决对外承担连带责任的比例外，也可在全面考虑主观过错、原因力大小等因素的情况下，在对外连带的基础上酌定对内责任分担的比例，使判决结果发挥定分止争的终局效果。

五、结语

法院应该如何妥善认定和分配中介机构在证券虚假陈述责任纠纷中的民事责任，是本文的核心命题。从当前司法态度和裁判路径来看，虽然责任认定越来越精细化，但是在厘清不同主体的职责边界、形成统一的责任认定标准、对责任进行合理分配等方面仍然存在问题。未来，以证券中介机构作为共同被告的证券虚假陈述民事赔偿案件必将大幅度增加，考虑到上市公司或者发行人的偿付能力等因素，投资者势必优先向证券中介机构索赔，巨额的赔偿必将对承担责任的证券中介机构造成巨大的损失。为了妥善认定证券市场中介机构的民事责任，维护证

---

〔1〕 参见陈甦主编：《民法总则评注》（下册），法律出版社 2017 年版，第 1271 页。

〔2〕 参见丁翔宇：《证券发行中介机构虚假陈述的责任分析——以因果关系和过错为视角》，载《环球法律评论》2021 年第 6 期。

券市场的规则和秩序，引导证券行业变革，对既有中介机构民事责任司法认定的裁判规则及路径进行完善是很有必要的。

笔者认为，中介机构民事责任的司法认定至少应该遵循以下几点：其一，在主观过错认定方面，区分中介机构的故意和过失状态，并采取"以注意义务为中心"的过错判断标准，考察中介机构是否存在过错以及过错程度轻重；其二，在因果关系认定方面，运用因果关系二元论，判断中介机构的虚假陈述行为与交易决策和投资损失之间是否存在因果关系，并重点对中介机构提出的因果关系抗辩事由进行考察；其三，对于中介机构民事赔偿责任的范围，应当结合其职能角色、主观过错程度、原因力大小等因素综合考虑确定，力求做到主客观相统一；其四，在承担全部或部分连带责任后，如果中介机构实际承担的责任超过自己的责任份额，可以根据主观过错程度和原因力大小，向责任份额更大的主体追偿。

（初审：马　燕　邓　林）

证券交易所自律监管行为的性质及其救济

宋奕辰*

内容摘要： 在我国当前的司法实践中，法院对证券交易所自律监管行为的性质认定存在明显分歧因而无法对其提供充分的救济。证券交易所分别经由法律、法规、规章的授权以及各相关主体之间的合意就其自律监管行为提供了两套相互独立的行为逻辑依据。在公法逻辑与私法逻辑发生重叠的情形下，基于行政法上"权责一致"原则对于行政主体的约束作用，应当认定证券交易所自律监管行为在本质上具有行政行为的性质。对证券交易所自律监管行为的救济应当构建起一套由内部复核、行政复议以及行政诉讼组成的三阶体系，并通过设置诉讼前置程序以及保持司法谦抑等手段实现三者间的妥善衔接。

关键词： 证券交易所　自律监管　行政行为　权责一致　救济机制

在 2021 年 9 月 2 日举行的中国国际服务贸易交易会全球服务贸易峰会上，习近平主席指出，"我们将继续支持中小企业创新发展，深化新三板改革，设立北京证券交易所，打造服务创新型中小企业主阵地"，[1] 明确将设立北京证券交易所作为促进服务贸易发展的一项重要举措。证券交易所作为金融市场基础设施的典型代表，其通过为上市公司公开发行股票、债券等证券提供交易场所，能够为整个经济体系带来充足的活力，在金融市场中发挥着举足轻重的作用。[2] 除此

---

* 宋奕辰，华东政法大学法律学院宪法学与行政法学 2023 级博士研究生。

〔1〕《习近平在 2021 年中国国际服务贸易交易会全球服务贸易峰会上发表视频致辞》，载《人民日报》2021 年 9 月 3 日第 001 版。

〔2〕参见季奎明：《金融市场基础设施自律管理规范的效力形成机制》，载《中外法学》2019 年第 2 期。

之外，由于证券交易所身处证券交易一线，且其具备充分的与证券相关的知识和能力，因而往往同时承担着对证券市场进行监管的职能。《证券法》第 96 条第 1 款规定："证券交易所、国务院批准的其他全国性证券交易场所为证券集中交易提供场所和设施，组织和监督证券交易，实行自律管理，依法登记，取得法人资格。"即明确规定了证券交易所具备的市场服务与自律监管两大职能。

就证券交易所具有的自律监管职能而言，《上海证券交易所纪律处分和监管措施实施办法》中专设"纪律处分和监管措施的种类"一章，详细规定了该所可以采取的自律监管措施的内容。该办法第 8 条列举了通报批评，公开谴责，公开认定不适合担任上市公司董事、监事、高级管理人员或者信息披露境内代表，暂停或者限制交易权限，取消交易参与人资格，取消会员资格，限制投资者账户交易，要求会员拒绝接受投资者港股通交易委托，认定为不合格投资者等 16 类纪律处分。第 9 条规定在"证券发行人及相关主体"出现违规行为时，可以采取口头警示，书面警示，监管谈话，要求限期改正，要求公开更正、澄清或说明，要求公开致歉，要求聘请保荐机构、证券服务机构进行核查并发表意见，要求保荐人聘请第三方机构进行核查并发表意见，要求限期参加培训或考试，要求限期召开投资者说明会，建议更换相关任职人员，对未按要求改正的证券发行人相关证券实施停牌等 16 类监管措施。第 10 条和第 11 条也分别对"本所会员、其他交易参与人及相关主体"以及"投资者"出现违规行为时可以实施的监管措施进行了规定。

可以发现，上述证券交易所的自律监管行为可能对相关主体的名誉权、劳动权以及财产权等多项重要权利造成明显的限制，因此需要我们加以足够的重视。然而，证券交易所实施自律监管行为的职权究竟从何而来？自律监管行为属于民事行为还是行政行为？应当对自律监管行为提供怎样的救济机制？这一系列问题在理论和实践上都存在着诸多模糊之处，确有必要对它们加以厘清。

一、自律监管行为的司法实践观察

在"北大法宝"法律数据库司法案例模块中以在案例名称中包含"证券交易所"为检索条件，可以得到 51 篇裁判文书。[1] 经过整理（对经历多个阶段审理

---

[1] 参见"北大法宝"法律数据库司法案例模块高级检索页面，https://www.pkulaw.com/case/adv，2021 年 8 月 13 日检索。

的案件仅保留终审判决并去除完全重复的情形），其中涉及证券交易所自律监管行为的案件仅有 16 件。相较于证券交易所作出的大量自律监管行为，[1] 案例数量如此之少充分反映出我国尚未形成针对该类行为的有效司法救济路径。

在仅有的这 16 起案件中，法院对证券交易所自律监管行为的性质存在着明显的分歧。其中，倾向于认为证券交易所的自律监管行为属于民事行为的共有 9 起。然而，在另外 7 起案件中，法院在不同程度上肯定了证券交易所的自律监管行为具有行政行为的属性。

（一）支持民事行为说的观点

首先，关于民事诉讼可诉性的问题，有法院指出："权证创设行为，系证券交易所根据国务院证券监管部门批准的业务规则作出的履行自律监管行为，该行为如违反法律规定和业务规则，相关受众主体可以对交易所提起民事诉讼。根据以上分析，被告上交所认为本案原告针对交易所的自律监管行为提起的诉讼不具可诉性的辩称，没有法律依据，本院不予采信。"[2] 需特别指出的是，《国家赔偿法》第 7 条第 3 款将法律、法规授权的组织也纳入了赔偿义务机关的范围。[3] 因此，如果法院认为证券交易所开展的自律监管行为属于行政行为的话，那么便不应当受理对其的民事侵权案件，而应当要求相关主体依据国家赔偿途径寻求对损失的弥补。故而法院认可对证券交易所自律监管行为提起民事侵权案件的可诉性即反映出其认为证券交易所的该类行为属于民事行为而非行政行为的态度。

其次，在对此类以证券交易所为被告的民事侵权案件的具体审理过程中，法院大多按照民事侵权的构成要件审查证券交易所是否存在过错以及其行为与损害之间是否存在因果关系等方面。例如，"创设的南航权证与原南航认沽权证有相同到期日、最后交易日等……均不违反法律法规或者交易规则的禁止性规定，上交所在系争权证创设审核中并无过错……孙某丽因在到期日前未卖出南航认沽权证而导致的损失，是由其自身交易决策所致，与上交所无任何事实上和法律上的

---

〔1〕 参见上海证券交易所官网"监管动态"，http://www.sse.com.cn/disclosure/credibility/supervision/dynamic/。

〔2〕 邢某强诉上海证券交易所财产损害赔偿纠纷案，上海市第一中级人民法院（2008）沪一中民三（商）初字第 68 号民事判决书。

〔3〕《国家赔偿法》第 7 条第 3 款规定："法律、法规授权的组织在行使授予的行政权力时侵犯公民、法人和其他组织的合法权益造成损害的，被授权的组织为赔偿义务机关。"

直接因果关系"。[1]

再次，有法院指出："法院对业务规则的审查，仅限于其内容是否违反法律法规中强制性规定……根据现有证据、查明事实和胡某珠的指称，本院并未发现与诉争权证相关的业务规则存在违反法律法规中强制性规定之处，故本院不能认定关联业务规则因违反法律法规而无效。"[2]通过判断某一行为是否违反法律法规的强制性规定以确定其效力是一种明显的判断民事法律行为效力的方法，与判断行政行为效力的原理有着明显的差别。[3]

最后，在一些案件中法院更是直接地对认为证券交易所自律监管行为属于行政行为的观点表明了否定立场："被告上交所审查批准系争权证上市交易的行为系基于其职权对证券市场特定市场行为的审核，此种审核并不具有行政审批的法律性质。"[4]

（二）支持行政行为说的观点

在主体性质方面，最高人民法院在两起案件中肯定了证券交易所具有行政诉讼的被告资格："证券交易所作为法律法规规章授权组织，有权按照法律、法规、规章的规定实施包括对证券市场的违法行为予以处罚等监管行为，故证券交易所具有相应的行政管理职能，属于行政案件的适格被告。"[5]"证券交易所作为法律、法规和规章授权的组织，有权按照法律、法规和规章的规定实施包括对证券市场的违法行为予以处罚等监管行为，故证券交易所同时具有相应的行政管理职能，可以作为行政案件的适格被告。"[6]

此外，在具体行为方面，有法院指出："乙证券交易所、丙金融期货交易所

---

〔1〕 孙某丽与中国银河证券股份有限公司烟台证券营业部等证券交易所证券欺诈赔偿纠纷上诉案，上海市高级人民法院（2011）沪高民五（商）终 7 号民事判决书。

〔2〕 胡某珠与上海证券交易所等金融衍生品种交易纠纷上诉案，上海市高级人民法院（2011）沪高民五（商）终 5 号民事判决书。

〔3〕 参见《民法典》第 153 条第 1 款前句："违反法律、行政法规的强制性规定的民事法律行为无效。"

〔4〕 贺某开诉国信证券股份有限公司等证券交易所财产损害赔偿纠纷案，上海市第一中级人民法院（2009）沪一中民三（商）初 44 号民事判决书。

〔5〕 郑某、上海证券交易所再审审查与审判监督案，最高人民法院（2016）最高法行申 1468 号行政裁定书。

〔6〕 郑某军、深圳证券交易所再审审查与审判监督案，最高人民法院（2020）最高法行申 10330 号行政裁定书。

作为证券、期货交易市场的自律管理组织，其除了依照章程行使自律管理职责外，还具有为集中交易提供保障、发布信息的法定义务，并被赋予在法定条件下对特定市场主体采取单方、强制性、不利益措施的权力。"[1]证券交易所运用此种"单方、强制性、不利益措施的权力"而从事的自律监管行为显然属于行政行为而非民事行为。在广东省高级人民法院发布的一起典型案例中，该院指出："证券交易所与上市公司之间既存在民事法律关系，也存在行政法律关系。证券交易所作出的终止上市决定，是行使监管职能的行政行为，属于行政诉讼受案范围。"[2]此外，广东省高级人民法院也曾对深圳证券交易所是否应当对珠海中富实业股份有限公司进行查处、深圳证券交易所同意中弘控股股份有限公司发布《关于公司股票停牌暨可能将被终止上市的风险提示性公告》等自律监管行为所引发的纠纷均使用行政诉讼程序进行审理。[3]该院更是在一起新近发生的案件中明确认为深圳证券交易所对上市公司采取的停牌及强制退市等措施属于行政处罚的范畴。[4]

（三）侧面否定行政行为说的观点

为了更全面地了解法院对于自律监管行为性质的认识，笔者又以同篇中出现"自律监管"与"行政行为"两个关键词为条件进行检索，获得裁判文书21篇；以同句中出现"自律监管"与"行政"两个关键词为条件，则可获得31个检索结果。[5]经过整理，除前述已提及的案件类型外，证券交易所自律监管行为的

[1]《2016年度上海法院金融商事审判十大典型案例之六：郭某诉甲证券公司、乙证券交易所、丙金融期货交易所期货内幕交易责任纠纷案》，载"北大法宝"法律数据库，https://www.pkulaw.com/pfnl/a25051f3312b07f314eb369a2f6d4d5acd9de3463d4cd9acbdfb.html?keyword=%20%E8%AF%81%E5%88%B8%E4%BA%A4%E6%98%93%E6%89%80。

[2]《广东高院发布2019年度广东法院行政诉讼十大典型案例之一：深圳新都酒店股份有限公司诉深圳证券交易所证券监管处理决定纠纷案》，载"北大法宝"法律数据库，https://www.pkulaw.com/pfnl/a6bdb3332ec0adc4c3611f5dbf8958fc81099e9e2039e6e2bdfb.html?keyword=%20%E8%AF%81%E5%88%B8%E4%BA%A4%E6%98%93%E6%89%80。

[3]参见上海顺泰创强实业有限公司等与深圳证券交易所不履行法定职责行政纠纷上诉案，广东省高级人民法院（2013）粤高法行终232号行政裁定书；陈某青、深圳证券交易所行政纠纷案，广东省高级人民法院（2019）粤行终344号行政裁定书。

[4]参见王某奇、深圳证券交易所行政纠纷案，广东省高级人民法院（2020）粤行终782号行政裁定书。

[5]参见"北大法宝"法律数据库司法案例模块高级检索页面，https://www.pkulaw.com/case/adv，2021年8月13日检索。

性质还经常成为证券虚假陈述纠纷中的争议焦点。

根据相关司法解释的规定，当事人在提起证券虚假陈述责任纠纷类诉讼时必须向法院提交"有关机关的行政处罚决定或者人民法院的刑事裁判文书"。那么，证券交易所的自律监管行为是否属于行政处罚便构成了当事人能否获得救济的关键因素。[1] 而在以前述条件收集到的 7 起相关案件中，法院均认为自律监管行为不构成行政处罚。例如，"证券交易所是依据国家有关法律，经证券主管机关批准设立的集中进行证券交易的场所，是根据法律和中国证监会授权进行自律监管、不以营利为目的的企业法人，并不属于行政机关，不具有行政处罚权"；[2] "严某还提出深圳证券交易所对弘高创意公司及相关当事人给予公开谴责处分，该公开谴责处分发布主体是深圳证券交易所，其属于对在其场所内实施证券交易的主体实施自律监管的法人机构，不属于行政监管机构，故该公开谴责处分亦不属于行政处罚"。[3]

通过以上考察可以发现，在我国司法体制采取"民行分立"的大背景下，证券交易所自律监管行为究竟属于民事行为还是行政行为存在着明显分歧。一部分法院往往基于"自律"来否认该类行为的行政行为属性并肯定其是民事行为，而另一些法院则经由"法律、法规授权组织"的途径确认证券交易所自律监管行为的行政行为属性。

二、自律监管行为的两套逻辑

事实上，司法实践对证券交易所自律监管行为性质的分歧源自理论上的混乱。证券交易所作为一个兼具公法与私法双重属性的第三部门组织，[4] 其自律监管行为同时具有分别源自公法与私法的两套相互独立且各自均能自洽的理论基础。以下将分别对这两套逻辑进行梳理。

〔1〕 参见《最高人民法院关于审理证券市场因虚假陈述引发的民事赔偿案件的若干规定》(法释[2003]2号)第6条第1款："投资人以自己受到虚假陈述侵害为由，依据有关机关的行政处罚决定或者人民法院的刑事裁判文书，对虚假陈述行为人提起的民事赔偿诉讼，符合民事诉讼法规定的，人民法院应当受理。"

〔2〕 李某诉华仁药业股份有限公司证券虚假陈述责任纠纷案，山东省青岛市中级人民法院(2017)鲁02民初845号民事裁定书。

〔3〕 严某与北京弘高创意建筑设计股份有限公司证券虚假陈述责任纠纷案，北京市高级人民法院(2019)京民终346号民事裁定书。

〔4〕 参见余凌云：《第三部门的勃兴对行政法意味着什么？》，载《浙江学刊》2007年第2期。

（一）具备法律法规规章授权的公法逻辑

"法无授权不可为"是公法领域的基本原理，因此对证券交易所自律监管行为的公法逻辑进行分析的关键即在于寻找法律、法规以及规章是否对证券交易所的此类行为进行了明确的授权。

如前所述，《证券法》第 96 条第 1 款即概括性地赋予了证券交易所"组织和监督证券交易，实行自律管理"的职权。第 99 条第 1 款又为证券交易所自律监管行为规定了"应当遵守社会公共利益优先原则，维护市场的公平、有序、透明"的基本原则。第 115 条第 2 款后句则更为明确地对证券交易所的自律监管行为作出了授权："违反业务规则的，由证券交易所给予纪律处分或者采取其他自律管理措施。"

在此基础上，《证券法》还对证券交易所的部分具体自律监管行为进行了细化规定。例如，《证券法》第 21 条第 2 款规定了证券交易所可以审核公开发行证券申请、判断发行人是否符合发行条件及信息披露要求、督促发行人完善信息披露内容。第 48 条第 1 款规定在证券交易所规定的终止上市情形出现时，其有权终止特定证券上市交易。第 87 条第 2 款规定，证券交易所应当对其组织交易的证券的信息披露义务人的信息披露行为进行监督。第 110 条第 2 款则规定证券交易所可以决定上市交易股票的停牌或者复牌。第 112 条第 2 款也规定，证券交易所可以限制出现重大异常交易情况的证券账户的投资者的交易行为。类似的关于自律监管行为的规定与授权不胜枚举。

而中国证券监督管理委员会（以下简称证监会）制定的《证券交易所管理办法》则对证券交易所的职能进行了进一步的整合，其第 7 条规定的 12 项职能中有至少 7 项均与自律监管行为有关。[1] 此外，该办法也在第 4、5、6 章分别就证券交易所对证券交易活动的监管、对会员的监管以及对证券上市交易公司的监管进行了专章规定，其中也包含了大量对证券交易所实施相应自律监管行为的授权条款。

---

〔1〕 参见《证券交易所管理办法》第 7 条："证券交易所的职能包括：……（二）制定和修改证券交易所的业务规则；（三）依法审核公开发行证券申请；（四）审核、安排证券上市交易，决定证券终止上市和重新上市；……（六）组织和监督证券交易；（七）对会员进行监管；（八）对证券上市交易公司及相关信息披露义务人进行监管；（九）对证券服务机构为证券上市、交易等提供服务的行为进行监管；……（十二）法律、行政法规规定的以及中国证监会许可、授权或者委托的其他职能。"

因此，证券交易所实施的各类自律监管行为均获得了《证券法》和《证券交易所管理办法》等法律、法规与规章的授权，故而证券交易所实施此类行为具有充分的公法基础。

（二）通过各方主体合意形成私法逻辑

但是，如果我们不考虑以上法律、法规以及规章的授权，而是从私法的角度分析证券交易所与各相关主体之间的法律关系，似乎亦可以为自律监管行为寻找到一套完整的行为逻辑。

在《上海证券交易所章程》（以下简称《章程》）中，其第 3 条即明确揭示了证券交易所在私法意义上具有"会员制法人"的属性。[1]基于此种属性，该证券交易所系由各会员证券公司组成，并构建了以会员大会为最高权力机构、下设理事会与监事会，且聘有总经理、副总经理等高级管理人员的组织治理结构。《章程》作为证券交易所内部具有最高效力的文件，由会员大会制定及修改，可以约束作为该所成员的各会员证券公司。因此，证券交易所作为一种功能性自治组织，[2]其对会员的自律监管构成了一种社会团体内部的"社团罚"，[3]其权利即主要来源于《章程》的赋予。

在此基础上，《章程》第 7 条又规定："本所根据本章程、协议及业务规则，对会员、证券上市交易公司和其他市场参与主体进行自律管理。"将证券交易所的自律监管行为扩展到了其组织自身之外。那么，证券交易所对会员证券公司以外的其他相关主体进行自律监管的权利从何而来呢？

首先，就上市公司而言。某一公司如果希望能够在证券交易所挂牌上市，在经历一系列前置性程序之后，需要与证券交易所签订《上市协议》。在该协议中，证券交易所与上市公司会明确约定双方各自的权利义务，要求上市公司遵守证券交易所的各类规则并接受自律监管会在合同条款中予以体现。因此，证券交易所对上市公司进行自律监管的权利在一定意义上是基于双方的合同约定而产生的一

---

〔1〕 参见《上海证券交易所章程》第 3 条："本所是为证券集中交易提供场所和设施，组织和监督证券交易，实行自律管理的会员制法人。"

〔2〕 参见张红：《证券交易所的会员管理行为及其救济途径》，载《华东政法大学学报》2017 年第 6 期。

〔3〕 参见蒋大兴：《社团罚抑或合同罚：论股东会对股东之处罚权——以"安盛案"为分析样本》，载《法学评论》2015 年第 5 期。

项合同权利。其次，就投资者而言。由于证券交易所仅允许会员证券公司进场交易，故而投资者要想进行证券交易即必须与证券公司签订《委托协议》。该协议在明确证券公司应忠实地接受投资者的委托并代其进行证券交易之外，也会对投资者需要遵守证券交易所的相关规则并接受自律监管加以约定。证券交易所虽然并非该合同的当事人，但是根据民法基本原理，由于该协议仅赋予证券交易所进行相应自律管理的权利而未对其施加任何义务，故而证券公司与投资者间的此项约定即使未经证券交易所同意亦不影响其发生法律效力。更何况前述证券交易所在《章程》中已明确表示愿意对投资者进行自律监管，故证券交易所对投资者进行自律监管的权利可以说是源于《委托协议》。最后，就会计师事务所、律师事务所等证券服务机构而言，与投资者类似，在证券服务机构与上市公司签订的相关《服务合同》中，上市公司同样会要求服务机构遵守证券交易所的相应规则并接受自律监管，如此便可使服务机构提供的服务符合证券交易所的要求从而使上市公司签订《服务合同》的目的得以实现。

经过以上分析可以发现，证券交易所通过《章程》与《上市协议》直接获得了对会员证券公司以及上市公司进行自律监管的权利，另通过《委托协议》与《服务合同》较为间接地获取了对投资者以及证券服务机构进行自律管理的相应权利。因此，如果完全抛开前述法律、法规以及规章对证券交易所的相应授权，其也完全可以通过一套纯粹的私法途径获得对各相关主体进行自律监管的权利。

综上所述，公法逻辑与私法逻辑能够分别独立地为证券交易所的自律监管行为提供有效的理论依据，而这两套独立的逻辑又恰好同时重叠于证券交易所自律监管行为这一种行为之上。因此可以说，这个理论的岔路口便是导致其法律性质界定不明以及无法开展有效救济的重要原因之所在，具体可以图示如下：

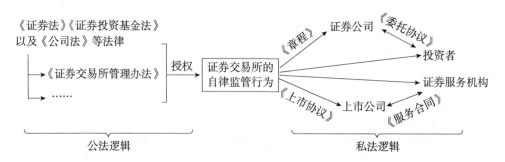

图 1

三、自律监管的行政行为本质

如前所述，两套相互独立的逻辑能够分别为证券交易所的自律监管行为提供理论基础，而这也同时为证券交易所在现实中规避因其行为不当而需承担的法律责任创造了可能：当相对人寻求证券交易所承担民事责任时，其便可以主张自律监管行为是一种行政管理行为而并非平等主体间的民事行为，因此其无需承担民事责任；当相对人寻求证券交易所承担行政责任时，其又可以搬出章程及协议等民事法律关系的证明文件，主张自律监管行为并非基于行政职权的运用而是基于民事主体之间的约定，故其不应承担行政责任。[1] 因此，回避确定性判断从而认为证券交易所的自律监管行为"兼具公法与私法属性"的观点无法为司法实践提供清晰的指引，故而确有必要对自律监管行为的性质加以明确界定。

（一）行政行为本质的正面证成

根据行政法学界的通说，判断某一行为是否属于具体行政行为时应当逐一考察其是否具备以下要素：[2] 其一是行政主体。《证券法》第 96 条第 1 款要求证券交易所应"依法登记，取得法人资格"。证券交易所取得的法人资格显然并非国家机关法人的资格，因此其不属于行政机关，无法从宪法及组织法中直接获得进行行政管理的职权。然而，行政机关以外的其他主体在获得法律、法规以及规章的授权之后便也具备了从事具体行政行为的主体资格，证券交易所即通过这种途径被纳入了行政主体的范畴。其二是法定职权。如前所述，《证券法》以及《证券交易所管理办法》等法律、法规以及规章对证券交易所开展自律监管进行了授权，因而证券交易所从事此类行为具备坚实的法定职权基础。其三是可确定的对象。除了制定具有普遍约束力的上市规则、交易规则、会员管理规则以及其他各类业务规则之外，证券交易所作出的纪律处分、监管措施以及其他自律监管行为都是以特定的会员证券公司、上市公司、投资者以及证券服务机构等为自律监管行为所指向的特定对象。其四是单方行为。无论证券交易所开展自律监管行为的

---

〔1〕 参见蔡立东、刘思铭：《社会团体法人自治与司法审查的实证研究》，载《法学杂志》2016 年第 12 期；许明月、单新国：《社会性市场监管权主体监管权的法律规制》，载《甘肃政法学院学报》2018 年第 4 期。

〔2〕 参见章剑生：《现代行政法总论（第 2 版）》，法律出版社 2019 年版，第 140—146 页。

权利是否来源于其与各相关主体之间所形成的民事协议，证券交易所在进行自律监管行为时均是基于相关主体违反特定规则的事实进而直接决定采取自律监管措施，并非在相对人同意的情形下方可采取相应措施。其五是意思表示。证券交易所在进行自律监管行为时具有对相对人进行负面评价的内心意思，并通过送达相对人或公告等方式表示于外。其六是直接对外发生法律效力。证券交易所的自律监管行为并不是证监会作出相应行为的一项中间程序，其自律监管行为可以给相对人直接造成不利益的效果。因此，证券交易所的自律监管行为完全具备具体行政行为的各项要素，可以被评价为行政行为。

（二）民事行为仅为外观而非本质

接下来的问题便是，如何认识诸如证券交易所自律监管行为这类公法逻辑与私法逻辑相互重叠时的行为定性问题。而在前述行政行为属性已经证成的前提下，以上问题便可以转换为：私法逻辑的存在是否构成将自律监管行为认定为行政行为的阻碍？

一方面，在现代国家的行政活动中，行政行为的模式已经不再局限于传统警察行政下的单方命令式的行为，诸如一定程度上带有双方合意性质的行政合同等新型行政行为类型不断涌现。在采取行政合同的治理模式中，行政主体的各项行为均完全可以同时获得基于私法的请求权基础以及公法上的权力依据。然而，目前学界通说均认为由行政合同所引发的相关案件应纳入行政诉讼的受案范围，并对此类争议开展类似于对行政行为所进行的审查。[1]这表明，某一行为具备民事行为的外观并不会影响其实质上因行使行政权而具有的行政行为本质。[2]

另一方面，"权责一致"原则是行政法的一项基本原则，因此当法律就某一行为进行授权之后，被授权主体并非单纯获得了相关权力，其同时还背负上了妥善处理相关事项的责任。在一定意义上，由于被授权主体负有对授权事项进行管理的责任与义务，故其便必须对相应职责加以妥善履行，具有一定"被迫"的外在强制要求。因此，即便被授权主体运用民事手段履行相应职责，也很难认为其与相对人之间形成的"民事法律关系"是基于其完全的自愿。关键在于，一旦

[1] 参见余凌云：《论行政协议的司法审查》，载《中国法学》2020年第5期。
[2] 参见周伟：《论行政权是行政行为成立的唯一一般要件》，载《政治与法律》2016年第7期。

认识到"自愿"要素的缺失，那么以"意思自治"为核心的私法逻辑便会全面崩溃。是故，当私法逻辑与公法逻辑重叠之时，由于公法逻辑对行政主体所具有的强制约束作用，故而可以限制行政主体基于"自愿"而运用私法逻辑所产生的效果。这一点便导致私法逻辑因缺乏"意思自治"的内核而在本质层面无法与公法逻辑相并列，其仅是自律监管行为的一种虚幻的表象。

因此可以认为，私法逻辑的存在仅是行政主体履行行政任务的一种形式上的外化手段，其并不能构成认定相关行为属于行政行为的阻却事由。那么，在对理论上的误区进行了此种澄清的基础之上，如何构建起一套对证券交易所自律监管行为的有效救济机制以弥补现有实践中的缺漏便是我们紧接着必须系统性加以考虑的问题。

四、自律监管行为的救济机制改进

在对证券交易所自律监管行为的救济机制进行整体性的观察之后可以发现，除了前文已经提及的实践与理论的混乱，单纯救济机制层面的不完善也使得自律监管行为似乎游离于法律规制的框架之外，这也是导致相对人的权益难以得到有效维护的一个关键因素。在《证券法》中，仅有第49条规定了就特定事项可以申请证券交易所进行内部复核。[1]而在《证券交易所管理办法》第14条第1款中，其也仅将可以申请内部复核的事项范围进行了一定的扩展。[2]在外部救济方面，《中国证券监督管理委员会行政复议办法》第8条第1款第6项则明确将证券交易所自律监管行为排除于其行政复议的受理范围之外。[3]此外，各类法律规范中也并不存在针对证券交易所自律监管行为能否提起诉讼的明确规定，由前述对司法实践的梳理也可以发现司法实践未能对其提供强有力的救济。因此，在前文已经在理论上明确证券交易所自律监管行为的行政行为定性之后，以此为基础构建起一套对其具有可操作性的救济机制便显得至关重要。

---

〔1〕 参见《证券法》第49条："对证券交易所作出的不予上市交易、终止上市交易决定不服的，可以向证券交易所设立的复核机构申请复核。"

〔2〕 参见《证券交易所管理办法》第14条第1款："市场参与主体对证券交易所作出的相关自律监管措施或者纪律处分不服的，可以按照证券交易所业务规则的规定申请复核。"

〔3〕 参见《中国证券监督管理委员会行政复议办法》第8条第1款第6项："中国证监会或其派出机构、授权组织的下列行为不属于行政复议申请的范围：……（六）证券、期货交易所或证券、期货业协会依据自律规则，对公民、法人或者其他组织作出的决定；……"

首先，就证券交易所的内部复核机制而言。《上海证券交易所复核实施办法》已经就复核机制的受理范围、复核机构的组织以及复核机制的程序等进行了较为详细的规定。需指出的是，在复核机构的组织方面，该办法明确规定了复核委员会由理事会设立，因而复核委员会仍属于证券交易所的内部机构。[1]因此，无论证券交易所的内部复核程序构建得如何完善，其都无法克服"自己做自己案件的法官"的质疑。故而尽管证券交易所的内部复核机制具有直接、便捷以及专业等不少优点，但对证券交易所自律监管行为的救济不应仅停留在证券交易所内部复核的层面之上。

其次，就证监会的行政复议机制而言。习近平总书记在 2020 年 2 月举行的中央全面依法治国委员会第三次会议上指出，应当发挥行政复议公正高效、便民为民的制度优势和化解行政争议的主渠道作用。[2]在《行政复议法》第 15 条第 1 款第 3 项中，法律、法规授权组织的具体行政行为被明确纳入了行政复议的受案范围。证监会作为《证券法》规定的证券监督管理机构，充分具备处理证券市场各类争议的知识与能力，因此其也确系处理证券交易所自律监管行为所引发纠纷的"功能适当"机关，[3]能够为行政复议在此类争议中发挥"主渠道"作用提供坚实的保障。因此，在明确证券交易所自律监管行为属于具体行政行为之后，证监会即应当就《中国证券监督管理委员会行政复议办法》进行必要的修改以将此类行为纳入其行政复议的受理范围之中。

最后，就法院的行政诉讼机制而言。根据《行政诉讼法》第 2 条第 2 款的规定，证券交易所作为法律、法规、规章授权的组织，其自律监管行为完全可以被纳入行政诉讼的管辖范围。需指出的是，由于证券市场所具有的高度专业性，因而如果由法院直接对相关争议进行首次判断会给其带来很大的困难，因此有必要将相关争议已经过证券交易所复核或证监会复议作为提起此类行政诉讼的前置条件。

然而，此项前置条件的设置显然介入了当事人所享有的诉讼权的保障范围并构成了对其的限制，因此设置该条件能否通过比例原则的审查便成为其能否获得

---

〔1〕 参见《上海证券交易所复核实施办法》第 4 条："本所理事会设立复核委员会，对复核事项进行审议。本所根据复核委员会的意见，作出复核决定。复核决定为本所的终局裁决。"

〔2〕 参见周佑勇：《行政复议的主渠道作用及其制度选择》，载《法学》2021 年第 6 期。

〔3〕 参见张翔：《国家权力配置的功能适当原则——以德国法为中心》，载《比较法研究》2018 年第 3 期。

正当性的重要因素。[1] 在目的正当性和适当性层面，设置该条件的目的是使相关争议在进入司法程序前已经经过证券领域专业人员间的互相交流讨论，以使各种观点和意见能够充分展现在司法机关面前，便于其更加迅速且充分地了解案情并通过正确裁判以维护证券市场的正常秩序。该目的具有公共利益的属性，且设置该条件的手段能够促进前述目的的实现；在必要性层面，如果不设置该条件，法院为实现前述目的将耗费大量司法资源以收集相关专业人士的各种意见，因而会使审理程序大幅延长，反而对当事人诉讼权的实现更为不利。因此相较于设置前置程序，并不存在对当事人所享有的相关权利限制更小的手段；在狭义比例原则层面，设置前置条件并未侵犯到诉讼权的本质内容（即剥夺当事人的相应诉权），[2] 其对当事人诉讼权的程序性影响总体而言相对小于各方在诉前即已对专业问题充分交换过意见带来的利益。因此，对证券交易所自律监管行为所引发的纠纷要求其在诉前已经经历复核或复议的前置条件具备充足的正当性，此种"穷尽救济"的诉讼前置条件也可以在比较法上找到相应的参照基础。[3] 事实上，《行政诉讼法》第 44 条第 2 款已经为设置诉讼前置条件留出了制度空间，故而以上的制度设计构想完全可以经由此条款得以实现。

此外，同样由于证券行业所具有的高度专业性，司法机关在进行金融证券类行政案件的审理过程中需要一支具有一定专业性的法官队伍，上海金融法院以及北京金融法院等专门法院的设置为该类案件的妥善处理创造了组织与人员条件。更需要注意的是，在具体案件的审理过程中，司法机关应当秉持司法谦抑的理念，集中于对证券交易所进行相应自律监管行为的程序开展审查，而就某一行为是否会对证券市场造成不良影响等价值判断问题则应尊重证券交易所的相应判断。[4]

五、结语

综上所述，我国当前的法律制度未能对证券交易所自律监管行为提供有效的

---

〔1〕 参见张翔：《基本权利的体系思维》，载《清华法学》2012 年第 4 期。
〔2〕 参见赵宏：《限制的限制：德国基本权利限制模式的内在机理》，载《法学家》2011 年第 2 期。
〔3〕 参见谢贵春：《金融危机以来美国证券自律监管的司法审查研究》，载《证券市场导报》2017 年第 12 期。
〔4〕 参见黄永维、郭修江：《司法谦抑原则在行政诉讼中的适用》，载《法律适用》2021 年第 2 期。

救济，且证券交易所自律监管行为的性质问题在司法实践中仍存在较大分歧。经过梳理，证券交易所自律监管行为确实同时具备公法意义上的法律、法规及规章的授权与私法意义上各相关主体的合意两套近于独立的逻辑基础。然而，当此种公法逻辑与私法逻辑重叠之时，由于行政法上"权责一致"原则对于行政主体的约束作用，一定意义上可以认为公法逻辑具有排除私法逻辑适用的效果。因此，私法逻辑的存在仅是行政主体履行行政任务的一种形式上的外化手段，行政主体所从事的该类行为在本质上具有行政行为的性质。在明确证券交易所自律监管行为的具体行政行为属性的基础上，由于证券业所具有的高度专业性，故而应当妥善构建起一套由证券交易所内部复核、证监会行政复议以及法院行政诉讼组成的三阶救济体系。此外，应当通过设置诉前程序以及司法谦抑原则等措施妥善处理好三者的衔接与相互关系事项，如此方可通过对纠纷的妥善处理从而达致维护证券市场秩序进而促进经济社会发展的根本目标。

（初审：陶昂然　叶小琦）

中国面临的新型跨国补贴规则的适用与应对路径

汪晴羽*

内容摘要：中国"一带一路"倡议下的跨国补贴被美欧歪曲为"扭曲全球市场的新办法"。自"中埃玻璃纤维织物反补贴案"出现以来，美欧不断创新多样态审查方式以抑制/规范中国的跨国补贴。欧盟开启了世界贸易组织下补贴规则的新兴适用模式，将《国家不法责任条款》引入 SCM 以逾越多边规则中补贴的地域限制，推翻传统补贴工具的框架，扩大反补贴范围；美欧在世界贸易组织之外创设新型单边规则《2022 年美国竞争法》与《欧盟反外国补贴法规》，全面构建仅针对他国跨国补贴（即外国补贴）的反补贴制度体系。然而，补贴规则的新兴适用模式存在诸多合法性争议问题，美欧的单边措施存在歧视性立法、竞争保护主义、违反最惠国待遇或国民待遇义务等倾向，单边措施与多边规则亦存在冲突与竞合的问题。同时，由于中国跨国补贴的形式与目的具有正当性、合理性和必要性，中国应积极利用世界贸易组织争端解决机制、主动在多边层面进行谈判、规范政府补贴、制定对等的信息披露制度、通过区域贸易构建国际投资补贴与反补贴规则，以维护本国的发展利益。

关键词：世界贸易组织　跨国补贴　反补贴措施　补贴规则　"一带一路"

一、背景：中国跨国补贴遇审查困境

随着"一带一路"倡议的提出，中国与共建国家的贸易往来日趋紧密。中国愈来愈多地依靠融资帮助中资企业在外国建立子公司，其中"跨国补贴"问题成

---

* 汪晴羽，华东政法大学国际金融法律学院法学专业 2019 级本科生。

为贸易救济领域的新热点。西方国家单方面认为，中国"一带一路"倡议下的跨国补贴对他国产业造成了竞争，甚至带来扭曲贸易的效果。由于成员"跨国"提供补贴的问题是否符合世界贸易组织规范存在很大争议，西方不断在实践与立法等多维度中寻求规制补贴具有跨国属性这一问题的"新兴"办法。

在实践方面，2020 年出现了首起将矛头指向一个国家向另一个国家的出口商提供据称扭曲市场的援助的案件——"对原产于中国和埃及的玻璃纤维织物（Woven and/or Stitched Glass Fibre Fabrics）反倾销案和反补贴案"（以下简称玻璃纤维案）。在此之前，此类反补贴税仅针对出口商所在国提供的补贴。[1]玻璃纤维案作为跨国补贴第一案，具有里程碑意义。

玻璃纤维案涉及欧盟从埃及进口的玻璃纤维织物。进行调查的欧盟委员会（以下简称欧委会）认定，埃及纺织品的两家出口商，分别是中国的中国建材集团有限公司和云天化集团有限公司，在埃及苏伊士经贸合作区（该合作区是中国"一带一路"全球基础设施发展计划的一部分）设立的合资子公司从中国和埃及政府处获得了经济利益，使其市场份额从 2015 年的 23% 上升到 2018 年的 31%，而欧盟的平均销售价格下降了 14%。这不公平地削弱了欧盟自己的生产商[2]在欧洲市场的地位，造成了"实质的损害"。

对此，欧盟创新补贴规则的适用方式，作为解决中国跨国直接投资问题的工具，推翻传统补贴工具的框架。[3]具体而言，欧委会迂回地适用国际法委员会的《国家对国际不法行为责任条款草案》（以下简称《国家责任条款》）中的"行为归因"条款，以逾越世界贸易组织现有规则中"补贴需要在提供补贴机构的法域内"这一针对补贴的地域限制规定。[4]将中国提供的跨国补贴"视为"埃及提供，由此将反补贴认定从出口国（埃及）扩大到第三国（中国），从而对"中国政府给予埃及企业的补贴"征收高额反补贴税。根据"一带一路"倡议的总体政治意义以及苏伊士经贸合作区的政治意义的背景，欧委会对涉案产品征收

---

〔1〕 Reuters, EU Imposes Tariffs on Glass Fibre from China, *Egypt over dumping*, 6 APRIL 2020, https://www.reuters.com/article/us-eu-china-egypt-trade-idINKBN21O20A，最后访问时间：2023 年 7 月 7 日。

〔2〕 包括比利时的 European Owens Corning Fiberglas、法国的 Chomarat Textiles Industries、德国的 Saertex 和芬兰的 Ahlstrom-Munkzjo Glassfibre AHM1. HE。

〔3〕 Wolfgang Mueller, WTO Agreement on Subsidies and Countervailing Measures, *Cambridge University Press 2017*, p.73.

〔4〕 SCM 第 2 条。

17.0%—30.7% 的反补贴税，双反税率最高达 99.7%，为期 5 年。[1] 照此幅度，中国企业的玻璃纤维织物很难再进入欧盟市场。欧盟力图借此削弱中国产品的国际竞争力。2022 年 9 月 8 日，欧委会进一步对玻璃纤维案作出反规避终裁，裁定原产于中国和埃及，经由土耳其转口的玻璃纤维织物存在规避行为，因此决定对自土耳其转口（无论是否标明原产于土耳其）的涉案产品再征收 69% 反倾销税以及 30.7% 的反补贴税。[2]

中国商务部指出欧委会的肯定性终裁公然违反世界贸易组织规则的相关规定，属于歧视性、不公平违规政策与措施的裁决。[3] 然而，玻璃纤维案不是一次性案例，而是系统实践发展的开端。2022 年 2 月 25 日，欧委会发布公告：针对中国企业在摩洛哥建厂生产玻璃纤维织物采取反规避措施并将反补贴措施延伸到中国企业自摩洛哥出口到欧盟市场。[4] 这是欧盟将中国企业在埃及投资建厂认定为补贴行为并采取反补贴措施后的第二个案例。[5] 此外，欧委会还在"埃及连续长丝玻璃纤维产品案"与"印度和印度尼西亚冷轧不锈钢板产品案"等多起反补贴调查中，通过其创新性工具，即上述新兴投资补贴规则的适用方式，用法律推理的方式将中国具有跨国属性的财政支持或一般投资活动认定为补贴，从而进行规制。这种做法存在对特定国家歧视性适用的嫌疑以及合法性争议问题。笔者对其中有关《补贴与反补贴措施协议》（SCM）中补贴的地域限制问题、能否在世界贸易组织框架下引入《国家责任条款》、能否根据《国家责任条款》将一国补贴行为归因于另一个国家等合法性问题进行分析，为世

---

〔1〕欧盟官方公告 Official Journal of the European Union, Volume 63, 15 June 2020, https://eur-lex.europa.eu/legal-content/EN/TXT/?uri=OJ:L:2020:189:TOC，最后访问时间：2023 年 7 月 7 日。

〔2〕《欧盟对中国和埃及玻璃纤维织物双反案作出反规避终裁》，载中国贸易救济信息网，http://www.cacs.mofcom.gov.cn/cacscms/articleDetail/ckys?articleId=174384&id=53d8a6e2826bfd7f018335b3e6ed0e05，最后访问时间：2023 年 7 月 7 日。

〔3〕商务部新闻办公室：《商务部贸易救济调查局负责人就欧盟玻璃纤维织物反补贴案终裁发表谈话》，载中华人民共和国商务部，http://www.mofcom.gov.cn/article/ae/ai/202006/20200602975504.shtml，最后访问时间：2023 年 7 月 7 日。

〔4〕欧盟官方公告 Commission Implementing Regulation of 25.2.2022, L 46/31, https://eur-lex.europa.eu/legal-content/EN/TXT/?uri=uriserv%3AOJ.L_.2022.046.01.0031.01.ENG&toc=OJ%3AL%3A2022%3A046%3ATOC，最后访问时间：2023 年 7 月 7 日。

〔5〕欧委会在玻璃纤维案调查程序中，裁定中国应诉企业获益于中国政府提供的资金等补贴措施。在摩洛哥建厂的中国企业与玻璃纤维案调查的应诉企业属于关联企业，原材料采购自关联企业，因此，在摩洛哥建厂的中国企业获益了原审调查的中国应诉企业所受到的补贴，即"补贴传导"。

界贸易组织规则下中国应对西方针对中国跨国补贴实施的贸易报复提供抗辩手段。

在立法方面，玻璃纤维案后西方加快立法，呈现出将传统补贴纪律向跨国补贴领域扩展的趋势，试图填补传统贸易领域对跨国补贴问题的监管空白。[1]其起因包含明显的中国因素。欧盟和美国针对中国企业在外国的投资和经营，以维护公平竞争和消除市场扭曲为由，提出《关于对外国补贴建立公平竞争环境的白皮书》和《消除全球市场扭曲保护美国就业法》等全新的单边贸易防御工具的立法提案，建立起跨国补贴反补贴措施的国内法律依据。

2022年2月，美国国会众议院通过《2022年美国竞争法》，将国际财团与跨国公司、狭义跨国补贴和跨国上游补贴三大领域的补贴纳入其反跨国补贴规制的范围。通过在类型上的拓展与明确，显著扩张上游补贴的范围，将对原产于中国的中间商产品出口、海外中资企业带来巨大的负面影响。[2]同年11月，欧理会通过《欧盟反外国补贴法规》（FSR），对补贴的概念、补贴的认定标准、调查程序、检查内容、可采取的措施、罚款等诸多事项作出详细的规定，成为第一部生效的针对外国补贴的单边审查法规。[3]这两部法规作为不同角度的立法尝试，在现有世界贸易组织多边规则之外构建全面的跨国补贴反补贴制度体系，以规制跨国补贴可能带来的消极影响。

如今，中国"一带一路"倡议下的跨国补贴面临着多样态新型补贴规则的审查。美欧两部法案的发布，或产生多米诺骨牌效应，越来越多的西方国家或将效仿引入类似的单边措施。旨在在现有反补贴、反垄断、外资安全审查制度之外，在贸易救济领域引入全新的单边贸易防御工具，从而约束外国政府投资激励措施、规范国有企业跨国投资行为。这将破坏全球供应链，对中国的对外投资尤其是国有企业补贴带来更为严峻的挑战。然而，新型单边措施存在歧视性立法、竞争保护主义、违反最惠国待遇或国民待遇义务等倾向。笔者对中国跨国补贴面临

---

〔1〕 Commission Proposes New Regulation to Address Distortions Caused by Foreign Subsidies in the Single Market, *Official Website of the European Union,* 5 May 2021, https://ec.europa.eu/commission/presscorner/detail/en/ip_21_1982，最后访问时间：2023年7月7日。

〔2〕 胡建国、陈禹锦：《美国跨境补贴反补贴制度：历史演进、WTO合规性与中国因应》，载《国际法研究》2023年第1期。

〔3〕 FSR规定了三种对外国补贴进行审查的机制，包括一般审查机制、经营者集中审查机制、公共采购审查机制，涵盖了事前审查与事后审查，审查范围涉及贸易、投资、政府采购、金融等多个经济领域。

的多样态的审查困境进行阐述，分析新型单边措施针对跨国补贴具体规定的审查措施并给出应对建议。

二、中国"一带一路"倡议下跨国补贴的出现与必要性

（一）溯源：从国内补贴到补贴出现跨国因素

在第二次世界大战以前，补贴仅被视为各国促进工业化和国内所需部门经济增长的工具。第二次世界大战后，各国政府开始意识到补贴可能会产生潜在的贸易扭曲效应，对国际贸易造成严重损害。[1] 起初，1947 年的《关贸总协定》（GATT）选择对补贴持相当宽松的态度，这使得各国争相补贴出口商以捍卫其在全球市场上的国家利益。在 20 世纪 70 年代经济放缓期间，各国将补贴计划扩展到国内产业，以促进经济发展和保护就业。特别是美国，希望通过一揽子补贴使其国内产业占据市场主导地位。1985 年，乌拉圭回合就补贴进行谈判，这才将主题转向限制各国为帮助本国国内产业的生产与销售而使用补贴。[2]

可见补贴最初只是国内行为，一般指一国政府或公共机构向其"国内"企业提供财政资助以及对价格或收入的支持，属于一国经济社会发展的自主权范畴。在此定义下，一国向"他国"企业提供补贴并使其获益是"不现实的"。[3]

然而，随着全球化的浪潮，补贴已不再局限于国内，世界贸易组织争端解决机制下逐步出现了新的补贴样态——具有跨国因素的补贴案件。在"巴西飞机案"中，加拿大声称巴西通过出口融资计划向一家巴西飞机制造商的外国买家提供了资金支持。[4] 此案所涉融资计划的性质是出口买方信贷保险，[5] 资金流向具备明显的跨国因素。随着欧洲大型公司的崛起，欧洲各成员国也开始向位于其他成员国的公司提供补贴。"欧共体大型民用飞机案"中几个遭遇质疑的补贴计划

---

〔1〕 The United Nations Economic and Social Council, Report of the First Session of the Preparatory Committee of the United Nations Conference on Trade and Employment, E/PC/33, 31 October 1946, p.A3.

〔2〕 Trade Policies for a Better Future, "The Leutwiler Report", GATTFOCUS, 1987, p.2.

〔3〕 Marc Benitah, The WTO Law of Subsidies: A Comprehensive Approach, Alphen aan den Rijn: Wolters Kluwer, 2019, p.605.

〔4〕 Panel Report, Brazil — Export Financing Programme for Aircraft, p.1.

〔5〕 所谓出口信贷，是指一国政府为支持和扩大本国资金性货物的出口，通过该国的出口信用担保机构（ECA）向银行提供出口信用保险的方式，帮助本国出口商或外国借款人从本国银行获得中长期贷款。

便属此情形。此后，"全球价值链"[1]概念的出现使得一国政府补贴本国公司以致该公司随后得以将补贴用于其在他国的生产，其中也可能涉及跨国因素。例如，在美国的一项调查中，一家在多个国家或地区开展生产业务的法国钢铁公司便希望将其从法国政府处获得的补贴分配到其全球生产中。[2]

届时，一国向他国企业提供补贴并使其获益已然成为"现实"。

（二）中国"一带一路"倡议下跨国补贴的出现与影响

随着"走出去"这一中国更高层次、更高水平的对外开放战略的提出，"一带一路"倡议通过具体项目为"走出去"提供支撑，逐步拓展中国与共建国家的经贸往来。其主要短期目标之一是通过帮助中国企业走出国门来缓解国内工业产能过剩的问题。[3]中国政府正在利用各种形式的财政援助帮助中国企业在第三国立足，通过中国政府、公共机构或者经过授权的私主体直接向设立在共建国家的中企子公司提供财政资助。这些直接财政资助的接受者并不位于中国境内，具备跨国因素，正是本文所要探讨的"一带一路"倡议下的跨国补贴。

近年来，中国不断加大与"一带一路"倡议共建国家的合作力度，"一带一路"倡议成为当今世界规模最大的国际合作平台和深受欢迎的国际公共产品。中国通过补贴在其他国家制造的产品，一方面显著提高东道国企业生产率，有效弥合了先发展经济体与后发展经济体之间的发展鸿沟，但另一方面却被以美欧为首的发达国家认定为不公平地损害了它们本国的关键供应链及其本土制造的产品，是"中国扭曲全球市场的新办法"。[4]在 2017 年 12 月举行的世界贸易组织第 11

---

[1] 联合国工业发展组织的定义最具代表性：全球价值链是指为实现商品或服务价值而连接生产、销售、回收处理等过程的全球性跨企业网络组织，涉及从原料采购和运输、半成品和成品的生产和分销，直至最终消费和回收处理的整个过程。包括所有参与者和生产销售等活动的组织及其价值、利润分配，当前散布于全球的处于价值链上的企业进行着设计、产品开发、生产制造、营销、交货、消费、售后服务、最后循环利用等各种增值活动。

[2] Usinor Sacilor v. United States, 991 F. Supp. 665 (Ct. Intl. Trade 1997).

[3] OECD, China's Belt and Road Initiative in the Global Trade, Investment and Finance Landscape, *OECD Business and Finance Outlook*, 2018, https://www.oecd.org/finance/Chinas-Belt-and-Road-Initiative-in-the-global-trade-investment- and-finance-landscape.pdf.

[4] Reps. Sewell, Johnson Introduce Bipartisan Legislation to Level the Playing Field for American Workers, 6 June 2023, https://sewell.house.gov/2023/6/reps-sewell-johnson-introduce-bipartisan-legislation-to-level-the-playing-field-for-american-workers，最后访问时间：2023 年 7 月 7 日。

届部长级会议上，美国、欧盟和日本决意共同对抗中国的经济模式。[1]2019年欧委会接到了多项投诉，其中两项针对进口玻璃纤维产品、一项针对进口不锈钢热轧扁平产品。[2]投诉人表明，中国政府在"一带一路"倡议下，通过将国内的过剩产能转移到海外，对这些产业进行了直接补贴，应当受到规制。[3]

迄今为止，西方各国的焦点主要集中在如何界定中国补贴的"给予者"上，却很少关注"接受者"的情况。[4]据2015年5月13日发布的《国务院关于推进国际产能和装备制造合作的指导意见》，"走出去"企业可享受财税支持政策、优惠贷款、通过银团贷款、出口信贷、项目融资、股权投资和出口信用保险等方式提供的资金支持。[5]大体上，中国补贴的接受者存在两种类型：一是在第三国投资设厂的中国企业；二是"一带一路"倡议下经济特区内的中企子公司。由于经济特区是中国的"首选经济扩张模式"，大部分跨国补贴都涌入了这些地区。[6]

而对于中国补贴的给予者，虽然中国创设了如丝路基金等全新的投资工具以在"一带一路"下进行融资，但大部分资金来自中国国有银行或商业银行。中国跨国补贴方式多种多样，典型有以下几类：第一类是中国进出口银行和中国国家开发银行向自贸区生产商提供的直接贷款。这些银行的国内贷款表明它们是国有的，西方由此认定中国政府对之进行了有意义的控制，以公共机构的性质为自贸

---

〔1〕 Joint Statement on Trilateral Meeting of the Trade Ministers of the United States, Japan, and the European Union, *Office of the United States Trade Re Panel Report Esentative*, 25 September 2018，https://ustr.gov/about-us/policy-offices/PanelReportess-office/PanelReportess-releases/2018/september/joint-statement-trilateral，最后访问时间：2023年7月7日。

〔2〕 Notice of Initiation of an Anti-Subsidy Proceeding Concerning Imports of Certain Woven and/or Stitched Glass Fibre Fabrics Originating in the People's Republic of China and Egypt, OJ 2019 C 167/11. Notice of initiation of an Anti-subsidy proceeding Concerning Imports of Continuous Filament Glass Fibre Products Originating in Egypt, OJ 2019 C 192/30.

〔3〕 Request for the Initiation of an Anti-Subsidy Investigation Concerning Imports of Hot Rolled Stainless Steel Sheets And Coils Originating in Indonesia and the People's Republic of China, *Executive Summary of the Complaint*, https://trade.ec.europa.eu/tdi/case_details.cfm?id=2420&publication=2772&action=readfile，最后访问时间：2023年7月7日。

〔4〕 Chad Bown & Jennifer Hillman, WTO'ing a Resolution to the China Subsidy Problem, *Journal of International Economic Law*, Volume 22, Issue 4, December 2019, p.557.

〔5〕 中华人民共和国商务部：《国务院关于推进国际产能和装备制造合作的指导意见》国发〔2015〕30号。

〔6〕 Viva Laos Vegas, South-East Asia is sprouting Chinese Enclaves, *THE ECONOMIST*, 30 January 2020, https://www.economist.com/asia/2020/01/30/south-east-asia-is-sprouting-chinese-enclaves，最后访问时间：2023年7月7日。

区行业提供贷款。[1] 第二类是由中国金融机构提供外部融资的中国母公司向自贸区出口生产商提供的贷款。也即补贴是给中国母公司的，但随后被分配给了在中国以外自贸区内的子公司。[2] 西方将此认定为中国政府向自贸区生产商提供国内贷款。此外中国的跨国补贴工具还包括：对国有企业给予低于市场的信贷、税收优惠、国家投资基金（政府指导基金）、国有企业因其大额净应付款余额而具有隐含的信贷优势、债转股、市场准入限制、本地化要求、政府采购等。[3]

由于中国在向世界贸易组织提交的文件中没有公布预算支出的详细数字、按经济类型划分的财政支出的数目或补贴项目的分配金额，[4] 国际货币基金组织（IMF）、经合组织（OECD）、世界银行和世界贸易组织在一份联合报告中呼吁对补贴问题采取更协调的行动，包括提高透明度。[5] 2022 年 5 月，CSIS 研究员在报告中第一次尝试量化中国对其执行产业政策的财政支持程度。数据表明中国产业政策支出巨大，2019 年可量化部分至少为 1.71 万亿元人民币，占 GDP 的 1.73%。[6] 西方用量化指标结合定性和政治分析确定中国的产业政策在不断增加。

（三）中国跨国补贴模式的正当性、合理性与必要性

不可忽略的是，中国跨国补贴模式一般具有正当性、合理性与必要性。

首先，中国跨国补贴模式的形式具有正当性。如前所述，中国的跨国补贴常涉及"国有企业"的特殊问题。由于世界贸易组织现有规则无法规制国有企业的投资问题，与国有企业、政府干预有关的竞争中性规则仅存在于经合组织软法性

---

〔1〕 Regulation (EU) 2016/1037 of the European Parliament and of the Council of 8 June 2016 on Protection Against Subsidized Imports from Countries not Members of the European Union (codified), recitals. 727–735, https://eur-lex.europa.eu/legal-content/EN/TXT/?uri=CELEX:32016R1037，最后访问时间：2023 年 7 月 7 日。

〔2〕 玻璃纤维织物 AS Regulation, recitals 746–751。

〔3〕 CSIS, Gerard DiPippo, Ilaria Mazzocco, Scott Kennedy, Red Ink: Estimating Chinese Industrial Policy Spending in Comparative Perspective, MAY 2022, https://csis-website-prod.s3.amazonaws.com/s3fs-public/publication/220523_DiPippo_Red_Ink.pdf?VersionId=LH8ILLKWz4o.bjrwNS7csuX_C04FyEre，最后访问时间：2023 年 7 月 7 日。

〔4〕 Mark Wu, The "China Inc." Challenge to Global Trade Governance, *Harvard International Law Journal* 57, no.2, Spring 2016, pp.261–324, https://harvardilj.org/wp-content/uploads/sites/15/HLI210_crop.pdf.

〔5〕 IMF et al., Subsidies, Trade, and International Cooperation；Thomas Gatley, "The Size of State Subsidies", Gavekal Dragonomics, 25 July 019, https://research.gavekal.com/article/size-state-subsidies，最后访问时间：2023 年 7 月 7 日。

〔6〕 按名义汇率计算，这相当于 2480 亿美元，按购买力平价汇率计算，相当于 4070 亿美元。Red Ink: Estimating Chinese Industrial Policy Spending in Comparative Perspective.

质的指南之中，美欧日曾多次联合声明表明对于当前缺乏规制国有企业行为的国际规则、世界贸易组织反补贴规则滞后的不满和担忧。[1]一方面，美欧日探讨"公共机构"的定义，明确将国有企业纳入"公共机构"范围的重要性。[2]另一方面，美国与欧盟在世界贸易组织之外，通过创设新的补贴规则或扩大其竞争政策适用范围，试图将涉及竞争中立的补贴条款、国有企业条款纳入区域经贸协定。[3]

关于国有企业是否能被认定为公共机构，世界贸易组织争端解决机制的认定方式从最初的"政府控制说"到后来的"政府权力说"，为中国国有企业的发展争取了一定的政策空间。[4]此后，中国对国有企业和国有商业银行在财政资助方面进行了特殊规定，[5]并进行多年公司制度改革。如今，绝大部分国有企业已完成改制，政企分开、权责分明、公司法人治理结构逐步完善，其市场特性与商业属性愈发明显。

由于国有企业的活动往往具有法律依据或者公共政策的合理性，直接将中国跨国补贴下的国有企业视为补贴的提供者或利益推定中的利益获得者，在一定程度上忽视了国有企业的市场属性，构成对国有企业的歧视，涉嫌违反世界贸易组织非歧视原则。应当明确，国有企业通过市场化行为获取的支持是具有正当性的合理补贴，根据"所有制中立"与"竞争中性"等国际市场主体行为规则，应当弱化规制对象的"国有"身份限制，强调以"行为"为判断依据。[6]

---

〔1〕 美欧日认为 SCM 协议中禁止性补贴涵盖范围过小，无法应对补贴带来的不公平竞争，主张增加四种禁止性补贴类型，包括无限制担保、对濒临破产但无重组计划企业的补贴、对产能过剩且无法获得长期融资企业的补贴以及一定程度的直接债务减免。

〔2〕 Office of the United States Trade Representative, Joint Statement of the Trilateral Meeting of the Trade Ministers of Japan, the United States and the European Union, 14 January 2020, https://ustr.gov/about-us/policy-offices/press-office/press-releases/2020/january/joint-statement-trilateral-meeting-trade-ministers-japan-united-states-and-european-union, 最后访问时间：2023 年 7 月 7 日。

〔3〕 例如欧盟正在酝酿竞争政策的新工具，使其竞争政策领域外适用的范围从经济垄断行为领域向行政性垄断行为领域延伸。黄勇：《论我国竞争政策法治保障的体系及其实现机制》，载《清华法学》2022 年第 4 期。

〔4〕 陈卫东：《中美围绕国有企业的补贴提供者身份之争：以 WTO 相关案例为重点》，载《当代法学》2017 年第 3 期。

〔5〕 中国在《中国加入工作组报告书》中对国有企业与国有商业银行在财政资助方面进行了特殊规定：国有企业（包括银行）应在商业基础上运作，对于国有企业（银行）提供的财政资助并不一定导致 SCM 协定中规定的"利益授予与获得"。

〔6〕 殷维：《投资补贴规制路径与逻辑的多维审视》，载《太平洋学报》2023 年第 3 期。

此外，"一带一路"倡议下的跨国补贴对发展中国家的经济增长起到了不可忽视的必要作用。西方国家将共建的"一带一路"经济合作区和相关融资视为需要解决的贸易扭曲问题的做法存在偏见，无视了发展中国家的发展需求，与《二十国集团全球投资指导原则》中强调的"促进包容的经济增长和可持续发展""避免跨境投资的保护主义""投资政策应为投资建立开放、非歧视、透明和可预测的条件"等理念相违背。[1]

《马拉喀什建立世界贸易组织协定》序言和SCM第八部分均体现了对于"发展"的考量，并承认"不同经济发展水平的各自需求和关注点"。[2] 2023年4月18日，OECD在首次发布的关于国有企业的研究报告《产业部门中的政府支持和国有企业》中表明：由国家拥有、投资、控制或影响的企业在全球供应链和资本市场中愈发重要。发展中国家越来越多地将此类外国投资视为经济发展、现代化、收入增长和提供就业的源泉。[3] 芝加哥伊利诺伊理工学院 Stuart 商学院教授 Khairy Tourk 在《"一带一路"为什么能成功》一书中表明其对西方媒体在过去几年中不断抹黑"一带一路"倡议的担忧，认为"一带一路"倡议是部分发展中国家发展、实现工业化与改善人民生活质量的最大希望。发展中国家将需要补贴与借贷，直至它们的经济生产力足以通过出口赚取外汇并发展科学技术。[4]足可见中国进行跨国补贴的必要性。

实际上，国际组织与有关国家对于发展中国家提供的投资贷款和担保以及援助型投资补贴，也一直存在于发展中国家发展的轨迹和进程中。欧盟一直是玻璃纤维案中苏伊士运河经济区发展的关键驱动力，通过欧洲复兴开发银行的直接和间接资金，帮助埃及打造对国际投资者有吸引力的、有竞争力的商业和投资环境。可见西方对来自中国的投资和援助进行了歧视性对待，其投资补贴规则具有针对性。

---

〔1〕《二十国集团全球投资指导原则》，人民网，http://world.people.com.cn/n1/2016/0907/c1002-28696142.html，最后访问时间：2023年7月7日。

〔2〕《马拉喀什建立世贸组织协定》的序言明确指出，该协定的目的是确保世贸组织成员提高生活水平和保障经济发展的能力。SCM协议第八部分，特别是第27.1条中规定"成员承认补贴可能在发展中国家成员的经济发展计划中发挥重要作用"。

〔3〕 OECD, Foreign Direct Investment for Development, Maximizing Benefits, Minimizing Costs, 2002, https://www.oecd.org/daf/inv/investmentfordevelopment/1959815.pdf.

〔4〕 SCIO, BRI Puts Developing Nations on Right Track for Growth, Says US Scholar, 26 August 2022, http://english.scio.gov.cn/m/beltandroad/2022-08/26/content_78390515.htm，最后访问时间：2023年7月7日。

三、对中国补贴面临的多样态规制路径与逻辑的审视

（一）世界贸易组织框架下的新兴补贴规则的适用方式

玻璃纤维案并不是一次性案例，而是系统实践发展的开端。欧盟创新补贴规则的适用方式，作为解决中国外国直接投资问题的工具，推翻了传统补贴工具的框架。然而，作为对扭曲国际贸易的补贴施加多边纪律的世界贸易组织规则，SCM 规定反补贴税仅可依照 SCM 和《农业协定》（AOA）的规定发起和进行调查征收。[1] 如今，欧盟试图用新兴补贴规则的适用方式取代包括 SCM 在内的国际法主要规范，存在修改世界贸易组织成员的权利与义务的嫌疑。

在世界贸易组织框架下，SCM 中的跨国生产子公司与补贴接受者存在地域限制，跨国补贴似乎不属于 SCM 调整的范围。除了第 3 条禁止的补贴外，有必要考虑它们是否应受到法律规制。世界贸易组织判例中明确：并非每一项在经济理论上可能被视为补贴的政府干预都是 SCM 意义上的补贴，"补贴"一词的法律含义不能超出 SCM 第 1 条文本和上下文的规定，即一国政府提供财政捐助使"位于其领土内"的生产者受益。[2]

由于 SCM 的起草者并没有考虑到"跨国补贴"的情形，其条文并没有明确涵盖此种情形。国际法对国家管辖权的理解是"国家根据国际法对人、财产和情况进行调节或以其他方式影响的权力"。[3] 正如"莲花案"中所解释的，国家管辖权"不能由其领土以外的国家行使"。[4] 根据 SCM，补贴应同时满足两个要件：（1）存在政府或公共机构的财政出资，并给接受者带来了利益；（2）补贴必须是特定的。第 1.1 条规定：补贴是在一成员领土内，存在由政府或任何机构提供的财政资助。[5] 这一条似乎没有对补贴接受者的位置施加任何明确限制，但第 2 条和脚注 63 却对可能的补贴接受者的位置进一步施加了限制，即除非是针对第 3.3 条下的禁止补贴，补贴的接受者需要在"在授予当局的管辖范围内"。玻璃纤维案中涉及

---

〔1〕 SCM 第 10 条。

〔2〕 Panel Report US — Export Restraints, para. 8.62.

〔3〕 Malcolm N. Shaw, INTERNATIONAL LAW, 469, 7th ed. *Cambridge University Panel Reportess* 2014.

〔4〕 S. S. "Lotus"s, France v Turkey, Judgment, PCIJ Series A no 10, ICGJ 248 (PCIJ 1927), 7 September 1927, para 45.

〔5〕 SCM 第 1 条。

的欧盟反补贴基本法规也存在类似的规定：补贴是原产国或出口国政府或任何公共机构提供的财政资助。此处的"原产国或出口国"即是地域限制的概念。

为了逾越世界贸易组织现有规则中"补贴需要在提供补贴机构的法域内"的地域限制，在玻璃纤维案中，欧委会先后援引了两层国际法依据，创新地运用反补贴工具，迂回地将中国提供的补贴"归因于"东道国，从而认定埃及政府符合补贴要件中的主体要件，通过 SCM 对相关产品进行征收。[1]

第一步，欧委会首先援引《维也纳条约法公约》（以下简称《条约法公约》）第 31（3）（c）条的"相关国际法规则"："解释条约应与上下文一并考虑者尚有适用于当事国间关系之任何相关国际法规则。"将《国家责任条款》认定为"与 SCM 有关的国际法规则"，用《国家责任条款》对 SCM 进行"扩大解释"，进而对补贴行为进行归因，使 SCM 具备行使要件。简言之，首先援引此公约是为下一步国际条约的引入做铺垫。

第二步，欧委会进一步根据《国家责任条款》第 11 条的规定，认定埃及积极寻求、认可、采用中国公共机构提供给埃及企业的财政资助。这一步的关键点在于"行为归因"问题，欧委会将中国提供的财政资助行为"视为"埃及政府的行为，进而将其认定为出口国埃及政府提供给本国企业的具有专项性的财政资助。将补贴授予当局作扩大性的认定，使其不再违背世界贸易组织规制中地域限制的规定，符合 SCM 第 2 条规定的可诉补贴的认定规则，欧盟因此得以对此类财政资助根据 SCM 征收反补贴税。

（二）单边规则对跨国补贴的新型审查措施

《2022 年美国竞争法》具体新增的措施与中国跨国补贴形式十分吻合：首先新增跨国公司和狭义跨国补贴反补贴制度，该法对跨国公司的概念进行明确厘定，第 102101（a）节涵盖了母子 / 总分公司的跨国公司整体，针对母公司从母国获得补贴，而后使其位于海外的子公司获益的情形。其次新增基于企业间联系的跨国公司反补贴制度，特别规定了受到相同个人、公司或企业控制的各个组成实体之间的联系。这直接解决了如玻璃纤维案中出现的基于共同控制、股权和管

---

〔1〕 2020 年 6 月 12 日委员会实施条例（EU）2020/776，对源自中华人民共和国和埃及的某些机织和 / 或缝合玻璃纤维织物的进口征收最终的反补贴税，对委员会实施条例（EU）2020/492 进行修订，并对源自中华人民共和国和埃及的某些机织和 / 或缝合玻璃纤维织物的进口征收最终的反补贴税。

理以及国家与出口商之间存在公司和结构性联系认定巨石、恒石、泰山三家公司之间存在企业联系的争议问题。[1] 再者新增基于国家间联系的狭义跨国补贴反补贴制度，专门针对第三国政府或公共实体提供补贴并且出口国政府或实体促成该项补贴的提供，则应将该补贴视为由出口国政府或其领土内的公共实体提供的情形。[2] 美国法显著扩展上游补贴、反补贴制度的范围，使之能够涵盖更多类型的跨国上游补贴。[3]

单边规则下受规制的跨国补贴范围极其广泛且形式多样。FSR 涵盖非欧盟政府或任何可归属于第三国的公共或私人实体的一切形式的直接或间接"财务支持"。[4] 其表明这种财务支持可能是扭曲的，因为它给一家或多家公司带来了市场上通常无法获得的利益，而并不广泛针对活跃在特定行业的所有公司。此处的财政支持是一个极其广泛的概念，可采取多种形式，包括直接赠款、无息或低息贷款、税收优惠（免税/减税）、国家资助、政府合同，以及在没有足够报酬的情况下授予专有权等。[5] 在 FSR 的定义下，下述常见情形都有可能构成外国补贴并受到规制。

中国国有企业直接由中国政府注资并持股；私营企业享受并非对当地企业普遍适用的地方政府特殊优惠政策，例如通过与当地政府洽谈投资协议而获得的优惠性政策等；私营企业接受直接受中国的政策性银行（此类银行所提供的贷款性质或背景通常与一般商业贷款不同）给予的项目贷款；中国国有商业银行提供的商业贷款超出市场条件或是存在中国政府参与的特殊项目背景；特殊背景下国有企业参与的战略性重组行为，例如国有企业之间的无偿划转等。[6]

与此同时，单边措施针对涉及外国补贴的投资并购行为，创设了事先申报机

---

〔1〕 Regulations Commission Implementing Regulation (EU) 2020/776, para.98.

〔2〕《2022 年美国竞争法》第 102101（a）节。

〔3〕《1930 年关税法》要求上游补贴提供国与目标商品制造国或生产国相同。这导致上游补贴反补贴制度无法适用于第三国对上游产品提供的补贴（除非第三国企业从其他国家进口得到该第三国补贴的投入品并在第三国境内制造或生产目标商品）。《2022 年美国竞争法》第 102101 节删除了前述要求，意味着第三国对上游产品提供的补贴也会被纳入出口国目标商品所获补贴金额。

〔4〕 FSR 第 1.2 条。

〔5〕 Norton North Fulbright, The EU Foreign Subsidy Regulation: A New Set of Wide-Reaching Powers for the European Commission, March 2023, https://www.nortonrosefulbright.com/en-cn/knowledge/publications/bcb8011d/the-eu-foreign-subsidy-regulation-a-new-set-of-wide-reaching-powers-for-the-european-commission，最后访问时间：2023 年 7 月 7 日。

〔6〕 FSR 第 3、4、17、18、26、27 条。

制。FSR 创设的外国财务支持事先申报机制与反垄断申报制度类似：若一项企业合并、股权或资产收购或设立合资公司交易满足一定标准，[1] 则需要在交易签约后、交易交割前向欧委会进行事先申报。对于应申报而未申报的交易，欧委会可以对相关经营者处以其上一年度 10% 以下营业额的处罚。[2] 特殊之处在于，FSR 在规定事先申报程序时并未采用"外国补贴"这一概念，在并购交易申报标准中使用"外国财务支持"这一用法，在公共采购程序申报中更进一步将"外国财务支持"扩展为"财务支持"的概念。这意味着在判断是否满足交易申报标准时，无需考虑"专项性"特征，任何外国政府直接或间接授予的财务支持均可能被纳入计算范围。[3] 此外，考虑到外国补贴交易申报程序与欧盟反垄断申报程序的相似性，同一项交易将有可能同时触发两个申报程序。

（三）单边措施与世界贸易组织多边规则的冲突与竞合问题

作为全新的跨国补贴监管工具，美国与欧盟出台的新型单边审查规则带来了一个问题：《世界贸易组织协定》是否允许成员只针对"他国的"跨国补贴采取单边措施，而放任其本国的跨国补贴行为。

《世界贸易组织协定》明确规定的解决补贴问题的唯一工具是 SCM，这似乎排除了针对外国生产商补贴的单边措施的适用，但如果根据 GATT 第 20 条规定的一般例外情况，则应允许此类措施。可见，单边措施并未被明确授权，也未被禁止。

然而，只针对"他国的"跨国补贴（即外国补贴）的单边措施可能会违反《服务贸易总协定》（GATS）下的最惠国待遇（MFN）[4] 或国民待遇义务 [5]

---

〔1〕（1）至少一个被合并的经营者或被收购的经营者或合资公司于欧盟境内设立，且在欧盟境内产生的总营业额至少为 5 亿欧元；且（2）全部参与集中的经营者在申报前三个财务年度合计被授予的外国财务支持金额超过 5000 万欧元。

〔2〕FSR 第 10、15 条。

〔3〕余昕刚、侯彰慧、蒋蕙匡：《欧盟〈外国补贴条例〉详细解读（附全文翻译）》，中伦视界，https://mp.weixin.qq.com/s?__biz=MjM5ODI5MzI0NA%3D%3D&mid=2651493776&idx=1&sn=c7a634fbfeaeead906560c2d4becb0c3&scene=45#wechat_redirect，最后访问时间：2023 年 7 月 7 日。

〔4〕根据 GATS 的规定，成员国应当对任何其他成员国的服务和服务供应商给予"非歧视待遇"，即对任何其他国家的"类似"服务和服务供应商给予的待遇不得比对待本国的服务和服务供应商更不利。

〔5〕GATS 第 XVII 条规定了"国民待遇义务"，要求成员国将对任何其他成员国的服务和服务供应商给予的待遇不得比对待本国的"类似"服务和服务供应商更不利。

的规定。当一个世界贸易组织成员只有一项针对外国补贴的措施，同时又没有对其本国补贴进行监管，将导致该措施失去合理性。需要评估颁布单边措施的世界贸易组织成员对待外国补贴的方式与对待其国内补贴的方式之间是否存在任何实质性差异。[1] 此外，单边措施还可能带来贸易歧视问题。由于"外国补贴"的可塑性定义，这将赋予调查机构很大的自由裁量权，可能导致任意歧视。[2]

此外，由于新型单边措施与传统的反补贴、外资审查、反垄断、国家援助制度等其他法律的关系不甚明确，在诸多问题上存在交叉，将会在实践中带来法律竞合，引起多重执法问题。正如在跨国补贴领域，传统的反补贴制度存在地域限制，而新的补贴审查制度却无此局限。美国与欧盟正有意让单边法规与传统法规并行，以填补传统规则的立法空白，这在客观上反映了对现行反补贴纪律的改革需求。然而其并未考虑竞合与法律衔接的问题——传统法律在制定之初并未考虑到如今新型的补贴审查制度出现的情形，因此未留有衔接条款。美国与欧盟仍需对法律的衔接问题作出必要的修改和调整。

总之，面对新型单边措施与传统世界贸易组织多边规则的冲突与竞合问题，美国和欧盟并未将世界贸易组织法兼容整合到单边工具的核心设计中，其国际合法性存在质疑。[3] 与此同时，其对于国内和外国的跨国补贴问题并未按照统一的程序标准和实体规则进行处理，亦存在潜在的保护主义风险。

四、世界贸易组织下跨国补贴审查模式的抗辩方式

如前所述，SCM 第 10 条规定反补贴税仅可依照 SCM 和 AOA 的规定发起和进行调查征收。面对跨国补贴，将 SCM 与 AOA 之外的国际法法规引入的行为是否合法，须进一步分析。

虽然，《条约法公约》的性质为规范国家间条约的国际协议，被称为"条约的上位法"。作为解决国际发布成体系化问题的"体系整合原则"，《条约法公约》建立了全面的规则、程序和关于如何定义、起草、修正、解释和一般性条约的指

---

〔1〕 Appellate Body Report, EC — Seal Products, para.5.302.

〔2〕 Appellate Body Report, Brazil — Retreaded Tyres, para.232.

〔3〕 Victor Crochet and Marcus Gustafsson, Lawful Remedy or Illegal Response? Resolving the Issue of Foreign Subsidization under WTO Law, *World Trade Review*, 2021, p.365.

南，有着习惯国际法的地位。[1]因此，在反补贴案件中可以当然适用用以解释 SCM 的条文内容。但是，玻璃纤维案中欧委会适用《条约法公约》以解释欧盟反补贴基本法规，该方式是值得质疑的。作为解释国际法的工具，一国行政机关援引《条约法公约》来解释本国的国内法规既不符合该公约的目的与规定，也不符合国际法的要求。作为习惯国际法，《条约法公约》可以用来解释 SCM 中的规定，却不能用来解释成员的国内法规范。

而对于《国家责任条款》的适用，最前端的抗辩手段是《国家责任条款》尚未生效。2001 年联合国大会第 56 届会议通过了关于《国家责任条款》决议，但直到如今其都未正式生效。因此，在世界贸易组织规则下引入此草案的做法其正当性和合法性是值得质疑的。笔者将继续就《国家责任条款》在当前司法实践中的适用问题进行阐述。

（一）宏观视角：世界贸易组织下《国家责任条款》的特别适用问题

《国家责任条款》第 55 条规定，只有当国际法对一国的国家责任进行了特别规定时，才不适用《国家责任条款》。换言之，若无国际法对国家责任的特别规定，则应当适用《国家责任条款》来对国家责任进行认定。同时，专家组在"韩国政府采购案"中认定，作为国际法规范，《国家责任条款》可以在世界贸易组织的具体规则没有明文规定并且与世界贸易组织规则无冲突的情况下"补充适用"。[2]然而，由于《国家责任条款》和世界贸易组织规则可能存在内容上的重叠，且《国家责任条款》未被世界贸易组织认定为国际法主要规范，世界贸易组织专家组和上诉机构对其适用始终存在争议。

先例判决表明，《国家责任条款》中"行为归因"相关条款正在被用来取代包括 SCM 在内的国际法主要规范，甚至被用于修改世界贸易组织成员的权利与义务。例如专家组和上诉机构在"美国反倾销和反补贴税（中国）案"中支持了中国的辩护意见，认定由于国有企业并没有被赋予"政府权力"，仅仅存在"政府控制"并不能够将其认定为 SCM 第 1 条下的公共机构，因此不能认定其的资助

---

[1] Appellate Body Report, US — AD/ CVD (China), para.308; M.E. Villiger, Commentary on the 1969 Vienna Convention on the Law of Treaties, *Martinus Nijhoff*, 2009, p.433.

[2] Panel Report, Korea — Government Procurement, para.7.96.

为补贴。[1]上诉机构认定，在评定是否应将国有企业的行为归于中国政府时，应当根据国际法委员会的相关规定，而不应根据 SCM。又如"沙特阿拉伯知识产权保护案"直接援引《国家责任条款》第 4 条和第 8 条，认定私主体当事方按照一国的指示、指挥或在其控制下的作为或不作为，应当被归因于该国，由此确认了《国家责任条款》适用的可能性。[2]此外，在"美国铜纸板（印度尼西亚）案"等案件中，专家组和上诉机构也同样援引《国家责任条款》进行裁决。[3]这些都表明在"行为归因"领域中，《国家责任条款》的归因条款已经取代了 SCM的适用，[4]作为"解释性"工具，重新厘定了世界贸易组织成员的权利与义务。

然而，与国际法的其他领域一样，世界贸易组织争端解决中并无遵循先例的原则。这意味着个案中的专家组并没有遵循先例判决的义务，上诉机构也没有维持其在过去案件中的法律解释的义务。上诉机构已确认，根据 GATT，专家组判决中的"结论和建议"对特定争议的各方具有约束力，但在后案件的专家组不受先前专家组报告中"细节和推理"的法律约束。[5]然而，如果先例判决对世界贸易组织规则的解释具有说服力，那么后续案件的专家组或上诉机构很可能会重复并遵循它。这也符合争端解决体系的一个关键目标，即增强多边贸易体系的安全性和可预测性。[6]上诉机构表明，这些 GATT 和世界贸易组织专家组的报告[7]"在世界贸易组织成员中创设了合理期待，所以在相关情形下应将其考虑在内"。[8]因此，可以得出结论：世界贸易组织的专家组和上诉机构之前的判决虽然没有既判力，不能成为裁判依据，但是可以作为说理依据加以参考。

参考先例判决，《国家责任条款》的适用存在两种不同情形：[9]

---

〔1〕 Appellate Body Report, US — AD/ CVD (China), para.5.

〔2〕 Panel Report, Saudi Arabia — Protection of IPRs, para.7.50.

〔3〕 Panel Report, US — Coated Paper (Indonesia), para.7.179.

〔4〕 Appellate Body Report, US — Anti-Dumping and Countervailing Duties, para.37.

〔5〕 专家组报告、上诉机构报告以及 DSB 建议或裁决的法律效力，Official Website of the WTO, https://www.wto.org/english/tratop_e/dispu_e/disp_settlement_cbt_e/c7s2p1_e.htm，最后访问时间：2023 年 7 月 7 日。

〔6〕 DSU 第 3.2 条。

〔7〕 Appellate Body Report, US — Shrimp (Article 21.5 — Malaysia), para.109.

〔8〕 Appellate Body Report, Japan — Alcoholic Beverages II DSR 1996: I, 97, pp.107–108.

〔9〕 参考 Jan Yves Remy, The Application of the Articles on Responsibility of States for Internationally Wrongful Acts in the WTO Regime, EJIL: Talk!, 7 August 2021, https://www.ejiltalk.org/the-application-of-the-articles-on-responsibility-of-states-for-internationally-wrongful-acts-in-the-wto-regime/，最后访问时间：2023 年 7 月 7 日。

第一种是不适用《国家责任条款》的情形：在"预期救济"和"非国际不法行为"领域中不得适用《国家责任条款》。

在"预期救济"领域，根据《国家责任条款》第31、35、36条的规定，实施国际不法行为的责任国有恢复原状或者进行金钱赔偿的损害义务，这类义务具有追溯性质，目的是使受损害国恢复到损害行为尚未发生的状态。然而，《关于争端解决规则与程序的谅解》（DSU）第3.7条和第22.1条规定，在世界贸易组织争端裁决机构作出不利裁决之后，责任国的主要义务是撤销不符合世界贸易组织规定的措施，世界贸易组织规则下的救济措施一般被认为是不可追溯的。因此，在世界贸易组织规则中，不得适用《国家责任条款》中的充分赔偿原则进行"预期救济"。

而在"非国家不法行为"的领域，《国家责任条款》第4（c）条直接规定其不得被适用于非国家不法行为，并且在第三章"违反国际义务"中规定，当归于作为国际法主体的国家的行为被声称不遵守国际规则时，至少应该违反国际义务。举例而言：回到补贴的场合，GATT第6条确认"反补贴税"的目的是"抵消"一国提供的财政资助，对扭曲国际贸易的补贴施加多边纪律。[1]即抵消直接或间接给予制造、生产或出口的补贴而征收的税。这是从对受损害国的"救济"而非责任国的"义务"的角度进行的阐述，只有扭曲了国际贸易并被SCM明确禁止的补贴才属于"国家的国际义务"。只有两种补贴属于此类，一种是SCM第3.2条规定的"禁止性补贴"，即法条明文规定"成员不得授予或维持"此类补贴。另一种是第5条规定的对其他成员利益造成不利影响的可诉补贴，即法条明文规定"任何成员不得通过补贴对他人造成损害"。因此，即使构成SCM下的补贴也不一定意味着违反了国际义务，不必然属于国际不法行为。由此得出结论：SCM中除了上述两种补贴以外的补贴类型，如可诉性补贴等，都不应适用《国家责任条款》的规定。

第二种是将《国家责任条款》作为解释性工具的补充适用情形：在"反制行为"和"行为归因"领域，世界贸易组织专家组和上诉机构可直接援引《国家责任条款》。

在"反制行为"领域，国际法中的相称性原则是采取反措施由来已久的要

---

〔1〕 Panel Report, Brazil — Aircraft, para.5.84.

求，最早出现在西方战争法学说中，一直延续至今，也是当今国际人道主义法的核心。[1]国家实践、学说及法理学都广泛承认这一原则。[2]《国家责任条款》第51条专门对反措施的相称性做了强制性要求，世界贸易组织专家组和上诉机构在争端解决中多次将此要求纳入世界贸易组织规则。"美国FSC案"中，专家组据此指出"不得对SCM中有关反制措施的规定进行不相称的消极表述，由此使行为国获得比积极表述更大的自由度"。[3]"美国管道案"中，上诉机构援引《国家责任条款》第51条，认为保障措施必须遵守相称性义务，以使它们只能应对进口造成的严重损害，而不能应对其他不相关因素造成的损害。[4]

在"行为归因"领域，则涉及《国家责任条款》第二章和第四章，即玻璃纤维案中所涉情形。然而，目前行为归因相关案例几乎都援引的是《国家责任条款》第二章"一国国内主体行为归因于本国"的规定，而普遍忽略第四章"一国行为归因于另一国"的规定。由于本文所探讨的跨国补贴问题显然涉及两国或多国关系，《国家责任条款》第二章显然不涉及单一国家以外的行为主体，所以在以玻璃纤维案为典型的跨国补贴争端案件中，专家组适用第二章的规范进行国家行为归因的方式显然是错误的，笔者将继续对此问题进行阐释。

（二）微观视角：适用《国家责任条款》的合规性问题——以玻璃纤维案为例

玻璃纤维案中"行为归因"板块，欧委会援引《国家责任条款》将中国公共机构的补贴行为归因于埃及政府的论证存在诸多问题。

虽然如前所述，在行为归因领域，世界贸易组织的专家组和上诉机构援引《国家责任条款》来解释SCM的条文的行为是适当的。但是，欧委会借鉴世界贸易组织上诉机构在"美国反倾销和反补贴税（中国）案"中"公共机构"概念的例子，主要通过《国家责任条款》第二章（4—11条）分别关于国家机构、其

［1］ Judith Gardam, Necessity, Proportionality and the Use of Force by States, *Cambridge University Press*, 2004, pp.8–10.

［2］ 法国美国之间的"航空服务案"中，仲裁庭强调了这一点：James Crawford, The International Law Commission's Articles on State Responsibility: Introduction, Text and Commentaries, by Cambridge, New York, Port Melbourne: Cambridge University Press, 2002, pp.341–342. 在"加布奇科沃大毛罗斯工程（Gabcíkovo—Nagymaros Project）"案中，国际法院也强调了相称性原则；贺其治：《国家责任法及案例浅析》，法律出版社2003年版，第316—318页。

［3］ Appellate Body Report, US — FSC, para.132.

［4］ Appellate Body Report, US — Line Pipe, para.259.

他机构、个人的行为规则于国家的条文，将中国公共机构的行为归因于埃及政府[1]的方式为选取法条的错误。

由于玻璃纤维案所涉补贴行为是"几个国家的合作而非一个国家单独行动的结果"，至少涉及中国和埃及两国，这直接排除了《国家责任条款》第二章适用的可能性。第二章只涉及"行为归于一国"，从立法结构的角度看，根据第一章规定的基本原则，每个国家都应对"自己的"国际不法行为负责，即只能通过适用第二章的规则将国家机构、其他机构、个人等国内主体的行为归于自己的行为从而对其负责。[2]简言之，第二章中行为归属的"国家"应仅涉及单一的国家，只调整一国和其国内行为主体的关系，不涉及其他国家或其他国家机构等主体。因此，《国家责任条款》第二章无法调整本案所涉跨国补贴的问题，专家组将他国国家机构解释为第二章第4条本国国家机构的行为属于类推解释，应被禁止。

同时，专家组认定埃及政府"承认并采纳"中国公共机构的行为，通过《国家责任条款》第11条将行为归因于埃及政府的方式也是不正确的。根据《国家责任法评注》，"承认并采纳有关行为作为自己的行为"一语旨在将承认和采纳的情况与仅仅支持或认可的情况区分开来。一般而言，根据第11条，如果一国仅承认行为的事实存在或口头表示赞同，行为将不得归于一国。条文中的"采纳"一词带有"国家承认该行为实际上是其自己的行为"的观念，只有一国明确表示其有意为其他不可归责的行为承担责任，才可将其纳入第11条的调整范畴。[3]在这种情况下，欧委会很难通过该法条将中国公共机构的行为归责于埃及政府。

再者，专家组忽略了《国家责任条款》第四章专门调整两国之间关系的相关规定，即专门界定"一国对另一国行为的责任"的规则。第四章涉及若干国家之间的各种情况，包括若干国家的独立行为、每个国家在实施国际不法行为方面发挥各自的作用、多个国家通过一个共同机构实施不法行为而这种不法行为可能是由一个国家代表另一国实施有关行为引起的等。

这似乎表明欧委会或能通过《国家责任条款》第四章将本案行为进行归因，然而，这实际上也会存在问题。通过《国家责任条款》将一国行为归于另一国的

---

〔1〕Appellate Body Report, US — AD and CVD (China), para.309.

〔2〕Draft articles on Responsibility of States for Internationally Wrongful Acts, with commentaries (2001), p.62.

〔3〕Draft Articles on Responsibility of States for Internationally Wrongful Acts, with commentaries (2001), p.53.

逻辑是，在将行为归因于他国后，存在另外的法规能对该行为进行制裁。在玻璃纤维案中"另外的法规"即为 SCM 第 1 条与第 2 条中有关可诉性补贴的规定。但欧委会模糊了国际援助和可诉补贴的界限，按照欧委会的理解，只要国际援助的双方同意和实施由一国向另一国的经济援助的转移，便都会被认定为对接受援助的国家的可诉性补贴，这与 GATT 第 6 条和 SCM 的前身《关税与贸易总协定补贴守则》的序言相冲突。《国家责任条款》第四章涵盖了三种情况，第 16 条[1]与玻璃纤维案关系最密切，涉及一国向另一国提供援助或协助以协助后者实施不法行为的情况。[2]该条规定"协助或协助实施国际不法行为"须同时满足三个构成要件：（1）存在国际不法行为；（2）协助或协助另一国实施国际不法行为的国家；（3）该国在知道行为属国际不法行为的情况下这样做。

由此可见，应当严格区分"贸易"与"协助"的情形，通过严格认定构成要件将合法的国际援助与应当受到规制的可诉补贴进行分离。具体而言，如若一国的所有行为都是在法律允许的范围内寻求合理的发展，那么即使中国和埃及存在合作协议以及发展经济合作区的战略，埃及政府仅提供土地、劳动力和一定的税收优惠等行为也是完全合法的，属于国际援助，不违反任何国际法与条例。应注意，建立经济特区是各国通常用来鼓励贸易、促进外国投资和为外国投资者提供保障的战略之一，纵使本案中埃及与中国的贸易区得到了双方政府前所未有的关注和支持，两国目的都是促进经济与产业的发展，埃及政府寻求与中国进行贸易的行为并非为"协助中国实施不法行为"，因此不应因其合法行为而被追究法律责任。换言之，若要将行为归因于埃及政府，则需要证明埃及政府在中国公共机构的行为中起到了辅助作用，然而在裁决书中并未看见这一点。鉴于自由经济区的行为主要是"贸易"而非"援助"，不应将 SCM 的规范适用于发展中国家单边开放经济特区、合作共建经济园区中的正常经济活动。

综上所述，正因为 SCM 第 1 条与第 2 条没有涵盖跨国补贴的问题，西方才运用如此迂回的手段，通过《条约法公约》将《国家责任条款》引入，用来规制

---

〔1〕《国家责任条款》第 16 条（援助或协助实施一国际不法行为）：援助或协助实施一国际不法行为的国家应该对此种行为负国际责任，如果：（1）该国在知道该国际不法行为的情况下这样做，而且（2）该行为若由该国实施会构成国际不法行为。

〔2〕第 17 条是关于一国对另一国或另一国国内主体进行"指挥和控制"，与第 18 条关于"强制"行为，本案中几乎不涉及此两种情形，因此暂不讨论。

跨国补贴行为，但其论证和结论都存在问题。正如商务部所言，这是欧盟歧视性违规政策的做法，该裁决属于霸王硬上弓，在规则适用上非常勉强。上述的法律分析即为当下中国在世界贸易组织争端解决机制下所能持有的抗辩手段。尽管如今世界贸易组织争端解决上诉机构处于停摆状态，中国仍可以通过"多方临时上诉仲裁安排"解决上诉阶段的争议。

五、新型单边审查制度之中国应对

（一）积极利用世界贸易组织争端解决机制

如前所述，美国与欧盟针对跨国补贴的新型单边审查制度超出了 SCM 的调整范围，存在世界贸易组织合规性问题。同时，其还与 GATS 及《政府采购协定》（GPA）中最惠国待遇、市场准入及国民待遇等国际法要求相悖：货物类规则违反 GATT 非歧视待遇义务，服务类规则违反 GATS 下非歧视义务，知识产权类规则违反 TRIPS 下的最低义务要求等。这使得《草案》失去了国际法合法性的基础要求。[1] 因此，中国可以国际法合法性为突破口，要求世界贸易组织争端解决机构对此类单边法规进行审查。

目前为止，在世界贸易组织框架下存在多起以欧盟与补贴或倾销有关的国内立法违反世界贸易组织规则为由提起的案件，并取得最终的胜诉。包括"巴西澳大利亚等诉欧共体糖类补贴案""加拿大诉欧共体密封产品贸易法规案""中国诉欧盟紧固件反倾销措施案"等。鉴于此，若美国、欧盟频繁针对中国跨国补贴采取审查措施，中国则可考虑就该单边规则与美国和欧盟进行磋商，向世界贸易组织争端解决机构提起上诉。

（二）在多边层面就国有企业补贴议题进行谈判

由于美国、欧盟等世界贸易组织成员方专门针对中国国有企业及其治理模式颁布的单边法规有损于多边贸易体制，会瓦解世界贸易组织多边主义、非歧视等重要价值，因此，中国有必要在多边层面就国有企业补贴议题进行谈判。淡化价值观贸易概念，坚持多边主义和非歧视原则。

---

[1] 详见 EC — Export Subsidies on Sugar; EC — Seal Products; EC — Fasteners (China)。

2022 年 1 月，世界贸易组织宣布中国诉美国反补贴案胜诉，[1] 成功否决了部分国家以中国国有企业属于"公共机构"为借口、以"政府干扰市场"为由，肆意采取反补贴措施的不合理做法，有效有力地驳斥了美国对中国"非市场导向"的指责。[2] 中国可以进一步联合在国有企业问题上具有共识的世界贸易组织其他成员方，如印度和巴西等，共同维护发展中国家和新兴市场经济体的发展利益。[3]

（三）推动相关规则吸收，规范政府补贴

在单边措施中引入外国补贴工具对中国企业的对外直接投资与经营造成潜在的重大影响，但这有助于促成中国形成更加健全的市场经济。[4] 在国际和国内引入公平自由竞争规则，对政府补贴进行必要的约束，与党的十八大提出的"让市场在资源配置中发挥决定作用"的理念一致。这就要求我们制定符合世界贸易组织规则的补贴政策，在程序上建立申报和事前审批制度，使行政决策法治化。

规范中国政府补贴，应推动国企改革，使补贴符合现有国际规则。应当坚持 2018 年中央经济工作会议明确的国企改革路线，[5] 厘清政府与市场的关系，通过完善公司治理结构、强化信息披露、加强独立董事和经理的运营决策权等方式建立现代企业管理制度，破除西方国家对我们的偏见。

同时，可以借鉴欧盟国家援助制度和美国的合法补贴经验，以规范中国产业政策工具的运用，维护市场经济的健康运行。[6] 欧盟国家援助制度作为竞争法的重要组成部分，旨在通过规制各成员国的援助行为，维护内部市场的公平竞争秩序，避免公共资源的浪费及政府机构的腐败，积极促成更加协调和统一的共同经济政策。[7] 中国应当在充分考虑中国现实国情的基础上，通过中央对地方政

---

〔1〕 详见 US — Countervailing Measures (China)。

〔2〕《WTO 诉美之胜：专家呼吁中国企业应更自信》，载《法人杂志》2022 年 2 月 22 日，https:// baijiahao.baidu.com/s?id=1725475701602948541&wfr=spider&for=pc，最后访问时间：2023 年 7 月 7 日。

〔3〕 张生、李妮：《欧盟外国补贴立法：发展、影响及中国的应对》，载《国际贸易》2022 年第 3 期。

〔4〕 叶斌：《欧盟〈外国补贴白皮书〉的投资保护问题刍议》，载《国际法研究》2020 年第 6 期。

〔5〕"要加快国资国企改革，坚持政企分开、政资分开和公平竞争原则，做强做优做大国有资本，加快实现从管企业向管资本转变，改组成立一批国有资本投资公司，组建一批国有资本运营公司，积极推进混合所有制改革。"http://www.gov.cn/xinwen/2018-12/21/content_5350934.htm，最后访问时间：2023 年 7 月 7 日。

〔6〕 周海涛：《欧盟国家援助制度的现代化及其借鉴》，载《河北法学》2016 年第 8 期。

〔7〕 Herwig C. H. Hofmann, Claire Micheau: State Aid Law of the European Union, *Oxford University Press*, p.10.

府拟定的补贴政策进行审查，以确保补贴政策的合法性和合理性，使补贴更加符合竞争政策的要求，同时也保证补贴政策遵守世界贸易组织补贴纪律，在中央监管和调动地方积极性上找到合适的平衡点。[1]

再者，应当详细梳理过去几年中国各级政府在涉及欧盟与美国业务的中国企业及关联公司提供财政资助的情况，判断是否可能被划归入单边审查制度的跨国补贴规制范围内。并且增加国有企业治理透明度，尤其是商业活动决策程序的透明度，为国有企业应对国外反补贴实践提供可靠的证据。

（四）制定对等的信息披露制度，构建国际投资补贴与反补贴规则

由于美国与欧盟同样存在对本国企业进行大量国家补贴的情形，亦可为欧美公司在中国市场的投资、并购、竞标活动带来竞争优势。因此中国也应考虑制定类似的披露规则以及相应的跨国补贴审查规则。通过收集、研究跨国补贴对中国经济的影响来判定是否需要进行类似立法。

此外，还可借助"一带一路"倡议、中日韩自贸协定谈判在内的区域贸易对话，推动建立更符合国有企业发展的"国际投资补贴与反补贴规则"。在定义"国际投资补贴"时，充分考虑"走出去"对弥补发展赤字的积极作用，将"竞争"与"基础设施"作为定义要素，排除没有投资竞争情况以及为基础设施建设提供补贴的情形，作为应当受规制的跨国补贴的例外情形。[2]

六、结语

近几十年来，中国企业出口的商品在全球范围内面临西方大量的贸易防御措施。根据欧盟委员会的报告，在截至 2019 年底的 137 项反倾销和反倾销措施中，约 68%（即 93 项措施）涉及中国出口商品。[3]正如本文所述，一国政府为不在

---

〔1〕 李万强、张嘉兴：《欧盟新型补贴审查制度对我国的影响及应对措施》，载《国际经贸探索》2022 年第 3 期。

〔2〕 丁如：《新兴国际投资补贴规则：分析框架及我国方案构建》，载《清华法学》2022 年第 5 期。

〔3〕 欧盟官方公告 Report from the Commission to the European Parliament and the Council 38th Annual Report from the Commission to the Council and the European Parliament on the EU's Anti-Dumping, Anti-Subsidy and Safeguard activities and the Use of trade defence instruments by Third Countries targeting the EU in 2019, https://eur-lex.europa.eu/legal-content/EN/TXT/?uri=CELEX%3A52020DC0164，最后访问时间：2023 年 7 月 7 日。

其管辖范围内的公司提供资金的情形正愈来愈多，跨国补贴已成为全球性热点问题，中国"一带一路"倡议下的跨国补贴面临更加严格的审查与监管。

尽管 SCM 的起草者并没有预见到跨国补贴的出现，更没有为如今西方制定的反跨国补贴单边审查措施留有过渡性条款，但西方自玻璃纤维案起创新地在世界贸易组织框架下迂回适用《条约法公约》将《国家责任条款》引入世界贸易组织规则，绕过现有法律对于补贴的地域限制，对中国跨国补贴进行歧视性的报复措施，给中国跨国补贴尤其是国有企业补贴带来严峻挑战。如今，《国家责任条款》中"行为归因"等条款正在被用来取代包括 SCM 在内的国际法主要规范，甚至可视为被用于修改世界贸易组织成员的权利与义务。其中存在大量合法性争议问题以及法律的错误适用情形，便是中国应对外国贸易救济措施的抓手。

与此同时，以美国、欧盟为首的西方国家出台单边霸权主义政策，力图阻碍中国政策的进程与经济发展。应注意，从全球角度看，纵然境外投资补贴带来的竞争风险确实存在，"跨国补贴"一直是发展的动力，发展中国家越来越多地将此类外国投资视为经济发展、现代化、收入增长和提供就业的源泉。[1]如果各国要考虑如何进一步解决跨国补贴问题，应在规范扭曲贸易补贴的目标与发展中国家吸引外国公司以促进其经济发展的需求之间保持平衡。

最后，随着中国在全球治理体系中的地位不断提升，中国应有意识地采取更为进取的规则构建思路，最大限度地降低正在迈进的未来新世界的负面风险，做好充分的应对。在最大限度挖掘其利益的同时，主动引领未来国际投资补贴和反补贴规则的发展，构建持续开放、透明、包容、非歧视的世界经济。

（初审：王浩鹏　薛天如）

---

〔1〕 OECD, Foreign Direct Investment for Development, Maximizing Benefits, Minimizing Costs, 2002, https://www.oecd.org/daf/inv/investmentfordevelopment/1959815.pdf.

民商视野

论融资租赁合同中虚构租赁物的内涵和判准

张世龙*

内容摘要：我国法律规定，虚构租赁物将导致融资租赁合同无效，双方当事人之间的法律关系则需根据实际构成的法律关系进行处理，但对于"虚构"的内涵尚存争议。本文尝试对此进行界定，认为"虚构"行为应仅指双方当事人通谋虚伪、共同虚假构造不存在的租赁物的行为，而不包括一方当事人实施诈骗、单方虚假构造不存在的租赁物的行为。司法实践中，应当结合出租人是否了解租赁物的整体流向、能否出示特定化租赁物的文件、是否曾实地勘验等因素判断其是否已尽到审慎审查义务，从而对上述两种行为进行区分认定。至于单方诈骗的语境下双方的法律关系，本文认为，双方之间的合同为非典型合同，需诉诸《民法典》合同编的总则部分，适用其中关于合同欺诈的法律规范进行调整。

关键词：融资租赁　虚构　通谋虚伪　单方诈骗

一、背景与问题

2021年，我国《民法典》正式生效实施，其在合同编融资租赁部分中首次明确规定当事人以虚构租赁物方式订立的融资租赁（以下简称为融租）合同无效。[1]同时，同样是2021年生效实施的《最高人民法院关于审理融资租赁合同纠纷案件适用法律问题的解释》（2020年修正），保留了其于2013年制定时确立的关于在融租合同中虚构租赁物的情形下如何认定融租关系的规定，即应当结合

---

* 张世龙，上海市经济和信息化委员会科员。

〔1〕《民法典》（2021年施行）第737条。

标的物的性质、价值、租金的构成以及当事人的合同权利和义务，对是否构成融租法律关系作出认定；对名为融租合同，但实际不构成融租法律关系的，应按照其实际构成的法律关系处理。[1]

上述两条法律法规系关于虚构租赁物对于融租法律关系认定的影响、对于融租合同效力影响的规定。但应当注意的是，该规定对于"虚构租赁物"这一表述的内涵及其认定方式并未予以充分明确，具体而言，即"虚构"行为仅指融租合同的双方当事人实施通谋虚伪、共同虚假构造不存在的租赁物的行为，还是除前述情形外也包括了融租合同的一方当事人实施诈骗、单方虚假构造不存在的租赁物的行为？如"虚构"仅包含前一种情形，则在司法实践中应当如何根据证据实现对二者进行区分认定？

更进一步，两类情形中当事人之间法律关系认定是否存在区别？对于由通谋虚伪引起的租赁物不存在情形，司法实践中法院往往采取双方之间虚假的融租关系无效、真实的借贷关系有效的认定自无问题，但对于由单方诈骗引起的租赁物不存在情形，承租人与出租人之间法律关系应如何认定？上述问题均需要进一步探讨。

二、虚构租赁物的内涵确定

关于虚构租赁物的内涵，目前学界存在两种主流观点，亦是前文所述之争议所在。一种观点认为，"虚构"行为仅指"双方通谋"之行为，即融租合同的双方当事人实施通谋虚伪的行为，以并不存在的租赁物签订融租合同，并将借贷合意渗透于合同中以掩盖双方之间真实的借贷合意；另一种观点认为，"虚构"行为不仅包含了"双方通谋"之行为，还包含了"单方诈骗"之行为，即多发生于售后回租业务，承租人通过夸大租赁物价值、伪造相关发票等所有权证明文件等方式对出租人实施诈骗、单方虚假构造不存在的租赁物的行为。[2]此两类情形，在司法实践中各有体现，但法院却常常疏于论证，且对出租人的善意少予考虑，亟待更改与调整。

同时，应当明确的是，这两类观点如何取舍，将决定"单方诈骗"行为是否

---

〔1〕《最高人民法院关于审理融资租赁合同纠纷案件适用法律问题的解释》（2021年施行）第1条。

〔2〕 吴智永、徐劲草：《融资租赁案件中名实不符的表现形态及法律分析》，载《人民司法（应用）》2017年第25期。

会被排除在"虚构"的概念以外，进而决定通过"单方诈骗"行为签订之合同的法律效果与"双方通谋"的法律效果之间是否存在巨大差异，概言之，即此时或不再能够直接认定双方当事人"以融租为名，行借贷之实"，其法律关系应需要进行进一步的分析研讨。故而关于虚构租赁物内涵范畴的探讨是有意义的，而非仅仅没有价值的逻辑游戏。

支持"虚构"行为既包括"双方通谋"行为，又容纳"单方诈骗"行为的观点，从意思表示解释的角度出发进行构建，认为即使在交易实践中存在融租合同一方当事人实施诈骗、单方虚假构造不存在租赁物行为的可能性，但是由于难以甄别认定租赁物实际不存在系由单方诈骗还是双方通谋导致，出于严格管控无资质金融机构放贷行为和违反利率管制放贷行为的考量，将融租合同中单方诈骗的行为纳入《民法典》第737条"虚构"表述的范畴内，是符合法律原理和现实考量的。具体而言，其一，依据我国通说，意思表示的构成要素是效果意思和表示行为。[1]但由于效果意思为行为人的主观想法，难以为他人所知，因此，司法实践中，效果意思只能从书面形式或者口头形式的表示行为进行推断，即所谓的表示上的效果意思。[2]在融租合同的语境下，不论是上述的单方欺骗还是双方通谋，所带来的客观表征均为租赁物实际上不存在，且当事人之间仅"存在资金的出借与返还关系"。[3]对该表示行为和从其中推知的效果意思进行考察，应当认定双方当事人之间存在形成融租法律关系的虚假意思表示及形成借贷关系的真实意思表示，另考虑到第737条的立法原意即为禁绝"以融租为名、行借贷之实"的现象，故将单方欺骗和双方通谋均纳入"虚构"行为的范畴内，是合理且必要的。其二，尽管将单方欺骗纳入"虚构"行为的范畴中，与第737条的立法基础，即"通谋虚伪的意思表示无效、隐藏的真实意思表示有效"并不契合，但是考虑到我国目前影子银行现象屡禁不止、异常猖獗，[4]故将"虚构"行为的范畴进行扩张，使之囊括单方诈骗的行为，将有助于杜绝出租人利用其作为投资方的优势地位规避责任的可能性，譬如出租人伪造手续文件造成其已经尽到审慎的

〔1〕 朱庆育：《民法总论》，北京大学出版社2016年版，第196—198页。
〔2〕 梁慧星：《民法总论》，法律出版社2017年版，第176—177页。
〔3〕 柳林县浩博煤焦有限责任公司、山西联盛能源投资有限公司融资租赁合同纠纷案，最高人民法院（2016）最高法民终286号民事判决书。
〔4〕 中国银保监会政策研究局课题组、中国银保监会统计信息与风险监测部课题组：《中国影子银行报告》，载《金融监管研究》2020年第11期。

审查义务，却被承租人实施单方诈骗假象等，从而能够进一步防止具有放贷意愿的当事人钻取法律漏洞，实施破坏金融市场的违法行为。综上，从意思表示解释的角度出发，辅以加强金融市场监管力度的考量，应当认为，《民法典》第737条中的"虚构"表述囊括了融租合同的当事人通谋虚伪及单方诈骗以虚假构造租赁物的行为。

然而，本文相对而言，更支持另一观点，即"虚构"行为应当仅指"双方通谋"这一类行为，具体原因有以下四点。

首先，从体系解释的角度出发，通过在我国民事相关法律及司法解释的范畴内搜寻带有"虚构"一词的具体条文，可知除上文所述的《民法典》第737条外，"虚构"一词共出现两次，分别是《民法典》第763条和《最高人民法院关于适用〈中华人民共和国民法典〉婚姻家庭编的解释（一）》第34条，且在上述两条法规中，"虚构"一词均仅指双方勾结、通谋虚伪之情形，由此，可以明确，我国在民事立法的范畴内，"虚构"一词仅指双方当事人作为债权债务的相对方，实施通谋虚伪行为的情形。故而，为保持法律体系的一致性，应当将"虚构"解释为仅指"双方通谋虚伪"这一类行为。

其次，从立法解释的角度出发，根据全国人大常委会法工委所编著的《民法典》解读可知，第737条是《民法典》总则编通谋虚伪表示规定，即第146条，"行为人与相对人以虚假的意思表示实施的民事法律行为无效。以虚假的意思表示隐藏的民事法律行为的效力，依照有关法律规定处理"的具体化，即其设立的法理基础即在于《民法典》对于通谋虚伪行为效力的否定和对于隐藏的真实意思表示一致的肯定，因而将"虚构"行为直接理解成通谋虚伪行为是符合该条的法律原理的，并无任何不当之处。[1]故而，根据立法机关所明确的第737条的法律原理，应当将"虚构"解释为仅指"双方通谋虚伪"这一类行为。

再次，从意思表示解释的角度出发，本文认为，支持"虚构"行为容纳"单方诈骗"行为观点的意思表示解释理论，存在一定的纰漏。通常来说，从书面形式或者口头形式的表示行为中进行推断，确为一般情况下效果意思的认定方式，但是应当注意存在例外情形，即如能通过证据判明当事人的内心的效果意思，则表示的效果意思应当让位于内心的效果意思，以后者为准进行意思表示

---

〔1〕 黄薇主编：《中华人民共和国民法典合同编解读》，中国法制出版社2020年版，第858—860页。

解释。[1]譬如经公安机关侦查、检察院公诉以及法院的刑事判决，已充分明确承租人具有非法占有目的，通过伪造产权证、银行交易流水、经济来源证明等方式，对出租人实施诈骗，并已对承租人实施了刑事处罚，[2]则应当认为，已经存在充分的证据以判明当事人内心的效果意思，即此时应当认定出租人具有缔结融租合同的内心的效果意思。即使在表示行为层面，由于租赁物的缺失，出租人缺少部分缔结融租合同的意思表示的客观表征，但考虑到该缺失系承租人诈骗行为所导致，故应认为，此时出租人仅存在缔结融租合同的真实意思表示，而不存在缔结借贷合同的虚假意思表示。因而，为维护该条的法理基础，不应再将融租合同中的单方诈骗行为归入"虚构"行为的范畴。

最后，从目的解释的角度出发，根据全国人大常委会法工委编著的《民法典》解读可知，第737条的制度目的在于防止在交易实践中，当事人通过假意订立融租合同的方式逃脱金融监管，比如某些不符合金融放贷资质的金融机构以融租的名义实施放贷行为，或者贷款的利息违反了利率管制的要求，从而选择以虚构租赁物的形式进行贷款。[3]但对于融租合同中单方诈骗这一行为而言，主观心态上讲，由于出租人同承租人之间并不存在借贷的合意，自然出租人也无进一步地逃脱关于借贷管制法规的意图，客观表征上讲，如后文中所述，对于存在承租人欺诈情形的融租合同，出租人可将之予以撤销并主张不当得利返还，但此时出租人亦无法获得超额的利息收益，故而承租人对于出租人的欺骗，并未触犯到本条立法目的中明确的需要保护的法益，即单方诈骗行为并不会导致影子银行放贷、高利率放贷等非法放贷行为逃脱金融监管，从而破坏法律对于金融行业的管制。因而，为恰当执行该条的立法目的，不应再将融租合同中的单方诈骗行为归入"虚构"行为的范畴。

综上，为保持法律体系的一致性，彰显该条的立法原理，维护该条的立法基础，恰当执行该条的立法目的，本文认为，《民法典》第737条中的"虚构"表述，应当仅指融租合同中出租人与承租人之间的通谋虚伪、虚假构造不存在的租赁物的情形，而不包括一方当事人实施诈骗、单方虚假构造不存在的租赁物的情形。

---

[1] 梁慧星：《民法总论》，法律出版社 2017 年版，第 177 页。
[2] 李某某、邹某某合同诈骗案，四川省内江市中区人民法院（2015）内中刑初 448 号刑事判决书。
[3] 黄薇：《中华人民共和国民法典合同编解读》，中国法制出版社 2020 年版，第 858—860 页。

三、虚构租赁物的判定标准

当明确"虚构"仅包含融租合同当事人之间通谋虚伪的情形时，需要进一步探讨的是，如何在司法实践中通过证据认定"虚构"行为，以及如何通过证据将"虚构"行为和单方诈骗行为予以区分。对此，根据前述之对于"虚构"行为，即双方通谋行为，以及单方诈骗行为内涵的剖析和探讨，本文认为，从客观的角度出发，"虚构"租赁物行为同单方诈骗行为的外在表征并无区别，均为租赁物本身并不真实存在；从主观的角度出发，"虚构"租赁物行为同单方诈骗行为则分野明显，具体而言，前者以出租人和承租人通谋虚伪或出租人未尽到对于租赁物的审慎审查义务为构成要件，后者则以出租人完全善意，已尽审慎审查义务却仍旧无法发现租赁物不存在之事实为构成要件，如此，方能避免出租人就租赁物不存在承担风险和责任。[1]本文将在后文中从以下两个角度出发展开探讨，对如何确定租赁物是否存在以及如何确定"虚构"的主观故意进行研究。

（一）租赁物是否存在的判定标准

首先，应当明确的是，当双方当事人之间存在"虚构"行为时，所带来的首要后果即为缺少真实存在的租赁物，亦不存在真实的租赁物所有权归属。在我国融租物登记公示制度尚未得以完整建构的前提下，[2]《融资租赁企业监督管理办法》曾明确指出"融资租赁企业开展融资租赁业务应当以权属清晰、真实存在且能够产生收益权的租赁物为载体"，[3]且对上述问题进行认定时，"应当审查租赁物发票、采购合同、登记权证、付款凭证、产权转移凭证等证明材料，以确认标的物权属关系"。[4]《天津市高级人民法院关于审理融资租赁合同纠纷案件若干问题的审判委员会纪要》对此亦曾明确指出，审查租赁物是否真实存在以及是否存在真实的所有权归属时"应当根据租赁物的性质和来源，综合审查采购合同、支付凭据、发票、租赁物办理保险或者抵押登记的材料、中国人民银行征信中心融

---

〔1〕 胡晓媛：《融资租赁出租人风险承担及其控制》，载《法学》2011 年第 1 期。

〔2〕 高圣平：《融资租赁登记公示制度的建构——以民法典合同编融资租赁合同章的修改为中心》，载《河南社会科学》2017 年第 6 期。

〔3〕 商务部《融资租赁企业监督管理办法》（2013 年施行）第 10 条。

〔4〕 商务部《融资租赁企业监督管理办法》（2013 年施行）第 20 条。

资租赁登记公示系统记载的租赁物权属状况等证据"。[1]因而，判定租赁物是否真实存在时，对租赁物发票、采购合同、支付凭证等文件进行审查和考核，正是实务中相对比较通行的做法，但是根据本文的实证研究，本文认为，在实际认定的过程中还需要着重注意以下几点：

其一，租赁物是否特定化是认定租赁物是否真实存在的重要因素。所谓租赁物特定，系指租赁物具体、唯一、可标识，有特定的名称、规格、数量、来源、坐落等，能够与其他物进行区分。租赁物的特定化是租赁物真实存在的前提，如果允许融租合同中物可以不特定，则融租合同项下所列租赁物将无法与现实中的客观物形成对应关系，出租人失去主张所有权的基本载体，无法行使所有权的基本权益，[2]包括但不限于难以有效主张对租赁物的所有权，无法以所有权人身份向执行法院提出有效的执行异议，甚至承租人可以在出租人不知晓其财产情况下完全不持有该种类的租赁物，最终导致出租人所谓的对于种类物的所有权沦为普通债权，进而达到与"允许融资租赁合同中物可以不实际存在"的相同效果。[3]司法实践中，具体体现在法院应参考租赁物的具体名称、种类、型号及数量等要素，对《租赁物清单》《融租合同》《买卖合同》、第三方出具的《融资租赁物资产市值评估报告》等文件进行租赁物特定化与否的审查。如（2015）沪一中民六（商）终字第 115 号民事判决书中，上海市第一中级人民法院明确指出当事人"除了提交合同文本之外，还应当对其所要求返还的系争标的物的具体设备名称、型号以及数量等，提供充分的证据予以佐证"，[4]以充分证明租赁物的特定化进而确定租赁物真实存在。再如（2021）沪 74 民终 286 号民事判决书中，上海金融法院明确指出双方当事人"在《融资租赁合同》中详细约定了设备名称、生产商、型号等"，[5]系证明租赁物真实存在的重要依据。

其二，法院实地勘验租赁物存在与否的结果具有最高的证明力，即使在相应

〔1〕《天津市高级人民法院关于审理融资租赁合同纠纷案件若干问题的审判委员会纪要》（2020 年施行）第 5 条。

〔2〕黄桂琴、李慧英：《融资租赁的法律性质与形式》，载《河北学刊》2010 年第 2 期。

〔3〕王超：《消失的租赁物——租赁物特定化在融资租赁法律关系中的重要性》，载搜狐网，https://www.sohu.com/a/240612424_816084。

〔4〕仲利国际租赁有限公司诉三门宏盛化纤有限公司等融资租赁合同纠纷案，上海市第一中级人民法院（2015）沪一中民六（商）终 115 号民事判决书。

〔5〕河津市红十字会医院与上海三井住友总合融资租赁有限公司融资租赁合同纠纷案，上海金融法院（2021）沪 74 民终 286 号民事判决书。

的清单、合同或者评估报告中均未充分对租赁物进行纸面上的充分描述和个体特定化，但只要法院对该租赁物实施了实地勘验和现场检视，则可以有充分理由认定租赁物的真实存在。如（2015）吴江商初字第 01734 号民事判决书中，吴江区法院"对《租赁物明细表》中所涉及的租赁物进行了实地勘查后，制作勘查笔录一份"，从而认为，即使《回租物品转让协议书》等文件中载明的设备名称仅为泛称而非具体名称，但承租人"作为上述系统的组装者和使用者，对于该三套系统项下具体所包含的设备是明知的"，[1] 故即使案涉租赁物未在文件的描述中实现特定化，仍应当认为案涉设备真实存在。再如（2009）浙商终字第 48 号民事判决书中，浙江省高级人民法院"为了查证本案融租标的物是否存在，依职权到邳州医院进行了实地勘查"，并发现了在邳州医院内存放的案涉设备，因而，即使作为邳州医院财务入账凭证的案涉设备发票复印件可能系虚假伪造，但仍旧认定租赁物真实存在，"对承租人提出的涉案租赁物不存在并否认融租合同效力的主张，不予支持"。[2]

其三，发票相对于其他证据，尤其是其他书证具有更高的证明力。以是否依国家职权制作为标准，书证可被区分为两大类，即公文书证与私文书证。前者指国家机关、企事业单位、人民团体在法定的权限范围内制作的文书，以此文书作为证明案件有关情况的书证，一般情况下，前者的证据能力和证明力均高于后者。[3] 发票由税务机关指定的企业印制，开具者虽为纳税人，但对于发票的领购、开具、缴销等程序均受到严格控制，且发票自身的真伪可通过发票代码、号码等信息较容易地进行检验，可受到税务机关及相关法律法规的严格控制，因而发票虽然属于私文书证，但其兼具公文书证的特征，带有强烈的公文书证的色彩，[4] 故在以书证为主的租赁物是否真实存在的证明过程中，发票相对于其他证据具有更高的证明力，由此，应当认为，在法院不进行现场勘验的情况下，发票将成为认定租赁物是否真实存在的重要因素乃至决定性因素，需要予以着重考量。[5]

---

〔1〕 普得融资租赁（苏州）有限公司与吴江永祥酒精制造有限公司、苏州坤润纺织科技有限公司融资租赁合同纠纷案，江苏省苏州市吴江区人民法院（2015）吴江商初 01734 号民事判决书。

〔2〕 江苏省邳州市人民医院与华融金融租赁股份有限公司融资租赁合同纠纷案，浙江省高级人民法院（2009）浙商终 48 号民事判决书。

〔3〕 樊崇义主编：《证据法学》，法律出版社 2008 年版，第 232 页。

〔4〕 颜峰、赵海勇：《发票对合同主要事实的证明力探析》，载《法律适用》2012 年第 10 期。

〔5〕 熊胜君：《融资租赁中租赁物的主要风险与防范》，载《财会学习》2017 年第 23 期。

其四，尽管发票在认定租赁物是否真实存在的过程中具有决定性作用，但不能仅凭租赁物发票或租赁物交接书、有关租赁物的说明等单独书证便对租赁物是否真实存在的问题予以认定，[1]而需要对租赁物发票、采购合同、支付凭证、当事人自行制作的确认函等相关文件予以综合考量，从而最终判定是否真实存在租赁物。如（2017）沪民终221号民事判决书中，上海市高级人民法院明确指出"仅凭中太建设公司出具的《所有权说明函》《关于权属文件真实性与一致性的确认函》等单方面承诺，并不能确认租赁物的真实存在及价值"。[2]又如（2018）沪01民初596号民事判决书中，上海市第一中级人民法院明确指出"增值税普通发票具有商事交易凭证功能，可以作为租赁物存在和交付的证据，但是仅有增值税发票是不够的，还需要与其他证据结合起来形成一个完整的证据链"。[3]再如（2021）沪74民终1298号民事判决书中，上海金融法院在充分考察购买发票、《租赁物清单》《租赁物接收确认书》《资产划拨函》、中国人民银行征信中心出具的动产初始登记证明及附件等证据的基础上，方认定案涉租赁物之存在。[4]

（二）"虚构"故意的判定标准

前文中已经明确"虚构"行为即为双方当事人的通谋虚伪，故"虚伪"需要建立在双方当事人的故意上，因而在认定双方之间的"虚构"行为时，需要对双方的故意进行证明。对此，本文认为，在认定双方当事人的故意时应当注意以下两点。

其一，融租公司作为专业的金融机构，一般情况下内控体系完整有效，且在放款审查期间必定谨小慎微、多次核查，[5]故在审查的过程中由于过失而没有完成审慎审查义务的概率可以忽略不计，因而，如融租公司在未完成审查义务的过程中存在过错，应可直接认定其存在故意企图，从而被认定为通谋虚伪的"虚

〔1〕 天津市高级人民法院《关于审理融资租赁合同纠纷案件若干问题的审判委员会纪要》（2020年施行）第5条。

〔2〕 微山湖公司与平安融资租赁公司、中太建设公司、中太房地产公司、中太投资公司、李某健借款合同纠纷案，上海市高级人民法院（2017）沪民终221号民事判决书。

〔3〕 东航国际融资租赁有限公司、中建六局第三建筑工程有限公司与中国建筑第六工程局有限公司融资租赁合同纠纷案，上海市第一中级人民法院（2018）沪01民初596号民事判决书。

〔4〕 兴仁市人民医院与贵州东湖新城市建设投资有限公司等融资租赁合同纠纷案，上海金融法院（2021）沪74民终1298号民事判决书。

〔5〕 孔永新：《我国融资租赁公司风险特征及其管理》，载《生产力研究》2013年第2期。

构"行为。如（2020）沪民终32号民事判决书中，上海市高级人民法院明确指出，在对案涉租赁物的核查手段简便、核查成本低下时，东航租赁公司作为专业的融租公司却无法举证其进行了相应的查询核验或采取了合理必要的风控措施，此时便可直接认定其存在实施通谋虚伪的"虚构"行为、以融租之名行放贷之实的故意，而无论其主张其主观心态系过失还是故意。[1]

其二，如前所述，通过对于出租人是否尽到审查义务的考察，可以判定出租人是否存在实施"虚构"行为的故意，因而需要对出租人是否尽到审慎审查义务的判断标准进行界定，从而在个案中对出租人是否存在"虚构"故意予以认定。[2]在司法实践中，目前尚未有明确的规则认定出租人审查义务的范畴。但通过对于诸多案例法院说理的研究，本文认为，应当从三个方面确定审查义务的判定标准。

第一，出租人需要对租赁物的整体流向进行充分把握，即出租人需要通过充分审查各种文件以完全把握租赁物的来源和走向，而不能过分夸大发票、第三方评估报告、财务报表、固定资产清单等具有国家或第三方公信力背书文件的作用，更不能夸大承租人出示的确认函、保证函等具有单方陈述与保证性质文件的作用，如（2013）一中民初字第10011号民事判决书中，北京市第一中级人民法院明确指出在出租人仅对发票进行了核实，而未核对租赁设备实际情况的情形下，应当认为出租人并未尽到谨慎核实的注意义务，由此双方构成虚构租赁物情形，因而不构成融租合同法律关系。[3]再如（2017）沪民终221号民事判决书中，上海市高级人民法院明确指出融租公司作为专业经营机构，仅凭《所有权说明函》《关于权属文件真实性与一致性的确认函》等单方面承诺来相信租赁物的存在，并未对涉案租赁物的真实存在及价值严加审核，未完成其审查义务，且具有明显过错，需要承担相应责任。[4]至于如何把握租赁物的整体流向，本文则认为，来源层面，出租人需要充分审查购买合同、工程总承包合同、划拨文件、

---

〔1〕东航国际融资租赁有限公司、中建六局第三建筑工程有限公司与中国建筑第六工程局有限公司融资租赁合同纠纷案，上海市高级人民法院（2020）沪民终32号民事判决书。

〔2〕尹雄波：《融资租赁物风险防范》，载《昆明冶金高等专科学校学报》2017年第6期。

〔3〕中国外贸金融租赁有限公司与中铁十八局集团建筑安装工程有限公司等融资租赁合同纠纷案，北京市第一中级人民法院（2013）一中民初10011号民事判决书。

〔4〕微山湖公司与平安融资租赁公司、中太建设公司、中太房地产公司、中太投资公司、李某健借款合同纠纷案，上海市高级人民法院（2017）沪民终221号民事判决书。

验资报告等权利取得文件；走向层面，出租人则需要充分审查交付凭证、验收报告、支付凭证、购买发票等权利转移材料。[1]

第二，出租人需要对能够特定化租赁物的文件予以着重考量，具体而言，出租人需要对租赁物清单、购买合同、融租合同中对于租赁物的描述予以充分审查，以确认有关租赁物的名称、型号、年限、价格、识别码、出厂编号等具体信息均指向同一特定设备。如（2021）沪74民终188号民事判决书中，上海金融法院明确指出，出租人充分核查了由承租人盖章确认的"《租赁物接收证明》《关于权属文件真实性与一致性的确认函》、租赁物发票、资金收据等"，[2]故应认定出租人对案涉租赁物是否真实存在尽到了合理的审核义务。

第三，出租人应当对租赁物进行实地勘验或现场检视，以确认租赁物的真实存在，并留存照片、摄像、门卡记录等相关证据，在此基础上长期检视、记录租赁物的状态，在满足审慎、勤勉义务的要求的同时，防止自身合法权益受到侵害。如（2021）沪74民终883号民事判决书中，上海金融法院明确指出，在出租人对租赁物进行了实地考察并收取了相应租赁物发票的语境下，应当认为租赁物真实存在，出租人亦完成其审慎、勤勉义务。[3]

四、融租合同中单方诈骗的法律关系认定与处理

如前所述，在租赁物不存在的情况下，需对出租人的主观心态进行区分，具体而言，即应当通过考察出租人是否尽到审慎审查的义务，以判定其主观状态、判定其是否善意，从而确定是出租人、承租人共同施行了双方通谋行为，还是承租人施行了单方诈骗行为。

若经过判断，明确出租人自始便知晓租赁物并不真实存在，或出于过失的主观心态，并未充分履行审慎审查义务，则应当认定出租人并非善意，通谋虚伪的情节确凿发生，此时应当否认出租人与承租人之间的融租法律关系，而应当明确双方"以融租之名，行借贷之实"的主观意图，进而肯定双方之间借贷的法律关

---

[1] 李雪梅、李昂：《虚构租赁物对融资租赁合同的影响》，载《华北金融》2020年第10期。

[2] 开封市鼓楼区妇幼保健院与平安国际融资租赁（天津）有限公司融资租赁合同纠纷案，上海金融法院（2021）沪74民终188号民事判决书。

[3] 聊城金新建筑节能股份有限公司等与润禾融资租赁（上海）有限公司等融资租赁合同纠纷案，上海金融法院（2021）沪74民终883号民事判决书。

系。然而，若经过判断，明确出租人已经充分履行其审慎审查义务，租赁物不存在仅由承租人的单方诈骗行为所致，则需对该种情形下双方当事人之间的法律关系进行重新考量、确定。该种情形在现实中时有发生，如（2015）内中刑初字第448号刑事判决中，四川省内江市市中区人民法院认定案件事实为，承租人为了获得资金，伪造产权证、银行交易流水、经济来源证明等材料，与融租公司签订售后回租合同，从而实现对购车款的诈骗。[1] 在该种语境下，应当如何确定各方当事人，尤其是出租人与承租人之间的法律关系，从而最大程度地维护社会的公平正义，成为不得不考虑的崭新命题。对此，我国法院目前在司法实践中采取的做法为，在确认出租人已经尽到审查义务的基础上，应当认为，双方不存在虚构租赁物的合意，故应否定双方之间存在借贷的法律关系，而应认定双方之间融租法律关系仍旧存在，需继续履行融租合同。[2]

对于我国目前法院的通行做法，本文存有异议，并认为在承租人对出租人实施单方诈骗的情形下，既不能将双方之间的合同仍旧认定为融租合同，亦不能将之认定为借贷合同，具体原因如下。

由于租赁物不存在因而不能将之认定为融租合同。根据我国通说，融租合同是兼具融资、融物双重属性的典型合同，其中融资是目的，融物是手段、保障，以融物的方式实现融资的目的，租赁物使用价值的实现保障承租人的租金来源，同时出租人通过保有租赁物所有权，担保租赁债权的实现。兼具融物这一特性，是融租区别于借款法律关系的关键。[3] 所以，融租合同必须需要物特定且存在，从而防止产生无资质金融机构放贷行为和违反利率管制放贷行为向融租合同逃逸的后果。因而，在单方诈骗的语境下，既然租赁物实际不存在，则不能将双方当事人之间的合同认定为融租合同。另外，将租赁物真实存在确定为融租合同的成立基础、坚持融租的"融物"属性不仅是国际上的通行做法，更是不同法系背景的国家在经过长期摸索后，所确定的防止租赁物虚化和融租行业无限信贷化，致使整个行业市场风险被进一步加重的有效措施。

---

〔1〕 李某某、邹某某合同诈骗案，内江市市中区人民法院（2015）内中刑初448号刑事判决书。

〔2〕 兴仁市人民医院与贵州东湖新城市建设投资有限公司等融资租赁合同纠纷案，上海金融法院（2021）沪74民终1298号民事判决书。

〔3〕 程青松：《租赁物不是具体存在且特定的不是融资租赁》，载搜狐网，https://www.sohu.com/a/385149655_120618150，最后访问时间：2020年4月23日。

如美国《统一商法典》中明确将无体物排除在融租标的物的范畴之外，即其要求租赁物应当必须为"可以移动的物品和不动产附着物"等有体物财产，同时不包括"一般无形财产"等无体物财产。[1]又如国际统一私法协会所出台之《国际融资租赁公约》将融租标的物限制在"工厂、资本货物或其他设备"的范畴内，而未将租赁物不存在的情形予以认可和容纳。[2]再如在国际统一私法协会所出台之《租赁示范法》将租赁物的概念确定为"承租人用于生产、贸易及经营活动的财产"，范畴划定为"不动产、资本资产设备、未来资产、特制资产、植物和活的以及未出生的动物"，从而确定租赁物必须真实存在，且须为现在或将来的有体物，否则将无法同该部法规中关于租赁物的概念的规制充分契合。[3]由此可知，世界各国的立法均已经充分肯定了融租合同需具有"融物"属性，对于融租物以有体的形态真实、特定地存在，从而构成融租合同成立的基础这一观点亦已达成共识。故而，租赁物不存在时不能认定融租合同，这不仅是依据法理和逻辑推论的必然结果，更是世界各国及各大法系形成的立法共识，在我国的立法和司法上应予以充分的采纳和实现。

有学者主张或可类推适用《民法典》中保理合同法律规范，认定双方当事人之间的融租法律关系有效。根据《民法典》第763条，在保理人不知应收账款系虚构的情况下，并不否定保理人与应收账款债权人之间的保理关系，且不因有无追索权存在区别。鉴于保理合同中应收账款的重要地位与融租中租赁物的地位相当，保理合同与融租合同原理也基本相当，故当出租人尽到了审慎的审查义务，承租人实施单方诈骗的行为时，应类推适用保理合同相关规范，即应肯定出租人与承租人之间的融租关系。[4]

对此，本文认为，上述规制保理合同的相关法律规范无法类推适用于融租合同。第一，在类推适用前，需充分明确在债权人和债务人虚构应收账款对保理人实施诈骗时，不得以应收账款不存在为由对抗保理人的原理为何，以此判定是否融租语境下具有类推适用的基础。从国内的学界及实务界出发进行考察，一般有三种观点，其一，该种不得对抗来源于侵权责任，具体而言，虚构应收账款的行为，无

---

[1]《美国统一商法典》(1912年施行)第9-105条。

[2] 国际统一私法协会《国际融资租赁公约》(1988年施行)第1条。

[3] 国际统一私法协会《租赁示范法》(2008年施行)第2条。

[4] 李雪梅、李昂：《虚构租赁物对融资租赁合同的影响》，载《华北金融》2020年第10期。

论系出于故意还是过失，均构成侵权行为，故而保理人有权依据侵权相关法律法规向债权人和债务人主张侵权责任，[1]如（2015）沪二中民六（商）终字第386号民事判决书中，上海市第二中级人民法院明确指出，债权人的员工故意伪造公司印鉴、股东决议、相关合同等行为虚构应收账款，系故意侵权行为，债务人在未经充分核实的情况下即在转让通知书上盖章予以确认，则系过失侵权行为，二者需就保理人共同承担侵权责任。[2]其二，该种不得对抗来源于诚信原则，具体而言，在债权人、债务人向保理人充分出具的证明应收账款存在的基础合同、相关凭证等文件后，应当遵循诚信原则的要求，不得反言，即债权人、债务人不得再以应收账款不存在为由进行抗辩，这一点在天津市高级人民法院《关于审理保理合同纠纷案件若干问题的审判委员会纪要（二）》中亦具有充分体现。[3]其三，该种不得对抗来源于保理人的善意，具体而言，在保理人善意且无过失的语境下，债权人、债务人应当依其对虚构之应收账款的描述承担对应责任，而不得以应收账款不存在进行抗辩，如（2014）民二终字第271号民事判决书中，最高人民法院明确指出，虚伪的意思表示无效，不得对抗善意第三人，因此，即便债权人和债务人之间的"涉案买卖合同确系虚伪意思表示，双方亦不得以此对抗作为善意第三人"的保理人；[4]又如（2017）最高法民再164号民事判决书中，最高人民法院亦明确指出，"虚伪意思表示的无效不得对抗善意第三人"，故而即便"应收账款债权并非真实合法有效的债权"，亦不能以此对抗作为善意第三人的保理人。[5]

以上三种观点，本文认为，第一种观点将债权人和债务人的法律责任界定为侵权责任，本质上系以应收账款不存在为由彻底否定了保理合同的效力，然而该种侵权救济不仅需要保理人证明债权人和债务人存在过错，而且救济范围相对于合同救济更为限缩，同时在法律方法上具有向一般条款逃逸的嫌疑，[6]故而不应

---

〔1〕 李宇：《保理合同立法论》，载《法学》2019年第12期。

〔2〕 上海公路桥梁（集团）有限公司与北京银行上海分行股份有限公司上海分行财产损害赔偿纠纷案，上海市第二中级人民法院（2015）沪二中民六（商）终386号民事判决书。

〔3〕 天津市高级人民法院《关于审理保理合同纠纷案件若干问题的审判委员会纪要（二）》（2015年施行）第3条。

〔4〕 中国工商银行股份有限公司乌鲁木齐钢城支行与中铁物资集团新疆有限公司、广州诚通金属公司合同纠纷案，最高人民法院（2014）民二终271号。

〔5〕 珠海华润银行股份有限公司与江西省电力燃料有限公司合同纠纷案，最高人民法院（2017）最高法民再164号民事判决书。

〔6〕 杨峰：《商法一般条款的类型化适用》，载《中国社会科学》2022年第2期。

予以采纳。第二种观点适用诚信原则，以拟制事前抗辩的方式对保理人予以救济，然而该种方式仍旧是以保理合同的实际无效进行构建的，不仅对于保理人的保护不够周延，而且无法对保理人明知或应知时不应予以保护的规制予以合理的解释，故而亦不应予以采纳。第三种观点以外观主义为理论起点，对于保理人的善意予以保护，且据此理论可以直接推论出债权人、债务人之间通谋虚伪的合同仅在其二者内部范畴下无效，对于善意第三人而言，其效力不受影响。由此，本文认为，第三种观点更适宜作为《民法典》第736条的设立基础，这一观点亦为最高人民法院所采纳。[1]

从比较法的角度出发可知，采纳第三种观点亦是各国的通行做法。典型如《德国民法典》第405条明确规定，在债权让与情况下，并不存在从非权利人处善意获取债权之可能，因为在取得债权的情况下，并无诸如占有等可信赖的权利外观，不过，如果存在债权证书（最典型的如债权凭证、票据等），而且是债务人签发并交出的，在债权让与时，出让人出示了该债权证书，则此时受让人可以凭借上述权利外观，并依其善意，取得"不存在的债权"。[2]

本文认为，保理合同和融租合同在标的实际不存在的效果方面，存在重大区别。具体而言，不存在的应收账款之所以可以对善意第三人生效，是因为债权债务可以凭空产生，无需以真实存在的物作为载体或基础；[3]然而，根据一物一权原则，物权不可凭空产生，需要有特定真实的载体，同时，不同于保理合同，融租合同的存在需当以租赁物绝对真实存在为基础，这既是我国法院采取的统一观点，亦是国际上的通行做法，[4]故而，租赁物不存在的效果同应收账款不存在的效果存在巨大差异，保理上述法律规范在融租领域类推适用的空间并不存在，融租合同对善意的出租人亦难以生效。

综上，本文认为，基于上述之保理合同和融租合同的重大区别，融租合同单方诈骗的情形下保理合同的相关法律规范无法被类推适用，无法认定出租人同承

---

〔1〕 最高人民法院民法典贯彻实施工作领导小组主编：《中华人民共和国民法典合同编理解与适用》，人民法院出版社2020年版，第1774页。

〔2〕 王洪亮：《民法典对保理人的信赖保护》，中国法院网，https://www.chinacourt.org/article/detail/2020/07/id/5383193.shtml，最后访问时间：2020年7月30日。

〔3〕 韩海光、崔建远：《论债权让与和对抗要件》，载《政治与法律》2003年第6期。

〔4〕 最高人民法院民法典贯彻实施工作领导小组主编：《中华人民共和国民法典合同编理解与适用》，人民法院出版社2020年版，第1621—1622页。

租人之间存在融租的法律关系。

由于双方当事人之间不存在订立借贷合同的意思表示一致，因而不能将之认定为借贷合同。[1] 虚构租赁物的情形下，认定借贷法律关系的基础在于双方之间存在虚假的订立融租合同的意思表示和真实的订立借贷合同的意思表示，通谋虚伪的意思表示无效，而真实的意思表示有效。但是在单方"虚构租赁物"的情况下，双方内部并不存在真实的订立借贷合同的一致意思表示，出租人仅仅具有订立融租合同的意思表示，此时自然不能认定双方之间的法律关系为借贷的法律关系。但是当下司法实践中却往往会在单方诈骗的情形下，将双方当事人的法律关系认定为借贷的法律关系，有失妥当、亟待更正。如（2018）沪 01 民初 596号民事判决书中，上海市第一中级人民法院明确指出，在出租人的缔约目的是建立融租关系且尽到相应的审查义务时，由于租赁物客观上不存在、不符合融租法律关系成立的基本特征，应依职权将双方当事人之间的法律关系调整为借贷合同关系。[2]

综上所述，既然在承租人实施单方诈骗的情形下无法将双方之间的合同认定为融租合同或借贷合同，那么应当如何处理双方当事人之间的法律关系？

对此，本文认为，首先应当明确的是，双方当事人仅达成存在欺诈情形的、具有意思表示瑕疵的签订融租合同、形成融租法律关系的合意，而无其他的合意，故而将合同认定为融租合同以外的典型合同，未免不具有充分正当性；其次，由于租赁物并不真实存在，根据前述之现行法规，合同性质无法认定为融租合同，且已经丧失了继续履行的基础。故而，既然无法据其特征将之纳入某类典型合同的范畴中，或应当放弃对于相关合同类型认定的尝试，将之视为双方当事人之间的非典型合同，从而诉诸《民法典》合同编的总则部分，适用其中关于合同欺诈的法律规范。故根据《民法典》第 148 条，在承租人实施了单方欺诈行为，双方之间合同效力未受影响，但合同无法继续履行的情形下，应当允许作为受欺诈方的出租人请求撤销该合同，[3] 以充分维护自身的合法权益。

---

[1] 王文宇：《合同解释三部曲——比较法观点》，载《中国法律评论》2016 年第 1 期。

[2] 东航国际融资租赁有限公司、中建六局第三建筑工程有限公司与中国建筑第六工程局有限公司融资租赁合同纠纷案，上海市第一中级人民法院（2018）沪 01 民初 596 号民事判决书。

[3] 吴智永、徐劲草：《融资租赁案件中名实不符的表现形态及法律分析》，载《人民司法（应用）》2017 年第 25 期。

五、结语

本文以《民法典》第 737 条和《融资租赁司法解释》第 1 条为依托，对融租合同中双方当事人虚构租赁物行为的内涵和判准尝试进行了讨论、研究，从而充分明确了租赁物是否存在的判准包括租赁物是否被充分特定化、法院是否实地勘察、是否具有发票等相关证明文件等要素，亦明确了出租人是否存在"虚构"故意的判准则为出租人是否充分完成其审查义务，具体体现在出租人是否对租赁物的流向予以充分把握、出租人是否审慎审查能够证明租赁物特定的文件、出租人是否进行实地勘验等方面。在此基础上，本文尝试对融租合同中单方诈骗行为的影响和后果进行了初步的发问、探索，并最终明确在融租合同语境下，单方诈骗的实施将导致合同类型无法得以确认，继续履行的基础亦丧失，故而应适用《民法典》合同编总则部分的关于合同欺诈的相关规定，对案涉合同进行合同撤销等处理。此外，本文认为，本文的所有探讨均系以法教义学为基础展开，故而后续在对该问题进行更为深入的研究考察时，或可从立法改善的角度进行探讨，并给出相应的建议，从而使得该问题的司法适用能够得以进一步的改善和进步。

（初审：王立宇　徐依凝）

越权担保判定路径之反思与再建构

——以 29 例最高人民法院的裁判为视角

林琪琪*

内容摘要： 基于 29 例最高人民法院的裁判适用，归整出规范性质识别说、内外区分说、代表权限制说三类裁判思路。通过对公司法、民法典总则编与合同编的综合适用提出规范路径：第一，区分两大问题、两大层次的指向，即越权代表行为的效果是否归属于公司承受与越权担保合同的效力判断。前者需从法定代表人权限入手分析，通过剖释《公司法》第 16 条的规范旨意确定法定代表人权限的内涵与外延，融贯《民法典》第 504 条、《民法典》第 61 条、《九民纪要》和《民法典担保制度解释》以认定相对人的善意与否，同时框定相对人的审查义务；后者则依照《民法典》第一编第六章第三节"民事法律行为的效力"和第三编第三章"合同的效力"来决断。第二，在解决了法人与法定代表人间效果归属的基础上，进一步切割善意的程度并理清相对人审查义务的程度与范围。

关键词： 越权担保　法定代表人　《公司法》第 16 条　《民法典》第 504 条《九民纪要》

一、问题的提出

公司担保行为作出的本身就立时承认了一种潜在责任承担的风险，本质而言是一种或然债务，其利在于保障融资，推进经济发展；强化信用形象，鼓励互

---

* 林琪琪，中国政法大学法学院 2021 级硕士研究生。

助共赢；多样拓展盈利，适应时代发展。然其弊在于易被滥用，不利于公司资本的维持，增加公司财务风险，一定程度上剥夺了公司小股东本就不甚稳固的话语权。《全国法院民商事审判工作会议纪要》(以下简称《九民纪要》)和《最高人民法院关于适用〈中华人民共和国民法典〉有关担保制度的解释》(以下简称《民法典担保制度解释》)对公司为他人提供担保的裁判规则进行了较为明确的规定，这对统一裁判思路、规范法官自由裁量权、指导市场经济活动有着重要的指导意义。

由于针对公司越权担保行为的规范较为分散且不够完善，在法律解释与运用的过程中也造成了体系上的混乱和依据上的空白。2005年《公司法》第16条系不完全规范，其未明晰对担保债权人是否具有约束力，亦未明确法律后果。[1]虽然2021年12月24日公布了《公司法(修订草案)》，但第71条仅仅删除了"股东大会"，限定公司类型为"有限责任公司"，与之呼应的"股份有限公司"越权担保则规定在第123条，总体上关于越权担保的条款依旧秉持着抗动态的惰性，与旧法第16条相比未作出实质性的修改。大多数案例的裁判思路都是将担保合同的效力与担保合同是否对相对人、是否对公司产生担保效力这二者混为一谈。未将担保合同效力和效果归属两个概念范畴进行逻辑体系一致性地分别讨论，规避了越权代表行为的效力判断来妄议越权担保的效力，造成同案不同判的司法乱象，甚至最高人民法院前后观点亦有出入。这必将扩张法官的自由裁量权，滋生司法腐败、贬损司法公信，无疑直接影响到公司担保的规范化运作，不利于树立司法权威，亟待通过对相关法律条文的解释予以规范。

由是，如何恰宜地去理解当前已然是公司担保案件裁判必涉法条的《公司法》第16条，以裁判的视角对涉及的公司法定代表人越权对外担保的焦点问题进行概念和逻辑上的理论分析探索，厘清当前法院在裁判此类案件时所存在的思路偏离，重述裁判理念、统一裁判思维，寻求找到研究法定代表人越权对外提供担保效力的分析路径即为本文所旨。本文拟通过对案例的检索与整理，分析法院在处理该类担保纠纷时适用的方法路径并总结其局限性，提出对于公司法定代表人越权对外提供担保行为的逐次分析、逐步推导的规范路径，以期找到一条兼顾效率与公平的商事交易解决之道。

---

[1] 参见吴飞飞：《公司担保合同行为的最佳行为范式何以形成——公司越权担保合同效力认定的逆向思维》，载《法学论坛》2015年第1期。

二、实证考察：从 29 例最高人民法院的裁判切入

（一）29 例公司担保相关裁判的样本说明

基于案例的典型性及节约讨论成本的需要，并且最高人民法院的说理比较充分，易于总结，笔者选取最高人民法院审理的典型案例作为分析样本，通过在中国裁判文书网和北大法宝以"法定代表人""越权担保"为关键词检索案例，截至 2022 年 1 月 10 日，剔除重复案例、一例合伙担保案例和一例事实不清证据不足案例，共得到 29 个公司担保的相关裁判，按照审结时间先后排列，表格中"责任承担"指的是公司担保责任或保证责任的承担，不包含公司的过错赔偿责任，如表 1 所示。在充分理解案情的基础上对公司法定代表人越权担保合同的纠纷进行实证考察和分析，提炼出案件争议的焦点问题，借以反映在当下公司法背景下，司法实务中最高人民法院的裁判思路和认定标准，根据目前的理论争议与裁判立场归纳出可行的分析方法，并评析司法实践主体在对争议进行裁判时对法律依据适用的倾向性理解及裁判要旨，检视其效力评判的合理性，从而得出有益于个案正义和法律社会效果的较为一般性的结论。

表 1　29 例最高人民法院的裁判案例

案号	审结日期	争议焦点	责任承担	法院观点与采用的学说
（2014）民一终字第270号	2015.03.23	《保证合同》及《承诺保证函》是否有效？	公司担责	采用规范性质识别说与内外区分说。 1. 第三人应当不受公司内部程序性规定的约束。 2.《公司法》第16条的规定不属于效力性强制性规定，不能据此主张合同无效。
（2015）民申字第2086号	2015.08.31	越权担保是否有效？	公司担责	采用内外区分说。 公司对内的程序性规定，其并未规定公司以外的第三人对此负有审查义务，公司对外提供担保是否经股东会或者股东大会决议，并不影响其对外签订的合同效力……公司是否召开股东会以及股东会的决议，是公司的内部控制程序，不能约束与公司交易的第三人。

案号	审结日期	争议焦点	责任承担	法院观点与采用的学说
（2015）民申字第1992号	2015.10.14	公司是否应承担《确认书》项下担保责任？	公司担责	采用内外区分说。 公司有双章，法定代表人持一章签订保证合同在公司无有效证据证明第三人恶意串通的情况下对公司发生效力。
（2016）最高法民申2633号	2016.10.25	公司是否应承担担保责任？	公司不担责	采用代表权限制说。 第三人作为专门从事担保业务的专业机构，应对法定代表人是否越权尽到更为谨慎的审查义务，未进行形式上的审查则不构成善意。
（2017）最高法民申3542号	2017.09.26	1. 是否构成表见代理？ 2. 公司是否承担保证责任？	公司不担责	采用代表权限制说。 第三人应尽到审查义务，若未审查案涉公司担保行为是否经过董事会或者股东会决议，则不属于善意的合同相对人。
（2018）最高法民申2114号	2018.06.01	公司是否应当承担担保责任？	公司不担责	采用代表权限制说。 1. 第三人不能提供证据证明其有理由相信该担保系公司真实意思的情况下，担保合同的效果并不归属于公司。 2. 越权代表行为是否有效的法律后果，是效果是否归属于公司，并非《合同法》第52条（现《民法典》第144条、第146条、第153条、第154条、第497条、第506条）的规范范围。
（2018）最高法民申2674号	2018.06.28	案涉担保是否为越权担保？	公司担责	采用代表权限制说。 不予采信"案涉担保未经其股东会决议并不能当然得出不能代表公司意思的结论"。
（2017）最高法民终892号	2018.07.25	公司法定代表人的越权行为对恶意相对人的法律效力为何？	公司不担责	采用代表权限制说。 公司的法定代表人作为担保方超越权限给第三方提供担保，其与被担保方签订担保协议时，被担保方知道或者应当知道担保方提供担保属于越权行为，此时被担保方属于恶意相对人，担保协议对担保方所代表的公司而言不发生法律效力。

续表

案号	审结日期	争议焦点	责任承担	法院观点与采用的学说
（2017）最高法民再210号	2018.12.29	法定代表人越权担保的行为效果是否应当由该公司承受？	公司不担责	采用代表权限制说。公司机关决议前置程序以限制法定代表人的代表权限。规范意旨在于确保该担保行为符合公司的意思，不损害公司、股东的利益。只有在相对人善意无过失的情况下，该担保合同的效果才归属于公司。
（2019）最高法民终345号	2019.05.30	公司是否为担保协议主体？	公司担责	采用代表权限制说。公司为法定代表人提供的担保虽然未经股东会决议，但对在《协议书》上加盖公司公章的事实并无异议，其协议主体地位应予认定。
（2019）最高法民申5163号	2019.11.27	第三人是否善意？	公司不担责	采用代表权限制说。依据刑事判决认为第三人对于涉案公司印章系伪造、提供担保并非公司真实意思表示的事实十分清楚，不属于法定代表人越权担保中的善意相对人。
（2019）最高法民申5029号	2019.12.12	工商银行祥云支行再审申请的理由是否成立？	公司不担责	采用代表权限制说。1. 担保行为须以公司股东（大）会、董事会等公司机关的决议作为授权的基础和来源。2. 不能仅以加盖公司公章而直接推断出该公司对法定代表人的越权担保行为进行了追认。
（2019）最高法民终560号	2019.12.30	《差额补足合同》的效力认定？	公司不担责	采用规范性质识别说与代表权限制说。1.《公司法》第16条是对法定代表人代表权进行限制的强制性规范。2. 根据《合同法》第50条（现《民法典》第504条）关于法定代表人越权代表的规定，区分订立合同时债权人是否善意认定合同效力。
（2020）最高法民申1773号	2020.06.30	公司担保的效力？	公司不担责	采用代表权限制说。在公司未出示股东会决议的情况下，仍签订担保合同，事后也未经有权机关追认，未尽依法审查的合理审慎义务，难言善意。

案号	审结日期	争议焦点	责任承担	法院观点与采用的学说
（2020）最高法民申4082号	2020.08.19	《担保书》效力？	公司担责	采用代表权限制说。 1. 未提供证据证明案涉担保订立时违反了其公司章程的有关限制性规定、未获得其有权决议机关的认可。 2. 基于商事外观主义原则和一般交易习惯……其合理信赖利益应受法律保护。
（2020）最高法民申3125号	2020.09.28	公司是否应当承担连带责任？	公司不担责	采用代表权限制说。 法定代表人为公司股东提供担保须经股东会决议，并非法定代表人能够单独决定的事项。
（2020）最高法民申4889号	2020.10.30	公司是否承担担保责任？	公司担责	采用代表权限制说。 公司担保意思表示真实、明确，对自身所应承担的连带担保责任明知且认可，第三人对于担保人与主债务人之间的关系具备一定的合理信赖基础。
（2020）最高法民终742号	2020.11.27	公司应否作为担保人对本案全部债务承担连带责任？	公司不担责	采用代表权限制说。 该担保行为未经……公司股东会决议，贷款人张某福未就此进行审查，亦有过错，依据为《公司法》第16条、《最高人民法院关于适用〈中华人民共和国担保法〉若干问题的解释》第7条（现《民法典担保制度解释》第17条）。
（2020）最高法民终1161号	2020.12.14	《担保承诺函》中的担保事项对中南红文化公司是否有效？	公司不担责	采用代表权限制说。 《担保承诺函》中所涉担保事项未经中南红文化公司股东大会进行审议，违反《公司法》第16条。
（2020）最高法民申4144号	2020.12.28	公司的合同无效责任认定？	公司担责	采用代表权限制说。 上市公司未履行法律规定、章程约定的程序即由公司法定代表人在保证合同上盖章确认，该担保行为事后亦未被公司股东大会追认。
（2020）最高法民申6172号	2020.12.28	新光圆成公司是否承担本案责任？	公司不担责	采用代表权限制说。 新光圆成公司时任法定代表人未经公司股东大会决议，越权与玉汇公司签订《保证合同》，约定为本案债务提供担保，其行为违反了法律规定，《保证合同》应属无效。

续表

案号	审结日期	争议焦点	责任承担	法院观点与采用的学说
（2020）最高法民申6149号［同案（2021）最高法民申3452号、（2021）最高法民申3454号］	2020.12.31	担保合同效力？	公司不担责	采用代表权限制说。 1. 根据《公司法》第16条认定《差额补足承诺函》为越权担保。 2. 根据《合同法》第50条（现《民法典》第504条），区分缔约时相对人是否善意来认定越权行为的效力。工行九龙坡支行未提交董事会的一致同意，或者该公司股东、实际控制人的同意，或存在相互担保等商业合作关系的相关证据，未尽到必要的审查义务，主观上具有过错。
（2021）最高法民申24号［同案（2021）最高法民申27号］	2021.02.03	杭品公司是否承担担保责任？	公司不担责	采用代表权限制说。 既不存在董事会决议，也不存在对外披露的情况，德清升华作为专业从事融资的合同相对人应该查阅，也容易查阅到董事会对案涉担保事项的决议，其未进行查阅或未查阅到相关决议事项，应当知晓高某寅签约代表的行为越权。
（2020）最高法民终935号	2021.04.28	加盖银河生物、永星公司公章的《保证合同》效力及法律后果？	公司不担责	采用代表权限制说。 卓舶公司在接受银河生物、永星公司提供的担保时，可公开查询银河生物对该担保事项有无进行公告，据此可认定卓舶公司应当知道案涉《保证合同》未经过上市公司股东大会表决通过。卓舶公司并未履行基本的形式审查义务，不属于善意相对人。
（2021）最高法民申3819号	2021.06.29	省投公司是否为善意相对人，案涉《保证合同》的效力应如何认定？	公司担责	采用代表权限制说。 省投公司对《股东会决议》已尽形式审查义务，华宇公司提供的书面证据和相关证人证言，均不足以认定省投公司明知《股东会决议》系伪造、华宇公司法定代表人存在越权代表的情形，且省投公司对公证的《保证合同》产生了较强的信赖，符合善意相对人的标准。
（2021）最高法民申4798号	2021.07.30	抚顺中石油公司是否应当承担责任？	公司担责	采用代表权限制说。 《担保合同》系由抚顺中石油公司时任法定代表人王某洋签订，中海信托公司签约时审阅了公司章程，并向王某洋索要公司决议但未果。

案号	审结日期	争议焦点	责任承担	法院观点与采用的学说
（2021）最高法民申5105号［同案（2021）最高法民申5103号］	2021.08.25	子公司对外担保是否需要经过母公司的股东大会决议，分行是否尽到审核义务？	公司担责	采用代表权限制说。分行作为接受担保的外部债权人，如果要求其进一步审核母公司股东会决议，会增加市场交易成本，影响市场交易效率。分行审查了子公司唯一股东母公司出具的股东决定，尽到了自身的审查义务。
（2021）最高法民终687号	2021.09.24	《担保协议书》是否有效？	公司不担责	采用代表权限制说。法定代表人唐某某在公司章程明确规定公司禁止为他人提供担保，且未经公司董事会或者股东（大）会决议的情况下，构成越权代表。十四冶未对董事会或股东（大）会决议进行必要审查，不构成善意。《担保协议书》应属无效。
（2020）最高法民终1143号	2021.09.27	中建公司是否承担保证责任？	公司不担责	采用代表权限制说。未提供证据证明以中建公司名义为本案提供的担保经过了中建公司董事会或者股东会的同意，故该担保属于法定代表人未经授权擅自为他人提供担保。因此，《第三方单位担保书》应当认定无效。

（二）三种裁判路径的分析与展开

分析上述29例最高人民法院的裁判，可大致归纳出以下三种裁判思路，需要说明的是，部分案例不止体现一种判定理路，如图1所示：

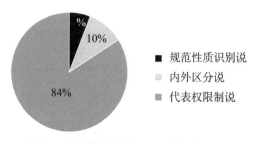

图1　三种裁判思路所运用学说的比例

1. 规范性质识别说

该说是从《公司法》第 16 条的规范性质系效力性规范抑或管理性规范入手来界定公司担保的效力。比如（2014）民一终字第 270 号中法院认为"《公司法》第十六条的规定不属于效力性强制性规定，不能据此主张合同无效"。（2019）最高法民终 560 号中法院提到"《公司法》第十六条是对法定代表人代表权进行限制的强制性规范"，但未对强制性规范的进一步区分作出说明。在强制性规范和任意性规范的划分上，学界已达成共识，即《公司法》第 16 条属于强制性规范，因"'必须''不得''应该'等严格限定的词义并非倡导性或任意性规定的表达"。[1] 但在《公司法》第 16 条属于强制性规范中的效力性规范抑或管理性规范上结论不一。

持管理性强制性规定观点者认为，设置程序决议之意，并不包含违之即导致外部合同无效的法律后果，主要涉及的是担保权人与公司股东和债权人之间的利益，并未涉及公共利益，违反该规定的后果是使相应主体承担其他法律责任，而非担保合同无效。[2] 有学者甚至列举了十二条理由充分表达了其支持效力性规范的理解立场，认为效力性规范说忠实体现了法人决议制度与法定代表人制度的设计本意，契合公司为人作保的特殊性，有助于促进公司民主治理与契约理性自由的有机融合，弘扬股权文化，提高担保有效性，平等保护债权人、担保人公司及其中小股东的三大法益，实现法定代表人角色精准定位等。[3] "从调整对象来看，一般而言，管理性强制性规范单纯限制主体的行为资格，而效力性强制性规范往往针对行为内容。"[4] 最高人民法院曾发布司法解释认为应"注意区分效力性强制规定和管理性强制规定。违反效力性强制规定的，人民法院应当认定合同无效；违反管理性强制规定的，人民法院应当根据具体情形认定其效力"。[5]

---

[1] 华德波：《论〈公司法〉第 16 条的理解与适用——以公司担保债权人的审查义务为中心》，载《法律适用》2011 年第 3 期。

[2] 参见吴飞飞：《公司担保案件司法裁判路径的偏失与矫正》，载《当代法学》2015 年第 2 期；赵德勇、宋刚：《关于公司对外担保的法律问题》，载《理论探索》2007 年第 2 期。

[3] 参见刘俊海：《公司法定代表人越权签署的担保合同效力规则的反思与重构》，载《中国法学》2020 年第 5 期。

[4] 参见韩世远：《合同法总论》（第三版），法律出版社 2011 年版，第 178 页。

[5] 《最高人民法院关于当前形势下审理民商事合同纠纷案件若干问题的指导意见》第 15 条。

然而，逐渐有学者跳出规范性质识别的讨论泥淖，认为"公司法规则的强制性与任意性，事实上并不存在泾渭分明的分野"。[1]效力性强制性规定与管理性强制性规定并非非此即彼的关系，以倒果为因的思维形式抽象分类，以问答问，循环论证并无实质意义。[2]将私法规范中的强制性规定肢解为效力性规范与管理性规范的思维定式混淆了民事关系与行政关系，抹杀了公法与私法边界。[3]在法律适用技术层面，效力性与管理性二分法的概念的同义反复、判别标准的含混游移、司法适用的不一致，势必带来公平的拷问，无法为合同效力认定提供准确指引，借助于管理性规范或效力性规范的分析框架评价越权担保的效力反而弄巧成拙。

2. 内外区分说

该说是从公司内部关系和外部关系理论进行认定。该观点认为，公司内部意思形成过程实属公司内管理之程序性规定，系自治之范畴，不具有可探知性，相对人无义务查明公司意思是否经过了正当法定程序。比如（2014）民一终字第270号中法院认为"第三人应当不受公司内部程序性规定的约束"。（2015）民申字第2086号中法院主张"公司对内的程序性规定，其并未规定公司以外的第三人对此负有审查义务，公司是否召开股东会以及股东会的决议，是公司的内部控制程序"。日本学者称公司章程、董事会或股东（大）会决议对代表权限附加的这种限制为内部性限制或约定限制。[4]如果让交易相对人来承担公司内部治理成本，无异于允许公司某些有权人员随意设定担保、肆意处分公司资产、侵犯公司相关股东之利益，使得恶意失信行为大行其道。但从另一个角度来看这种审理思路也存在弊端，因未区分对法定代表人的约定限制和法定限制，未对第三人是否为善意进行判断而显得捉襟见肘。这造成了交易相对人审慎注意义务底线的一再退让，更助长了不规范担保行为的野蛮生长。

早年美国越围原则认为"如果公司章程或法律没有明文规定公司可以对外担

〔1〕 罗培新：《公司法强制性与任意性边界之厘定：一个法理分析框架》，载《中国法学》2007年第4期。

〔2〕 参见高圣平、范佳慧：《公司法定代表人越权担保效力判断的解释基础——基于最高人民法院裁判分歧的分析和展开》，载《比较法研究》2019年第1期。

〔3〕 参见刘俊海：《公司法定代表人越权签署的担保合同效力规范的反思与重构》，载《中国法学》2020年第5期。

〔4〕［日］山本为三郎：《日本公司法精解》，朱大明等译，法律出版社2015年版，第179页。

保，那么公司对外担保则是超出公司能力范围的行为，不产生效力"。[1]越围原则随着现代市场经济的发展已逐渐被各国废弃。如果将内外行为完全割裂则意味着法律绝对保护相对人利益，而忽略公司、股东利益，为了实现利益取向上的平衡，作为公司内部事项的决议应当与公司外部的合同效力产生牵连。[2]一般而言，公司内部意思自由化与公司行为效力内敛化是现代公司法的基本范式，但在某些特殊情况下，公司内部行为亦可产生"溢出效应"。[3]倘若禁止此种"溢出"，一味地基于交易效率与安全判决合同有效，则是一种过于强调担保行为本身的效率及司法便利的形式主义的裁判思维，忘却了法官还应承担的对实质正义的维护功能，演变为对外观主义的滥用、对交易效率的盲目崇拜。

3. 代表权限制说

该说认为《公司法》第 16 条系对公司法定代表人代表权的限制，落脚于对相对人善意与否的判断上，再进一步讨论相对人是否负有审核义务、负有何种程度的审核义务以及举证责任的分配等问题。依照《民法典》第 504 条，"订立的合同对法人或者非法人组织发生效力"，指代表行为的法律效果由法人承受，其所传达的法律意义系效果归属规范而非行为效力规范。对于代表人越权代表所签的担保合同效力尚需根据影响合同效力的其他因素的规定，如合同主体资格、行为能力、意思表示等方面的要素进行判断。比如（2017）最高法民再 210 号中法院认为公司决议机关前置程序以限制法定代表人的代表权限。在（2019）最高法民申 5029 号和（2020）最高法民申 4082 号中法院都强调了担保行为须以公司股东（大）会、董事会等公司机关的决议作为授权的基础和来源，需要决议机关的认可，并且最高人民法院的大部分案例都涉及相对人善意的认定。

根据《九民纪要》第 17 条[4]的精神指引，目前普遍采取"代表权限制说"，

---

[1] 张万彬：《试论公司章程对公司对外担保权的影响》，载《海南金融》2007 年第 6 期。

[2] 参见马更新：《公司担保中决议形成程序与合同效力认定间牵连关系探析》，载《法学杂志》2020 年第 6 期。

[3] 梁上上：《公司担保合同的相对人审查义务》，载《法学》2013 年第 3 期。

[4] 《九民纪要》第 17 条：【违反《公司法》第 16 条构成越权代表】为防止法定代表人随意代表公司为他人提供担保给公司造成损失，损害中小股东利益，《公司法》第 16 条对法定代表人的代表权进行了限制。根据该条规定，担保行为不是法定代表人所能单独决定的事项，而必须以公司股东（大）会、董事会等公司机关的决议作为授权的基础和来源。法定代表人未经授权擅自为他人提供担保的，构成越权代表，人民法院应当根据《合同法》第 50 条关于法定代表人越权代表的规定，区分订立合同时债权人是否善意分别认定合同效力：债权人善意的，合同有效；反之，合同无效。

对公司对外担保案件确立了统一的审理思路。法人执行机构的职权具有两副"面孔"，区分法定代表权与业务执行权，它对内是"应该"履行岗位职责的业务执行权，对外是"可以"与他人实施法律行为的代表权。应当把《民法典》第61条的"对法定代表人代表权的限制"限缩为"法人内部业务执行权限制"。从比较法上观察，德国法的社团董事会业务执行权基于董事会各成员与社团之间的法律关系而产生；董事会的业务执行权限仅具有内部效力，原则上不直接对第三人产生效力。[1]一般而言，法定代表人具有概括权限，例外情况下代表权之限制确立了公司对外担保的权利分配规则——关联担保的决定权由股东（大）会掌握，非关联担保的决定权归属于股东（大）会或者董事会，是保障公司财产安全的应有之义。

代表权限制说以《公司法》第16条的立法目的为着眼点，回归规范立场的讨论，既为维护交易安全而注重对相对人信赖利益的保护，又基于交易公平理念对相对人课以一定的形式审查义务，否定商事外观主义的绝对化倾向，在抑制相对人懈怠疏忽的同时，兼顾了公司及中小股东的利益，切实反映了利益衡量的价值权衡理念。

（三）小结

就法定代表人越权担保的解释进路而言，素有"规范性质识别说""内部关系说""代表权限制说"，使法定代表人越权担保的裁判成为悬案。其中，"规范性质识别说"与"内部关系说"均难以刈除复杂的纠缠，实质性肢解分歧的症结。在总结了29个最高人民法院关于越权担保的裁判后，毫无疑问当下"代表权限制说"具有压倒性优势，于贯通权责逻辑的前提下，从制度考量的内生性要求出发，"代表权限制说"能够最大程度避免公司担保的风险外溢，深描越权担保在公司规范体系中的角色定位并识别其运作实质，实现人民法院贴合交易语境的细密审查。至此，从案例面向上关于法院审理要点的梳理与裁判导向的把握，对越权担保的效果归属之责任主体和越权担保合同的效力体察具有抵背扼喉之效，亦将助推相对人善意的主观心理与合理注意义务的审查判断。

---

〔1〕 参见迟颖：《法定代表人越权行为的效力与责任承担——〈民法典〉第61条第2、3款解释论》，载《清华法学》2021年第4期。

三、越权担保的归属效果与效力识别

《民法典》第 504 条或《民法典担保制度解释》关于越权代表行为效力的规定是对该代表行为效力归属的规定抑或是对该代表行为本身效力的规定并不明晰，实践中常常予以混淆。然笔者认为，越权代表行为无效不等于越权担保合同无效，《民法典》第 504 条之规定乃为法定代表人越权担保行为后果是否由公司承担之效果规范而非效力规范，对此，需要从《公司法》第 16 条的立法原意与法定代表人的权限内涵来深入阐述。

（一）《公司法》第 16 条之规范解读

检视《公司法》第 16 条的性质可以发现，《公司法》作为一部组织法，"注重内部的组织结构，核心在于解决公司内部治理问题，配置公司内部的权力与权利"，[1]"体现的是公司组织法（主体法）对行为法（合同）的补充"。[2]《公司法》第 16 条属于法定限制，"基于法律规定的公开性，任何人不得以其自身不知法律而提出免责或减责抗辩"。[3] 第 16 条第 1 款中的"依照公司章程的规定，由董事会或者股东会、股东大会决议"看似赋予公司章程以一定的自治权，但依然是戴着镣铐在舞蹈，即在法律规定的框架内只能选择董事会或者股东（大）会，"本款中的'依照'隐含'不得违背公司章程规定'之意，'由'隐含'应由'之意"。[4]

从《公司法》第 16 条的立法目的审思，其旨趣"是为了引导公司对外担保时作出科学的决策，防止公司担保行为被用来进行利益输送，损害公司和其他股东的利益"。[5]"只有同时考虑历史上的立法者的规定意向及其具体的规范想法，而不是完全忽略它，如此才能确定法律在法秩序上的标准意义。"[6] 探究此规则最初被纳入《公司法》的初衷是"通过对合规价值的立法引导，以激励并强化公

---

〔1〕 尚法、李志刚等：《未经决议的公司担保：合同效力与解释路径》，载《人民司法》2016 年第 31 期。

〔2〕 岳万兵：《公司债权人特殊风险的类型分析——对公司法债权人保护的展望》，载《河南大学学报（社会科学版）》2022 年第 1 期。

〔3〕 周伦军：《公司对外提供担保的合同效力判断规则》，载《山东大学法律评论》2015 年第 1 辑，第 166—183 页。

〔4〕 参见李建伟：《公司非关联性商事担保的规范适用分析》，载《当代法学》2013 年第 3 期。

〔5〕 桂敏杰、安建主编：《中华人民共和国新公司法条文解析》，人民法院出版社 2006 年版，第 39—41 页。

〔6〕 ［德］卡尔·拉伦茨：《法学方法论》，陈爱娥译，商务印书馆 2003 年版，第 199 页。

司建立科学的自我管理机制，积极培育合规守法文化，激发公司内部自律的自觉性"，[1] 提升公司风控水准，健全内部合规体系，实现公司的财产安全、股东的利益保护与相对人的交易预期和交易效率之间价值平衡，因而 2005 年《公司法》导入这第 16 条的公司担保民主决议制度，意图通过团体表决的方式规避个人行为可能产生的不利后果，促使公司慎重对待对外担保，准此以言，《公司法》第 16 条的规范目的未涉及公共利益主体，所以将违反第 16 条之公司担保合同的效力判断直接依托于《民法典》第 504 条本身存在法律适用上的不妥，属于对第 16 条规范对象之误读，背离了第 16 条之规范目的。

剥离《公司法》自身，从外部视角观察整个公司担保的法律体系的重要性不待烦言。对外担保具有关涉公司命运的潜在风险，仅仅从公司法自身逻辑出发寻求对第 16 条这种法定限制情形的解释路径难免具有局限性和片面性，欠缺将该条款纳入整个法律体系框架的忖度。不能"一刀切"地只依据《公司法》第 16 条来认定违反程序性条款的公司担保行为均属无效。"法律中的诸多法条，其彼此并非单纯排列，而是以多种方式互相指涉，只有透过它们的彼此交织及合作才能形成一个逻辑严密的整体。"[2] 事实上，《公司法》第 16 条是对合同规则与担保规则制度利益的价值补充与矫正，并为其设置了利益扩张的边界。对于担保合同效力的判断，需要参引构成要件，转介到强制性规定，[3] 将《公司法》第 16 条补足到《民法典》第一编第六章第三节"民事法律行为的效力"和第三编第三章"合同的效力"从而判断担保合同效力。

（二）法定代表人的权限

法人何以承担法定代表人行为的法律效果？凭借代理说与代表说这法律技术的产物来阐释法定代表人行为效果的归属规范具有逻辑上的可能性。代理说对应萨维尼的法人拟制说，即行为是以具备思维和意志的存在体为前提，法人不具备自然人的思想。[4]"代理人自为意思表示，只是其民事法律行为效果归属于本

〔1〕 王兰：《公司软法定位及其与公司法的衔接》，载《中国法学》2021 年第 5 期。

〔2〕 [德]卡尔·拉伦茨：《法学方法论》，陈爱娥译，商务印书馆 2003 年版，第 144 页。

〔3〕 参见高圣平、范佳慧：《公司法定代表人越权担保效力判断的解释基础——基于最高人民法院裁判分歧的分析和展开》，载《比较法研究》2019 年第 1 期。

〔4〕 Friedrich Carl von Savigny, System des heutigen Römischen Rechts, Bd. 2, *Veil und Comp*, Berlin, 1840, S. 236–282.

人。"[1]"对内代表机关形成准委任关系，对外根据代理规则将该机关的行为的法律效果归属于法人。"[2]代表说对应基尔克创立的法人实在说，该观点称团体人与个人一样，在本质上是真正完全的人，并非虚构的人。团体人具有行为能力，其是活生生的实体，拥有独立的意思能力且可以实施行为，法定代表人与法人具有人格同一性，法人机关的行为即为其自身行为。[3]我国现行法采纳法人实在说，承认法定代表人为法人的机关。[4]然而不论是代理说还是代表说，不可否认的是法定代表人的职权实质并不包含法人意思形成的权力，而仅是法人意思形成后的表达权。简而言之，在未获得法人授权意思决定时，法定代表人的代表权只是"签字权"而已。[5]如同神经中枢与口舌器官，"意思决定与意思表达的事实性分离构成了区别于自然人的法人行为机制"。[6]所以纵使我国采取法人实在说，在代表人超越权限时，仍然区分了法人人格与代表人的独立人格，[7]二者人格不再重合。英美法中的"正常生意规则"表明公司一般日常经营事项法定代表人有权签署合同，超出范围的属于非正常生意，法定代表人无权签署。[8]从义务本源看，不能超越章程或者权力机构的限制行使职权是法定代表人对法人的忠实义务和勤勉义务的内在要求，属于法人内部治理中法人成员应当遵守的义务。[9]申言之，假若法定代表人违背对法人的承诺而超越权限订立担保或保证合同，越权担保的后果便不再由背后的法人所承受。

四、善意标准与审查义务

《民法典》第 504 条的除外条款只规定了相对人不知道或不应知道法定代表人超越权限时该代表行为有效，但相对人知道或应当知道法定代表人超越权限时

---

[1] 王泽鉴：《民法总则》，北京大学出版社 2009 年版，第 352 页。

[2] 龙卫球：《民法基础与超越》，北京大学出版社 2010 年版，第 212 页。

[3] 参见托马斯·莱赛尔：《德国民法中的法人制度》，张双根译，载《中外法学》2001 年第 1 期；梁慧星：《民法总论》，法律出版社 2018 年版，第 130 页；Otto Gierke, Die Genossenschaftstheorie und die deutsche Rechtsprechung, *Weidmannsche Buchhandlung*, Berlin, 1887, S. 623。

[4] 参见王利明：《民法总则研究》，中国人民大学出版社 2018 年版，第 292 页。

[5] 参见孙玺：《公司法定代表人越权对外担保效力研究》，中国政法大学 2019 年硕士学位论文。

[6] 蔡立东：《论法人行为能力制度的更生》，载《中外法学》2014 年第 6 期。

[7] 参见殷秋实：《法定代表人的内涵界定与制度定位》，载《法学》2017 年第 2 期。

[8] 参见朱锦清：《公司法学》（修订本），清华大学出版社 2019 年版，第 253 页。

[9] 茆荣华主编：《司法适用与审判实务》，法律出版社 2017 年版，第 123 页。

该代表行为的效力如何？《民法典》第 61 条中"不得对抗善意相对人"有何深刻含义？另外，相对人知晓事项范围的界定亦有待进一步探究。这种规范漏洞是否由于立法者的疏忽所致，不得而知。如此一来，对"善意"的内涵进行更深入地解析与评价，厘定审查义务的程度与内容便成为规范法定代表人与相对人交易行为的不可或缺的重要环节。

（一）"不知道且不应当知道"的初步界定与善意的三段效力区间

《九民纪要》和《民法典》第 504 条将"善意"界定为"不知道或者不应当知道法定代表人超越权限"，然而中间的连接词不当扩大了善意的实质范围，譬如会产生当相对人"不知道但应当知道"时如何认定其善意的质疑。依照反对解释，善意的负面似乎是恶意，但在民法上"恶意"有两种含义，一是与"善意相对"，系明知或因重大过失而不知；二是侵害他人之故意。[1] 若相对人的恶意并不表现为"恶意串通"、法定代表人不表现为显见性的"滥用代理权"，而仅仅是因相对人未审查公司章程和担保决议而被推定的"恶意"，此即为"应当知道"下的重大过失，可依赖"在个案中相对人根据其知悉的特定交易的具体情况和当事人之间的习惯性做法等信息"[2]（如交易的性质、金额、重要性、当事人之间的特别交易习惯或行业习惯等）予以审定判别。易言之，采用观念主义的"恶意"来作为相对人"重大过失"的评判指标，从而妥洽嵌入越权代表行为的效力评价适用空间。除此之外，法定代表人代表权的限制存在约定限制与法定限制之分。公司为他人债务提供担保，系公司从事的不属于其营业范围内的非经营行为，其在交易对价方面与经营行为存在重大差异。对于公司章程、决议等意定代表权限制，依照《民法典》第 61 条第 3 款关于代表权之约定限制不得对抗善意第三人的规定，不应要求相对人负担调查法定代表人代表权限的义务；而对于来源于法律的代表权的限制，则依照《民法典》第 504 条关于第三人对代表权的法定限制之表象的信赖，自不能豁免其审查法定代表人代表权限的义务，相对人的善意不可自动推定，尚须自己举证证明。[3]

---

〔1〕 参见朱庆育：《民法总论》，北京大学出版社 2015 年版，第 256 页。

〔2〕 沈德咏主编：《〈中华人民共和国民法总则〉条文理解与适用》，人民法院出版社 2017 年版，第611 页。

〔3〕 参见高圣平：《再论公司法定代表人越权担保的法律效力》，载《现代法学》2021 年第 6 期。

幸运的是，随后出台的《民法典担保制度解释》第 7 条更加精确地将"善意"圈定于"不知道且不应当知道法定代表人超越权限"的细致表达，从而消解了部分疑窦，但仍然无法解释当相对人非纯粹善意的情况下担保合同效力的判断。因此，不免需要对善意进行再次切割。

有学者主张将原有善意与恶意的"二元逻辑"升级为"三元逻辑"，将定量方法引入相关法解释过程中，以高、中、零三级"探知度""善意度"和无、轻、重三级"过错度"的"三元逻辑"全面重塑现行规则，可有效指导相关争议的权责配置进路。[1]笔者对此颇为赞同。依照三元逻辑体系划分成三段效力区间：第一区间，相对人纯粹善意时，合同有效，公司承担合同担保义务；第二区间，相对人纯粹恶意时，合同无效，公司不承担合同担保义务；第三区间，相对人因重大过失介于纯粹善意和纯粹恶意之间时，合同效力待定，责任分担情况依公司、法定代表人和相对人各自的过错自行承担。

（二）相对人审查的内容与范围

1. 一般规则：审查章程和公司决议

法律课予担保权人审查章程和内部决议的义务可以避免纠纷，形成诚信醇厚的市场风气，达到减少讼累、增进社会福祉的长远效果。[2]

对于是否应当查询章程众说纷纭，一方面一些学者认为，"章程在登记机关备案的目的就是在于把公司内部的治理规则公之于众，防止公司及其股东受法定代表人与代理人的道德风险以及机会主义行为的威胁"。[3]"章程一经工商部门备案，记载的事项就具有对抗第三人的效力。"[4]另一方面有学者指出，实践中章程被视为备案（而非登记）事项。由于我国章程公示制度存在盲区、章程透明度缺乏制度保障，公众与交易伙伴无法通过企业信用信息公示系统和登记机关查询章程，无法公开查询公司的内部决策机制和外部代表代理权限配置，无从知晓对外投资、借贷、担保及关联交易等重大事项的适格决策机构、代表人和代理人。

---

[1] 参见朱庆、季裕玲：《公司法定代表人越权担保权责配置规则的法解释——以〈九民纪要〉出台为背景》，载《浙江社会科学》2020 年第 9 期。
[2] 参见罗培新：《公司担保法律规则的价值冲突与司法考量》，载《中外法学》2012 年第 6 期。
[3] 徐海燕：《公司法定代表人越权签署的担保合同的效力》，载《法学》2007 年第 9 期。
[4] 刘俊海：《公司法学》（第 2 版），北京大学出版社 2013 年版，第 82 页。

在信息不对称与单方内部决策与内控程序晓谕不透明的情况下，提高了商业伙伴的交易成本，阻碍商事流转。[1]实务中各地市监局难以满足异地当事方的审查请求，公司章程实际也就不具备公示效力。

就公司决议的审查而言，其一，审查决议中签章的股东是否对应于公司章程中的记载，核对股东的姓名；其二，审查决议中同意担保的股东所持表决权（股权、股份）之和是否达到法律规定的或公司章程中载明的股东（大）会决议形成的最低表决权要求；其三，审查决议中的担保数额是否超过章程中对单项担保的限额规定。[2]决议具有有形性，相对人有探知的可能性，然而实践中如股东对某项决议达成书面同意则并不一定需召开会议，这也间接证明了相对人对动态意义上的召集程序、表决方式并无审查义务。

2. 非关联担保中章程"沉默"时相对人的任意抉择权

《九民纪要》第18条针对关联担保和非关联担保作出了区别规定，相应地在善意的判断标准上也应当有所区别。就关联担保而言，相对人应提供证据证明其在订立合同时对股东（大）会决议进行了审查且决议的表决程序符合《公司法》第16条规定；对于非关联担保来说，相对人的举证义务相对较轻，应证明其在订立担保合同时对股东（大）会决议或者董事会决议进行了审查且同意决议的人数及签字人员符合公司章程的规定。

有疑问的是，在非关联担保中，章程可规定两个公司担保决议机关，倘使章程对担保事宜未作规定时应当由哪个机构作出对外担保的决议？在章程"沉默"下，有只归于股东（大）会的意见，作为公司决策机关的股东会可以通过制定公司章程的方式就特定事项授权董事会作出决策，如果股东会未赋予董事会行使担保权则董事会无权对担保事项进行决议，此时作出担保决议的权利应由股东（大）会保留。另有观点认为，章程无规定则两个机关均有权决定公司能否为他人提供担保。担保权人无能力调查公司决策机关的决定和内部授权委托权限上的实质差异，此属于公司内部权力配置问题，系意思自治的范畴。相对人只要审查二者之一提供的决议文件，即可认为尽到审查义务。笔者认为在公司章程没有规定的情况下，可以在股东（大）会和董事会中任选其一作为公司为非关联公司提

---

〔1〕 参见刘俊海：《基于公司理性自治的公司法规范重塑》，载《法学评论》2021年第5期。

〔2〕 参见高圣平：《公司担保中相对人的审查义务——基于最高人民法院裁判分歧的分析和展开》，载《政法论坛》2017年第5期。

供担保的决策机构，理由如下：首先，从公司自身逻辑出发，这是尊重公司意思自治的表现。《公司法》第16条对公司为非关联公司提供担保没有作出强制性规定，《公司法》第37条和第46条关于股东会和董事会的职权亦未作出专项规定，依照法无禁止即自由的一般法理原则，公司在对外担保事项的决议机关的选择上应当有自由发挥的空间。其次，从善意相对人的角度考虑，这是形式审查的题中应有之义。任选其一进行审查未超越注意义务的合理限度且有切实履行的空间，利于交易的促成。最后，从宏观市场交易流转方面来讲，这是保护动态商事交易安全的关键组成部分。利于降低社会的融资成本，提高授信效率。

（三）相对人审查的程度

1. 相对人合理审查的正当性基础

商事交易的过程原本就是一个适者生存的复杂环境，这就要求进行商业行为的各方主体要比普通实施民事行为的主体更加理性谨慎。[1] 曾有反对相对人的审查义务的声音，认为将审查义务施加给交易相对人会提高其交易成本，降低交易效率，需要消耗极大的时间成本和金钱成本，有违商事迅捷和便利的一般要求，法律应倾向于保护借贷交易中的动态安全。[2] 然而，"知道或应当知道"具有引致功能，相对人据此负有审查法定代表人代表权限的义务。[3] 换言之，相对人欲使该越权代表行为归属于公司，需承担相应审查义务以证明该"越权"已通过某种方式获得"治愈"，这样便为自己披上了"善意"的保护罩。一味地宠溺相对人易导致相对人的懈怠，从某种意义上讲，适当的审查义务是为了激励相对人勤勉审慎，不断提升注意能力，减少争议造成的不必要损失，推动金融服务于实体经济发展。再者如今相对人的地位是否仍然弱势、是否仍需要立法的特别关照恐怕已经不可同日而语。担保本就是对于权利的单方授予，根据权利义务平衡的原理便可推论出作为受益人的相对人应当对此恪尽审慎。基于资本维持原则和公

---

〔1〕参见李游：《公司担保中交易相对人合理的审查义务——基于458份裁判文书的分析》，载《政治与法律》2018年第5期。

〔2〕参见崔建远、刘玲伶：《论公司对外担保的法律效力》，载《西南政法大学学报》2008年第4期；曾大鹏：《公司越权对外担保的效力研究——基于法律解释方法之检讨》，载《华东政法大学学报》2013年第5期。

〔3〕高圣平、卢祖新、蒋佩侠、范佳慧：《公司担保问题的裁判路径与具体规则》，载《人民司法》2019年第10期。

司财产安全的考虑，向担保权人分配形式审查义务具有一定的合理性。

2. 相对人的形式审查义务判断

考虑到担保权人有限的审查能力和降低交易成本，学界普遍认为对相对人课以审慎的形式审查义务实为必要。形式审查就是第三人所审查的内容仅限于材料的形式要件，即对材料的完备性以及合法性等进行审查，无需审查材料是否有效和真实。形式审查不要求对实质内容进行判断，比如决议股东签名的真实性、有无伪造等情况均不属于形式审查要求之列。而实质审查义务不具有现实可操作性，如果要求相对人事无巨细对公司法定代表人的权限逐一审查，将过重加大相对人的责任，也将导致商事交易无法有效完成。

皇家英国银行诉图尔宽德[1]一案确立了"室内管理原则"（Indoor Management Rule），即与公司打交道的真诚的外部人没有义务确保公司已通过其章程、细则、决议、合同或政策所规定的任何程序，以授权交易或授权拟采取行动的人代表公司，有权假定其内部程序已得到适当遵守。[2]与推定通知原则[3]相对立，室内管理原则保护外部人员免受公司侵害。基于公平和业务实用性，当事方只需阅读法令和和解契约就可以了，无需调查内部程序是否正常，而且持续的验证职责将给企业带来不切实际的负担。《日本民法典》同样规定法令、章程、社员大会等的决议可以对理事代表权作出限制，承认理事对所有法人事务具有概括的代理权，只要相对人出于善意就会受到保护。[4]此等善意应当理解为进行形式审查后仍然不知道理事的代理权限受到了限制。

在审查标准上，应当提取普通债权人注意能力的平均值，《九民纪要》对债权人提出的审核标准是"尽到必要的注意义务"，并强调标准不宜太过严苛，"实质上是对公司程序性规范内部定位的矫正，从只聚焦于公司内部治理转向内外部结合的指引性规范"。[5]同时还应当区分商事主体和非商事主体，因为二者在专

〔1〕 Royal British Bank v Turquand (1856) 6 E&B 327.

〔2〕 J. Anthony Van Duzer, The Law of Partnerships and Corporations, *Irwin Law Inc*, 2009, pp.214–215.

〔3〕 "推断通知原则"认为相对人在与公司进行交易时被推定已经获得了关于公司章程等内容的通知，相对人被推定已经知悉公司的董事及其他代理人的权限范围。如果相对人在与公司进行交易之前，不去做相应的调查，如其订立的合同超越了董事的权限范围，在违约的情形下，则该交易相对人无权起诉公司。参见董峻峰：《董事越权代表公司法律问题研究》，载《中外法学》1997年第1期。

〔4〕 参见［日］山本敬三：《民法讲义Ⅰ总则》，解亘译，北京大学出版社2012年版，第394—402页。

〔5〕 林少伟：《程序型公司法的证成与实现》，载《当代法学》2022年第1期。

业的市场判断能力和对相关商业习惯、商事法律的规定的熟悉度上不具有相同的水准。

（四）风险规制：防范越权担保的化解策略

目前，我国《公司法》的修改已被列入全国人大常委会 2021 年度立法工作计划当中，此次修改为《公司法》的第六次重大修订，需要不断革故纳新，在结构体系的重构中更新顶层设计理念，开拓《公司法》优化营商环境活力的新局面。为规范和调整实践中存在的法定代表人越权担保行为，《公司法》应明确对外担保的规则章法，努力与《民法典》越权代表制度衔接呼应，落实《民法典》相关的法律规则，从而实现协同效益的最佳化、联动利益的精细化、民商实益的体系化。民事行为更多地体现公平，而商事行为则更加追求效率。越权担保的效力规则完善，可在《民法典》的体系化涵摄下予以实现，商事关系具有自己独立的性格和调整方法，但其根本仍是在民商合一的立法体例下，打破公司法与民法典合同编的制度藩篱，寻求商事活动的独特表达空间。为防范越权担保行为的风险，建议接下来作出如下调整：

第一，完善公司章程备案登记制度，登记机关必须为查询提供相应的便利，降低相对人查询成本。同时对于公司也应当依照 2021 年 4 月通过的《市场主体登记管理条例》，推进公司登记便利化，压缩登记环节，精简申请材料，优化登记流程，进一步降低制度性成本，减轻企业负担。完善公司法人治理模式，引导与规范公司内部决策、民主治理与风险控制，体现商事登记管理的法治逻辑。

第二，触动罢免机制，增加损失赔偿，设定力度较大的罚款数额，提高对越权担保的法定代表人的威慑力和惩戒力，强化法定代表人诚信义务，促进公司外部代表遵循对外表意统一化、意思表示与意思决定一致化的契约自由精神。

第三，引入重要文件限期归档制度和重大事项报告制度，采取公司公章使用和保管相互分离的办法阻却可能的越权担保行为。

第四，相对人应进行事前的尽职调查，可以聘请第三方律师、会计师来协助对投资风险的识别和把控，更全面和深入地了解被调查公司的资质、资产、负债及偿债能力等，重点关注公司治理结构及相关安排、公司章程、公司相关决议文件等，精准锁定法定代表人背后公司的真实理性意思表示，切实保障相对人能够有效证明其已尽到审慎注意义务，有效证明其"善意"。

第五，我国应当适应司法实践需要，从颁布指导性案例、发布司法解释出发逐步统一公司对外担保效力认定，时机成熟时修改和完善立法。

五、结语

通过 29 例最高人民法院裁判适用的研析，归纳出规范性质识别说、内外区分说、代表权限制说三类裁判思路，代表权限制说在实践层面占据了主流。越权代表行为的效果是否归属于公司承受需要从《公司法》第 16 条的立法原旨与法定代表人的权限涵义来细致证立，并穿织交融《民法典》第 504 条、《民法典》第 61 条、《九民纪要》和《民法典担保制度解释》以认定相对人的善意与否，同时框定相对人的审查义务。而越权担保合同的效力判断则依照《民法典》第一编第六章第三节"民事法律行为的效力"和第三编第三章"合同的效力"来决断。在解决了法人与法定代表人间效果归属的基础上，再上一层台阶来进一步划割善意的程度并理清相对人审查义务的程度与范围。妥善平衡债权人、主债务人、担保人公司及其中小股东之间相互冲突的权益关系，考虑交易安全和规制对象，整合社会的信用体系建设水平，使得私法自治的原始理想和国家对经济行为的种种干预得到最佳调和，让法律为社会经济的发展保驾护航。

（初审：王　瑶　徐可心）

公司越权担保中相对人审查义务的认定

金子文*

内容摘要：在公司担保中，相对人应尽合理审查义务。若其证明已对公司机关决议进行形式审查，即可推定为善意。在审查义务的认定上，基于相对人获取信息的渠道与内容的差异，应区分上市公司担保与非上市公司担保。在上市公司担保中，相对人应审查其披露的担保信息。在非上市公司担保中，除去无需决议情形，相对人首应区分关联担保与非关联担保以认定决议机关，再审查决议的真实性、决议比例以及是否超额担保。

关键词：公司担保　越权担保　善意　审查义务

公司越权担保，主要解决担保合同效力与责任归属问题。对此，司法实践中曾存在三种裁判进路，即规范性质路径[1]、内部规范路径[2]以及代表权限制路径[3]。据学者对2017年3月1日之前的458份案例样本统计，65.94%的裁判采取规范性质路径，21.83%的裁判采取内部规范路径，12.23%的裁判采取代表权

---

* 金子文，华东政法大学民商法学专业2020级硕士研究生，现任职于浙江省金华市中级人民法院。

[1] 该路径以判断《公司法》第16条究竟为效力性强制性规范还是管理性强制性规范为出发点，结合《合同法》第52条第5项（现《民法典》第153条第1款）以确定违反之法效。参见最高人民法院（2019）最高法民终788号民事判决书。

[2] 该路径认为《公司法》第16条系公司内部管理规范，不具有对外效力。参见中建材集团进出口公司诉北京大地恒通经贸有限公司、北京天元盛唐投资有限公司、天宝盛世科技发展（北京）有限公司、江苏银大科技有限公司、四川宜宾俄欧工程发展有限公司进出口代理合同纠纷案，《最高人民法院公报》2011年第2期。

[3] 该路径认为《公司法》第16条系对公司对外担保权限的法定限制，违反该规定，其效力应按照《合同法》第50条（现《民法典》第504条）处理。参见最高人民法院（2021）最高法民申1602号民事裁定书。

限制路径，进而导致有 91.05% 的裁判否定相对人的审查义务。[1]但随着 2019 年 11 月 8 日施行的《全国法院民商事审判工作会议纪要》（以下简称《九民纪要》）明确采取了代表权限制路径并肯定相对人的审查义务，[2]司法裁判的态度开始向其靠拢。[3]这一转变背后的深层次理由在于，司法实践与现行规范认识到《公司法》第 16 条系对法定代表人代表权的法定限制。故基于法律一经公布即推定所有人知悉的论断，相对人不得以其不知法律而抗辩，这也成为反驳内部规范路径的重要理由。[4]规范性质路径的症结在于对强制性规范性质二分的误解。质言之，强制性规范性质二分，实为对强制规范是否影响合同效力所作的描述性概括，并非合同的生效要件。[5]

据此，认定相对人是否尽审查义务将成为解决公司越权担保问题的关键。本文首先确认相对人审查义务的抽象标准并配置相应举证责任，其次结合现行规范与裁判实践精细化认定相对人的审查义务。

一、相对人的审查标准与举证责任配置

（一）审查标准的确定

据笔者观察，即使《九民纪要》明确相对人仅负形式审查义务，最高人民法院的裁判也存在相互龃龉之处。[6]这背后的可能原因是形式审查标准欠缺弹性，

---

〔1〕 参见李游：《公司越权担保效力判定路径之辨识》，载《河北法学》2017 年第 12 期。

〔2〕 参见最高人民法院民事审判第二庭编著：《〈全国民商事审判工作会议纪要〉理解与适用》，人民法院出版社 2019 年版，第 180 页。

〔3〕 参见最高人民法院（2021）最高法民申 1267 号民事裁定书；最高人民法院（2020）最高法民申 6666 号民事裁定书；最高人民法院（2020）最高法民申 6149 号民事裁定书；最高人民法院（2020）最高法民申 6009 号民事裁定书。

〔4〕 参见高圣平：《公司担保中相对人的审查义务——基于最高人民法院裁判分歧的分析和展开》，载《政法论坛》2017 年第 5 期。

〔5〕 参见姚明斌：《"效力性"强制规范裁判之考察与检讨——以〈合同法解释二〉第 14 条的实务进展为中心》，载《中外法学》2016 年第 5 期。

〔6〕 如在亿阳信通股份有限公司、吉林柳河农村商业银行股份有限公司合同纠纷案中，最高人民法院认为相对人"应当合理审慎地审查亿阳信通公司的章程及有关决议或者决定文件"，参见最高人民法院（2020）最高法民申 5647 号民事裁定书。在云南盘龙云海药业有限公司、招商银行股份有限公司昆明分行金融借款合同纠纷案中，最高人民法院又认为"债权人对公司机关决议内容的审查一般限于形式审查，只要求尽到必要的注意义务即可，标准不宜太过严苛"，参见最高人民法院（2020）最高法民申 6666 号（转下页）

不利于法官面对具体案情进行自由裁量。[1]形式审查与实质审查位于审查标准的两极，区别在于是否应对材料的真实性、有效性进行审查。[2]但这一区分仍过于抽象与绝对。另外，实践中不少裁判虽采取了形式审查标准，但却不当降低标准，或认为"担保数额和公司资产的关系需要从公开文件中获取的数据计算所得，故属实质审查"，[3]或认为相对人无需审查担保人向其送交的董事会决议是否包含限制性内容，[4]还有认为相对人将股东会决议上的签章与对外担保时债权人的签章进行对比，即完成了对签章真实性的审查。[5]

或正基于形式审查标准的僵化与标准过低，《最高人民法院关于适用〈中华人民共和国民法典〉有关担保制度的解释》（以下简称《民法典担保制度解释》）第7条第3款明确相对人须对公司决议"合理审查"。从文义看，其对相对人提出了更高的审查要求。但最高人民法院的释义书认为合理审查仍只是形式审查，因为难以要求相对人进行实质审查。[6]笔者认为，"合理审查"既非"形式审查"，亦非"实质审查"，而是在个案中与相对人的注意义务相匹配之审查。就此，交易成本理论可为其提供分析范式。当相对人搜寻公司机关决议瑕疵的信息成本显著低于公司优化内部治理规范以防范越权担保的成本时，宜由相对人承担审查义务。[7]故当客观情事为相对人提供了足够的可信赖之表象与真实情况不一致的警示时，[8]相对人的调查成本已显著降低。如相对人仍忽视警示，未注意到偏差，则应认定其未尽合理的审查义务。一般而言，相对人应具备一般理性人在类似场合所应尽的审慎注意义务，但如有证据证明相对人的审查能力显著高于一般理性人时，则应采取主观标准，以该特定相对人是否尽到注意义务

（接上页）民事裁定书。而在安康、郭某泽营业信托纠纷案，最高人民法院认为"相较于中小股东的信息不对称，相对人应承担更高的注意义务"，参见最高人民法院（2020）最高法民申2345号民事裁定书。

[1] 参见李游：《公司越权担保效力判定路径之辨识》，载《河北法学》2017年第12期。

[2] 参见梁上上：《公司担保合同的相对人审查义务》，载《法学》2013年第3期。

[3] 最高人民法院（2021）最高法民申1267号民事裁定书。

[4] 参见最高人民法院（2019）最高法民再308号民事判决书。

[5] 参见招商银行股份有限公司大连东港支行与大连振邦氟涂料股份有限公司、大连振邦集团有限公司借款合同纠纷案，《最高人民法院公报》2015年第2期。

[6] 最高人民法院民事审判第二庭编著：《最高人民法院民法典担保制度司法解释理解与适用》，人民法院出版社2021年版，第136页。

[7] 参见周彬彬、吴劲文：《公司章程"对外"效力何以可能？——以公司章程担保条款为例》，载《甘肃政法学院学报》2019年第3期。

[8] 石一峰：《私法中善意认定的规则体系》，载《法学研究》2020年第4期。

为断。

以决议中的签章是否属实为例，在合理审查标准下，需要考虑的是由相对人负责审查签章的真实性是否使其负担过高的审查成本。当公司章程中股东或董事的签章与决议明显不一致时，理性的相对人显然应注意到这一点，可相应要求公司说明理由或拒绝提供借款。但在签章并无明显不一致时，则不宜使相对人负担聘任专业人员进行鉴定之义务。

（二）举证责任的配置

在确定相对人的审查标准后，需要进一步配置举证责任以明确由何人证明相对人已尽审查义务。就此，学界存在不同观点。善意推定说认为，基于法律要件的类型和正面证明待证事实的难度，应推定相对人系善意。[1]恶意推定说认为，基于法定限制的公开性，相对人如主张自己系善意，须证明自己已尽合理审查义务。[2]就现行规范而言，《民法典担保制度解释》虽采取恶意推定说，但在"决议系伪造、变造"上又将举证责任配置给公司。由此可见，善意推定说与恶意推定说针锋相对，而实证法试图调和冲突。但这一选择并未解决如下问题：即相对人应审查内容是繁多且不确定的，如要求相对人逐一证明自己已经审查，才能认定已尽到合理审查义务，这不仅困难也不经济。就此，不妨结合善意推定说与恶意推定说之长处，采取有条件的善意推定。所谓有条件的善意推定，即要求相对人提出初步的证据，才能推定为善意，再由对方提出证据予以反驳。[3]质言之，在相对人证明存在公司机关的担保决议后，即可推定相对人已尽审查义务。而公司需提出证据反驳，证明相对人未发现决议存在瑕疵。接着，相对人再对案涉证据发表质证意见，或证明决议无瑕疵，或证明自己已尽合理的注意义务仍无法发现瑕疵存在。由此可见，有条件的善意推定可以合理构建相对人与担保人之间的攻防机制，以实现证明责任的分配。

在明确相对人审查标准并配置举证责任后，需要进一步认定相对人的审查义务。相对人的审查义务本质上是相对人搜寻信息并分析信息，以确定公司法定代

---

〔1〕 参见杨代雄：《公司为他人担保的效力》，载《吉林大学社会科学学报》2018年第1期。

〔2〕 参见高圣平：《公司法定代表人越权担保效力判断的解释基础——基于最高人民法院裁判分歧的分析和展开》，载《比较法研究》2019年第1期。

〔3〕 参见石一峰：《私法中善意认定的规则体系》，载《法学研究》2020年第4期。

表人是否具有对外担保权的义务。基于相对人获取信息的渠道与内容的差异，故有必要将担保人分为上市公司与非上市公司，以对相对人的审查义务进行类型化构造。

二、上市公司担保中的相对人审查义务

（一）无需决议情形的审查

依《民法典担保制度解释》第 8 条，上市公司作为金融机构开立保函或作为担保公司提供担保时，相对人无需审查决议。其背后的理由在于标准的保函业务与对外提供担保分别系金融机构与担保公司的正常经营范围，且其设立与经营已符合法定的审慎条件，故无需公司机关特别授权即可代表公司。[1] 由此，在相对人明确担保人系上市公司后，首需审查的是该上市公司是否系属金融机构或担保公司。如属金融机构，尚需审查其提供担保的行为是否属于开立保函。但对无需决议情形的审查，仍存在如下疑问：

首先，该上市公司是否包括上市公司已公开披露的控股子公司以及股票在新三板交易的公司。就决议豁免而言，是否将上述公司与上市公司一同处理的实益在于其能否适用非上市公司担保中的决议豁免情形。尽管根据文义解释与体系解释，并无法得出《民法典担保制度解释》第 8 条第 2 款中"上市公司"可以包括上述公司，但仍需对决议豁免情形进行规范目的之考量。如下文所述，非上市公司担保之所以另外规定两种豁免情形，是基于公司治理不规范之现状考量，将符合公司利益的担保推定为符合公司真实意思。但这两种决议豁免有显著的负效应，即纵容公司内部治理的不规范。通常而言，相较于非上市公司，上述公司要么与上市公司关系紧密，要么经营规模较大，对公司治理的规范性应有更高的需求。由此，实有必要将其与上市公司作同一处理，激励其规范内部治理。

其次，有争议的是金融机构的分支机构出具保函以外的其他担保是否需要经过金融机构决议。从《民法典担保制度解释》第 11 条第 2 款第 2 句的文义看，如分支机构已得金融机构授权，则其有权提供保函以外的担保，无需金融机构决

---

[1] 参见曾大鹏：《公司越权对外担保的效力研究——基于法律解释方法之检讨》，载《华东政法大学学报》2013 年第 5 期。

议。但文义解释本身并非终局。由于在理想状态下，法秩序被认为是一个整体，故有必要展开体系解释。法律体系包括外部体系与内部体系。外部体系是指条文在制定法中的体系位置；[1] 内部体系则指法内部一致的价值判断体系。[2] 两个体系是相互依赖的，前者能够为后者的判断提供指引。《民法典担保制度解释》第11 条前三款是对分支机构对外担保的规定，其中第 1 款系对分支机构对外担保的一般规定，第 2 款和第 3 款则是特别规定。基于特别法优先于一般法，第 2 款和第 3 款应优先适用。基于此判断，第 1 款要求分支机构对外担保须经过公司决议，而第 2 款认为金融机构的分支机构对外担保只需获得授权即可，二者并无矛盾。但考察《民法典担保制度解释》第 8 条又会得出不同结论。该解释第 8 条列举了三项决议豁免的情形，且属于穷尽式列举。[3] 而在构成要件之形态已被穷尽式列举时，可以对此进行反面推理。[4] 依此，金融机构对提供保函以外的其他担保均须作出决议。由此，《民法典担保制度解释》第 8 条与第 11 条第 2 款第 2句存在价值判断不一致的情形。因为如金融机构提供保函以外的其他担保，尚需机关决议，那么其分支机构对外担保并无理由只需其授权而无需决议，否则将会架空第 8 条规范。为了解决评价矛盾问题，需要考察立法目的。就此，最高人民法院法官的理由是"金融机构对外提供担保无须公司决议，因此金融机构的分支机构对外提供担保自然也无须公司决议"。[5] 由此可见，最高人民法院法官推论的前提是金融机构对外担保无须决议。但就本解释第 8 条的规定看，金融机构仅是对提供保函无须决议，故最高人民法院法官疑有偷换概念之嫌，该推论并不成立。就此，可以认为第 11 条第 2 款第 2 句存在隐藏的目的性漏洞。为了填补漏洞，可以对分支机构获得金融机构的"授权"进行目的性限缩，要求该"授权"须经过金融机构决议。综上，金融机构的分支机构出具保函以外的其他担保需经金融机构决议。

最后，还需要考虑的是上市公司自益担保是否属于决议豁免情形。因公司为

〔1〕［德］卡尔·拉伦茨：《法学方法论》，黄家镇译，商务印书馆 2020 年版，第 411 页。

〔2〕参见［奥］恩斯特·A. 克莱默：《法律方法论》，周万里译，法律出版社 2019 年版，第 59 页。

〔3〕参见最高人民法院民事审判第二庭编著：《最高人民法院民法典担保制度司法解释理解与适用》，人民法院出版社 2021 年版，第 143 页。

〔4〕参见黄茂荣：《法学方法与现代民法》，中国政法大学出版社 2001 年版，第 331 页。

〔5〕林文学、杨永清、麻锦亮、吴光荣：《〈关于适用民法典有关担保制度的解释〉的理解和适用》，载《人民司法（应用）》2021 年第 4 期。

自己提供担保，并不会损及公司利益，故应属决议豁免情形。[1]

（二）公开披露信息的审查

依《民法典担保制度解释》第9条，担保人须根据上市公司公开披露的决议信息订立合同，否则上市公司不承担任何责任。另外，基于上市公司的控股子公司以及可在全国中小企业股份转让系统交易的企业，同样建立了周密的信息披露制度，故亦适用此规则。这一方面不会加重相对人获取信息的负担，另一方面有助于根治上市公司违规担保问题。同时，潜在的投资者与分散的股东可以基于信息披露内容决定是否对公司进行投资或撤回投资。[2]

上市公司担保公告包括单项担保公告与集中担保公告，前者针对每笔担保事项单独进行公告；后者则以年度担保计划及股东大会决议的形式对公司法定代表人或董事长进行担保授权，嗣后不再另行对担保逐笔公告。[3]单项担保公告，无疑符合《民法典担保制度解释》第9条的公告要求，有疑问的是集中担保公告是否符合规定。司法实践中，集中担保公告的内容通常系上市公司承诺为其全资子公司在某年度内提供不超过一定数额的担保，并授权公司法定代理人或总经理实施。[4]由此可见，如集中担保公告仅披露了被担保人及担保额度，相对人无法判断其担保是否在此次担保公告的范围内。换言之，相对人仅审查集中担保公告本身，尚不足以确信其接受的担保已经过担保人之机关决议。由此可见，即使上市公司已公告年度担保额及担保人，相对人仍应要求上市公司就其担保单独公告。但考虑到集中担保公告本身节省了上市公司的交易成本，如将该成本全部转嫁给相对人，利益衡量上难免有失偏颇。就此可以通过举证责任的配置进一步平衡双方利益。在上市公司存在集中担保公告且此次担保金额未超过授权总额的情形，应推定相对人已尽审查义务。此时应由上市公司举证证明既往提供的担保已超过授权总额。

就公告内容的审查而言，一般认为，即使上市公司未经机关决议，仍出具已

---

〔1〕 参见刘俊海：《公司法定代表人越权签署的担保合同效力规则的反思与重构》，载《中国法学》2020年第5期。

〔2〕 参见王毓莹：《公司担保规则的演进与发展》，载《法律适用》2021年第3期。

〔3〕 参见最高人民法院民事审判第二庭编著：《最高人民法院民法典担保制度司法解释理解与适用》，人民法院出版社2021年版，第157—158页。

〔4〕 参见安徽省合肥市中级人民法院（2020）皖01民初1271号民事判决书；浙江省金华市中级人民法院（2019）浙07民初390号民事判决书。

经决议公告，不影响担保合同效力。但如公告内容尚未表明公司机关决议，那么该担保仍不发生效力。[1]有争议的是，在公告内容包含机关决议的前提下，相对人是否负有审查决议之义务。最高人民法院的释义书认为参照物权法的"公示公信原则"，上市公司的公告具有公信力，相对人有理由相信该决议是合法合规的，故无需审查。[2]笔者认为，相对人仍应依据公司章程及相关规范对上市公司公告的信息进行合理审查。理由如下：第一，就公告之公信力而言，物权法上的登记以不动产登记部门为背书，占有以对动产的实际支配状态为支撑，因而具有较强的公信力，而上市公司的信息披露只是由上市公司自行发布，其公信力较弱，不足以排除相对人的审查义务。第二，从法经济学角度分析，上市公司的公告信息较为完备且其章程亦可通过互联网查询，因而相对人的搜寻与核验成本极低。相较于微不足道的交易效率的牺牲，相对人的进一步核验也有助于督促上市公司合法合规操作，杜绝上市公司违法违规对外担保。

三、非上市公司担保中的相对人审查义务

（一）无需决议情形的审查

相较于上市公司，《民法典担保制度解释》为非上市公司规定了更多的决议豁免情形，此为相对人审查义务中首要确定的。对于金融机构或担保公司的豁免已如上述，此处不赘，下文将详述其他豁免情形。

首先，母公司为全资子公司开展经营活动提供担保。母公司与其全资子公司的损益在财报合并后是统一计算的，母公司为其全资子公司提供担保与母公司为其提供自益担保并无区别，故无需决议足以确定该担保符合公司意志。但是母公司设立子公司还有隔离风险之功效，如允许母公司为子公司恣意担保，仍有损及母公司中小股东利益之虞。[3]故《民法典担保制度解释》还以其"开展经营活动"作为决议豁免的条件。

---

〔1〕 参见最高人民法院民事审判第二庭编著：《最高人民法院民法典担保制度司法解释理解与适用》，人民法院出版社 2021 年版，第 154 页。

〔2〕 参见最高人民法院民事审判第二庭编著：《最高人民法院民法典担保制度司法解释理解与适用》，人民法院出版社 2021 年版，第 158 页。

〔3〕 参见刘俊海：《公司法定代表人越权签署的担保合同效力规则的反思与重构》，载《中国法学》2020年第 5 期。

其次，担保合同系由持有公司三分之二以上表决权的股东签字同意。[1]无表决权的股东包括未实缴出资的股东、[2]被担保的股东等。此项决议豁免情形虽木已成舟，但仍遭受诟病。第一，与公司法现行规范存在体系冲突。《公司法》第37条第2款明确，股东书面表决以全体股东一致同意为必要，而非采取多数决。公司对外担保虽不在《公司法》第37条列举之列，但如依举重以明轻的解释规则，也能得出对外担保需全体股东一致书面同意。[3]第二，有违公司治理结构，侵害股东民主精神。公司以召开股东会的方式治理公司形成公司意思，如以多数股东签字替代之，将侵害少数股东通过股东会这一平台说服大股东的机会及其知情权、表决权等权利。[4]第三，以股东表决权的形式替代公司机关决议，实则为对公司独立人格的否认。[5]故就立法论而言，宜删除此项决议豁免情形，或将其修改为需全体股东一致书面同意。而从解释论角度，则应对规范作限缩解释，以限制其适用空间。就此而言，可以从"股东签字"着手。有裁判认为认定股东签字的关键在于股东表明其愿意为担保的真实意思，如股东以个人名义作为保证人在担保合同上签字亦属"股东签字"。[6]该观点的价值表现在认识到股东签字的意义在于表明股东的真实意思，但并未意识到股东签字还须表明股东愿以何者提供担保。就像代理人以自己名义与以本人名义为行为将产生不同法律效果，具有双重身份的股东以个人名义签章与以股东名义签章也具有不同的意义，前者表明股东愿意以个人责任财产提供担保，后者表明股东同意公司以其责任财产提供担保。由此可见，所谓股东签字，应仅限于以股东名义签字而不包括以个人名义。

再次，一人有限责任公司为股东提供担保情形。《民法典担保制度解释》肯定了一人有限责任公司关联担保的权利能力。因为一概否定其关联担保能力，有违立法设置一人公司的便利价值，也与促进交易、鼓励投资的商业价值不符。[7]

---

〔1〕 参见最高人民法院（2020）最高法民终1193号民事判决书；最高人民法院（2020）最高法民申5020号民事裁定书；最高人民法院（2018）最高法民终202号民事判决书。

〔2〕 参见最高人民法院（2020）最高法民终180号民事判决书。

〔3〕 参见杨代雄：《公司为他人担保的效力》，载《吉林大学社会科学学报》2018年第1期。

〔4〕 参见刘俊海：《公司法定代表人越权签署的担保合同效力规则的反思与重构》，载《中国法学》2020年第5期。

〔5〕 参见石冠彬：《论公司越权担保的认定标准及法律效果》，载《法商研究》2020年第2期。

〔6〕 参见最高人民法院（2020）最高法民申5968号民事裁定书。

〔7〕 参见最高人民法院民事审判第二庭编：《商事审判指导》（总第47辑），人民法院出版社2019年版，第90页。

故在一人有限责任公司为股东提供关联担保时，相对人无需审查股东会决议，只要认定为其提供担保符合股东的真实意思即可。但如股东系法人时，相对人还需审查法人股东的股东会决议是否存在以及是否实行回避表决。[1]这是为了防止出现公司实际控制人通过设立一人公司以规避表决权回避的投机行为，故需要相对人对法人股东的意思进行穿透式审查。

最后，需要考虑的是能否以对外担保符合公司利益为由豁免公司机关决议。司法实践中有裁判支持这种做法。如在冀中能源国际物流集团有限公司、文安县凡希建材销售处企业借贷纠纷案中，最高人民法院表态"在公司意思的证明方面，除了公司董事会、股东会决议等直接证据之外，如果相对人能够证明担保行为系为了公司利益而做出，也应当认定担保合同符合公司意思并由其承受相应的法律后果"。[2]由于现行法已经穷尽式列举决议豁免情形，此时能否创设例外，取决于该例外是否属于现行法应规定而未规定的公开的法律漏洞。所谓法律漏洞，是指以现行整个法秩序的标准衡量，存在违反计划的不完整性。[3]就此而言，我们需要考察现行法秩序的价值取向。从《九民纪要》到《民法典担保制度解释》的转变，可以发现现行规范在不断限制决议豁免情形的适用，从利益中心主义转向意思表示真实主义。这一转变背后的理由在于：其一，减少自由裁判的恣意。是否符合公司利益之判断往往具有模糊性，因为司法裁判不仅要判断是否存在利益交换，还需要考量利益交换是否均衡。其二，避免架空公司治理规范。如允许以此为由豁免决议，将进一步导致在公司提供对外担保时不进行机关决议。这不利于现代化公司治理架构的形成。故而，笔者认为除法定决议豁免情形外，相对人应审查公司机关的决议。

（二）决议机关的认定

在确定无需决议情形后，相对人需审查公司之担保决议。审查有无决议首要认定的是适格的决议机关。关联担保与非关联担保的界分将影响决议机关的确定。故相对人须通过界定担保性质以确定决议机关。

---

〔1〕参见最高人民法院（2020）最高法民终 532 号民事判决书；广东省深圳市福田区人民法院（2019）粤 0304 民初 13495 号民事裁定书。

〔2〕最高人民法院（2020）最高法民申 436 号民事裁定书。

〔3〕［奥］恩斯特·A. 克莱默：《法律方法论》，周万里译，法律出版社 2019 年版，第 157 页。

1. 关联担保的认定

《公司法》第 16 条第 2 款将关联担保限于为公司的股东或实际控制人提供担保。相对人只需审查公司章程或者公司登记机关的登记即可确定公司的名义股东。审慎起见，宜认定公司为公司章程、股东名册以及登记部门记载的股东提供担保的，均系关联担保，须由股东（大）会决议。

所谓实际控制人，系通过投资关系、协议或其他安排能实际支配公司的人。由于复杂的持股关系以及隐秘的控制手段，相对人原则上对债务人是否系实际控制人仅负形式审查义务。[1]但相对人仍有知悉债务人系实际控制人的可能性。例如在陈某玉、河南天聚置业有限公司企业借贷纠纷案中，法院认为当出借人系公司监事时，有很大概率知情借款人系公司实际控制人。[2]再如在公司系为自身股权转让提供担保时，相对人作为股权受让人，对于该公司的股权架构与组织关系本就应负必要的审查义务，此时相对人不得以不知债务人为实际控制人为由，认为该担保系非关联担保。另外，在持股关系并不复杂时，相对人亦应知道债务人系担保人的实际控制人。例如某公司有甲、乙、丙三名股东，其中甲持有该公司60% 的股份，同时丁系甲股东的控股股东，持有公司 60% 的股份，那么在公司为丁的个人债务提供担保时，相对人易于通过工商登记获知丁系该公司的实际控制人，此时应认定丁应知关联担保。

另有争议的是，为关联公司提供担保是否属于关联担保。有观点基于《公司法》第 16 条的规范目的考量，肯定此为关联担保。[3]反对观点则以《公司法》第 16 条的文义为理由。[4]笔者认为应基于《公司法》第 16 条的规范意旨，宜目的性扩张解释关联担保的对象。故在以相对人标准应认定担保人系关联公司时，应认定该担保系关联担保。

2. 非关联担保中决议机关的认定

首先，在相对人尽其审查义务仍无法认定关联担保时，视此担保系非关联担保，由公司章程决定其决议机关。此时应回答相对人对公司章程是否负有审查

---

[1] 参见最高人民法院（2019）最高法民申 3309 号民事裁定书。

[2] 最高人民法院（2019）最高法民申 1862 号民事裁定书。

[3] 参见上海金融法院（2020）沪 74 民终 289 号民事判决书；江苏省镇江市中级人民法院（2021）苏11 民终 621 号民事判决书。

[4] 参见最高人民法院（2019）最高法民申 2629 号民事裁定书；上海市高级人民法院（2020）沪民终599 号民事判决书；山东省高级人民法院（2020）鲁民终 2277 号民事判决书。

义务。依《九民纪要》第 18 条的规定，相对人不负审查义务。但本文认为在相对人负有合理审查义务的背景下，其应负有对章程的审查义务。其理由在于：第一，基于《公司法》第 16 条之指引，相对人理应知道非关联担保的决议机关由公司章程规定。第二，从交易成本分析，相较于相对人获取公司章程的搜寻成本，显然公司内部治理规范的成本更高。[1]第三，作为参与交易的相对人，理应尽到相应的注意义务以控制交易风险，要求其核验对方章程并非苛责。[2]就章程的获取渠道而言，相对人应当通过查阅登记部门获取最新备案的公司章程，如相对人只是审查了担保人提供的旧版章程，则仍未尽到审查义务。[3]当然，如2021 年末全国人大常委会公布的公司法修订草案正式通过，依其第 34 条及第 35条规定，相对人可以直接通过企业信息公示系统查询担保人的相关信息。这将极大降低相对人对非上市公司的信息搜集成本。

其次，相对人对公司章程虽负审查义务，但如其未作规定，存在由何人决议之问题。学界对此众说纷纭，存在如下四种观点：董事会说认为，由董事会决议既符合交易效率，同时基于提供担保为公司经营之必须，也未超出董事会的机构职能。[4]股东会说认为，由于我国采"股东会中心主义"，而担保非属公司正常经营活动，故其对外担保须由股东会决议。[5]二者皆可说认为，一方面公司应承担其内部治理结构不完善招致的不利后果，[6]另一方面公司的实际行动可以弥补公司章程的沉默。[7]无需决议说同样认为相对人不应承担公司内部治理不完善的负外部效应，但与前者不同，其认为此时无需公司决议。[8]笔者认为，二者皆可说更为可采。第一，虽然相较于董事会决议，股东会决议更能体现公司意志，但在公司章程对此付之阙如时，说明其放任决议机关的确定。故只要满足《公司法》第 16 条最低限度即可。第二，从体系角度看，非关联担保并非纯粹的"无

---

〔1〕 参见高圣平：《公司担保相关法律问题研究》，载《中国法学》2013 年第 2 期。

〔2〕 参见李建伟：《公司决议的外部效力研究——〈民法典〉第 85 条法教义学分析》，载《法学评论》2020 年第 4 期。

〔3〕 参见最高人民法院（2020）最高法民申 5144 号民事裁定书。

〔4〕 参见杨代雄：《公司为他人担保的效力》，载《吉林大学社会科学学报》2018 年第 1 期。

〔5〕 参见徐海燕：《公司法定代表人越权签署的担保合同的效力》，载《法学》2007 年第 9 期；崔建远、刘玲伶：《论公司对外担保的法律效力》，载《西南政法大学学报》2008 年第 4 期。

〔6〕 石冠彬：《论公司越权担保的认定标准及法律效果》，载《法商研究》2020 年第 2 期。

〔7〕 施天涛：《〈公司法〉第 16 条的规范目的：如何解读、如何适用？》，载《现代法学》2019 年第 3 期。

〔8〕 参见梁上上：《公司担保合同的相对人审查义务》，载《法学》2013 年第 3 期。

偿行为"，其背后往往隐藏着担保人与债务人之间的利益交换。在经营权与所有权分离的公司制度中，由更专业的董事会判断更具交易效率，也利于维护担保人利益。第三，无需决议说过于偏激，因公司章程疏漏即漠视对担保人之保护，存在矫枉过正之嫌。

最后，在公司章程明确决议机关时，存在另一决议机关能否替代行使职权的问题。通说认为，股东会决议可替代董事会决议。[1]反之，则不能。[2]但在二者成员高度重合时，存在董事会决议解释为股东会决议的可能。[3]此时有争议的是股东会决议的表决比例。有观点认为股东会决议通过需达到修改公司章程的表决比例。其理由在于如股东已授权董事会决议，那么股东会决定自己行权时，须通过修改章程取消授权。故该股东会决议同时包含修改章程与批准非关联担保的双重意思，因而需要满足要求更高的修改章程的表决比例。[4]但笔者认为由出席股东会的股东所持表决权过半数通过即可。因为在意定代理中，本人虽已授权代理人，但在不损害代理人的前提下，本人并不丧失亲为的权力。同理，股东会虽已授权董事会就对外担保事项进行决议，但这并不意味着股东会已丧失对公司担保事项的决议权力。换言之，股东会自行决议对外担保事项仅具有批准非关联担保之意思，因而符合股东会表决的一般比例即可。

另外，在公司欠缺董事会时，执行董事的签章通常具有替代董事会决议的效力。[5]但出于尊重公司治理结构，在执行董事与法定代表人身份重合时，需要分别以法定代表人身份与执行董事身份签字，否则不发生董事会决议的效力。

（三）担保决议本身的审查

1. 决议真实性的审查

《九民纪要》第 18 条及学界通说观点认为相对人无需审查决议的真实性，[6]

---

[1] 参见施天涛：《〈公司法〉第 16 条的规范目的：如何解读、如何适用？》，载《现代法学》2019 年第 3 期。

[2] 参见石冠彬：《论公司越权担保的认定标准及法律效果》，载《法商研究》2020 年第 2 期。反对观点认为，决定对外担保属于董事会的固有职权，故允许替代之。参见施天涛：《〈公司法〉第 16 条的规范目的：如何解读、如何适用？》，载《现代法学》2019 年第 3 期。

[3] 参见高圣平：《公司担保相关法律问题研究》，载《中国法学》2013 年第 2 期。

[4] 参见石冠彬：《论公司越权担保的认定标准及法律效果》，载《法商研究》2020 年第 2 期。

[5] 参见最高人民法院（2021）最高法民申 7872 号民事裁定书。

[6] 参见王晓利：《公司对外担保合同中相对人负有形式审查义务》，载《人民司法·案例》2017 年第 35 期。

亦无需核验股东或董事签名的真实性，因为相对人难以获得签名样本且没有专业能力予以鉴别。[1]《民法典担保制度解释》第 7 条第 3 款则未明确相对人对此是否负有审查义务。但笔者认为，从"相对人知道或者应当知道决议伪造、变造的除外"这一表述看，相对人对于决议真实性以及签证的真伪至少负形式上的审查义务。如签章明显不规范，相对人无需借助鉴定专家亦能识别时，如仍未能识别，则说明其未尽审查义务。例如股东会决议上盖有的股东印章名称没有"有限"二字，与股东名称明显不符；或者该股东的名称在 2003 年早已更改，所盖印章仍是更名前的名称；抑或是该印章无数码标志。这些迹象无不暗示股东签章存在造假的可能，相对人仍未发现并验证，显然未尽审查义务。[2]而对于股东与董事的签名，理性的相对人也应对其与章程或登记机关留存的股东与董事签名进行核对，如果签名明显不一致，那么相对人应当督促法定代表人提交证据，甚至办理公证，否则难以认为相对人善尽审查义务。[3]这种合理审查义务既无不当加重相对人负担，也有利于督促相对人仔细审查机关决议，形成醇厚的商业文化，减少争端。[4]

2. 决议比例的审查

首先，相对人需要审查公司章程是否对决议比例作出规定。如未作规定，则以公司法为准。关联担保由出席会议的其他股东所持表决权过半数通过。非关联担保情形，在决议机关为董事会时，因公司法未规定董事会决议的表决比例，故可参照《公司法》第 111 条第 1 款关于股份有限公司的规定，由全体董事过半数通过。在决议机关为股东会时，基于《公司法》第 16 条已规定关联担保时股东会的表决比例，举重以明轻，非关联担保时，股东会决议由出席会议的股东所持表决权过半数即可通过。其次，相对人应核对签章的股东或董事的名称或姓名，是否与工商登记及章程记载一致。对于股东所持表决权亦因按其出资比例进行核对。最后，在关联担保情形，相对人还应审查关联股东是否被排除在表决之外。当然，即使被担保股东在决议上签字，但如出席会议的其他股东所持表决权仍能

---

〔1〕 参见罗培新：《公司担保法律规则的价值冲突与司法考量》，载《中外法学》2012 年第 6 期。

〔2〕 参见招商银行股份有限公司大连东港支行与大连振邦氟涂料股份有限公司、大连振邦集团有限公司借款合同纠纷案，载《最高人民法院公报》2015 年第 2 期。

〔3〕 参见刘俊海：《公司法定代表人越权签署的担保合同效力规则的反思与重构》，载《中国法学》2020 年第 5 期。

〔4〕 参见罗培新：《公司担保法律规则的价值冲突与司法考量》，载《中外法学》2012 年第 6 期。

过半，决议依然有效。[1]

3. 超额担保的审查

公司章程可以限制担保额，具体分为单项限制与总额限制。《九民纪要》第18条虽否认相对人对担保限额的审查义务，但如上述，相对人对公司章程负审查义务，故公司章程可产生对外效力。就总额限制而论，相对人原则上不负审查义务，因为信息不对称，其难以知悉公司过往的担保数额。但如相对人未注意到本次接受的或与过往接受的担保额累计已超上限，仍应认定其未尽合理审查义务。[2]就单项限额而论，相对人应审查本次担保是否超过章程规定。

四、结论

在公司担保中，基于《公司法》第16条对法定代表人代表权的限制，相对人对其是否享有对外担保权应负合理的审查义务。当客观情事为相对人提供了足够的警示，而相对人仍未注意到可信赖事实与实际表象的偏差，则认定其未尽合理的审查义务。在举证责任的配置上，相对人只需证明其已审查公司决议，即推定为善意，由公司证明其非善意。

在审查义务的认定上，有必要区分公司类型。在上市公司担保中，相对人首先应审查是否存在决议豁免情形。其次，相对人应审查上市公司单项公告披露的担保信息。最后，相对人还应结合披露信息对上市公司之决议、公司章程进行审查。在非上市公司担保中，如其符合《民法典担保制度解释》第8条及第9条所规定的决议豁免情形，相对人亦无需对公司机关决议进行审查。除此之外，相对人需确定公司的决议机关。就此，相对人须审查担保权人是否系担保人的股东、实际控制人或关联公司。如系关联担保，那么股东（大）会为有效决议机关。如系非关联担保，须审查公司章程确定决议机关。如章程未规定决议机关，则相对人审查股东会或董事会决议皆可。如章程规定由董事会决议，可由股东会决议替代之，且决议比例符合多数决即可，相对人需审查决议本身。对于决议的真实性，相对人应进行形式审查，如未发现明显瑕疵，则应认为相对人未尽审查义务。至于决议的比例，在章程未规定时，股东会决议由超过参会股东所持表决权

---

〔1〕 参见最高人民法院（2019）最高法民申4849号民事裁定书；最高人民法院（2019）最高法民申3163号民事裁定书。

〔2〕 参见杨代雄：《公司为他人担保的效力》，载《吉林大学社会科学学报》2018年第1期。

过半数通过，但应剔除关联方的表决权；董事会决议须由全体董事过半数通过。对于超额担保，相对人原则上仅对单项限制负审查义务，例外情况下须审查是否超过总额限制。

（初审：温　颖　张欣玥）

域外法译丛

敌意收购与反挫败规则

［英］大卫·克肖 著[*]

杨 雯 译[**]

内容摘要： 根据英国监管规则，要约收购被视为股东与收购方之间的股份转让，目标公司董事会无权采取任何行动来阻止收购，即奉行反挫败规则。反挫败规则作为英国公司控制权市场的核心规则，是英国股东中心主义理念、公司制诞生历史以及收购监管模式共同作用的产物，然而经过将近半个世纪的发展，公司治理的学说理念、英国市场经济的发展情况等都发生了变化，反挫败规则是否应当革新备受关注。本文首先对反挫败规则的演变历程以及具体内涵做了梳理，并与美国对于反收购措施的规制进行了对比。其次聚焦于反挫败规则的利弊，指出了该规则利于控制代理成本的积极影响，同时也从基金管理者、董事会、公司利益相关者等多方角度切入，指出了反挫败规则所带来的一系列问题。最后，本文提出，应当废除反挫败规则，并且提高股东大会关于并购决议的表决通过门槛，使之达到 66%—75%，从而使得注重公司长期发展的股东能够在反收购决策中具备充分的话语权。同时，为了避免自利风险以及善意收购的无法推进，应当将董事、经理及其关联公司持有的股份排除在表决通过门槛之外，并赋予目标公司董事会降低该门槛的权力。

关键词： 英国反收购监管 反挫败规则

---

[*] 大卫·克肖（David Kershaw），牛津大学法学博士，伦敦政治经济学院法学院教授、院长，曾任 the Modern Law Review 总编辑。在开启学术生涯之前，大卫·克肖在 Herbert Smith 律师事务所担任律师，积累了大量关于英国、美国并购法律业务的实务经验。目前，大卫·克肖的主要研究领域在英美公司法、收购监管和会计监管，出版著作有 Principles of Takeover Regulation, The Foundations of Anglo-American Corporate Fiduciary Law，等等。本文为 Principles of Takeover Regulation 的第十一章。

[**] 杨雯，华东政法大学国际金融法律学院 2017 级本科生，伦敦政治经济学院法学硕士。现为上海市第一中级人民法院法官助理。

一、反挫败规则概述

（一）反挫败规则的演变与内涵

反挫败规则意在阻止目标公司董事会采取行动挫败要约或剥夺股东决定要约价值的机会。这一规则极大地限制了目标公司董事会以任何理由抵御敌意收购的能力，除非董事会仅仅是对要约的价值进行批评。它是并购委员会使用的"关键规则"，[1]也是英国公司控制权市场著名的开放性的核心。

反挫败规则起源于 1959 年的《英国商业合并纪要》(Notes on Amalgamations of British Businesses) 和 1968 年的《收购守则（第一版）》(First Takeover Code)。[2]直到今天，反挫败规则与《收购守则（第一版）》中的原则[3]基本上保持了一致形式。在《收购指引》(Takeover Directive)[4]实施之前，反挫败规则一直是在《收购守则》(Takeover Code) 的一般原则中阐述的，并在《收购守则》的条例中有进一步的阐述。在《收购守则》采纳了《收购指引》的原则之后，其一般原则只规定了董事会"不得剥夺证券持有人决定要约价值的机会"。[5]在《收购指引》中这一原则的淡化是有一定道理的，因为这使得反挫败规则对于成员国而言，成为不违反一般原则的可选项，[6]基于此，一些成员国至今还未采纳反挫败规则。[7]然而，反挫败规则产生于英国，因此在执行该指引时，英国的《收购守则》将确认这一规则。在英国《收购守则》中，这一原则的新版本也没有对 2006 年之前的反挫败规则做出任何淡化或改变。

今天，反挫败规则和相关规则规定于《收购守则》第 21.1 条。一般原则规定，未经同期股东大会通过普通决议批准，目标公司董事会不得采取任何可能导

---

〔1〕 关于关键规则的思想和作用，见 *Principles of Takeover Regulation* 第三章。

〔2〕 这一内容在 *Principles of Takeover Regulation* 第三章中进行了深入的讨论。

〔3〕 Principle 3, First Takeover Code; Rule 21.1, Takeover Code.

〔4〕 欧盟于 2004 年通过《收购指令》，由欧盟成员国各自实施。

〔5〕 General Principle 3, Takeover Code.

〔6〕 Articles 9 and 12, Takeover Directive (2004/25/EC).

〔7〕 P. L. Davies, E. P. Schuster, and E. van de Walle de Ghelcke, The Takeover Directive as a Protectionist Tool? in W. G. Ringe and U. Bernitz (eds.), *Company Law and Economic Protectionism*, Oxford: Oxford University Press, 2010.

致要约或善意的潜在要约受挫的行为，或导致股东被剥夺决定要约价值的机会的行为。

这一规则适用于要约发出之时或董事会"有理由相信善意的要约可能即将发出"之时。[1]当然，并购委员会是决定何时将收购要约视为即将发出的仲裁者，在实践中，委员会采取了有利于潜在要约人的方法。[2]然而，要注意的是，在要约即将发出之前已经完成的任何防御将不受反挫败规则的约束。因此，第21.1条的触发点确实为防御性的非常规行为在收购的传闻开始散播之时和要约即将发出之间留下了有限的空间。但是，如果该等行为在要约被视为"即将发出"的时间点前没有完成，即使是在目标公司董事会有合同义务完成该行为的情况下，该行为亦将受反挫败规则规制。[3]

第21.1条既包含上述第21.1（a）条中的一般禁止原则，也包含第21.1（b）条和第21.1条的注释中所注明的目标公司董事会不能参与的具体行为类型。然而，《收购守则》明确指出，[4]具体行为的清单并不是一般反挫败条款的全部适用范围。[5]

与不正当目的原则[6]相反，董事会行为的意图或目的与第21.1条无关；即便是董事会出于其他合法的商业理由而采取的行动，附带性地干涉了股东对收购

---

〔1〕 Rule 21.1, Takeover Code，《收购守则（第一版）》为这一规则提供了两个触发点。在原则3中，禁止从要约"被告知董事会"之时或要约"在董事会的合理预期中"之时，两者中较早的时间开始适用。但是在《收购守则（第一版）》的34条中，特定的董事会行为，包括股份发行或非常规行为，在目标公司董事会"有理由相信善意的要约即将发出"之时被禁止。今天的守则选择了即将发出的要约作为触发点，并对其适用做了细微的调整：从董事会"有理由相信善意的要约可能即将发出"之时开始适用（增加的重点）。

〔2〕 See Takeover Panel, Review of Certain Aspects of the Regulation of Takeover Bids (PCP 2010/2), 7 <http://www.thetakeoverpanel.org.uk/wp-content/uploads/2008/11/RS201101.pdf>，他注意到，"从历史上看，为了使潜在要约人能够确定善意的要约可能即将发出，我们已经设定了一个较低的门槛"。

〔3〕 第21.1条明确了这一点，该条要求在"根据先前签订的合同或另一项先前存在的义务而提议的行动"的情况下，需与并购委员会协商并获得批准。关于没有收购即将到来且不受第21条禁止的提前抗辩，see: L. Rabinowitz (eds.), Weinberg & Blank on Takeovers & Mergers, London, Sweet & Maxwell, 2016 paras 4-7042-4-7091。

〔4〕 该禁令与"反挫败规则"或"具体行为清单"有关。

〔5〕 See Takeover Panel, Consolidated Gold Fields Plc (1989/7), 6 <http://www.thetakeoverpanel.org. uk/wp-content/uploads/2008/12/1989-07.pdf>，遵守反挫败规则的如下规定："但是，本规则并没有穷尽一般原则所适用的情况。"尽管反挫败规则没有被完全纳入新通则中，但显然这种方法适用于第21.1（a）条和第21.1（b）条之间的关系，这在该规则的起草工作中已经很清楚表明了。

〔6〕 *Principles of Takeover Regulation* 第十章讨论普通法中的反挫败规则。

要约的判断，也仍然构成对反挫败规则的违反。如果所涉行为具有使要约落空或阻止股东根据要约价值作出决定的效果，那么，未经股东大会批准或并购委员会授权，董事会就不得采取该行为。并购委员会在"Consolidated Gold Fields Plc"案的裁决中确认了这一理解，他在裁决中指出：

> 不能仅以董事会的主观意图为参照来评价行为，尽管这一点可能相关，因为基本的检验标准是董事会所采取的行为是否能有效地导致……任何……要约受挫……[1]这归根结底是一项客观检验。[2]

由于该规则仅适用于目标公司董事会的"行为"，因此，它并不适用于由收购或导致收购的行为引发的防御，换言之，这些防御不依赖于目标公司董事会的任何行为而发生。例如，规定收购方的股权在超过特定所有权持有门槛时自动稀释的防御措施。[3]当然，在实践中，我们不大可能看到这样的防御措施，因为这会阻止一切收购，包括善意收购。此外，尽管该规则并未明确提及不作为或不能够作为，但显然，拒绝采取行动或批准某一特定的收购要约将被视为并购委员会规定的"行为"。这意味着，任何在收购即将发生之前，依靠目标公司董事会的批准，在董事会认为有吸引力的收购和没有吸引力的收购之间游刃有余的收购防御措施，如典型的美国式毒丸计划（下文将详细讨论），都会触犯第21.1条，即使有关的董事会行动只是拒绝批准该收购。

根据第21.1（b）条，不能采取的确切行动清单如下：不能发行股票；[4]不能授予期权；不能设立可转换证券；不能进行重大[5]的资产销售或购买；不能

---

〔1〕 引用1988年实施的新通则版本。

〔2〕 Takeover Panel, "Consolidated Gold Fields Plc" (1989/7), 12, <http://www.thetakeoverpanel. org.uk/wp-content/uploads/2008/12/1989-07.pdf>.

〔3〕 关于这一抗辩的一个例子，见下文关于毒丸的讨论；然而，在这种情况下，毒丸不会像往常一样向董事会提供撤回毒丸的权力。

〔4〕 如果股票是根据"既定的股票期权计划"发行的，或者是为了履行合同中的股票期权义务而发行的，这些股票发行仍然受到第21.1条的禁止，但注释6、第21.1条澄清说，并购委员会"通常会同意"这种发行。

〔5〕 注释2、第21.12条提供了依据本规则确定某一数额是否重大的指导。指导意见的重点是对价的价值和目标公司的价值之间的关系，或归属于资产的营业利润与目标公司的营业利润的比较。指导意见规定，10%的相对价值"通常"被认为是重大的，但注意到，如果"资产被认为具有特殊意义"，低于10%的数额可能是重大的。守则还在注释2中指出，并购委员会在确定重大性时可将几项交易合在一起。

进行非正常的交易。[1] 这些交易包括签订或修改管理服务合同，使得新合同规定"薪酬的不正常增长或服务条款的显著改善"。[2] 此外，第 21.1 条的注释规定，非正常的期中股息可能构成对反挫败规则的违反，因此，目标公司董事会在宣布此类分红之前应当咨询并购委员会。第 21.1 条强调了遵守规则的重要性，明确规定了如果对董事会的行为是否违反反挫败规则有"任何疑问"，各方必须与并购委员会协商。

虽然反挫败规则不仅仅应用于上述的具体行为清单，但事实上它们涵盖了董事会利用公司控制力创造防御的大部分方式。例如，它们涵盖了我们在第三章中讨论的所有英国防御收购案件：萨沃伊酒店（the Savoy Hotel）的资产锁定；英国铝业公司（the British Aluminium）的股票发行；以及金属工业公司（Metal Industries）和库克—沃茨公司（Cook & Watts）的资产/股票置换。然而，并购委员会发现仍有一些其他行为也违反了该规则。在这方面，最重要的是目标公司董事会的诉讼。不寻常的是，关于目标诉讼和反挫败规则之间关系的第一个声明来自上诉法院的判决，该判决推翻了一审法院授予目标公司禁止收购方使用机密信息的禁令的判决。[3] 虽然《收购守则》与该案的结果无关，但丹宁勋爵（Lord Denning）指出，"禁令的授予似乎违反了反挫败规则，因为它是一项旨在挫败收购的行动"。[4] 十年后，在 Consolidated Gold Fields 案中，并购委员会自己判定，目标诉讼可能相当于挫败行动。[5] 并购委员会承认，它对干涉另一个司法管辖区的法律程序持谨慎态度，[6] 但还是指示目标公司停止诉讼。然而，虽然诉讼违

---

〔1〕 关于董事会确定一项交易是否为正常过程的方法，see Takeover Panel, "The Burton Group Plc/Debenhams Plc" (1985/12), http://www.thetakeoverpanel.org.uk/wp-content/uploads/2008/12/1985-12.pdf，"所采取行为的精确范围和效果可能是一个关键的考虑因素"。

〔2〕 Note 5 to Rule 21.1, Takeover Code.

〔3〕 *Dunford and Elliott v Johnson and Firth Brown* [1977]1 Lloyd's Rep 505，关于诉讼和收购守则的全面讨论，see T. Ogowewo, "Rationalising General Principle 7 of the City Code" (1997) 1 Company Financial and Insolvency Law Review 74 and T. Ogowewo, "Tactical Litigation in Takeover Contests" (2007), *Journal of Business Law 589*。

〔4〕 *Dunford and Elliott v Johnson and Firth Brown* [1977]1 Lloyd's Rep 510.

〔5〕 Takeover Panel, "Consolidated Gold Fields Plc" (1989/7), 9 <http://www.thetakeoverpanel.org.uk/wp-content/uploads/2008/12/1989-07.pdf>，"诉讼可能成为一种战术武器，意在阻止一个具有实际价值的投标成功"。

〔6〕 Takeover Panel, "Consolidated Gold Fields Plc" (1989/7), 7 <http://www.thetakeoverpanel.org.uk/wp-content/uploads/2008/12/1989-07.pdf>.

反了反挫败规则，但游说当局采取行动显然不构成对反挫败规则的违反。并购委员会在 BAT 案中的决定证实了这一点，其表态，"我们不认为对政治家和其他人的一般游说能够违反"反挫败规则。[1]

关于第 21.1 条，最后要注意的一点是，它只适用于目标公司董事会，不适用于一致行动人。因此，从理论上讲，其他各方，甚至与目标公司有关的各方，都能够采取阻挠收购的行动。然而，对收购有影响的第三方行动数量有限。最明显的一种是，当收购方希望获得百分之百的控制权时，向现有股东购买目标公司的大宗股份（包括所有目标公司一致行动人的股份，这将不会触发强制要约收购）。另一种可能是，第三方提起诉讼可能会干扰收购，如美国 Consolidated Gold Fields 公司的反垄断诉讼。[2]然而，如果第三方正式或非正式地受控于目标公司，《收购守则》可以对目标公司的董事适用反挫败规则。[3]并购委员会在 Consolidated Gold Fields 公司一案中考虑了控制的含义，该案中由目标公司拥有 49.3% 股份的子公司提起的反垄断诉讼不被视为挫败性行动。并购委员会认为，控制权涉及法律控制和实际控制。本案中导致并购委员会得出目标公司没有实施控制的重要事实包括存在一份暂定收购股份协议，该协议阻止了目标公司获得 49.9% 以上的股份，或任命超过 40% 的董事会成员，[4]子公司提出的证据也表明，在实际上，它的行动独立于目标公司。[5]在得出目标公司对子公司没有控制权的结论时，并购委员会指出，尽管目标公司可以对子公司施加重大影响，但

---

〔1〕 Takeover Panel, "BAT Industries Plc" (1989/20) <http://www.thetakeoverpanel.org.uk/wp-content/uploads/2008/12/1989-20.pdf>.

〔2〕 虽然本文认为，在大多数收购中，利用这类诉讼挫败收购的现实范围并不重要。这类诉讼的最好情况是收购引起美国的反垄断关注。See Takeover Panel, "Consolidated Gold Fields Plc" (1989/7) <http://www.thetakeoverpanel.org.uk/wp-content/uploads/2008/12/1989-07.pdf>. See D. Kershaw, "The Illusion of Importance: Reconsidering the UK's Takeover Defence Prohibition" (2007) 56 ICLQ 267. See T. Ogowewo, "Rationalising General Principle 7 of the City Code" (1997) 1 *Company Financial and Insolvency Law Review* 74 and T. Ogowewo, "Tactical Litigation in Takeover Contests" (2007), *Journal of Business Law* 589.

〔3〕 Takeover Panel, "Consolidated Gold Fields Plc" (1989/7), 15 <http://www.thetakeoverpanel.org.uk/wp-content/uploads/2008/12/1989-07.pdf>. 请注意，即使第三方行动触发了反挫败规则，它也适用于目标公司的董事，而不适用于在这方面不受并购委员会管辖的第三方。

〔4〕 Takeover Panel, "Consolidated Gold Fields Plc" (1989/7), 15–16 <http://www.thetakeoverpanel.org.uk/wp-content/uploads/2008/12/1989-07.pdf>.

〔5〕 Takeover Panel, "Consolidated Gold Fields Plc" (1989/7), 19 <http://www.thetakeoverpanel.org.uk/wp-content/uploads/2008/12/1989-07.pdf>.

它并没有"控制、促成或主导法律程序开始或继续的影响力"。[1]显然，并购委员会判断"控制"的方法为关联方采取挫败性行为留下了一些空间。

（二）反挫败规则的让步条件

反挫败规则让步的条件是，要么获得股东大会批准而采取该行为，要么获得并购委员会对该规则的豁免。并且，目标公司董事会必须在打算采取该行为时获得股东大会的批准。在任何收购成为可能之前的股东批准，即使是明确的事先批准，允许董事会使用相应权力来阻挠收购，也不能满足第 21.1 条的要求。在实践中，目标公司董事会从不要求股东大会批准。原因是，如果大多数股东将批准使用挫败性行为，同样的多数人可能会拒绝收购，因此，要求批准没有任何意义。如果要求股东大会批准，并购委员会的权威立场是，收购方不能行使其持有股份的表决权，[2]但正如 Tunde Ogowewo 所指出的，不清楚这是否与并购委员会后来的判决一致。[3]

关于并购委员会的豁免，其只可能在非常有限的情况下给予这种豁免。根据第 21.1 条规则的说明 1，其中第一种情况是收购方同意不适用反挫败规则。我们可以想象，在友好的交易中，例如，非正常交易是可以提高价值的，这种用意就会出现。第二种情况是，拥有 50% 以上表决权的股份持有人，以书面形式表示同意防御行为。[4]当然，在这种情况下，没有必要采取防御行为，因为很明显收购不会成功，因此，实际上不需要征求并购委员会的同意。第三种情况是，目标公司董事会可以证明，在董事会意识到可能发生的收购之前，就已经考虑到了或者已经采取了非正常经营行为。[5]在这里，可以再次与不正当目的理论进行对比。根据不正当目的理论，如果可以证明在收购之前就考虑了某行为，并且不

---

〔1〕 Takeover Panel, "Consolidated Gold Fields Plc" (1989/7), 20 <http://www.thetakeoverpanel.org.uk/wp-content/uploads/2008/12/1989-07.pdf>.

〔2〕 See Takeover Panel, "Guest, Keen and Nettlefolds Limited" (1974/8), 2 para 2 <http://www.the takeoverpanel.org.uk/wp-content/uploads/2008/12/1974-08.pdf>，尽管应注意到实际上没有召开会议。

〔3〕 See Ogowewo, "Tactical Litigation", 提到了并购委员会，"Consolidated Gold Fields"，该条评论说，就任何投票而言，"股东对公司未来的多数观点应得到尊重"。

〔4〕 Note 8 to Rule 21.1, Takeover Code.

〔5〕 关于违反反挫败规则进行的非常过程交易，但并购委员会被要求予以豁免的例子，see Takeover Panel, "IMI Plc/Birmingham Mint Group Plc" (1990/21) <http://www.thetakeoverpanel.org.uk/wp-content/uploads/2008/12/1990-21.pdf>。

是为了干扰收购而采取的，那么该行为就是合法的。Cook & Watts vs Macanie 一案就是如此。[1] 相反，《收购守则》不允许当事人（在临近收购时才）采取某行为，然后在事后与并购委员会争论时间和动机。如果这些行为是在收购即将发生之前考虑或决定采取的，甚至在目标公司已经受到合同约束的情况下，这些行为如果在反挫败规则适用时尚未完成，未经并购委员会批准，则不能采取。然而，第 21.1 条指出，在这种情况下，这类行为在申请后可以获得并购委员会的批准。它在规则中明确规定了两种"必须咨询并购委员会并获得其同意……进行"的情况：（1）根据收购前的合同协议采取行为，或（2）采取"拟议行为"的决定是在收购"即将进行"之前作出的，并且已经"部分"或"完全实行"。[2]

二、反挫败规则的利弊

反挫败规则是英国公司法法规的一部分。长期以来，它一直是法规的"禁忌条款"，人们普遍认为它提供了一个收购防御法规的示范，应该向其他地方输出。英国有一种反挫败规则的观念，将其视为自然的、合乎逻辑的和必要的——这是该规则作为并购委员会的"关键规则"所发挥的作用，[3] 也出于公司顾问在遵守《收购守则》和维护委员会中所获利益的推动。收购委员会和顾问们因此受到激励，成为该规则的捍卫者。这至少是英国至今没有就该规则的成本和效益进行认真的公开讨论的部分原因。

最近的收购事件，以及对英国资本市场运作和英国公司成功案例更广泛的关注，为这种讨论创造了条件。卡夫食品公司（Kraft Foods Inc.）收购吉百利公司（Cadbury Plc），以及辉瑞公司（Pfizer Inc.）收购阿斯利康公司（AstraZeneca Plc）的失败尝试，这两次收购都指出了英国公司在多大程度上面临敌意收购，特别是被非英国公司收购的问题。关于吉百利公司的收购，当时吉百利公司的董事长罗杰·卡尔（Roger Carr）指出，目标公司的董事会很难抵制溢价收购，即使他们认为保持独立更符合公司的长期利益。基于此，他质疑现行的收购规则是

---

〔1〕 See Chapter III, paras 3.58–3.59.

〔2〕 See J. Rickford and E. Schuster, Company Mergers, Acquisitions and Restructurings in Europe, OUP, forthcoming 2016, Chapter 17，认为《收购指引》可能要求成员国将部分措施排除于反挫败规则的约束范围之外。

〔3〕 见第三章中关于关键规则及其影响的部分。

否"公平并有助于英国未来的长期成功"[1]——这些讨论引起了政治上的热议，并在并购委员会的领导下，[2]就应对这些问题的可能方法进行了详细的讨论。然而，这种讨论并不包括改革或废除反挫败规则。

对收购防御相关法规展开讨论的第二个潜在的驱动力是市场和商业界对英国公司更广泛的成功案例的关注。明确地说，这些关注迄今还没有引起对于反挫败规则的公开讨论，但它们种下了可能萌发这样一场讨论的种子。其中第一个问题是关于英国公司董事会中的短期主义，以及来自资本市场的短期主义的压力在多大程度上会被传递到董事会中。公司控制权行为的市场——或这种行为的可能性——可能引发董事会的反应，虽然这可能是规律的，但它也可能导致董事会对市场关注点和偏好的过度敏感，这可能会损害英国公司的长期健康，因为它们对新产品以及公司扩张的投资不足。[3]第二个问题也许还没有萌芽，它是对英国经济生产力未能产生增长的日益关注。在撰写本报告时，人们普遍认为这是英国最紧迫的经济政策问题之一。[4]当然，有许多宏观和微观的经济和法律因素导致了这种生产力的薄弱，其中许多因素的重要性无疑远远超过了公司法和法规。但是，在这场讨论中，公司法和法规不能被忽视。长期以来，有一种观点认为，当公司法能够激励雇员对公司的特定投资时，公司法可以推动生产率的提高，反之，公司法将会抑制生产率。[5]如果反挫败规则会使雇员认为，他们的特定投资容易因收购而丧失，那么雇员可能不太愿意进行这些投资。

本节旨在促进关于反挫败规则的更广泛的讨论。为此，本节首先探索了英国坚定奉行反挫败规则的结构性驱动力，然后围绕收购防御的利弊，即改革或废除反挫败规则的利弊，提供一个以英国为中心的政策讨论。

（一）讨论反挫败规则的视角选择

关于要约收购的一个基本事实是，它是直接向股份持有人发出的购买其股份的要约。根据已接受的要约进行的股份转让不影响这些股份对应的公司实体，不

---

[1]　演讲可在以下网址查阅：<http://podcasts.ox.ac.uk/roger-carr-cadbury-hostile-bids-and-takeovers>。

[2]　See Takeover Panel, Review of Certain Aspects of the Regulation of Takeover Bids (PCP 2010/2).

[3]　关于这一论点的更详细的说明，see Chapter I, paras 1.48–1.55。

[4]　See C. Giles, "Solving Productivity Puzzle is Key to Government Finances" (19 April 2015) Financial Times.

[5]　See Chapter I paras 1.28–1.29，概述了论点并提供了文献参考。

需要依赖目标公司的控制权来影响销售。因此，董事会对拟议的交易没有正式的发言权或否决权，除非公司的章程规定了董事会在这种转让中的作用，虽然这在私营公司中并不罕见，但在英国的上市公司中是被禁止的。[1]从这个独立的法人实体和该实体的所有权的角度来看，对于要约应当被接受还是拒绝，唯一有发言权的人是目标公司的股东；他们不是以公司机构成员的身份，而是作为拥有股份的个人，在回应要约时，依据要约价值是否符合他们的保留价格作出投资决定。从这个角度来看，使董事会能够影响收购结果，与为第三方提供针对某人房屋或汽车出售的否决权一样，没有什么意义。与合同要约相比，其他转让目标公司控制权的方式确实为目标公司的董事会提供了一种身份，甚至是一个否决权。在英国，一项安排计划——无论是合并计划还是转让计划——未经董事会批准都不能被接受。同样地，公司资产的转让也不能未经董事会批准而生效。当然，上述的逻辑解释了为什么董事会在合同要约中没有作用，这也适用于要求董事会发挥作用的交易结构中。在合并计划或资产出售中，公司的资产由董事会授权指导和管理，直接或通过法律的运作进行转让。由于涉及公司权力，董事会必须有审批权。

与这种实体所有权视角的决策逻辑相矛盾的是，尽管董事会的角色因交易结构的不同而不同，但合同要约的功能效应与合并计划或资产出售交易结构的效应是一样的：收购方获得了未来对目标资产使用和部署的控制权。当我们关注交易结构的功能效应时，由于董事会被授权从资产的部署中创造价值，因此直观来看，尽管董事会对合同要约的结果没有正式的发言权，但他们应该被允许运用他们的权力来影响结果，包括抵制控制权的改变。从这个角度来看，禁止目标公司董事会在合同要约的背景下采取行动，从根本上破坏了它被赋予的对这些公司资产进行商业决策的权力。这种想法与本书其他章节中提到的"围困"思想不同，即在无法影响或控制收购结果的情况下，董事会会从创造价值的任务中分心，因为他们的大部分精力都集中在预测和应对可能的要约上。[2]相反，这种想法是一种更基本的控制权思想：如果董事会不能在深刻影响公司资产使用的控制权交易中发挥作用，那么授权其管理和指导公司的资产就没有意义。

[1] See Chapter II, para 2.20.

[2] See Chapter V paras 5.44–5.45，关于"提出或关闭"规则的表述，Chapter IX 9.13，关于"第60天规则"的表述。

正如将在本节中概述的那样，有许多理由支持或反对合同要约中的目标公司董事会使用公司控制权来构建收购防御措施，以抵制或影响未经邀请的收购。然而，讨论的核心不是政策，而是一种观点或视角，通过这种观点或视角，支持和反对防御的政策讨论得以进行。采用实体所有权的视角，将会产生禁止董事会采取防御措施的逻辑。即使是那些可能会接受支持董事会进行防御措施的部分政策的人，采用这种视角也会对其产生强烈的偏见。相比之下，那些接受功能性或权威性视角的人则偏向于防御措施的可用性，为了克服这种偏向，政策平衡必须向支持可用性的另一端倾斜。

因此，要理解任何司法管辖区关于收购防御的讨论，以及这场讨论的结果，关键是要理解该司法管辖区的主导视角以及该视角选择的驱动因素。如果这种视角扭曲了政策讨论，那么我们需要了解，这种视角的选择是政策驱动的，还是与政策理由无关的因素在历史上的偶然产物。如果是后者，这种认识使我们能够尝试对当代的政策讨论进行去偏见化，以便更认真、更中立地对待它。

在英国，占据绝对主导地位的是实体所有权视角。对于英国的评论人士、监管机构和从业者而言，合同要约不涉及企业资产部署的商业决策，而是资产所有者的投资决策。控制权变更的任何商业后果在时间上是随后发生的，在形式上与股东是否愿意出售其财产的决定无关。这种主流观点体现在对反挫败规则的广泛支持上。然而，考虑到其他司法管辖区（尤其是美国）对"商业决策"观点的支持，[1] 很明显，这与英国的视角选择无关。

要解释占主导地位的视角的产生是一项艰巨的、推测性的努力。我们无法在此对其进行深入的解释。有一种可能性，那就是这种视角与英国公司的控制权和授权性质有关。[2] 目标公司的董事会应该对合同交易的结果有发言权，因为交易在功能上与目标公司的资产配置以及董事会配置这些资产的权力有关，这一论点很自然地引出了英国公司中董事会权力的性质问题。英国公司的董事会并没有因为公司的成立而被授权行使公司控制权，只是根据股东在公司章程中的规定，被授权行使股东委托给董事会的公司控制权。自从 1844 年通过注册成立公司的概

---

〔1〕 最著名且充满激情的阐述参见 Martin Lipton in "Takeover Bids in the Target's Boardroom" (1979) 35 Business Lawyer 101。

〔2〕 D. Kershaw, The Foundations of Corporate Fiduciary Law, *Cambridge: Cambridge University Press*, forthcoming, 2016.

念出现以来，这种公司控制权的理念已经深深地扎根于英国的公司概念中。1844年的《合股公司法》将公司形式理解为植根于合伙的理念。注册公司被认为是解决与股份制合伙企业（被称为"协议契据公司"）相关的实际问题的一种手段，例如起诉和被起诉。[1]这些协议契据非法人公司被广泛使用，部分原因是缺乏国家创建的或特许的公司。[2]这种非法人公司由其合伙人通过合伙协议——"协议契据"来授权。正如林德利勋爵（Lord Lindley）所说，注册公司只是"通过注册而成立的合伙企业"，[3]因此，董事会必须通过成员的权力转让而获得授权。因此，今天英国公司的董事会并不拥有管理公司资产的原始权力，他们只拥有管理股东提供给他们的那些权力。

因此，当基于授权的支持收购防御的论点被提出时，直接导致了这样一个问题：股东在公司章程中向董事会转让权力的一般措辞，是否包括干预作为股东的核心方面的权力——投票和决定是否出售股票的权力。英国对这个问题的直观回答是：只有当股东在授权中明确了这一点时，才视作包含。如果董事会没有这样的默认权力，那么很显然，人们不能说董事会在要约收购中的角色缺失破坏了董事会的基本权力，因为这种权力从一开始就没有扩展到这种行动。这种对公司控制权的理解是英国公司法深层结构的一部分；它提供了一种逻辑，在 Hogg v Cramphorn Ltd [4]和 Howard Smith v Ampol PetroleumLtd [5]中阐述的不正当目的理论中体现得最为明显。这种关于公司控制权的逻辑，渗透在法律和更广泛的公众认知中，即作为股东意味着什么——"拥有"公司。它提供了一种逻辑，使上面阐述的功能性观点站不住脚，并且使实体所有权的视角不容质疑。这种逻辑形成了一种声音，在 20 世纪 50 年代和 60 年代呼吁，股东有权控制大宗股份的防御性问题，且董事会不应干涉股东选择。[6]这种逻辑也解释了为什么今天"反挫

[1] See D. Kershaw, The Path of Corporate Fiduciary Law (2012) 8, *New York Journal of Law and Business* 396, 406–14.

[2] See D. Kershaw, The Path of Corporate Fiduciary Law (2012) 8, *New York Journal of Law and Business* 396, 406–14.

[3] N. Lindley, A Treatise on the Law of Partnership, Including Its Application to Companies, 5th edn, Boston: Charles H. Edson Co., 1881, 8.

[4] [1967] Ch. 254.

[5] [1974] 1 All ER 1133.

[6] Editorial (23 June, 1959) *Financial Times*,《金融时报》社论（1959 年 6 月 23 日）指出，"股东有权将其持有的股份处置给任何他喜欢的人"。

败"规则看起来是那么自然和没有争议。

相比之下，在美国，基于董事会权力的重要性，支持目标公司董事会在收购防御中发挥作用的观点在法律和更广泛的范围内都找到了肥沃的土壤。正如在英国一样，美国公司法的道路是多种驱动因素的复杂混合，本文不能对此进行详细探讨。然而，有人提出，关键的驱动因素之一是美国公司的法人控制权来源。[1]在美国，董事会的权力是原始的（来自国家通过法令），[2]而不是由股东授权的。这种控制权的理论可以追溯到美国第一批注册的公司的模式：它们被认为是法定特许的公司，由国家创建和授权，而不是像英国那样，作为公司化的合伙。[3]也就是说，普通公司被认为是扩展或民主化了州特许公司的存在。[4]由于股东并不是公司控制权的原始持有人，他们已经选择了授权这种权力，所以控制权可以被保留的观点不会引起共鸣；董事会的权力如果被忠实地行使，那么这种权力是绝对的。因此，以董事会管理和指导企业资产的根本控制权为基础，提出支持收购防御的论点，并不会导致对董事会权力范围的质疑。这种控制权的逻辑造成了一种散乱的偏见，倾向于支持董事会利用公司控制权来建立防御。

相应地，英国和美国的公司控制权理论分别产生了反对和支持董事会持有防御权力的偏见。但是，这些偏见是偶然的历史选择和事件的产物——其中包括19世纪选择的普通公司的模式，这与在引进普通公司的立法之前是否有法定特许公司密切相关。[5]这些选择并非出于政策平衡的产物，可以说，这些政策考虑渗透到对现代敌意收购现象的监管中。今天，在英国和美国，我们都面临着同样的功能性问题：如何确保管理企业资源的专家在广义（社会和企业）和狭义（股东）意义上实现价值最大化。我们的子问题是，允许董事会创建和使用防御是加

---

〔1〕 为了便于参考，我们在这里不准确地指的是美国公司和美国公司法。当然，美国公司法是以州为基础的法律。除非另有说明，这里提到的美国法律是指特拉华州的法律，特拉华州是美国主要的公司法司法管辖区。

〔2〕 See, for example, section 141(a) of the Delaware General Corporation Law.

〔3〕 N. Lindley, A Treatise on the Law of Partnership, Including Its Application to Companies, 5th edn, Boston: Charles H. Edson Co., 1881, 8.

〔4〕 See D. Kershaw, "The Path of Corporate Fiduciary Law" (2012) 8 *New York Journal of Law and Business* 396, 441–19. 尽管法定特许公司在美国比在英国容易得多，但特许公司的过程被认为陷入了腐败和赞助的泥潭。

〔5〕 D. Kershaw, The Foundations of Corporate Fiduciary Law, *Cambridge: Cambridge University Press*, forthcoming, 2016.

强还是削弱了这一功能性目标。我们必须试着回答这个问题，消除所有权和功能性视角的偏见，以免这些视角让我们觉得防御完全是错的或对的。

（二）英国背景下收购防御权力的归属

有关收购防御优劣的政策对话往往是脱离现实背景的。这是因为我们对什么是收购防御、它们在实践中如何运作，以及如何对它们进行监管的理解，都来自一个国家：美国。[1]我们对支持和反对收购防御的政策论点的理解，是美国经验的产物，也是美国成熟的讨论的产物。人们倾向于将这些政策论点嫁接到非美国司法管辖区对是否应该允许或禁止此类防御的讨论中。问题在于，美国的政策讨论以及美国评论人士和监管机构得出的结论，与美国对收购防御的法律监管密不可分。监管决定了创建收购防御的先决条件，也决定了对收购防御部署的正式或非正式限制。但是，当这种法律背景发生变化时，我们对收购防御优劣的评估也必须改变。因此，在我们考虑英国背景下的防御优劣之前，需要考虑在《收购守则》允许的情况下，防御将在何种法律环境下运作。

如果英国废除反挫败规则，任何希望创建和部署收购防御的董事会都不会找到有利的英国公司法环境。英国公司法可以被恰当地描述为股东优先制度，其提供了重要的股东权力及保护。[2]因此，大多数收购防御都要求股东批准才能建立，并且在所有情况下收购防御的部署都要求股东批准，这一点并不令人惊讶。[3]

例如英国铝业（British Aluminum）股票发行防御的例子，或者是库克瓦茨（Cook & Watts）与金属工业（Metal Industries）之争中股票资产置换的例子，[4]根据现在的公司法，[5]非优先认购地发行这些股票，将需要股东批准分配这些股票，[6]

---

[1] 更准确地说，包括哥伦比亚特区在内的美国 51 个州公司法管辖区。

[2] 重要的股东权利的基本权利包括强制性的无因罢免董事的权利（section 168, Companies Act 2006）；强制性的召集股东会议的权利（sections 303-5, Companies Act 2006）；或通常规定的董事会指示权（see Article 4, Model Article for Public Companies）. See D. Kershaw, Company Law in Context: Text and Materials, Oxford: Oxford University Press, 2012, Ch。

[3] 关于根据英国公司法进行防御的可行性的更详细的考虑，see Kershaw, Illusion。

[4] 这些收购对于《收购守则》和并购委员会的创建起到了重要作用，在第三章第 3.27—3.32 段和第 3.58—3.61 段中有详细的讨论。

[5] 这些规则是 1980 年 the European Union's Second Company Law Directive (77/91/EEC) 实施的结果。在此之前，董事会在发行股票时面临的唯一限制是公司必须拥有足够的法定股本。

[6] Sections 549 and 551, Companies Act 2006.

并放弃上市公司股东的优先认购权。[1]典型的情况是股东在年度股东大会上同意大量滚动式授予配股权，并滚动式放弃优先认购权。[2]此外，根据最近修订的优先认购委员会指南，[3]这种弃权可允许每年优先发行 10% 的股份，如果股票发行与收购或资本投资有关，则该等弃权可允许在 3 年优先发行最高达 30% 的股份。[4]然而，如果该等股票发行与收购或资本投资相关，则任何滥用该等弃权以避开敌意收购的行为，将极有可能导致该等滚动授权的大幅减少，或明确禁止将该等弃权用于防御目的。关于资产出售防御，例如萨沃伊酒店（Savoy Hotel）之战，值得注意的是，尽管公司条款可能包含此类限制，但是英国公司法没有对主要资产的出售进行限制。然而，如果目标公司是优质上市公司，那么根据《上市规则》第 10 条的规定，任何超过公司价值 25% 的出售都需要股东批准。[5]但重要的是，在没有此类批准的情况下，可以进行低于公司价值 25% 的资产出售防御。

在美国，最普遍、最有效的防御手段是毒丸。毒丸是通过向每个股东发放期中股息的方式，为股东所持有的每一股份发放一份认股权证而产生的。认股权证附于股份，并随股份转让，直至行使为止。认股权证的条款由目标公司董事会同意的"股东权力计划"规定。通常，在触发事件发生之前，行权价是非常高的。根据股东权力计划的定义，触发事件通常发生在未获得董事会批准的收购方越过所有权门槛时。届时，权证行使条款会发生变化，除超过持股门槛的人外，权证持有人可以以大幅折扣（通常为 50%）购买目标公司的股票（内翻式毒丸），或购买与目标公司合并后的收购方公司的股票（外翻式毒丸）。在美国，这种防御可以在没有股东批准的情况下建立，并可以在收购开始之前或之后实施。英国公司法还提供了制定毒丸计划所需的公司法律工具，如可以发行认股权证的期中股息。[6]此外，英国公司法和监管部门不阻止在认股权证的行使方面对收购方和其

---

[1] Section 561,《2006 年英国公司法》关于 Metal Industries 和 Cook & Watts 的抗辩请注意，尽管今天发行大宗股票以交换收购方的分配，需要获得授权来分配股票，但今天不需要放弃优先认购权，因为在以非现金对价发行股票时不适用优先认购权。See section 565, Companies Act 2006.

[2] See Kershaw, Company Law in Context，这是这类滚动反对申请的例子。

[3] 优先认购委员会为公司和机构投资者提供了一套与批准放弃优先认购权请求有关的准则。Pre-Emption Group Statement of Principles (2015).

[4] Pre-Emption Group Statement of Principles (2015). Parts 2A para 3 and 2B para 1.除此之外，一年和三年的限额分别为 5% 和 7.5%。

[5] 关于这些重大交易规则，see Chapter II, para 2.16。

[6] Article 70(1), Model Articles for Public Companies.

他股东的区别对待。[1]然而，与美国不同的是，英国不可能在没有股东批准的情况下研制出毒丸，因为发行认股权证将要求股东授予董事会相应权力。[2]尽管英国的上市公司通常会获得大量的滚动授权，但它们并不足以给每只股票发行认股权证来制造毒丸。

在英国的公司中，大多数（虽然不是所有）的防御都需要股东的正式批准才能构建，但除此之外，使用这些防御方法也需要股东批准。这一要求来自将权力用于其被授予的目的的责任，在普通法中被称为不正当目的原则。该原则提供了一个默认的合宪性权力方案，防止在未获得股东批准的情况下，公司权力被滥用于干涉股东回应收购要约。[3]正如我们在第十章中所指出的，这一原则在效果上与反挫败规则非常相似，但有两个重要的区别：第一，股东的批准可以在事前提供，即在意识到任何收购之前的股东批准，能够在之后的收购中束缚股东的手脚；第二，当对收购的干涉是出于其他原因采取的行动的附带影响时，这一原则不适用。

从以上对英国公司法立场的简要总结中，我们可以看出，如果没有股东的支持来创建并使用收购防御，董事会在防御方面几乎无能为力。但是，即使股东选择了支持董事会进行防御，英国公司法也允许股东继续控制这些条款的使用。美国的收购防御经验告诉我们，毒丸的防御能力主要取决于董事会批准收购或赎回毒丸的权力。因此，毒丸的威力取决于为批准收购而改变董事会的难易程度。

在美国，有的董事会可以在任何时候被简单多数的流通股罢免，也有的董事会是交错的三年任期，在三年任期内只能因故被罢免。[4]在一年或三年任期内能

---

[1] Premium Listing Principle 5 (LR 7.2.1A) 要求"就上市股份所附权利"对股东实行平等待遇，但是这并不妨碍因"毒丸"而产生的差别待遇。在这方面应当注意，首先，毒丸的权利不是"附加"于这些股份的权利，而是购买股份的单独权利；其次，与其他股东不同，认购股权证不存在不平等待遇，因为收购方在没有获得目标公司董事会批准的情况下就达到了持股门槛，没有遵守认购股权证的条款。还应当注意，《2006年英国公司法》第172条要求［作为一个合理的普通董事会做的事情（《2006年英国公司法》第174条）］考虑"在股东之间公平行事的必要性"，然后再采取董事认为有利于股东利益的行动。该条款并不要求作为决定的结果给予股东平等或公平待遇。在任何情况下，基于上述原因，不存在因"毒丸"触发而产生的不平等待遇。

[2] Section 549(b), Companies Act 2006.

[3] Hogg v Cramphorn Ltd [1967] Ch 254; Howard Smith Ltd v Ampol Petroleum Ltd [1974] 1 All ER, 1133.

[4] Section 141(k), Delaware General Corporation Act. 还要注意的是，交错组成的董事会的有理由撤换权也是一项默认规则。关于董事会绝缘和非绝缘的不同方法，see D. Ferreira, D. Kershaw, T. Kirchmaier, and E. Schuster, "Shareholder Empowerment and Bank Bailouts" (2012) ECGI Working Paper <http://papers.ssrn.com/sol3/papers.cfm?abstract_id=2170392>, accessed on 11 December 2015。

否召开临时会议是可选的，取决于公司章程。[1]拥有毒丸和交错董事会的公司显然有权防御收购，其防御能力远远超过那些董事会只有一年任期、且有无因罢免权的公司。在设置交错董事会的公司中，即使大多数股东支持收购，收购者（作为目标公司的股东）也必须等待两次年度股东大会和大约两年的时间来控制董事会，以批准收购或赎回毒丸。同样地，对于两家任期为一年并有无因罢免权的公司来说，没有规定召开临时股东大会的公司的毒丸比有规定的公司更有效力。在前者，作为股东的收购方必须至少等到下一次年度股东大会才能获得控制权。相比之下，在英国，建议的董事会任期为一年，[2]而且由于英国公司法的强制性规定，无论任期长短，只要在股东大会上获得简单多数票，董事可以在任何时候被免职。[3]此外，股东有召集临时会议的强制性权力。[4]因此，在面对持反对意见的股东时，英国的"毒丸"赋予董事会的权力要小得多。这些强大的股东权利建构着收购方和目标公司之间的谈判。更广泛地说，这影响了董事会与股东之间的关系，并使董事会本能地意识到了股东的关注点。这种敏感性将构建并部署任何股东批准的收购防御措施，不仅仅是毒丸。

（三）英国背景下收购防御的利弊

关于收购防御措施对公司、股东、利益相关者和更广泛的经济体是有害还是有益的讨论已经屡见不鲜。话虽如此，但这一争论在英国历来不受重视，因为上文详述的实体所有权视角和历史缘由，人们普遍支持收购防御将削弱收购的约束效应。本部分内容根据英国的法律环境调整了前述两种观点，然后探讨了吉百利公司（Cadbury Plc）收购案和阿斯利康公司（AstraZeneca Plc）收购失败案带来的以英国为中心的支持防御措施的观点。我们从与防御措施相关的弊端开始，然后讨论其理论上的优势。

1. 收购防御的弊端：公司控制权市场的约束效应

正如我们在第一章所概述的，公司控制权市场可以直接或间接地作为一种机制来控制代理成本。它可以直接或间接地约束那些为自己利益行事的管理者，或

---

[1] Section 211(d), Delaware General Corporation Law.
[2] Provision B.7.1, Corporate Governance（适用于富时 350 指数成分股公司）。
[3] Section 168, Companies Act 2006.
[4] Sections 303-5, Companies Act 2006.

者直接阻止他们这样做。从理性问责的角度来看，如果管理者被授权使用收购防御措施，那么自利的管理者会利用这些权力来保护自己。这将产生两个影响：首先，公司控制权市场（对管理者）的约束效应将被大大削弱；其次，在实际交易中，股东往往会被拒绝接受提高股价的要约，只剩下自私的管理者和低得多的股价。我们应该在多大程度上认真对待这些风险并被其劝退，取决于以下四个因素：

（1）一个不受阻碍的公司控制权市场需要在多大程度上约束管理者——换句话说，其他公司法规则已经在多大程度上做到了这一点（"L"代表法律未能控制代理成本的程度）。

（2）如果 L > 0（其中"1"代表法律对代理成本不施加任何限制，"0"代表法律已经消除了代理成本），一个不受阻碍的公司控制权市场在实践中可以多大程度执行直接或间接的约束功能（"MC"代表公司控制权市场的实际约束效应）。

（3）如果 MC > 0（其中"0"代表它不具有任何约束效应，"1"代表它约束所有代理成本），在现行法律体制下，董事会使用收购防御措施来抵制一个超过大多数股东保留价格的溢价收购要约的可能程度（"R"代表可以抵制的范围）。

（4）如果 R > 0（其中"1"代表使用防御措施来抵制股东愿意接受的要约没有任何受到限制，"0"代表无法使用防御措施），我们对管理者不信任程度的可能性——比如管理者使用防御措施是出于恶意原因（保护个人利益）而不是善意原因（保护股东)("D"代表我们不信任的程度，如果管理者总是为争取他们自己的利益而采取行为，D = 1；如果他们从不为自己的利益而采取行为，D = 0)。

在这里把这些因素作为有逻辑顺序的、连续的因素来对待，是失之偏颇的。我们可以给所有这些因素重新排序。然而，这种顺序使我们能够看到，这些因素是相互依赖的。例如，如果 L、MC、R 或 D 中的任何一个是零或接近零，那么我们就不需要关注其他因素，公司控制权市场的约束性功能在关于防御措施的政策讨论中不应该占很大比重。在实际的要约情况下，如果 R 或 D 中的任何一个接近于零，我们就不应该担心任何实际收购中的防御措施会被用于损害股东的利益。

我们在此不深入讨论（1）和（2）。经验证据并不支持公司控制权市场明确约束管理者的观点。当对交易成本进行调整时，公司控制权市场的理论也不支持这样的约束性理念。然而，很明显的是，公司控制权市场确实产生了约束作用，但这种作用主要是董事会对公司控制权市场活动和信号的反应，以及可能的过度反应所驱动的间接作用。关于（1），本文不能对英国公司法所规定的代理成本控制进行广泛审查。但有一个强有力的理由可以证明，英国的公司法和法规具有实质性的控制作用。[1]因此，在英国，L 和 MC 接近于 0 而不是 1。

关于（3），我们已经看到，即使我们假设不存在反挫败规则，根据英国公司法，董事会在没有股东批准的情况下，也没有部署防御措施的余地。而且，即使他们已经获得了这样的批准，当股东发现自己正面临溢价要约的机会，英国法下的股东权力也能够大大限制董事会部署防御措施的能力，使其无法违背股东的当下意愿。关于（4），很明显，我们生活在一个不信任管理者的时代，实际上是不信任任何行使授权的人。[2]这种不信任渗透到监管中。例如，以下由欧盟委员会在 2001 年成立的研究收购规则的高级别公司法专家小组作出的评论：

> 如果提出收购要约，管理者将面临巨大的利益冲突……他们的利益是保住他们的工作和声誉，而不是为股东实现公司价值的最大化。他们代表股东或其他利益相关者的利益主张很可能被自身利益所玷污。股东应该能够为他们自己作出决定。[3]

我们对管理者不信任的假定是否提供了一个准确的经验法则，来判断管理者在使用收购防御时会在多大程度上以自利的方式行事，而非出于道德、文化和职业规范的承诺进行自我约束，这一点是不清楚的，而且很可能永远都是不清楚的。过去几十年的事件——从麦克斯韦（Maxwell）、世通（WorldCom）、安然（Enron）到全球金融危机——在很大程度上证实了一种合理的讽刺观点，即广泛的管理者自利行为。但是，这种显著的事件也很可能导致我们夸大这种行为的普

---

〔1〕 当然，尽管 L 显然不是 0，因为公司法正在努力控制代理成本的重要来源——例如，傲慢的收购，以及与控制权相关的精神利益，这可能扭曲董事会对要约的反应——施加控制。但是，强大的股东权利，包括罢免权（section 168, Companies Act 2006），对直接冲突的严格监管（ections, 175, 177, 178, 190–5 Companies Act 2006）以及重大交易和相关方批准权（Listing Rules 10 and 11），可以说具有显著的约束力——关于这方面的进一步细节和参考文献，请参见第八章，第 8.30 段。

〔2〕 比如，D. Campbell, "Trust in Politicians Hits an All-time Low" (27 September 2009) *The Guardian*，报道说，公众对政客的信任"已经直线下降"，并且"商界领袖也受到了冷嘲热讽"。

〔3〕 "High Level Group of Company Law Experts Report on Issues Relating to Takeover Bids" (10 January 2000) (Winter Report), 21 (emphasis added).

遍性。[1]道德、文化和职业约束仍然存在。因此，尽管我们可能假定管理者的自利倾向会影响公司行为，但是，管理者并不总是在法律和市场允许的范围内滥用收购防御。D 不等于 1。

随着 R 接近 0，L 和 MC 相较于 1 更接近 0，且 D < 1，基于保护公司控制权市场，以及防止管理者自利行为，因而诞生的反对收购防御的理由并不强烈。当然，反对的理由本身可能并不充分，但是，如果没有令人信服的支持收购防御的政策理由，那么反对的理由就可以被认为很充分了。下面我们将讨论支持收购防御的理由。然而，我们需要意识到，这些政策好处可能不会通过简单地取消反挫败规则而得到。正如英国公司法对收购防御所施加的限制大大削弱了反对收购防御的理由一样，这些限制也削弱了收购防御的优势。下面我们将讨论存在有效防御的潜在优势。然后，再探讨这些优势在多大程度上被反挫败规则所削弱，同时探讨获得这些优势的其他方法。

2. 收购防御的优势之一：保护股东免受基金管理者的侵害

支持收购防御的一个标准政策理由是，收购防御可以使目标公司董事会保护那些愿意出售他们股份，但却不知道或者无法获悉公司真正价值的股东。[2]也就是说，防御机制使董事会能够保护股东免受他们自身之害。这一理由的支持者认为，由于董事会"边干边学"的优势，董事会对公司的价值有更好的理解，并且董事会可以获得机密信息，而要使这些机密信息所隐含的竞争优势不被损害，股东是不可以获得这些机密信息的。

在反挫败规则的环境中，股东可以决定他们是否相信管理者所说的"不要卖掉你的股份，它们的价值更高，尽管我们不能告诉你确切的原因"。当股东有效地调整对个别公司管理者的信赖度时，以"保护股东免受自身之害"为目的的收购防御是无助的，因为这恰恰有可能授权给那些不应该被信任的管理者，确切地说，是那些可能滥用权力的个人。此外，在这种有效的信任调整发生时，允许收购防御从长远来看会削弱管理者和股东之间的信任。反挫败规则促进了信任的建

---

〔1〕 S. Taylor, "The Availability Bias in Social Perception and Interaction" in D. Kahneman, P. Slovic, and T. Tversky (eds), Judgment Under Uncertainty: Heuristics and Biases, Cambridge: Cambridge University Press, 1982.

〔2〕 这种情况在美国被称为"实质性胁迫"，这个术语最早提出于 R. J. Gilson and R. Kraakman, "Delaware's Intermediate Standard for Defensive Tactics: Is there Substance to Proportionality Review" (1989) 44 *The Business Lawyer* 247。

立，因为信任是反挫败规则唯一允许的适用收购防御的情况。

　　然而，当股东不能有效地调整对个别管理者的信赖度时，或者当他们的决定建立在无关的非信任因素的基础上时，那么保护股东免受自己侵害的观点就应该被更认真地对待。如果股东对管理者滥用权力的典型例子了如指掌，从而过高地估计了管理者不应被信任的程度，并且以一种笼统的方式将这种估计用于所有的管理者，那么，股东有时就会在管理者本应该被信任的时候对要约说"是"。在这里，收购防御可以被证明是一种纠正总体股东认知偏见的方法。然而，尽管这种过度不信任的存在是很有道理的，并且这种偏见在实际的交易中确实有影响，但是，确定这种偏见的程度和成本是一项艰巨的任务，只有勇敢的、抑或是鲁莽的监管者才会根据这种偏见的可能存在进行监管。在这方面更重要的是外部决策因素。从直觉上看，我们可能会看到，股东可能无法抵制今天的麻烦，因为明天还会有更多的不确定性的麻烦。即使股东信任管理者，相信被收购后，明天会有更多的麻烦，也可能难以抵制收购要约，尤其是当收购要约提供及时的现金，且不涉及对未来的不确定性时。然而，尽管人们可能认为散户投资者会受到这种风险厌恶的影响，但当长期机构股东信任管理层的主张时，散户投资者不愿意承担与长期生产价值相关的风险是不合理的。许多长期投资者将会，或者有能力持有英国股票数年。[1]然而，尽管在这些条件下难以置信，但"今天的麻烦或明天的麻烦"的概念给我们指出了一个相关的，并且严重得多的问题。

　　机构投资者，如养老基金，通过基金管理者进行投资。基金管理者竞争管理机构投资者的资产，并根据管理的资产价值（通常为管理资产的 2%）赚取费用。当然，根据他们在创造回报方面的成功程度，基金管理者将获得或者失去机构投资者的委托。在一个竞争激烈的市场中，成功是一种与其他基金管理者相比的相对现象。因此，在基金管理服务的市场上，基金管理者的业绩会定期与竞争对手以及标准市场指数（如富时 100 指数或富时 350 指数）的表现进行比较。约

---

〔1〕 尽管平均持有时间已经大幅缩短（从 20 世纪 70 年代中期的 7 年减少到 2007 年的 7 个月：A. Haldane, "Patience and Finance" (speech to Oxford China Business Forum, 2010), 16 <http://www.bankofengland. co.uk/archive/Documents/historicpubs/speeches/2010/speech 445.pdf>），如 Mark Roe 所说，这些平均持有时间歪曲了情况。他认为，由于解释上的错误，评论家们忽略了一个事实，即"对于 90% 的股东来说……他们的持有时间并没有缩短"（M. Roe, "Corporate Short Termism—In the Boardroom and the Court-room" (2013) 68 *The Business Lawyer* 977, 998–1000. ）。许多长期股东持有股票多年，同样重要的是，如果他们相信长期价值主张，他们就处于进行长期投资的位置。

翰·凯（John Kay）在他的评论 "Short Termism in UK Financial Markets"[1] 中指出，基金管理者的聘用会"参考他们相对于其他类似管理者的近期业绩，并由建立了对比数据库的顾问进行指导"。[2] 不出所料，由于相对业绩对一家基金管理公司至关重要，基金管理者个人的薪酬安排也会与相对业绩密切相关。[3] 最后，值得注意的是，随着基金管理业务成为一个独立的行业，相对基金管理者的业绩比较在今天愈显重要。[4]

这些对相对业绩的比较和激励安排形成并约束了基金管理者的投资行为。例如，在管理者对投资组合的考虑中，他从业绩数据被编制后的下一个日期（例如季度末或年度末）起的相对业绩和基金管理者排名，可能会被优先考虑，而是否有利于机构投资者的长期价值则是摇摆选项。例如，Himick 注意到，这些激励驱使基金管理者试图模仿其他基金管理者的行为：

> 相对业绩评估的结果是，基金管理者在其同行群体中尽可能地优先考虑

---

〔1〕 The Kay Review of UK Equity Markets and Long Term Decision Making (Interim Report), 3.8 <https://www.gov.uk/government/uploads/system/uploads/attachment_data/file/31544/12-631-kay-review-of-equity-markets-interim-report.pdf>, accessed on 14 October 2015.

〔2〕 The Kay Review of UK Equity Markets and Long Term Decision Making (Interim Report), 6.34 <https://www.gov.uk/government/uploads/system/uploads/attachment_data/file/31544/12-631-kay-review-of-equity-markets-interim-report.pdf>, accessed on 14 October 2015. 关于美国的相对业绩，see G. E. Porter and J. W. Trufts, "The Career Path of Mutual Fund Managers: The Role of Merit 4" (2014) Financial Analysts Journal 70, 结论是"相对业绩是共同基金管理者职业成功的重要决定因素"。See R. Gilson and J. Gordon, "The Agency Costs of Agency Capitalism" (2013) 113 Columbia Law Review 863. Blake 等人观察到："基金管理者的长期生存取决于他们与同行群体相比的相对业绩，而不是他们的绝对业绩……除非潜在的新经理在过去三年中享有良好的相对业绩记录，否则他们不会被邀请参加为更新授权而进行的'选美比赛。'同样，相对业绩持续不佳的经理最终将失去他们的授权" 82（D. Blake, B. N. Lehhman, and A. Timmerman, "Performance Clustering and Incentives in the UK Pen-sion Fund Industry" (2002) Journal of Asset Management 173, 176）。

〔3〕 See Kay Review，还注意到"在资产管理公司的业务模式中，相对业绩的核心作用反映在资产管理公司的个人基金管理者的奖金结构中"。在这方面，Himick 注意到，"资产通常会流入表现优于其同行的基金。因此，相对于其他基金的定位决定了薪酬、客户保留以及雇用/解雇的决策"（D. Himick, "Relative Performance Evaluation and Pension Investment Management" (2011) 22 *Critical Perspectives on Accounting* 158, 159）。

〔4〕 See "Myners Report on Institutional Investment in the United Kingdom" (2001), 5.7. See als Paul Myners, "Active funds underperform the 'inertia index' never mind the market" (27 September 2015) *Financial Times*, 该文阐述了从 20 世纪 80 年代开始相对业绩的重要性。关于 20 世纪 80 年代管理的基金的指数式增长，see A. G. Haldane, "The Age of Asset Management" (Bank of England; Speech, 2014), 2–5, http://www.bankofengland.co.uk/publications/Documents/speeches/2014/speech723.pdf>, accessed on 14 October 2015。

排名……这推动了羊群行为，所以投资组合最终看起来很相似。[1]

在布莱克（Blake）等人最近的研究中，作者注意到，"担心与同行的基金管理者相比表现不佳，可能会激励养老基金从众行为的动机"，他们称之为"声誉羊群"。[2]他们关于英国养老金投资行为的实证研究发现了这种声誉羊群行为的有力证据。[3]类似地，相对业绩指标也可能形成投资组合选择之外的基金管理者行为。戈登（Gordon）教授和吉尔森（Gilson）教授说明了相对业绩担忧将如何改变股东监督，以及该种行动主义的激励方式对于最终的机构投资者来说可能不是最理想的。[4]基金管理者的相对业绩比较可能在敌意收购中造成不当的股东决策效应。要理解这些效应，考虑以下场景：

基金管理者 A 信任管理层，并相信其投资组合公司之一的溢价敌意收购低估了该公司的长期前景。然而，市场价格在公告后波动至仅略低于收购价的价格。从市场交易的公开信息可以清楚地看出，已经发生了大量的股票买卖行为。基金管理者 A 意识到，其竞争对手的许多基金已经在市场上卖出。如果此时他在市场上卖出，很有可能就像其他卖方一样，卖给一个短期收购套利者，该套利者承担风险完成交易，但对长期价值不感兴趣，只对从购买价格和收购价格之间的赚取差价感兴趣。尽管这种从长期所有权到短期所有权的转变为收购创造了动力，但并不能保证收购一定会成功。此外，在只发布了一个可能的收购公告的

〔1〕 D. Himick, Relative Performance Evaluation and Pension Investment Management (2011), 22 *Critical Perspectives on Accounting* 168.

〔2〕 D. Blake, L. Sarno, and G. Zinna, "The Market for Lemmings: The Investment Behaviour of Pension Funds" (Cass Business School Discussion Paper, 2015), 2.

〔3〕 D. Blake, L. Sarno, and G. Zinna, "The Market for Lemmings: The Investment Behaviour of Pension Funds" (Cass Business School Discussion Paper, 2015), 35. See also E. Sciubba, "Relative Performance and Herding in Financial Markets" (2000) <http://fmwww.bc.edu/RePEc/es2000/1570.pdf>, 5, 其模型的结论是"相对业绩激励机制是基金管理者从众行为的一种协调机制"，但也引用了 Ashton 等人对基金管理者的采访，例如，"存在一种基金管理者的风险厌恶情绪……也就是一种融入大众的欲望"（D. Ashton, M. Crossland, and P. Moizer, The Performance Evaluation of Fund Managers, Leeds: University of Leeds, 1992）。See also S. Wylie, "Fund Manager Herding: A Test of the Accuracy of Empirical Results using UK Data" (2005) 78 *The Journal of Business* 381（发现"大量基金管理者在最大和最小的英国股票中进行羊群行为"）；D. Scharfstein and J. C. Stein, "Herd Behaviour and Investment" (1990) *80 American Economic Review* 465.

〔4〕 See R. Gilson and J. Gordon, "The Agency Costs of Agency Capitalism" (2013) 113 *Columbia Law Review* 863.

情况下，该收购可能因内部商业原因而撤销，[1] 或因诸如收购方所在国税收制度的变化等外部因素而被撤销。[2] 如果基金管理者 A 持有该股份，而收购被撤销或面临失败，在其他条件不变的情况下，下一个基准时期（可能是几个时期：季度、半年和年度比较）的回报将差很多，因为股价很可能回到收购前的价格附近。例如，可以关注一下苏黎世保险公司最近撤回收购 RSA 保险集团的影响。在收购公告标价 550 便士之前的六个月，RSA 的股票交易在 400—450 便士的范围内。然后，股票交易在 500—550 便士的中间范围，但在宣布撤回收购后，股票下跌 20% 至 400 便士。[3] 考虑到收购失败的可能性，理性的风险厌恶经理人将在市场上卖出股票，这反过来又创造了完成收购的更大动力。事实上，在吉百利和卡夫（Kraft），从最初宣布可能的收购要约到交易完成，吉百利 26% 的股票被长期股东卖到市场上出售给短期收购套利者。[4] 这有时被称为"顶部分割"，但这个术语是不恰当的。它表明，许多长期基金对其大部分股票保持长线持有，但在收购失败的情况下，会从顶部获取一点利润。事实上，这些激励驱使长期持有者出售他们全部持有的股票。此外，长期股东持有而非在市场上出售他们的股票，并非不受这些激励的影响。基金管理者可能只是选择承担不能完成的风险，但因上述原因，他们会不顾基本的价值主张，执意与收购套利者一起在收购要约中卖出股票。

在同一交易中，假设发出收购要约时，持积极态度的基金管理者 B 增持了目标股票，这意味着他持有的股票数量超过了跟踪富时 100 指数或富时 350 指数等关键指数价格走势所需的数量，因为他预期这些股票的表现会更好。让我们将他的行为与上例中提到的其他基金管理者的出售行为分开考虑——尽管很明显，他也会受到这些压力的影响。即使基金管理者 B 增持了这些股票，即使他认为该公司的价值高于收购要约，作为一个理性的基金管理者，他也会接受收购要

---

〔1〕 参见苏黎世保险公司撤回对 RSA 的可能收购，根据苏黎世的说法，是因为需要"在进行并购交易之前解决我们自己的投资组合中的问题"——"Zurich abandons bid for RSA"(21 September 2015) *Financial Times*。

〔2〕 See, for example, A. Massoudi, "AbbVie drops proposed $54 billion Shire deal" (16 October 2014) *Financial Times*，详细描述了投标人指责"白宫对税收倒置的镇压"是其不进行收购的原因。

〔3〕 See "Smith & Nephew rises on takeover talk" (21 September 2015) *Financial Times*，指出是 20.8% 的下跌。

〔4〕 See Roger Carr, "Cadbury: Hostile Bids and Takeovers" (available as a podcast) <https://podca sts.ox.ac.uk/roger-carr-cadbury-hostile-bids-and-takeovers>, accessed on 17 October 2015.

约，并希望要约被其他股东接受，因为这样做，下一个基准期的相对回报就会比任何减持或持有同等权重的基金管理者都要高。对于最终的股东来说，拒绝这个收购未来会有更多收益，而对于一个增持的基金管理者来说，今天接受收购，明天会有更多益处，因为这将有助于吸引更多的管理性资产。当然，减持的基金管理者会受到相反的激励，更希望收购要约没有发出；然而，减持的基金管理者知道，增持的基金管理者正在退出，如果他不退出，同时收购要约以失败告终，他的比较回报会更差。

当然，每一位基金管理者在应对每一份要约时，可能不会进行如此理性的计算。然而，随着时间的推移，这种理性的计算形成了市场行为，并使许多基金管理者产生了一种投资经验法则或者反应偏差：在市场上卖出，或向收购方卖出股票以回应溢价收购。这一分析表明，出于"保护股东不受自身伤害"而支持收购防御的政策论点需要调整。股东可能会通过基金管理者，接受一项他们在基本价值平衡后本不应接受的收购要约，但其原因远比信息不对称和基金管理者的可信度评估要复杂得多。因此，收购防御可能不是保护股东不受自身伤害，而是保护股东最终不受其基金管理者伤害的一种手段。我们还需要明白，首次上市的公司，其创始人或私募股权公司会保留大量但在法律上仍属于少数的股权，而这部分股票可能会因为这些因素不敢进入市场，因为他们知道，这些因素可能会导致公司股票以明显低于长期价值的价格被迫出售。

这些投资因素所表现的问题，在一定程度上可以体现为，受此类激励的基金管理者所持有的英国公开交易股票数量的函数。现有的关于股份所有权的数据[1]并没有对此提供答案。它告诉我们，大约 70% 至 80%[2] 的股份由机构持有，[3] 40% 至 44%[4] 的股份由外国机构持有，其中一半是北美投资者。[5] 这些数据没有告诉我们，这些机构投资中有多少比例是由外部基金管理者管理的。尽管这是投机性的，绝大多数机构持有的股票很可能是由基金管理者管理的，他们受

---

〔1〕 Office of National Statistics, "Ownership of UK Quoted Shares" (2012) Statistical Bulletin.

〔2〕 Office of National Statistics, "Ownership of UK Quoted Shares" (2012) Statistical Bulletin, 3.

〔3〕 Office of National Statistics, "Ownership of UK Quoted Shares" (2012) Statistical Bulletin, 3, 20. 截至 2012 年，大约 70% 不包括银行，大约 80% 包括银行。

〔4〕 Office of National Statistics, "Ownership of UK Quoted Shares" (2012) Statistical Bulletin, 20.（40% 不包括银行，44% 包括银行）。

〔5〕 Office of National Statistics, "Ownership of UK Quoted Shares" (2012) Statistical Bulletin, 18–20.

到相对业绩压力的制约，以及与这些业绩指标相关的薪酬安排的影响。此外，包括公共部门和慈善机构在内的许多非机构投资者，也很可能聘用了受相对业绩激励的基金管理者。因此，这将相当于英国股份有限公司 70% 的股票，而且很可能超过 70%，由基金管理者进行管理。这里并不是说所有的基金管理者都会按照这些激励措施行事。声誉问题可能会让他抵御一些短期比较压力。与目标公司的类似关系——包括个人和公司的关系（例如，基金管理者交叉销售金融服务公司姐妹部门的其他业务线）——可能会影响基金管理者在收到收购要约时产生持有或拒绝的决定；基金管理者作为客户长期头寸的托管人和公司管理者的职业身份也可能产生这样的结果。话虽如此，吉百利的例子还是很有启发意义的：该公司 26% 的股票在市场上被出售，我们有理由认为，由于这些激励措施，即使收购仍是敌意收购，也会有相当数量的股票接受收购要约。

这些有问题的激励措施当然可以通过其他形式的金融监管来解决。然而，在英国，这种监管很难有效地发挥作用。一种选择是允许受 FCA 监管的基金管理者只提供长期（三到五年）的回报数据。然而，尽管这有利于抑制这种影响，但并不能根除它，因为投资者可以选择非英国监管的基金管理者。监管也可以防止英国机构利用比较回报率来选择投资英国公司的基金管理者。[1] 此外，这将无异于强迫投资者在不知道基金管理者与其竞争对手相比有多优秀的情况下作出选择。如果受制于这样的规则，我们可以合理地假设，许多投资者会把钱带到其他资产类别。

3. 收购防御的优势之二：帮助股东实现收购的价值最大化

面对溢价收购，股东们希望能从合并后的企业中得到更多的好处。例如，在交易将创造重大协同效应的情况下，目标股东的关键问题是，在收购价格中包含了多少价值创造的部分。但是，由于集体任命和授权谈判者的成本太高，而他们自己没有能力通过谈判达成更好的协议，也没有能力更好地组织交易过程，因此无法实现价值最大化。当然，目标公司董事会可以为他们扮演这个角色。在实践以及合同要约中，目标公司董事会总是参与其中，并且能够部署其向股东推荐的议价战略。目标公司董事会支持收购的建议将会使收购成本更低，并大大增加

---

〔1〕 See R. Gilson and J. Gordon, "The Agency Costs of Agency Capitalism" (2013) 113 *Columbia Law Review* 863. 如上所述，截至最近一次人口普查数据，英国国家统计局发现，53% 的英国股份公司由非英国机构拥有。但是，尚不清楚这些机构在多大程度上通过设在英国并受监管的基金管理者进行投资。

成功的概率，因为目标公司董事会实际上是在告诉股东，"鉴于我们对公司的内部信息，这是一个很有价值的提议"。然而，在合同要约中，由于目标公司董事会没有正式的否决权，它只能在被邀请的情况下坐在谈判桌上。有权进行收购防御，会使董事会有能力阻碍或阻止收购，这将使董事会在谈判桌上有更直接的发言权，并将削弱收购者在谈判中的"敌对"王牌。在改变董事会的地位和权力方面，理论上这会给董事会更大的议价能力，使其作为股东的代表达成更好的交易。

同样，董事会控制出售过程可以为股东创造一个更好的价格。例如，董事会可以通过部署防御措施，以创造更多的时间来寻找其他求购者。正如我们所看到的，理论上，敌意收购者可以在 21 个日历日内发起并完成符合准则的收购，这给了目标公司很少的时间去寻找更好的收购者，即"白衣骑士"。收购防御措施将允许目标公司对时间表有更多的控制。这种控制可能会导致守则中时间表规则的改变，以包容防御所产生的时间延迟。例如，第 60 天的规则就需要更多的灵活性。[1]

4. 收购防御的优势之三：削弱管理者的短期偏好主义

在美国的收购防御讨论中，最著名的画面也许是一块绿色的草坪，上面挂着"出售"的牌子。[2] 任何卖过房子的人都知道，以防短时间内有任何潜在的买家想看房子，每天都要花费大量时间和精力保持房子的清洁和车库的良好状况。对于卖方来说，这样的努力是有间接成本的，它占用了以他喜欢的方式享受房子的时间，或从事其他一些生产活动的时间。对于美国毒丸的发明者马蒂·利普顿（Marty Lipton）来说，敌意收购的存在也有类似的成本——来自实际的收购和收购的可能性。当收购正在酝酿或已经开始时，管理层需要花时间回应收购，以及与股东讨论收购，这会产生巨大的成本。正如我们所看到的，一旦收购迫在眉睫，那么反挫败规则就会暂停非常规业务，即使为了业务的增长，周期性地从事非常规业务是必须的。当然，英国的《收购守则》也意识到了围困问题：一般体现在一般原则 6 中，更确切地说，是在"要么行动，要么闭嘴"的虚拟收购规则中。[3] 然而，我们不应高估这些规则所提供的保护。关闭期只有 6 个月，而且规

---

〔1〕《并购守则》规定，要约收购期间最少要 21 天，最长不超过 60 天。

〔2〕 Lipton 指出，公司不需要在其前草坪上永远挂着"出售"的牌子。

〔3〕 See Chapter V, paras 5.44–5.48.

则允许在此期间再向董事会提出一次申请。[1]但是，即使没有收购，收购的可能性也会对董事会和管理层的行为产生影响，并可能影响到决策和公司战略。我们在英国董事会对短期主义的担忧中最清楚地看到了这一点，这也可能是英国展开新一轮收购防御讨论的驱动力。当在公司控制权市场中，产生了董事会成员失业的风险时，他们可能会对市场偏好做出更多的反应，并坚持要求管理层做出同样的反应。如果市场偏好是短期的，公司控制权市场就会成为这种短期偏好的传导机制。如果有了有效的收购防御措施，董事会将获得重要的围困保护，显著地减少对收购可能性的担心，这将削弱公司控制权市场作为市场短期偏好的传导机制的作用。

5. 收购防御的优势之四：保护公司的利益相关者

马蒂·利普顿（Marty Lipton）认为，有必要让董事会保护员工免受20世纪80年代资产掠夺者的侵害，这些掠夺者通过高杠杆工具购买公司，然后削减成本、解雇工人以及关闭工厂。[2]从这个角度来看，收购防御是关乎社会正义的。然而，我们所掌握的经验性证据并没有提供一个明确的案例，说明雇员在收购中受到了损失。即使他们这样做了，也不能说这对经济或对就业有多大的影响。在实现协同效应的过程中，出现的失业可能会使公司更具竞争力，使其能够获得更多的市场份额，从而导致日后工作岗位的增加。将利益相关者作为收购防御的理由必须建立在比失业的社会正义影响更大的基础上。这种情况可以建立在公司法的团队生产理论上。[3]这里的观点是，更有生产力的工人是那些在企业中投资的人，他们产生了公司的特定资本——使他们更有生产力的资本，但这些资本在其他公司是没有价值的。只有当工人感到投资不会被征用，或者他们在进行投资能得到溢价时，才会进行这种投资。考虑到工人利益的收购防御措施，是使工人们感受到他们的投资受到保护的一种（有限）手段。

6. 收购防御的优势之五：抵御外国公司的收购风险

不同的影响是什么？当涉及法律规则和监管时，总是会有影响的，尽管我们可能在理论和经验上很难确定确切的影响。关于收购防御的规定，在适用该规

---

〔1〕 See Chapter V, para 5.16.

〔2〕 "Why Martin Lipton invented the poison pill" (3 December 2010) The Deal <https://vimeo. com/18125037>.

〔3〕 See further Chapter I, paras 1.28–1.29. M. M. Blair 和 L. L. Stout, "A Team Production Theory of Corporate Law" (1999)85 Virginia Law Review 248。

定的背景下，英国是发达经济体中的一个异类。英国的公司受制于反挫败规则和多元化所有权的组合。所有权的分散体现在两个方面：第一，与持有公司股份的股东数量及其低位数的持股比例有关；[1]第二，与这些股东的机构构成和国籍有关。[2]因此，英国公司的大门对敌意收购是敞开的。

也许在引入反挫败规则时，以及此后的一段时间内，英国公司受益于伦敦金融城的相对同质性、国内机构投资者的主导地位[3]以及缺乏以相对业绩为动力的基金管理行业所带来的非正式收购保护。在这种环境下，可以利用关系来支持目标公司董事会，尽管正如20世纪60年代的事件所显示的那样，在这方面有明显的局限性。[4]今天，不言而喻，随着伦敦金融城的发展，关系金融已经分崩离析，就居住在金融城的个人和拥有英国股票的机构而言，金融城的同质性已大大降低，更趋国际化。[5]作为过去时代的副产品，人们长期以来认为，英国国内的机构投资者通过愿意听从，以及相信目标公司董事会所提供的建议，为目标公司董事会提供隐性支持。今天，无论是国内还是国外的机构，似乎都不太可能存在这种支持。我们之前对基金管理者相对业绩影响的比较分析表明，在实践中并不存在对目标公司董事会的这种默认支持。事实上，正如我们在上文所观察到的，这些激励措施可能会推动相反的效果：当基金管理者对公司未来前景的评估结果为"否"时，他们会说"是"。

其他司法管辖区对敌意收购敞开"大门"的程度与此类似。由于以下三个因素中的一个或多个，它们的"大门"通常更加关闭：或者，像美国那样，它们授权董事会部署收购防御；或者，像奥地利那样，它们采用反挫败规则，但是公司有一个控股股东，这个控股股东使敌意控制交易不可能；或者，政府对谁被允许成功收购一家国内公司施加影响和控制，这一点不太有效，主要与大型高知名度公司有关。法国通常被视为后一种控制形式的一个很好的例子。[6]

---

〔1〕 See B. Cheffins, Corporate Ownership and Control: British Business Transformed, *Oxford: Oxford University Press*, 2008, Kershaw, 给出了单个公司的例子。

〔2〕 Office of National Statistics, "Ownership of UK Quoted Shares" (2012) *Statistical Bulletin*, 3, 18–20.

〔3〕 直到20世纪90年代末，该公司一直持有英国的大多数股份（Office of National Statistics, "Ownership of UK Quoted Shares" (2012) *Statistical Bulletin*, 11–14 ）。

〔4〕 特别是关于1959年英国铝业公司收购的讨论，第3.27–3.32段。

〔5〕 See G. Clark, "The Internationalisation of London's Economy" in The Making of a World City 1991–2021, Chichester: Wiley Blackwell, 2014.

〔6〕 See further text to para 11.77.

从这个简单的比较中得出的问题是：英国公司和英国经济在这方面与其他司法管辖区有如此大的差异，会有什么影响？一个明显的影响是，与其他司法管辖区的公司相比，英国的公司必然更容易被非国内公司收购。事实上，美国卡夫公司对吉百利公司的收购，以及辉瑞公司对阿斯利康公司的尝试性收购，都使公众在政治角度和监管角度上，对非英国公司收购英国公司产生了很大的关注。[1]这些事件引发的更具体的问题是：如果英国对敌意收购持开放态度，与那些对收购持较为封闭态度的司法管辖区相比，英国具有国家身份的大公司（它们的诞生和发展与一个国家有关）可能较少，这将会产生什么样的经济后果？一种趋势是试图把对这一现象和这一问题的考虑纳入"经济民族主义"的贬义框中。但实际并非如此。这个问题只是一个关于非常独特的监管方法和环境影响的问题。在这方面，我们可以讲一个积极但又消极的故事。积极的一面是，非英国公司的收购使濒临破产的英国公司恢复活力，使它们成为一个更大的更有竞争力的企业的一部分，从而保护和创造长期的就业机会。杰弗里·欧文（Geoffrey Owen）关于考陶兹公司（Courtaulds）兴衰的精彩历史——该公司在20世纪60年代的行动是制定《收购守则》和并购委员会[2]的核心组成部分——详细说明了当考陶兹公司于1998年被荷兰公司阿克苏诺贝尔（Akzo Nobel）收购时，该公司如何在犯了几个错误之后成为一个"笨重的企业集团"。[3]阿克苏诺贝尔公司重振了考陶兹公司的油漆业务，并将其纤维业务出售，由继续投资于该业务的贸易买家购买。[4]消极的说法是，国家身份对公司的决策产生了影响，例如：在哪里进行研发；在哪里推出产品；在哪里制造这些产品；在哪里寻找供应商和知识；以及在经济不景气的时候在哪里关闭或缩小工厂。我们可以把这称为"总部效应"。最近，受经济和社会研究委员会委托，对有关这一问题的有限的实证文献进行了总结，得出的结论是：

---

〔1〕 See, 比如 Chuka Umunna Are Foreign Takeovers the Right Prescription for Britain (24 April 2014) *The Daily Telegraph*；英国政治部分，see 110 Pfizer's Astra Zeneca bid: Miliband Wants "National Interest" Probe (4 May 2014) BBC News; A. Sakoui and J. Pickard, "Resurgence of Foreign Takeovers Stirs Debate" (30 December 2013) Financial Times。

〔2〕 See Chapter III.

〔3〕 See G. Owen, The Rise and Fall of Great Companies: Courtaulds and the Reshaping of the Man Made Fibres Industry, *Oxford: Oxford University Press*, 2010, 175–8.

〔4〕 See G. Owen, The Rise and Fall of Great Companies: Courtaulds and the Reshaping of the Man Made Fibres Industry, *Oxford: Oxford University Press*, 2010, 175–8.

平均而言，生产率和利润倾向于增加，[1]但工厂关闭和裁员也会增加。因此，一般而言，这一成见是正确的。虽然允许外国公司收购的重组通常会提高业绩和竞争力，但它对员工、合同工公司和当地社区的待遇往往不是特别好。[2]

当然，任何已知的负面影响是否为一个坏消息，取决于公司收购前的表现。如果公司像考陶兹公司一样陷入了困境，尽管收购可能会产生许多负面影响，但这些影响可能比公司保持独立时产生的影响要小。如果该公司拥有强大的独立的未来，这些影响显然会给国内经济带来问题。有限的实证文献并没有分析这些影响。因此，虽然好消息和坏消息的故事将与现实生活中的例子产生共鸣，但从实证证据的状况很难得出明确的结论。鉴于这种不确定性，或许这种说法不应该被贴上"收购防御理由"的标签。它所强调的是，由于存在着与外国收购相关的风险，因此收购防御有可能（越来越多地）在这种风险方面成为一个例外。它还表明，政府和并购委员会需要更多地了解这些风险，并考虑如此不同的理由是否足以证明如此不同的相关风险是合理的。

三、改革的选择

以上对英国背景下收购防御的利弊分析表明，英国董事会很有可能在面对敌意收购要约时过于软弱。有令人信服的政策论点支持通过收购防御或其他方式赋予目标公司董事会权力，从而改变目前收购方和目标公司董事会之间的权力平衡。在规定了强大股东权力的英国公司法背景下，担忧董事会利用这种权力的标准是不恰当的。接下来的问题是，在敌意收购的背景下，应该采取什么措施来增强目标公司董事会的权力：提供一种解决上述政策问题的监管权力平衡方案。

在卡夫收购吉百利和罗杰·卡尔（Roger Carr）关于现行收购规则是否"公

---

〔1〕 See R. Griffith and H. Simpson, "Characteristics in Foreign Owned Firms in British Manu-facturing", NBER Working Paper 22 <http://www.nber.org/papers/w9573.pdf>，发现外国拥有的制造业机构具有更高的生产率，并且改变所有权国籍的机构并没有经历显著的生产率变化。他们还发现，当国家所有权发生变化时，就业率会下降，但每个雇员在投资和工资上会增加。

〔2〕 S. Collinson, "Who owns UK Plc" (2011), ESRC Magazine: Britain in 2011.

平并有助于英国未来的长期稳定"[1]的问题引起关注之后，政治家、财经媒体和并购委员会（在更有限的范围内）考虑了三种可能的回应。这三种回应是：（1）政府在批准或否决收购交易方面发挥更重要的作用；（2）提高表决通过门槛，使收购防御可能由目标公司董事会对交易的反对而触发；（3）在交易宣布后或在交易前特定时期内购买股票的股东将会被剥夺一定的权力。我们无法确定这些方案响应公众讨论的单一驱动力是什么，其中包括：保护具有战略意义的英国公司不被外国公司收购；[2]授权目标公司董事会抵制收购；[3]和通过剥夺短期股东的权力来解决短期主义问题。[4]在此我们探讨，这些解决方案是否比《收购守则》目前提供的权力平衡更加理想。然而，在这样做之前，值得注意的是，对于吉百利讨论中所表达的关切，最明显的回应方法根本没有被考虑：废除反挫败规则，这也证明了反挫败规则的强大意识形态以及它作为并购委员会的基石规则的作用。我们从最明显的，也是最不激进的开始。

（一）废除反挫败规则

正如我们所看到的，废除反挫败规则并不会导致董事会拥有部署防御措施的自由。在大多数情况下，建立防御措施和在所有情况下使用防御措施都需要股东批准。当这种情况出现时，英国的股东权力将对防御措施的效力施加重大限制。由于这些原因，废除反挫败规则的理由并没有造成真正的担忧，即防御措施将被用来巩固管理层的地位，或否决股东决心接受的溢价收购。在目前的市场条件下，如果废除该规则，上市公司似乎也不太可能说服其股东批准设立和使用防御措施。在这方面，一个普遍的担忧是，冷漠的股东不会注意董事会的提议，并"无意中"在他们的批准上盖上橡皮图章。这种熟悉的担忧一直是 20 世纪英国公司法几次变革背后的驱动力，导致了契约自由的撤销和强制性规则的强

---

〔1〕 Speech available at: <http://podcasts.ox.ac.uk/roger-carr-cadbury-hostile-bids-and-takeovers>.

〔2〕 A. Sakoui and J. Pickard, "Resurgence of foreign takeovers stirs debate" (30 December 2013) Financial Times. 指出，"一些政客还质疑外国公司收购被允许的难易程度"。B. Morris, "The Cadbury Deal: How it Changed Takeovers" (2 May 2014) *BBC News*，报道说，许多人认为"美国公司收购英国竞争对手太容易了"。

〔3〕 Takeover Panel, "Response Statement to the Review of Certain Aspects of the Regulation of Takeover Bids" (RS 2010/22) paras 2.5 and 3.1(iv), <http://www.thetakeoverpanel.org.uk/wp-content/uploads/2008/11/2010-22.pdf>.

〔4〕 Takeover Panel, Review of Certain Aspects of the Regulation of Takeover Bids (PCP 2010/2).

加。[1]但在今天，建立和使用防御措施的批准会躲过机构股东的注意是不可想象的，机构股东也不太可能批准这些措施。[2]尽管如此，一些公司和投资者可能对使用防御持开放态度，尤其是那些通过首次公开募股（IPO）进入市场的公司，这似乎是合理的。来自美国的证据显示，重新上市的私募股权公司（它们仍持有公司的大量股份），通常会采取一套最有效的防御措施：毒丸和交错董事会组合。[3]此外，来自美国市场的证据表明，毒丸和交错董事会的组合比英国的任何防御措施都要有效得多——这表明不会因此产生不利于 IPO 价格的影响。[4]

被批准的英国收购防御措施的有限效力的另一面意味着，它们只会对上述收购防御优势产生有限的影响。如果一家公司的毒丸计划得到批准，根据条款规定，激进的敌意收购者将发起一场代理权争夺战，要么撤掉董事会，要么指示其撤掉毒丸计划，如果根据规定这种选择权可行的话。[5]即使股东认为收购要约不能反映长期价值，我们之前概述的激励效应（激励基金管理者在市场上向并购套利者出售股票或接受收购要约）也会导致收购者赢得竞争或获得目标公司董事会决议通过。鉴于此，在保护股东免受基金管理者伤害、提供额外的围困保护、抑制短期偏好的传递，或使董事会能够控制出售的程度上，防御措施的保护程度受到明显的限制。公司法对利益相关者的影响也有类似的限制。正如我们在第十章中所看到的，董事被要求为股东的利益行事；其他团体的利益只在他们促进股

---

〔1〕 例如，1929 年禁止对违反职责的行为免除责任（now section 232, Companies Act 2006）；1948 年通过的无因罢免权（now in section 168, Companies Act 2006）或者重大财产交易规则（now in sections 190–5, Companies Act 2006）。

〔2〕 比较一下美国机构股东的投票模式。See M. Klausner, Institutional Investors, Private Equity and Anti-takeover Protection at the IPO Stage (2003) 152 *University of Pennsylvania Law Review* 755, 760，指出了机构投资者关于交错董事会（这通常导致董事罢免权从无因罢免权变为有因罢免权）和关于毒丸的股东投票（尽管没有要求，但确实发生了）的投票行为："59% 的调查对象始终反对管理层设立分级交错董事会的提议，65% 的调查对象投票赞成股东废除分级董事会的提议。机构也反对管理层控制毒丸，72% 的调查对象投票赞成要求管理层在采用毒丸之前将其提交股东投票的股东提议。"

〔3〕 由于在美国，毒丸总是可以在没有股东批准的情况下，在收购开始后使用（Unitrin Inc. v American General Corp.651A2d1361 (Del.1995)），所以防御能力的关键信号是以交错董事会的形式进入市场。在 1987—1999 年间上市的 6000 家公司中，50% 的公司在上市时采用了交错式董事会；在 1999 年，这个数字是 82%（See M. Klausner, Institutional Investors, Private Equity and Anti-takeover Protection at the IPO Stage (2003) 152 *University of Pennsylvania Law Review* 763–4）。

〔4〕 Debevoise & Plimpton, "The Private Equity Report" (2003), 3，指出 "承销商经常建议包括一套普通的拒鲨措施……包括毒丸不会损害首次公开发行股票的可销售性"。

〔5〕 英国公司通常通过一项特殊的规定（see Article 4, Model Articles for Public Companies）在其章程中规定了批示权。然而，似乎一家批准了毒丸的公司将从其章程中删除这一选项。

东利益的基础上得到考虑。当然，由于第 172 条是一个较低的主观标准，在实践中，这将给董事会提供空间，使他们在不面临法律责任的情况下获得更多其他利益；尽管如此，这一义务和其他强大的股东权力的结合，将使员工不太可能将防御措施视为一种保护措施，以避免他们对公司的特定投资因收购而受到威胁。

英国毒丸的有限效力向我们指出，英国基本公司法规则可能会改变，这些规则与毒丸相互作用，决定其效力。在这方面，最明显的改革方案是对英国极大的罢免权调整。自《1948 年公司法》以来，英国的罢免权规定，只要投票获得简单多数，就可以无条件罢免董事。在本书的其他章节中，我们曾提出，随着我们认识到简单地谈论所有权和控制权的分离以及股东的理性冷漠已不再有意义，与基本的《收购守则》规定相关的可选择性应当得到更严肃的对待。在这种情况下，也有空间考虑有关董事罢免权的选择，这代表将回到 1948 年以前的立场。有了更大的契约自由，股东可以选择一项规则，例如，规定流通股的简单多数决可以罢免一名董事。如此高的门槛甚至可能取决于不请自来的收购者发起的代理权争夺战。这样的规定将大大增强毒丸的效力（必须得到股东的同意才能实施）。然而，这也会导致 L（除非有收购条件）和 R 的增加，改变我们对收购防御成本的评估。但是，我们必须有改革的热情。废除反挫败规则的想法已经足够激进，因此我们将不再进一步调查任何此类附带的公司改革。

尽管上述这些说明了废除反挫败规则的效果有限，但决不能被误认为是"没有效果"。收购防御将增加收购方的敌意收购成本，这既是不得不发起或威胁发起代理权争夺的结果，也是由于许多目标公司可能会发生更长时间和更激烈的争夺战。赢得代理所需的时间也增加了完成交易的风险，因为这会造成有更多的时间去寻找一个白衣骑士。[1] 此外，股东授权董事会使用收购防御的事实可能会鼓励这些目标公司的董事会更加抵制收购，并对要约的条款提出更高的要求。在这种情况下，董事会同意善意收购的可能性更小。这些因素的结果将意味着友好和敌意收购的可能性都降低，这将抑制市场偏好的传递，并使利益相关者的特定公司投资风险降低。

对于公司来说，废除反挫败规则的理由是有说服力的。它为股东提供了一种

---

[1] 根据第 31.1 条，理论上，一个有进取心的收购者可以在 21 天内宣布、张贴要约文件并完成交易。罢免董事会的代理权争夺战可能需要长达 49 天的时间。被征用的股东大会必须由董事会在请求后的 21 天内召开，日期不得超过通知日期的 28 天（section 304, Companies Act 2006）。

他们目前没有的事先选择的权力。他们不需要，在大多数情况下也不会同意。对于公司和整体经济来说，通过改变对管理者的权力平衡，它将促进监管机构对短期主义、员工投资和生产率的政策的关注。在英国公司法的背景下，这一权力转移将是渐进的，而且考虑到多重股东控制，不太可能导致权力的滥用。然而，对英国目前的收购而言，这将代表着一个激进的步骤。对并购委员会来说，这也将是激进的。它将取消委员会两项关键规则中的一项，并导致监管权限被移交给法院，且在一定程度上失去对时间表的控制。那将会更混乱。但综合上述各项政策考虑，这样做会更好。

（二）提高表决通过门槛

在罗杰·卡尔关于收购监管和敌意收购的演讲中，他提出了两个具体建议：（1）提高表决通过门槛，使其高于目前的简单多数最低门槛；以及（2）（以下考虑）剥夺短期股东的权力。这两点都针对卡尔对该问题的看法，即敌意收购的结果是由短期并购套利者决定的，他们只对在市场上购买股票的价格和要约价格之间的差价感兴趣。因此，一旦大量并购套利者持有股票，游戏的目的就达到了。

对罗杰·卡尔来说，提高表决通过门槛将"稀释短期股东凌驾于坚定的长期股东意愿之上的风险"。[1] 在卡尔看来，"坚定的长期股东"是指那些不会在市场上向并购套利者出售股票的长期股东。但这太乐观了。正如上文所述，与其他一些多头股东退出的原因一样，许多不在市场上出售股票的基金管理者也会受到相对业绩激励。许多基金管理者会根据这些激励措施采取行动，接受溢价要约，不管它是否反映了基本价值。对于这些基金管理者来说，从大量竞争对手机构退出的那一刻起，他们的目标就像并购套利者一样，就是完成交易。因此，对于许多这样的基金管理者来说，未能退出并不表明他们是长期忠诚的股东——他们是根据长期价值评估作出决定的——而只是表明他们选择承担收购完成的风险以及伴随而来的差价，其他人已经将这些转移到并购套利者那里。

在第二节，我们估计受到这些相对业绩激励约束的基金管理者所持有的股份大约达到了英国股份总数的 70% 或更多。[2] 因此，我们可能认为，要赋予真

---

〔1〕 Speech available at: <http://podcasts.ox.ac.uk/roger-carr-cadbury-hostile-bids-and-takeovers>.

〔2〕 正如我们上文所指出的，由于许多非机构投资者也雇用基金管理者，这 70% 的数字很可能低估了基金管理者所投资的股份数量。无论如何，为了探讨这一门槛，我们将采用 70% 的数字。

正的长期股东权力，就要赋予少数股东权力，这些股东的数量可能不到股东团体的 30%。然而，正如之前提到的，并不是所有的基金管理者都会遵循相对业绩指标和薪酬安排所奠定的决策路径。其中一些基金管理者将扮演"坚定的长期投资者"的角色。因此，由这些股东组成的股东基数的百分比将高于 30%。为了在这方面提供更精确的数据，我们将要求从大量敌意收购样本中获得信息，详细说明不接受溢价收购的基金管理者所持股份的百分比。我不知道这项工作已经进行了。

那么授权给这些坚定的股东合适的表决通过门槛是多少呢？卡尔本人提出了 60% 的门槛，在本文看来，这大大高估了坚定的长期股东的百分比，大约是 80%。[1] 如果我们选择 30% 的股份作为坚定的长期股东基础，那么门槛将是 85%。如果我们对基金管理行业比较宽容，认为有一半的基金管理者会抵制相对业绩奖励，那么这个数字将接近美国的绝对多数门槛 66%（三分之二）。[2] 如果我们不那么宽容，认为只有 25% 的基金管理者会抵制，那么我们就处于英国特别决议或偿债安排计划的 75% 的范围内，[3] 尽管在这些情况下，百分比是投票数，不是流通股。[4]

在选择门槛时，目标应该是鉴别出坚定的长期股东，他们是根据价值作出决策的。然而，选择高百分比表决通过门槛并不能根除所有的激励问题。相反，它产生了任何改革都需要解决的两个问题：第一个问题是在确定这一机制将如何起作用时，我们需要考虑由董事会、经理和他们的关联方持有的股份。如果较高的百分比门槛赋予相对较小的股东群体权力，那么个位数的百分比持股就可以拥有重要的表决权。在这种情况下，董事会、经理和他们的同事所持有的股份可能会决定结果。也就是说，表决通过门槛改革的结果可能取决于董事和经理人保护其控制的私人利益的意愿。解决这一问题的简单办法是将董事、经理及其关联公司持有的股份排除在表决通过门槛之外。第二个问题与善意收购有关。对于大

---

[1] 60% 的门槛假设公司有 80% 的坚定的长期股东，假设所有不坚定的股东在市场或出价中都说"是"，那么再加上 80% 中的大多数（即 40%），就是 60%。

[2] 35% 的不坚定股东自动投票赞成，剩下的坚定股东的简单多数是 32.5%，那么合计股东的简单多数决门槛为 67.5%。

[3] 52.5% 的不坚定股东自动投票赞成，剩下的坚定股东的简单多数是 23.75%，那么合计股东的简单多数决门槛为 76.25%。

[4] 为了对门槛有一个更准确的百分比估计，我们还应该考虑到这样一个事实，即在敌对交易中，管理层和雇员股东——他们可能会说"不"——也应该从计算中删除。我在这里不这样做，因为很难对这类股份进行统一的估计。

多数友好的交易，接受的门槛不是简单的多数，而是明显更高，因为收购方希望获得公司的所有股份。通常，门槛是 90% 的股份不归收购方所有，以便能够触发强制收购权，并最终获得 100% 的所有权。[1] 然而，根据现行的《收购守则》，即使收购方一开始就拥有 90% 股权，在截止日期之前，门槛也可以降低。[2] 降低门槛的能力是非常重要的。如果收购被固定在较高的比例，那么一小部分股东就可能会阻碍交易。在这种情况下，一个简单的交易策略可以让对冲基金通过阻止收购而获得可观的利润——例如，一组对冲基金收购了该公司 10% 的股票并拒绝收购，同时签订空头合同以赚取差价（相当于该公司 10% 以上的股份），如果股价下跌（很可能是在拒绝之后），空头合同将产生高回报。但是，如果门槛可以降低，那么这种策略就不起作用。强制性的高通过门槛会受到这些问题的影响，并可能使善意的交易难以完成。解决方案也很简单：应该赋予目标公司董事会降低表决通过门槛的权力。然而，董事会降低门槛的权力引发了有关规则将如何运作的技术问题，即股东在股东大会上是否可以指示董事会降低这一门槛。[3] 如果能够这样做，就会削弱该规则的防御效果，并以该规则旨在防止的方式，赋予了不坚定的股东团体相应的权力。因此，董事会应在发布要约文件时就门槛是否可变作出决定。如果董事会选择了可变性，那么根据《收购守则》，如果董事会独立作出决定，认为这样做符合公司的最大利益，就有权将门槛降低到简单多数门槛以上的任何水平。[4]

这种改变表决通过门槛的方法有很多值得称道的地方，它是认真对待上述支持收购防御的政策论点的一种手段。这将涉及英国公司控制权的重新平衡，但这与反挫败规则完全一致。事实上，它应该被视为使反挫败规则背后理论发挥作用的手段：资本市场效应使反挫败规则变得不合时宜，而改变表决通过门槛就是纠正这种现象的手段。在英国，占主导地位的实体所有权视角假定由股东来决定收购的结果；但它假定这些股东是根据股份的长期价值作出决定的。大幅提高表

---

〔1〕 关于强制收购权，see Chapter II, paras 2.23–2.24。

〔2〕 起草条件通常是为了使条件能够被豁免，直到发行在外股份的简单多数的最低表决通过门槛——See Takeover Panel. "Conditions and Preconditions" (PCP 2004/4) <http://www.thetakeoverpanel.org.uk/wp-content/uploads/2008/11/pcp200404.pdf>, Para 2。

〔3〕 公司通常规定可以通过特别决议行使这种指示的权力。See, for example, Article 4, Model Article for Public Companies.

〔4〕 由于《收购守则》规则将依赖于独立的董事会决议，董事会不能被要求降低表决通过门槛。

决通过门槛使符合这一假设中"股东"概念的少数股东获得了权力。它使支持该规则的理论得以实现。此外，正如上文所示，当与这些坚定的股东相结合时，反挫败规则激励了管理者对信任的投资，因为信任是唯一可用的收购防御手段。对建立信任的投资，本身就是一种宝贵的代理成本控制机制。通过授权给坚定的股东，反挫败规则可以产生这种信任红利。

这一方法的另一个好处是它不会扰乱监管格局。它将反挫败规则作为并购委员会的一项关键规则保留了下来；它不会在收购战中重新激活公司法和法院。但当然，对于那些强烈支持收购防御的人来说，这还远远不够。它只是将转盘重置到反挫败规则支持者认为的位置。它没有给股东选择授权给董事会的权力。考虑到支持收购防御的政策与反对的政策相比所占的比重，以这种方式重设转盘是不是一种适当的改革反应尚不清楚。因此，这项改革是必要的，甚至是必不可少的，但它可能不是一个有效的对策。

在并购委员会审议和否决这一可能的回应时，他们对这一建议提出了几个实际的反对意见，但这些反对意见都没有提供一个有说服力的理由。第一个反对意见是改变这一规则还需要改变公司法的规定，即股东大会通常以简单多数票，即普通决议[1]的方式行事。并购委员会在其咨询文件中指出，有人认为，公司法规定的"法定控制权"的门槛与一个人能够获得公司控制权的门槛不同，这是不可取的。[2]在对这次咨询的回应文件中，并购委员会报告说，"回应者几乎一致反对提高最低表决通过门槛"。并购委员会认为，这种反对的"基础"是"该门槛是建立在英国公司法规定的通过普通决议的门槛之上，并与之密不可分"。因此，提高表决通过门槛需要修改公司法，以"提高通过普通决议的门槛"。[3]然而，对这一观点的一致支持与它的缺乏价值是难以调和的。在这方面要注意的第一点是，普通决议的门槛和目前的表决通过门槛是不一样的。普通决议需要简单多数的投票。在绝大多数受《收购守则》约束的公司中，由于许多股东根本不投票，远低于50%的股份就可以获得对股东大会的控制权。事实上，这种意识是《收购守则》强制要约规则的基础，该规则最初是在40%时触发，现在是在30%

---

[1] Section 112, Companies Act 2006.

[2] See Takeover Panel, "Review of Certain Aspects of the Regulation of Takeover Bids" (PCP 2010/2) 7 para 2.14. <http://www.thetakeoverpanel.org.uk/wp-content/uploads/2008/11/RS201101.pdf>.

[3] See Takeover Panel, "Response Statement to the Review of Certain Aspects of the Regulation of Takeover Bids" (RS 2010/22), para 4.3, <http://www.thetakeoverpanel.org.uk/wp-content/uploads/2008/11/2010-22.pdf>.

时触发。[1]因此，如果人们想把普通决议与《收购守则》的表决通过门槛联系起来，那么人们会选择一个低于 50% 的门槛。此外，股东并不总是通过简单多数决作出决定。决定重大的非普通程序[2]往往要经过绝对多数的特别决议，即 75% 的投票。决议的门槛是根据决定的性质和严重性来制定的。控制权的改变是基本的和非普通的程序，这一点在偿债安排计划的投票门槛中得到了承认，即简单多数票和所投票数的 75%。[3]因此，声称普通投票门槛和《收购守则》的表决通过门槛是"密不可分"的，则没有根据。可以说，表决通过门槛和特别决议之间有更好的联系，因为特别决议是针对非普通程序的行动。

并购委员会提出的第二个反对意见是，较高的门槛可能会导致这样一种情况：简单多数的股东希望出售股票，但由于没有达到绝对多数，控制权的转移就不会发生。并购委员会认为，这将使现任董事会的地位"不可持续"。[4]这种观点的问题在于，简单多数的股东希望接受收购要约的事实并不意味着这些股东对管理层的表现不满意。此外，这种观点没有考虑到可能推动出售决定的基金管理者的相对业绩激励因素：这意味着在许多情况下，基金管理者在同意管理层对基本价值的看法时，选择出售股票。在这种情况下，少于多数的股东拒绝收购不会引起董事会的可持续性问题。第三个反对意见是，较高的门槛会降低在强制收购中退出的可能性。[5]在董事会没有选择降低门槛的情况下，这一点是正确的。股东当然可以选择在收购结束前在市场上出售股票，尽管收购价差可能会随着表决通过门槛的提高而上升，从而降低完成收购的概率。[6]这种市场出售也提出了一个棘手的问题：如果没有达到表决通过门槛，但收购方通过市场购买，最终获得了公司的控制地位，[7]甚至可能是法律上的控制地位，该怎么办呢？这个问题的答案是修改"规则 5"，以防止在第一个收盘日之后买入股票，并要求对购买

---

〔1〕 See Chapter VIII.

〔2〕 例如，修改章程（section 21, Companies Act 2006）或减少资本（section 645(1), Companies Act 2006）。

〔3〕 See Chapter II, paras 2.53–2.55.

〔4〕 See Takeover Panel, "Review of Certain Aspects of the Regulation of Takeover Bids" (PCP 2010/2), 7 para 2.14 <http://www.thetakeoverpanel.org.uk/wp-content/uploads/2008/11/RS201101.pdf>. See also Takeover Panel, "Response Statement to the Review of Certain Aspects of the Regulation of Takeover Bids" (RS 2010/22), paras 4.3, <http://www.thetakeoverpanel.org.uk/wp-content/uploads/2008/11/2010-22.pdf>.

〔5〕 See Takeover Panel, "Review of Certain Aspects of the Regulation of Takeover Bids" (PCP 2010/2), 7 para 2.17 <http://www.thetakeoverpanel.org.uk/wp-content/uploads/2008/11/RS201101.pdf>.

〔6〕 完成风险和收购价差问题将在第 11.76 段进一步审议。

〔7〕 在这方面，请注意规则 5 对高于 30% 门槛购买股份的限制。

的高于 30% 门槛的所有股票进行减持。减持是专家组监督手段的一部分，当各方无意或有意越过 30% 的门槛时，并购委员会曾多次使用这一手段。[1] 在减持之后，如果目标股东选择不向市场出售股票，那么潜在的收购方的持股接近但略低于强制要约门槛。

（三）剥夺短期股东的表决权

罗杰·卡尔提出的第二个想法涉及剥夺短期股东的权力。"剥夺权力"一词通常指的是剥夺表决权。然而，在这种情况下，剥夺权力是指股东对合同要约的接受并不计入是否超过表决通过门槛的计算。当然，它也可以适用于偿债安排计划中的投票；但是，我们关注的是敌意交易，因此必然涉及合同要约。[2] 在卡尔看来，问题在于并购套利者对长期利益没有兴趣，而对完成交易以获取购买价格与要约价格之间的差价有兴趣。因此，当大量的并购套利者出现在股东名单上时，目标公司的董事会别无选择，只能屈服。从这个角度来看，"剥夺"这些新的"不坚定的"股东的权力，只参考其他股东对要约的接受情况来决定是否满足接受条件，是有一定道理的。还有人认为，其效果是并购套利者会对购买股票更加犹豫不决，这反过来又会降低多头基金买入股票的诱惑，因为股价会下跌以反映这种需求的减少。

对这一解决方案提出的一些法律和实践上的反对意见，被并购委员会在与卡德伯里案（Cadbury）后的咨询中拒绝。主要的法律反对意见是，剥夺表决权违反了《收购指令》[3] 和《收购守则》总则 1[4] 所规定的股东同等保护原则。然而，只要该规则在生效前有足够的前置时间——确保它不适用于任何不知道或应该不知道该规则的短期股东——被剥夺表决权的股东不会被区别对待，相反，他们购买的股票（以及所有的股票）在股东的行为触发这些限制条件时可以适用，这里的限制条件指的是：在可能的要约被公告后购买的股份，并不具有可以被计入表决通过门槛的表决权。重要的是，如果"有表决权"的股东接受要约，这并不妨

---

〔1〕 关于规则 5，see paras 8.10–8.13。关于抛售，see Chapter VIII, paras 8.25–8.26。

〔2〕 See Chapter II at paras 2.39–2.41，解释了为什么这些方案需要目标公司董事会的支持。

〔3〕 Article 3, Takeover Directive (2004/25/EC).

〔4〕 See Chapter VI. 并购委员会在磋商文件第 3.14 段中建议，如果所有股票在购买后有资格投票之前都要有一个合格期，那么这就符合等同处理原则。然而，同样的逻辑也适用于在要约期内购买的股票的剥夺表决权：该规则适用于所有股票，但如果股票是在要约期内购买的，则不能计入接受计算。

碍该股东接受要约。

并购委员会强调了这里未经充分讨论的几个较小的法律问题。[1] 所有这些问题都是很容易解决的——例如，剥夺表决权将如何影响计算表决通过门槛时的分子和分母。[2] 并购委员会提出的主要实际反对意见是，这将极难监督和管理，特别是在一个股东在收购之前和期间购买了股份的情况下。负责确定计数的公司登记员在这方面指出，要确保表决通过门槛计算的准确性是非常困难的；尽管如此，他们承认这是可行的。

这个解决方案的根本问题不在于这些法律上和实际上的反对。这偏离了问题核心。问题不在于并购套利者充斥着股东名册，而在于长期基金受到激励而接受溢价的要约进行出售股票，即使溢价报价没有反映基本价值。正如上文所述，他们受到激励出售股票，以提高他们的相对业绩，并与他们的竞争对手基金管理者保持竞争力。正确的看法是，如果剥夺表决权大大降低了市场对股票的需求，从而使股价大幅低于要约价格，那么，结合《收购守则》的规则，它可能使基金管理者成为忠实的股东：持有股票并根据价值作出决定。原因在于，《收购守则》规定的强制性延长发售期解决了基金管理者的囚徒困境。如果没有这一规定，他们会选择出售，即使他们认为要约是不适当的，因为其他基金管理者可能会卖出股份并将溢价收入囊中。然而，《收购守则》第31.4条[3]规定的强制性延长发售期让基金管理者可以表达他们对价值的实际看法，因为他们知道，如果其他所有人都决定卖出股票，他们还有机会改变主意。因此，关键问题在于，在接近溢价要约的价格下，剥夺表决权是否会降低对股票的需求。我们有充分的理由认为它不会。究其原因，收购方和并购套利者都充分意识到部分基金管理者在市场上出售股票这一事实所产生的激励效应。通过以接近要约的价格从多头基金处购买股票，即使这些股票被剥夺了权力，他们也会触发最初选择不向市场出售的基金管理者的卖出／接受偏好。另一种说法是，虽然我们预计剥夺表决权会增加收购不能完成的风险，但并购套利交易的实际购买活动会降低这种风险；因此，价格和流动性效应不太可能显著。

---

〔1〕 See Takeover Panel, "Review of Certain Aspects of the Regulation of Takeover Bids" (PCP 2010/2), 7 para 3.13 <http://www.thetakeoverpanel.org.uk/wp-content/uploads/2008/11/RS201101.pdf>.

〔2〕 See Takeover Panel, "Review of Certain Aspects of the Regulation of Takeover Bids" (PCP 2010/2), 7 para 3.13(b) <http://www.thetakeoverpanel.org.uk/wp-content/uploads/2008/11/RS201101.pdf>.

〔3〕 See Chapter IX at para 9.22.

（四）政府对战略产业的干预

第四种可能的改革对策是加强政府的权力，以阻止收购或获得可强制执行的承诺，以解决与收购有关的问题，这一点卡尔没有提出来，但自吉百利公司以来，它一直是政治关注的主题。与许多国家——特别是欧洲大陆国家——相比，英国政府长期以来对"国家龙头企业"和"战略产业"采取了不干预的立场。这反映了人们对政府干预的适当性和有效性的长期、根深蒂固的怀疑。这种怀疑来自第二次世界大战后英国试图参与积极的产业政策的糟糕记录，[1]后撒切尔主义时期对国家在市场中应发挥有限作用的共识，以及对开放市场和自由贸易的长期承诺。这种做法通常与法国形成对比，法国政府通过正式的法律权力和非正式的政治压力，更频繁地干预以阻止或引导具有"战略"重要性的行业的收购，如能源[2]、酸奶[3]和视频流等部门。[4]

在2002年之前，虽然政府和竞争委员会可以根据1973年的《公平交易法》以收购的竞争效应以外的理由来停止收购——包括"维持和促进产业和就业的平衡分配"[5]——实际上，这种干预没有发生。相反，并购中的"公共利益"关注的是竞争问题。[6]这种做法促进了《2002年企业法》的法律改革，该法案减少了国家在（非竞争性）公共利益方面的干预权力。[7]将完成问题放在一边，根据《企业法》，商务大臣有权干预其认为可能会引发与国家安全、媒体多元化或金融稳定相关的出于"公共利益"考虑的收购。[8]金融稳定的公共利益考虑是在金融

〔1〕 See G. Owen, "Industrial Policy in Europe since the Second World War" (2012) LSE Occasional Paper 1, 6–12 <http://eprints.lse.ac.uk/41902/>.

〔2〕 See G. Owen, "Industrial Policy in Europe since the Second World War" (2012) LSE Occasional Paper 1, 12–17 <http://eprints.lse.ac.uk/41902/>. See H. Carnegy, "GE deal 'victory' for role of French state in the economy" (23 June 2014) *Financial Times*.

〔3〕 在法国，政府有权阻止"战略部门"的收购。针对2005年百事公司收购达能（Danone）；See J. Guthrie, "Heseltine's view on takeovers harks back to 1990s" (2 May 2014) *Financial Times*。

〔4〕 据报道，法国工业部长"警告"雅虎不要收购法国视频流媒体公司Dailymotion；See J. Guthrie, "Heseltine's view on takeovers harks back to 1990s" (2 May 2014) *Financial Times*。

〔5〕 Section 84, Fair Trading Act 1973.

〔6〕 1984年后，当时的垄断与并购委员会只在一次案例中以非竞争性为由认定收购不符合公共利益。158 First Report, "Takeovers and Mergers" (1991), HC 90, para 223.

〔7〕 关于政府引入这些改革的目标的精彩总结，see Takeovers: The Public Interest Test' (House of Commons Library, Standard Note SN 5374, 2015)。

〔8〕 Sections 42, 54, 58, Enterprise Act 2002.

危机之后"公共利益"考虑列表中最新加入的，目的是促进 2008 年劳埃德银行（Lloyd's Bank）收购一家濒临倒闭的银行 HBOS。[1] 该法案还赋予国务大臣干预有关"特殊公共利益"案件的权力，包括关于媒体多元化的，或收购因政府合同而获得机密国防信息的公司的案件。[2] 对于具有"共同体维度"[3] 并受欧盟委员会管辖的英国收购，《欧盟并购法规》允许成员国继续干预此类并购，以保护该法规所称的"合法利益"。[4] 《企业法》使用了第 58 条中"公共利益"的定义来涵盖这些"合法利益"。[5] 这为英国政府在具有"共同体维度"的收购中，提供了与在受英国并购监管的收购中相同的"公共利益"干预权力。

关于受英国并购监管的收购，[6] 《企业法》规定了行使这些权力的程序，其中包括：第一，由国务大臣向竞争与市场管理局（CMA）发送通知（"干预通知"），确认该项"相关并购"[7] 可能会引起"公共利益"的考虑；[8] 第二，由CMA 向国务大臣提交咨询报告，阐述其对公共利益考虑的意见和建议；[9] 第三，在收到 CMA 报告后的 30 天内，[10] 国务大臣决定是否作出"对公众利益不利的裁决"。[11] 当其作出这样不利的裁决时，《企业法》授权国务大臣采取一系列其认为"合理且可行"的行动，[12] 以消除收购对公共利益的影响。这可能涉及禁止收购或寻求各方的承诺来解决已确定的问题。[13] 特殊公共利益干预与公共利益案

---

〔1〕 Section 58(2)(D), Enterprise Act 2002; SI 2008/2654.

〔2〕 Section 59, Enterprise Act 2002.

〔3〕 关于确定收购是否具有共同体维度的标准，see Chapter VII para 7.09。

〔4〕 Article 21(4), EC Merger Regulation，将"合法利益"定义为"公共安全、媒体多元化以及审慎规则"。

〔5〕 Section 67(2), Enterprise Act 2002.

〔6〕 关于具有"公共体维度"并受 EC Merger Regulation（139/2004）管辖的收购，see Chapter VII para 7.09。

〔7〕 关于何时出现相关并购情形：目标公司的营业额超过 7000 万英镑（"营业额标准"）或收购导致某一商品或服务市场的市场份额增加 25%，see "Explanatory Notes to the Enterprise Act 2002", section 23, para 101。

〔8〕 Section 42, Enterprise Act 2002.

〔9〕 请注意，这是该程序的摘要版本。事实上，国务大臣采取行动需要两份参考文件和两份报告。这两份报告都来自 CMA，令人有些困惑（最初是公平交易办公室和竞争委员会，2014 年这两个机构合并）。在第一份报告之后，国务大臣可以将此事提交给 CMA 主席，由主席组建一个小组，向国务大臣提交报告。See sections 42, 44, 45, and 50, Enterprise Act 2002. 上述案文指的是这些报告的第二份。关于媒体公共利益的考虑，通讯管理局提交了一份报告（section 44A, Enterprise Act 2002）。

〔10〕 Section 54(5), Enterprise Act 2002.

〔11〕 Section 54, Enterprise Act 2002.

〔12〕 Specified in paras 9–11 of Schedule 7, Enterprise Act 2002.

〔13〕 Section 55, Schedule 7, Enterprise Act 2002.

件在程序和权力上的区别只有一个方面，即，针对特殊公共利益的干预，即使没有"相关并购情况"，干预权力也适用。[1]关于受欧盟并购监管的收购，《企业法》规定了通过"欧洲干预通知"进行公共利益干预，根据该法案发布的二级立法规定了与上述程序类似的程序。[2]

自制定以来，政府很少行使这些干预权力。当他们行使或被威胁行使的时候，收购经常会引起国家安全方面的担忧——例如，在国防工业方面的收购；[3]但是在劳埃德银行收购 HBOS 和新闻集团（News Corporation）收购 BSKYB 剩余股份的情况下，这种权力也被行使了。[4]

第 58 条仅仅规定了国家安全、媒体多元性和金融稳定是"公共利益"的考量因素。但是，第 58 条也赋予了国务大臣广泛的自由裁量权，用以判断《企业法》所定义的"公共利益"范畴的其他考量因素。如果这些"公共利益"的其他考量因素被确定，它们必须在干预通知发出之日起的 24 周内由议会两院确认。如果在此期限内没有确认，则 CMA 必须将干预通知视为已经撤销。[5]这项权力在全球金融危机期间被用来扩大公共利益的考量，将金融稳定包含其中。[6]这项权力随后并未被行使。值得注意的是，关于这种"公共利益"扩张，在对受欧盟并购监管的并购进行干预时，英国和其他成员国无权自由决定进行干预的理由。欧盟成员国受欧盟并购法规第 21（4）条的约束，该条款规定成员国可以保护"合法利益"，包括公共安全、媒体多元化和审慎规则。如果一个成员国希望扩大干预的理由，包括其他"合法利益"，必须获得欧盟委员会的批准，而这很少得到批准。[7]

---

〔1〕 根据第 59 条发出的干预通知是一种"特殊公共干预通知"。关于程序，see sections 59–66, Enterprise Act 2002。

〔2〕 Enterprise Act 2002 (Protection of Legitimate Interests) Order 2003 (SI 2003/1592).

〔3〕 General Dynamics and Alvis Plc (2004) and General Electric and Smiths Aerospace Division (2007). See Slaughter & May, "UK Merger Control under the Enterprise Act 2002" (2009).

〔4〕 如果 Ofcom 认为收购不符合公共利益，但在国务大臣行使权力之前要约被撤回。See Ofcom, "Report on public interest test on the proposed acquisition of British Sky Broadcasting Group plc by News Corporation" (31 December 2010), para 1.57.

〔5〕 Section 53, Enterprise Act 2002.

〔6〕 See A. Seeley, "Takeovers: the Public Interest Test" (2015) *House of Commons Library*, 4.

〔7〕 Whish & Bailey, *Competition Law* (8th edn 2015) at 897，报道称，截至 2015 年，只有 8 项批准。然而，该制度仍然存在成员国通过扩大不太可能获得欧盟委员会批准的"合法利益"考量来（非法地）干预和破坏并购的空间。See M. Harker, "Cross-Border Mergers in the EU: The Commission v The Member States", (2007)3 European Competition Journal 503，尤其参见第 513 页对 Endesa 一案的讨论。

最近的收购事件导致有关政府是否应该在更大范围干预收购的讨论再次出现，即，是阻止它们，还是获得保护英国利益的承诺。这些问题最近在收购糖果和饮料企业吉百利和全球制药企业阿斯利康时被提及。理论上，在这两种情况下，政府都可以通过扩大法案下的"公共利益"的范围来进行干预，将巧克力和药品包括在内，或者包括进来一个全面的干预基础，如"战略部门"。当然，这样的举措是否符合欧盟委员会对"合法利益"的理解值得怀疑。这样的扩大还需要得到议会的批准。然而，在这些案例下，政府明智地顶住了直接干预的压力，也抵制住了改革法律以提供更大范围的干预无需获得议会批准的压力。

我们有充分的理由怀疑这种直接干预的有效性和合法性，以及政府施加影响所需的进一步权力。正如吉百利和阿斯利康所证明的那样，要对什么才是"具有战略重要性"的业务部门给出一个前后一致的解释是非常困难的。就阿斯利康而言，这个案子或许更容易处理，因为收购引发了人们对英国制药业在支持英国科学和研究基础方面的作用的特别关注。这是现代经济中英国被认为具有比较优势的一个方面，也是创造许多高技能工作的一个方面。[1]作为大学研究的资助者和消费者，它也是一个受益于大量国家间接支持的经济领域。[2]然而，在英国工业的许多其他领域，这种考虑也在不同程度上适用。在此基础上，食品、物流、金融和法律服务以及文化产品（从音乐到图书出版）也应被视为具有战略重要性。但是，如果巧克力、MP3或酸奶属于具有战略重要性的行业，那么"战略部门"一词与保护英国就业和生产几乎没有区别。

在英国的背景下，让政府拥有这样一种模糊的权力来干预"战略部门"——在英国的背景下，仍然存在对国家干预的潜在政治和文化厌恶——可能会导致国家权力的临时和不连贯的行使，这将对本章中提到的英国公司被收购的风险敞口产生非常有限的、在很大程度上不可预测的影响。在一个人们认为保护所有企业、工作和税收不受外国干涉是合法的司法管辖区，这种权力可能会得到更连贯的行使。但英国没有这样的司法权。事实上，正如吉百利和阿斯利康事件所表明

〔1〕 See P. Ghosh, "Big pharma takeover 'threat to science base in the UK'" (30 April 2014) *BBC News*, 将英国作为药物研究的"世界领导者"。

〔2〕 See E. Hammond and E. Rigby, "AstraZeneca investors express interest in higher Pfizer offer" (14 May 2014) *Financial Times*, 详述了2010—2013年间阿斯利康和辉瑞向英国国家医疗服务系统（NHS）销售30亿英镑的药品。

的那样，在英国使用这种权力很可能是缺乏根据的公众和政治情绪的结果，这种情绪建立在对公司的性质、历史和行业理念的完全不准确的看法上。[1]

关于对额外权力的需求，如果政府选择干预，那么在许多情况下，它往往能够影响这一进程，而无需诉诸正式的法律权力。我们最近在一个罕见的非正式政府干预的例子中看到了这一点。最近的报道表明，在2015年初，英国政府"让它在金融城广泛流传"，[2]它将抵制对英国最著名的跨国公司之一的英国石油公司（BP）的收购。据报道，在这方面，英国政府希望"保持英国石油公司和荷兰皇家壳牌公司（Royal Dutch Shell）作为两个大型英国公司在全球市场上的地位"。看来，由于政府与英国石油公司的合同和其他许可安排，政府能够对英国石油公司行使其影响力（或至少给人以这种可能影响力的印象），尽管欧盟法律不允许利用这种关系所提供的权力。同样，就阿斯利康而言，鉴于英国国家医疗服务体系是阿斯利康最重要的客户之一，政府有能力施加影响。[3]当然，如果没有这种合同和商业关系，政府要施加非正式的影响会更加困难。

尽管围绕吉百利和阿斯利康事件的干预压力并没有导致"公共利益"干预制度的改变，但它确实导致了监管改革。这些改革体现在《收购守则》的"要约后承诺"中，它使收购方能够遵守公开承诺，这些承诺既是为了转移正式或非正式的政府干预，也是为了缓解公众的担忧，以促进收购。重要的是，这种要约后承诺制度减少了政府进行正式或非正式干预的需要。[4]

四、结论

反挫败规则是并购委员会与《收购守则》历史和演变的核心。我们在第三章关于20世纪50年代和60年代的收购战中看到，公众和政治界对目标公司董事会使用反收购和无视股东权利的关注，是1959年《英国企业合并说明》、1968

---

〔1〕 吉百利公司拥有作为一家社会进步和有关爱的公司的悠久历史，以及许多英国成年人是吃着它的产品长大和梦想着它的产品的事实，显然导致了人们对这家公司的误解，在被卡夫收购时，吉百利是一家跨国食品和饮料集团，在英国以外雇用的员工远远多于在英国国内雇用的员工。See R. Peston, "Kraft takeover of Cadbury: The terms" (19 January 2010) BBC News，报道"吉百利在英国和爱尔兰只有5600名员工。在英国以外的其他40000名员工的未来可能是不确定的"。阿斯利康是由曾经伟大的英国公司ICI的残存部分组成的。

〔2〕 G. Parker, "UK Ministers Make Gallic Gesture to Keep the British in BP" (26 April 2015) *Financial Times*.

〔3〕 参见前文第5.39段。

〔4〕 这些承诺将在第五章深入讨论。

年并购委员会成立和《收购守则》制定的关键动力。该规则的雏形是在《英国企业合并说明》中提出的，而《收购守则（第一版）》中的规则版本在很大程度上与今天的规则相同。正如我们所看到的，该规则对并购委员会和《收购守则》的成功至关重要：这是一项关键规则，使并购委员会成为并购领域的唯一监管者，不受法院干扰。我们还看到，它加强了目标公司和收购方董事会之间的权力平衡，明显偏向于促进收购，并在表面上完全不相关的规则上留下了痕迹，来达成这种权力平衡的重新配置，但这些规则的性质和应用变得扭曲，因为它们试图执行一个不适合的权力平衡功能。我们看到这一点，特别是在关于要约的监管中，不灵活的规则试图在要约前和要约期间对收购方进行严格约束。[1]我们也看到了并购法改革中反挫败规则的标志，并购委员会必须保护这一关键规则不受高调事件的影响，以免导致不相关和不必要的改革反应。这方面最近最明显的例子是卡德伯里事件后交易保护监管的改革。[2]

如果结合本章对反收购的直接优势和弊端的评估，这些间接的规则效应似乎更有问题，因为这一评估为反收购的可用性和废除第 21 条提供了令人信服的理由。有充分的理由表明，该规则的废除不会导致管理者利用公司权力创造和使用有利于自己的收购防御，从而损害股东和公司控制权市场的约束效应。最终股东将（在有限的程度上）从增强的董事会权力中受益，而公司控制权市场作为市场短期偏好传递机制的作用将受到抑制。取消这一规定也会减轻对其他并购法规则进行权力平衡的压力，产生更好和更有针对性的并购法监管。

它的废除将影响并购监管的模式，因为并购委员会将不得不适应与法院共享监管空间。这应该被积极地看待。并购委员会应该明白自己是几个法律制定者中的主要监管者，他们的作用是提供并购监管，提高英国的整体社会福利。它必须在这个集体项目中发挥积极的带头作用，并抛弃不合时宜的想法，即它在某种程度上是独立于国家的，正如最近的事件所表明的那样，[3]这种想法扭曲了规则制定的过程。

然而，废除反挫败规则是不够的，因为取消该规则只能略微增强防御性力量。废除该规则应与提高绝对多数的表决通过门槛相结合，使之达到 66% 至

---

[1] 见第五章，第 5.49—5.51 段。
[2] 见第七章，第 7.33—7.35 段。
[3] 关于吉百利和卡夫的意向声明和交易保护，see Chapter V and Chapter VII。

75%。当然，那些主要从实体所有权的视角来看待这个问题的人，以及股东决定要约价值的结构性和权威性的想法（这是这个角度的逻辑产物），不太可能被这些建议所说服。但是，正如本章所论述的，对这一视角的坚持与公司、最终股东、公司利益相关者和英国经济的政策利益关系不大，而与英国公司制度和公司控制权的特殊历史关系更大。然而，如果把这些坚持放在一边，英国改革的理由就非常片面了。

（初审：熊利娟　温　颖）

图书在版编目（CIP）数据

法律与金融. 第 9 辑/《法律与金融》编辑委员会组
编. —上海：上海人民出版社，2024
ISBN 978-7-208-18740-5

Ⅰ. ①法… Ⅱ. ①法… Ⅲ. ①金融法-文集 Ⅳ.
①D912.280.4-53

中国国家版本馆 CIP 数据核字（2024）第 034185 号

责任编辑 夏红梅
封面设计 夏 芳

法律与金融（第九辑）

《法律与金融》编辑委员会 组编

出　　版　上海人民出版社
　　　　　（201101　上海市闵行区号景路 159 弄 C 座）
发　　行　上海人民出版社发行中心
印　　刷　上海新华印刷有限公司
开　　本　720×1000　1/16
印　　张　22.5
插　　页　2
字　　数　368,000
版　　次　2024 年 3 月第 1 版
印　　次　2024 年 3 月第 1 次印刷
ISBN 978-7-208-18740-5/D・4262
定　　价　88.00 元